***ACCESO GRATIS** a la Lectura en la Nube*

Para visualizar el libro electrónico en la nube de lectura envíe junto a su nombre y apellidos una fotografía del código de barras situado en la contraportada del libro y otra del ticket de compra a la dirección:

ebooktirant@tirant.com

En un máximo de 72 horas laborales le enviaremos el código de acceso con sus instrucciones.

La visualización del libro en **NUBE DE LECTURA** excluye los usos bibliotecarios y públicos que puedan poner el archivo electrónico a disposición de una comunidad de lectores. Se permite tan solo un uso individual y privado

CRISIS Y RETOS DE LA JUSTICIA

Entre la eficiencia y la inclusión

CRISIS Y RETOS DE LA JUSTICIA

Entre la eficiencia y la inclusión

Editoras:
Yolanda Doig Díaz
Isabel Turégano Mansilla

tirant lo blanch
Valencia, 2026

En caso de erratas y actualizaciones, la Editorial Tirant lo Blanch publicará la pertinente corrección en la página web www.tirant.com.

EDITA: TIRANT LO BLANCH
C/ Artes Gráficas, 14 - 46010 - Valencia
TELFS.: 96/361 00 48 - 50
FAX: 96/369 41 51
Email: tlb@tirant.com
www.tirant.com
Librería virtual: www.tirant.es
DEPÓSITO LEGAL: V-5304-2025
ISBN: 979-13-7021-224-7

Si tiene alguna queja o sugerencia, envíenos un mail a: *atencioncliente@tirant.com*. En caso de no ser atendida su sugerencia, por favor, lea en *www.tirant.net/index.php/empresa/politicas-de-empresa* nuestro procedimiento de quejas.

Responsabilidad Social Corporativa: http://www.tirant.net/Docs/RSCTirant.pdf

Índice

PARTE 2.
BARRERAS EN EL ACCESO A LA JUSTICIA Y DESIGUALDAD

PARTE 3.
MECANISMOS DE INCLUSION PROCESAL PARA LA GARANTÍA DEL ACCESO A LA JUSTICIA

Prólogo

Todo trabajo de investigación tiene un germen, un punto de partida que lo define y en esta obra se remonta al escenario jurídico de 2021 en el que confluían textos internacionales con propuestas legislativas internas. Por un lado, se difundían los objetivos de desarrollo sostenible contemplados en la agenda 2030 de la ONU, con el foco puesto en el establecimiento de mecanismos de inclusión procesal que favorezcan el acceso a la justicia de todos los colectivos y, en especial, de personas vulnerables; y, por otro, y ya en el ámbito del desarrollo legislativo, se publicaban los anteproyectos de ley de eficiencia organizativa, eficiencia digital y eficiencia procesal que pronosticaban cambios importantes en los distintos órdenes jurisdiccionales.

En ese andamiaje y con una vocación reflexiva y crítica en torno a la vigencia de los valores constitucionales de justicia e igualdad, los autores de esta monografía asistimos a un debate político y jurídico que proclamaba la vigencia de tales valores, pero que los entrelaza con argumentos que apelan a la eficiencia, la celeridad, la agilidad y la optimización de recursos. Y, mientras se articulan mecanismos para consolidar el acceso a la justicia en condiciones de igualdad y con plena efectividad, se vertebran otros que los modulan y doblegan.

Asumida la tensión entre objetivos que parecen no estar en sintonía, la finalidad prioritaria de esta obra ha consistido en poner de manifiesto las inconsistencias del sistema y, para ello, se ha contado con una perspectiva interdisciplinar enriquecedora, compuesta por estudiosos del Derecho Procesal y de la Filosofía del Derecho que comparten una inquietud común, que la ansiada eficiencia no provoque desajustes en la defensa de los valores constitucionales, especialmente en los grupos vulnerables.

La reflexión dogmática y la teórico-crítica van de la mano a lo largo de todo el libro, planteándose en qué sentido debe ser reformada la Justicia y qué efectos tendrán las reformas en curso para las garantías no solo procesales, sino también democráticas. Era preciso abrir ámbitos de debate y, con ese objetivo, se celebró el Seminario de Discusión dedicado a la valoración crítica del que en su día fue el *Proyecto de Ley de Medidas de Eficiencia Procesal*, en el que intervinieron Jueces de Primera Instancia e Instrucción de los partidos judiciales de la provincia de Cuenca, Letrados de la Administración de Justicia, Abogados e Investigadores, dirigido a valorar la implantación de los medios adecuados de solución de controversias como presupuesto de procedibilidad, la generalización de la videoconferencia y la modulación de las costas atendiendo a las conductas de las partes. A la vista de los buenos resultados, nos propusimos seguir generando espacios de diálogo sobre los problemas que merecían una especial atención por parte de los investigadores, hoy autores de un capítulo. De ese modo, tuvo lugar el Congreso *Crisis y Retos de la Justicia* en octubre de 2024 y el *Seminario Jurídico Interdisciplinar Globalización y Derecho Vulnerabilidad y Justicia*, en enero de 2025, en ambos casos, el eje vertebrador fue el acceso a la justicia.

Las conclusiones de aquellos debates giran en torno a la idea de que la crisis de efectividad de nuestros sistemas de justicia es, en muchas ocasiones, reflejo del crecimiento de la desigualdad en nuestras sociedades. El acceso a la justicia se ve obstaculizado por las posiciones y circunstancias desaventajadas de ciertos grupos, que se ven incapacitados para introducir sus necesidades e intereses en el orden jurídico. El reconocimiento y visibilización de esa desigualdad es un problema central en cualquier reforma que trate de garantizar la inclusión jurídica.

Resulta, por tanto, imprescindible buscar el equilibrio entre eficiencia e inclusión. La eficiencia no puede ser un fin en sí mismo, sino un medio subordinado siempre al ideal democrático de inclusión. El diseño institucional debe considerar no solo la celeridad y optimización de recursos en el proceso, sino también su accesibilidad y legitimidad social, conforme a principios de una ética pública que no excluya a los más vulnerables. Como escribió Albert Calsamiglia, el jurista como ingeniero social debe tender puentes con otras ciencias sociales que le ofrezcan criterios para diseñar instituciones y leyes que logren sus objetivos a un coste razonable. El equilibrio, escribió el autor, entre seguridad -legalidad-, eficacia y justicia es importante, pero ni uno ni otro pueden ser preponderantes siempre.

El libro se articula en tres partes que abordan de manera complementaria los temas y problemas esbozados. La primera parte plantea la actual crisis del sistema judicial en el marco de los desafíos de la eficiencia y la participación ciudadana, centrándose en el análisis de la inclusión en el acceso a la justicia, la revisión de las últimas reformas del proceso penal y la lentitud crónica del sistema judicial. La segunda parte se centra en las barreras estructurales que obstaculizan el acceso efectivo a la justicia, analizando cómo diferentes factores de vulnerabilidad impactan en el sistema judicial. Finalmente, la tercera parte explora mecanismos de inclusión procesal, tanto normativos como tecnológicos.

La primera parte comienza con un capítulo que invita a pensar el proceso judicial no como mero instrumento técnico de resolución de conflictos, sino como foro para la participación y la evolución del Derecho. Desde esta perspectiva, Isabel Turégano plantea que el acceso a la justicia no solo garantiza la aplicación de la ley, sino que permite a los ciudadanos intervenir en la construcción y modificación del significado de las normas jurídicas. Ampliando la propuesta deliberativista de Cristina Lafont más allá del control de constitucionalidad, se muestra la función del proceso judicial como parte de un entramado institucional complejo necesario para traducir de modo legítimo la discusión pública en resultados jurídicos. Lejos de reducirse a la protección individual de derechos, el acceso a la justicia aparece aquí como herramienta de empoderamiento jurídico, capaz de visibilizar desigualdades estructurales e introducir nuevas voces en la deliberación jurídica. Se plantea, finalmente, si esta dimensión participativa del acceso a la justicia se encuentra reforzada en la función de revisión judicial que realizan los tribunales superiores y que admite una interpretación en términos de contribución a la participación.

Es tal el grado de importancia que la eficiencia ha adquirido que se integra en el rótulo de la ley, en concreto, de la LO 1/2025, de 2 de enero, de medidas en materia del eficiencia del servicio público de justicia. Como pone de manifiesto Yolanda Doig en el capítulo segundo, esta Ley orgánica concibe a la justicia por vez primera y de forma expresa como un servicio público, tomando así distancia de los clásicos conceptos de potestad jurisdiccional y poder judicial. Entendida la justicia como servicio público, esta ley introduce reformas estructurales en la organización judicial y en la sustanciación de procesos en las que subyacen, a modo de justificación, razones pragmáticas y utilitaristas. Para solventar esta realidad, en el ámbito del proceso civil se obliga al justiciable a acudir a los métodos adecuados de resolución de controversias como paso previo a la tutela judicial y se potencian las atribuciones del juez para, en los juicios verbales, no celebrar la vista. Y aunque dichos métodos se ajusten por su naturaleza al proceso civil en atención a la naturaleza de los derechos en conflicto, se comprobará con preocupación que en el ámbito del proceso penal, la pretendida eficiencia se ha conseguido facilitando al máximo los acuerdos entre acusación y defensa a través del mecanismo de la conformidad, que resulta potenciado tras suprimir cualesquier límite que impida su efectividad.

Y, aunque el instrumento para alcanzar la eficiencia en el orden penal sea objeto de un análisis crítico, no puede negarse que la lentitud de la justicia tiene efectos perjudiciales, tal y como se pone de manifiesto en el capítulo tercero cuyo autor, Gimeno Beviá, no renuncia a reconocer la importancia del proceso y su consideración como garantía. El capítulo hace patentes las causas de las dilaciones y los daños que provocan, generando desconfianza en la justicia, debilitando las funciones del derecho penal, afectando al proceso y la calidad de las pruebas, con efectos tanto para la víctima como para el investigado. Pero el autor no se detiene en el estudio analítico de estos daños, sino que postula de forma valiente y fundada las distintas soluciones y propuestas *lege ferenda* que pasan por incrementar el número de plazas judiciales hasta la implantación de la digitalización y la IA, pasando por reformas de orden procesal que aborden ajustes en los plazos de instrucción, el principio de oportunidad y la acción popular.

Las ventajas y virtudes de la eficiencia necesitan ser moduladas y entendidas en su justa medida cuando afectan a grupos vulnerables. La realidad de este colectivo y su acceso a los tribunales requiere, en ocasiones, de trámites y ajustes que no guardan siempre sintonía con la pretendida celeridad y agilidad que se reclama. Ese es el enfoque desde el cual Ágata Sanz, en el capítulo que introduce la segunda parte del libro, analiza la realidad que padecen las personas con discapacidad intelectual cuando son investigadas y encausadas en el proceso penal, a la vista de la parca regulación en materia de adaptaciones y ajustes y ante la ausencia de instrumentos que permitan detectar sus necesidades específicas, con los importantes perjuicios en la defensa legítima de sus derechos e intereses que ocasiona. Y si bien en el ámbito de proceso civil se han incorporado cambios importantes para facilitar el acceso, promovidos por la Ley 8/2021, en el caso del proceso penal -cuyo texto procesal data de 1882- se requiere, en primer lugar, adaptarlo a las condiciones particulares de la discapacidad todos los trámites en los que ejercite su derecho de defensa; y, en segundo lugar, garantizar una participación eficaz en todo el procedimiento con la remoción de los obstáculos que impidan o dificultan su intervención.

El capítulo quinto de Tamara Funes realiza un análisis del proceso de transformación digital en el ámbito del sistema judicial español, con especial atención a su impacto en los colectivos más vulnerables. Enmarcado en el ODS 16 de la Agenda 2030, el trabajo examina los planes estratégicos y reformas legislativas que, en las últimas dos décadas, han avanzado los gobiernos en nuestro país con el fin de transformar el servicio público de justicia para hacerlo más accesible y eficiente. El texto se detiene de forma especial en las implicaciones de la digitalización para el acceso a la justicia de las personas mayores y las personas con discapacidad, denunciando los riesgos que conlleva la brecha digital y señalando la responsabilidad del Estado en la adopción de medidas que supriman los obstáculos que derivan de ella. Se apela a medidas de apoyo y ajustes de procedimiento, el derecho a un servicio personalizado, el uso de lenguaje claro o la intervención de facilitadores, en un marco de vaguedad jurídica y aplicación territorial desigual de las políticas.

Los capítulos sexto y séptimo del libro presentan obstáculos y dificultades en el acceso a la justicia generados por una de las dimensiones perennes y ubicuas de la desigualdad social: la de la brecha en la posición de hombres y mujeres. En el capítulo sexto, María José Añón, en la línea de sus conocidas aportaciones sobre el acceso a la justicia como derecho complejo y multidimensional, analiza cómo los estereotipos de género actúan como barreras cognitivas y estructurales que distorsionan la percepción de la realidad, comprometen la imparcialidad judicial y refuerzan desigualdades estructurales históricas. Desde el enfoque teórico del Derecho antidiscriminatorio, el texto examina los mecanismos mediante los cuales los estereotipos influyen en el razonamiento jurídico, en la valoración probatoria y en la credibilidad de las víctimas, particularmente en casos de violencia de género. Añón propone una metodología orientada a identificar y neutralizar estos estereotipos en la práctica judicial, subrayando la importancia del señalamiento del estereotipo y la especificación de los daños que ocasionan, su impugnación y refutación y la incorporación de demandas que capturen experiencias invisibilizadas que han de ser incorporadas a nuestros sistemas judiciales.

Patricia González propone en el capítulo séptimo una revisión crítica de las definiciones legales de las violencias de género, cuestionando su enfoque binario y limitado al sujeto mujer, lo que excluye e invisibiliza otras víctimas de las violencias patriarcales, como niños, adolescentes y personas LGTBI+. Desde una perspectiva feminista e interseccional, propone el concepto de violencias patriarcales, más adecuado para identificar sus raíces estructurales y su articulación con otros sistemas de dominación, como el capitalismo y el colonialismo. Aboga por complejizar el análisis para avanzar hacia una comprensión transformadora de las relaciones de poder y la responsabilidad del Estado bajo el estándar de la diligencia debida.

Sentada la necesidad de establecer cautelas que atiendan al grado de vulnerabilidad, la tercera parte de esta obra se centra en los instrumentos que garanticen una defensa efectiva. Y la primera de las aportaciones a cargo de Fernández López estudia la implantación de la prueba preconstituida con carácter automático, para las personas con discapacidad especialmente vulnerables y los menores de 14 años que declaren como testigos en la instrucción en el caso de delitos violentos. En estos casos, prestada la declaración en la instrucción con todas las garantías, se excluye la posibilidad de que el declarante sea examinado en el acto del juicio oral, en lo que supone una excepción a la práctica de la prueba con contradicción, oralidad y publicidad. Con esta medida, cuya conveniencia se pondera sólidamente en esta contribución, se pretende asegurar que el transcurso del tiempo no afecte a la fiabilidad del testimonio ni someta al declarante, en caso de ser víctima, a una segunda victimización; sin embargo, esta opción del legislador, que desdibuja las fases del proceso penal, entraña riesgos para la defensa del acusado sobre los que se reflexiona desde una óptica garantista.

En el capítulo noveno Gabriel Caro Herrero aborda la cuestión de la revisión de sentencias penales en casos que involucran a personas en situación de vulnerabilidad. Se argumenta que un sistema penal garantista debe contener mecanismos que permitan corregir decisiones injustas derivadas de desigualdades estructurales que limitan la capacidad de defensa. La figura del recurso de revisión penal, concretamente la prevista en el artículo 954.1.d) de la Ley de Enjuiciamiento Criminal española, se presenta como una vía necesaria para corregir injusticias materiales cuando emergen nuevos hechos o pruebas que no fueron considerados en el proceso original como consecuencia de obstáculos que impidieron a los sujetos encausados aportarlos o alegarlos. El autor subraya que la revisión se justifica por la falta de adaptación del sistema judicial al contexto personal, social y procesal de estas personas y valora positivamente la interpretación flexible y *pro reo* del Tribunal Supremo en algunos casos. La propuesta invita a repensar el equilibrio entre seguridad jurídica y justicia material y plantea la revisión penal como una herramienta de compensación ante la injusticia estructural.

Otro de los instrumentos a los que se presta una especial atención es la figura del facilitador procesal objeto de estudio en el capítulo décimo por Álvaro Escobar. La Convención Internacional sobre los Derechos de las Personas con Discapacidad, aprobada por Naciones Unidas en Nueva York el 13 de diciembre 2006, obliga a los Estados Parte a adoptar todas las medidas para garantizar que esa capacidad sea ejercida en condiciones de igualdad y uno de los instrumentos necesarios para el ejercicio efectivo de esa capacidad jurídica, en el ámbito de los procesos judiciales, es la figura del facilitador procesal, previsto por vez primera en España en el año 2021 y cuyo cometido esencial es ayudar a las personas con discapacidad intelectual para que comprendan adecuadamente lo que ocurre en los procedimientos en los que intervienen, al tiempo que ellos mismos son entendidos. Pese a la trascendencia que este estudio resalta, y a tratarse de un operador jurídico cuya intervención está prevista legalmente como un derecho, a día de hoy, aún no se cuenta con una normativa que haya desarrollado el perfil que ha de tener el facilitador y su concreta intervención, y solo constituye una previsión meramente voluntarista.

José Luis Lara examina en el capítulo undécimo el impacto de la inteligencia artificial (IA) en la Administración de Justicia, destacando su potencial para mejorar la eficiencia sin comprometer los derechos fundamentales. Con el fin de determinar qué sistemas de IA son aplicables al sistema de justicia, el capítulo ofrece una clasificación de estos sistemas conforme a dos parámetros diferentes. En primer lugar, según el ámbito de aplicación en el que se va a aplicar, el autor distingue la aplicación de la IA que puede realizarse en el ámbito de la resolución extrajudicial de controversias, de la tramitación procesal, de la investigación penal y de la decisión judicial. Y, en segundo lugar, según el grado de riesgo que entraña para los derechos fundamentales, conforme a la categorización que hace el Reglamento de IA de la Unión Europea, esto es, riesgos inaceptables, riesgo alto, riesgo limitado y riesgo mínimo o nulo. El autor evalúa la incorporación de la IA en el sistema judicial español, particularmente a la luz del Real Decreto 6/2023, el *Plan Justicia 2030* y otras estrategias recientes. Se señalan tanto las oportunidades como los déficits normativos, especialmente en relación con la inclusión de personas con dificultades de integración en el sistema. El capítulo aboga por una implantación progresiva, responsable y garantista, que anteponga los derechos a la búsqueda de eficiencia.

El trabajo descrito, tanto los seminarios como el congreso, así como el presente libro, ven la luz como resultado del ilusionante proyecto Investigación SBPLY/21/180225/000077 «CRISIS Y RETOS DE LA JUSTICIA: EL NECESARIO EQUI-

LIBRIO ENTRE EFICIENCIA E INCLUSIÓN DE GRUPOS VULNERABLES», cofinanciado por Fondo Europeo de Desarrollo Regional (FEDER) y convocado por la Consejería de Educación, Cultura y Deportes de la Junta de Comunidades de Castilla-La Mancha.

Como apreciará el lector, a esta publicación subyace el compromiso y el espíritu crítico de los investigadores que han puesto todo su empeño en analizar las tendencias y las influencias de orden social, político y tecnológico que afectan a la justicia. Esta obra pretende ser una contribución a la saludable discusión académica.

En Cuenca, verano del 2025

YOLANDA DOIG DÍAZ E
ISABEL TURÉGANO MANSILLA

PARTE 1.
CRISIS DE LA JUSTICIA Y PROBLEMAS DE EFICIENCIA E INCLUSIÓN

Participación ciudadana y proceso judicial: Una concepción democrática del acceso a la justicia

ISABEL TURÉGANO MANSILLA
Universidad de Castilla-la Mancha

1. INTRODUCCIÓN

Es lo propio del Derecho el hacer uso de procedimientos instituidos mediante los que alcanzar resultados jurídicos en contextos de incertidumbre y desacuerdo. Las decisiones jurídicas se legitiman en su adopción en esos procedimientos que se supone que satisfacen ciertos cánones de racionalidad y cuentan con la igual participación de las partes afectadas. Este es el modo en que se justifica formalmente la adopción de decisiones legislativas, pero es también un elemento central de la justificación del proceso judicial de toma de decisiones. Y ambos procesos se coordinan para que el Derecho pueda legítimamente transformarse y adaptarse a la realidad social. En palabras de Marinoni (2016: 210), "la sociedad necesita un Derecho que depende de la conjugación de las actividades del poder legislativo y el judicial", contribuyendo ambos a la maduración del orden jurídico ajustada a las necesidades sociales.

La relevancia del proceso judicial en la conformación del Derecho no reside en un fundamento epistocrático conforme al que los jueces tienen más probabilidades de adoptar decisiones justas. Son los valores institucionales, equitativos y garantistas del proceso los que fundamentan el valor del resultado. El proceso de toma de decisiones debe responder a ciertas exigencias éticas debido a que la decisión se impone a individuos que han resultado privados de ciertos bienes o han visto restringidos sus derechos y tienen una pretensión legítima a acceder a un proceso equitativo y obtener una decisión racional, en un marco participativo y en un plazo razonable. "Participar en un procedimiento así diseñado implica de algún modo comprometerse con lo que resulte de él" (Laporta 2016: 22-23). La racionalidad procedimental, las garantías personales e institucionales, el principio de legalidad, la celeridad, la participación, la equidad y, en definitiva, el respeto por la dignidad humana hacen del proceso la vía legítima para acceder al Derecho y hacerlo real y efectivo, en cuanto muestre igual consideración y respeto por cada persona y favorezca la inclusión.

El proceso supone la aplicación autorizada y autoritativa de la legalidad para hacer justicia en un caso concreto conforme a Derecho. Pero, además, el proceso es la herramienta de que dispone el ciudadano para mostrar las carencias en las actuaciones de las autoridades jurídicas. La participación igual en el proceso empodera a los ciudadanos para resignificar las regulaciones jurídicas y hacerlas efectivas. De este modo, el discurso jurídico entronca con el discurso democrático general: conforme se plantean nuevas necesidades de protección, nuevas soluciones jurídicas son requeridas.

El acceso a la justicia es un derecho prioritario o más genérico respecto de la tutela judicial, en la medida en que las garantías en el proceso presuponen la posibilidad de acceder al mismo (La Rosa 2009: 118-119). El derecho de acceso a la justicia es la capacidad que tiene toda persona para acudir ante la autoridad judicial competente para que, de modo razonado y fundado y habiéndole oído, modifique una situación o acción que lesiona o desconoce sus derechos o intereses legítimos y contribuya a la resignificación de las normas jurídicas.

El acceso a la justicia tiene una dimensión *pasiva*, de afirmación y realización de la legalidad, y una dimensión *activa* de contribución a la evolución y transformación del Derecho. Acceder a la justicia supone, por una parte, acceder a la legalidad, es decir, a su actuación en el caso concreto a través de un juez imparcial que aplica el Derecho. Pero supone también contribuir a la actualización y avance de esa legalidad presentando argumentos, identificando los casos regulados, haciendo propuestas interpretativas. El acceso a la justicia, como afirma Palombella (2021: 136), cumple la función de "catalizador para generar una materialización de derechos sustantivos cuya importancia anteriormente era incierta o cuya existencia ni siquiera había sido prevista". Y esta función generativa debe apreciarse desde la visión del carácter dinámico del acceso, como empresa en constante transformación y adaptación. Las barreras que encuentran las personas más desaventajadas no solo suponen dificultades para obtener la satisfacción de sus intereses afectados, sino la incapacidad de incorporar su perspectiva y problemas a la práctica jurídica.

A pesar de que el juez no encuentra su legitimación en la responsabilidad política sino en su sujeción a la ley, es un nexo de unión entre la sociedad y las instituciones. En el proceso se pone en contacto la realidad con las normas. La realidad se evalúa a la luz de las normas que el Derecho dota de autoridad. El derecho de acceso traduce las necesidades y demandas de las personas al lenguaje de las normas jurídicas. Las reclamaciones ante los tribunales fijan la agenda de la acción judicial y son la vía para introducir en el Derecho las demandas a las que se deben dar respuestas públicamente justificadas.

En lo que sigue planteo, en el apartado segundo, una propuesta para concebir el derecho de acceso a la justicia como una vía para la participación de la ciudadanía en el proceso continuo de creación y atribución de significados jurídicos en un foro regido por la razón pública, replanteando y ampliando la propuesta de Cristina Lafont más allá del control judicial de la constitucionalidad de las leyes. Este planteamiento supone, como se desarrolla en el tercer apartado, una concepción compleja del conjunto de arreglos institucionales que se requieren para traducir de modo legítimo la discusión pública en resultados jurídicos. Conforme a la misma, el acceso a los tribunales es un modo adicional y necesario de acceso de los ciudadanos a la conformación del Derecho en el que se prolonga el intercambio público de argumentos ante un litigio particular. Esta dimensión generativa y ampliada del acceso a la justicia, como se muestra en el apartado cuarto, refuerza el valor de la igualdad en su dimensión de igual capacidad para incoar un procedimiento judicial y participar en él de modo significativo y efectivo. Los obstáculos de todo tipo en el acceso que encuentran los peor situados suponen, en último término, una falta de poder jurídico. En el apartado quinto se muestra cómo esta concepción participativa del proceso judicial supone un modelo de maximalismo judicial conforme al que es posible integrar en el proceso la dimensión estructural o sistémica de las pretensiones de los peor situados. Por último, se plantea en el apartado sexto si esta dimensión participativa del acceso a la justicia se encuentra reforzada en la función de revisión judicial que realizan los tribunales superiores y que admite una interpretación en términos de contribución a la participación.

2. EL PROCESO JUDICIAL COMO VÍA DE CONTESTACIÓN JURÍDICA

Cristina Lafont vincula un modelo participativo de ciudadanía con la justificación del poder de los jueces de control de las decisiones del poder político. Desde la perspectiva de los ciudadanos, la revisión judicial puede considerarse una institución de control democrático. Su justificación se deriva en parte del derecho de los ciudadanos a contestar las decisiones políticas a las que están sujetos con contraargumentos que puedan llevar a replantear el debate público y a la anulación de esas decisiones. El acceso a un juez supone un derecho de contestación jurídica frente a decisiones legislativas que no han atendido reivindicaciones de las minorías. Es una vía de empoderamiento de los ciudadanos, que no pueden ser considerados meros receptores pasivos de las leyes una vez que han sido aprobadas en Parlamento, sino que han de desempeñar alguna función relevante en el proceso de atribución de significados jurídicos a lo largo del tiempo (Lafont 2021: 304).

Según Lafont, el juez constitucional da acceso al foro público a las razones de quienes no han visto atendidas sus reivindicaciones en el debate político. Las minorías cuyas razones no se han considerado en la ley pueden presentar su planteamiento y argumentos ante un juez. La justicia constitucional aparece como una herramienta que favorece la participación y la justificación mutua.

Este argumento puede ser extendido a cualquier proceso judicial, en el que se presentan argumentos en favor de los hechos y la interpretación y aplicabilidad de las leyes y los mismos son respondidos motivadamente por los jueces. Es más probable que sean las propias personas concernidas por las regulaciones jurídicas las que identifiquen las formas específicas en que son afectados sus intereses o derechos en casos particulares. Jeremy Waldron (2006: 1370) subraya esta dimensión epistémica al expresar sus dudas sobre la revisión judicial de la legislación ante la realidad del desacuerdo moral y político. Afirma que "es útil contar con un mecanismo que permita a los ciudadanos llamar la atención de todos sobre estas cuestiones *a medida que surgen*". Es posible que los déficits, contradicciones e injusticias de las normas jurídicas solo se hagan evidentes por quienes los sufren en sus propias vidas. En el proceso judicial las partes tienen el derecho a ser oídas y proporcionar pruebas de los hechos y argumentos adecuados en favor de ciertas interpretaciones jurídicas, teniendo los jueces la obligación de examinarlos y dar una respuesta razonada.

El valor de la participación en el proceso es indispensable para quienes tienen limitada de hecho su agencia política y, en palabras de Seyla Benhabib (2018: 118), solo pueden hacer suyos los derechos que se les niegan al reclamarlos[1]. El acceso es esencial si se parte de las premisas de la indeterminación parcial del Derecho y los desacuerdos acerca de cómo debería interpretarse. Acceder a los tribunales supone tener la capacidad de impugnar las consecuencias o insuficiencias de las leyes

---

1 Benhabib analiza el modo en que Rancière (2004) reformula la paradoja de los derechos humanos, esto es, que parece que uno los posee menos cuando es "meramente" humano. "Los derechos del hombre son los derechos de aquellos que no tienen los derechos que tienen y tienen los derechos que no tienen". Señala que el sujeto de los derechos es el que se involucra en un proceso de subjetivación o de ejercicio de los derechos, con el fin de tratar de cerrar la brecha entre las dos partes de la ecuación. En la primera mitad, la separación entre derechos humanos y derechos del ciudadano obliga a los que carecen de derechos en la comunidad política a ejercer derechos que en realidad no se está legitimado a ejercer. La segunda mitad de la fórmula de Rancière la interpreta Benhabib en el sentido de que el Derecho de los derechos humanos otorga a los desposeídos derechos que solo pueden hacer suyos al reclamarlos. Los derechos no solo se detentan cuando son proclamados, sino cuando las personas tienen la capacidad para hacerlos valer (Benhabib 2018: 118, 119).

a la luz de casos concretos. Ello supone reconocer a cada persona el derecho al acceso como capacidad efectiva de generar discusiones y cambios jurídicos. La ciudadanía no solo se limita a someterse a las leyes, sino que le corresponde también participar en su concreción y resignificación, dada la diversidad de intereses, daños o necesidades jurídicas.

El derecho a la contestación o el desafío jurídicos contribuye a que el proceso de justificación de las decisiones públicas no sea patrimonio exclusivo de los órganos estatales y sea accesible a los ciudadanos. Lafont alude a que las creencias políticas y mentalidades que subyacen a cada comunidad en momentos históricos determinados convierten ciertos juicios no solo en *controvertidos*, cuanto en *inaccesibles*. "Hacer accesibles puntos de vista desafiantes y los correspondientes cambios políticos como una *opción viable* dentro de una comunidad política requiere *revisiones masivas de creencias, valores, actitudes, intereses y mentalidades predominantes en la comunidad en cuestión*" (Lafont 2021: 186). Las posiciones inaccesibles pueden llegar a ser accesibles y entrar en el terreno de la contestación jurídica. Pero, para ello, han de ser "provocados", afirma Lafont. Podríamos afirmar, ampliando el planteamiento de Lafont a cualquier sede jurisdiccional, que cuando personas de minorías desempoderadas, inician una acción ante un tribunal, desafían judicialmente algún tipo de discriminación legal o estructural. Y, con ello, contribuyen a "juridificar" un problema o cuestión controvertida que había sido obviada por el Derecho.

La vía judicial es solo uno de los modos en que las reivindicaciones de opciones alternativas pueden producir cambios en el ámbito jurídico. Pero es una vía necesaria si se tiene en cuenta que las relaciones sociales de justificación, de las que habla Rainer Forst (2015), son asimétricas y es necesario crear las condiciones para que cualquier persona pueda cuestionar las justificaciones dadas y plantear otras. Ello requiere la existencia de instituciones que permitan a cualquier ciudadano cuestionar las leyes y políticas que considere irrazonables, solicitando que se ofrezcan razones en su apoyo. Se introduce, así, la falibilidad en el debate público, abriendo el Derecho a la pluralidad, la complejidad y la incertidumbre (Sahuí 2024: 42). Desde esta premisa, es una exigencia democrática que los ciudadanos no defieran sin más las decisiones políticas mayoritarias, sino que tengan la oportunidad de contestar esas decisiones sobre la base de consideraciones que puedan probar y argumentar (Lafont 2021: 254, 262).

El proceso judicial concede a las partes afectadas la oportunidad, institucionalmente protegida, de presentar pruebas y argumentos que apoyen una decisión a su favor, teniendo la oportunidad de responder a los argumentos de la otra parte. Este aspecto participativo es esencial para la correcta interpretación y aplicación de las normas jurídicas. "Cuando los procedimientos permiten una auténtica participación, en el sentido de que pueden plantearse y responderse cuestiones de justicia, y cuando toda norma está en última instancia abierta a la impugnación y, en consecuencia, a la modificación, el ciudadano es tratado con el respeto que merece su dignidad" (Allan 1998: 510).

La relevancia de la participación en el proceso judicial deriva de que decidir conforme a Derecho no siempre resulta determinado y el deber de respeto a la ley integra también el deber del decisor de considerar la fundamentación de las opciones interpretativas que plantean las partes. El proceso permite un equilibrio entre la exigencia de legalidad y otras exigencias sociales planteadas por la ciudadanía. Volviendo de nuevo a las palabras de Allan (1998: 515), "el valor de los procedimientos justos consiste finalmente en la combinación de nuestro compromiso con la justicia sustantiva y nuestra incertidumbre sobre lo que eso significa en las circunstancias de un caso concreto, una cuestión sobre la que la persona o personas más estrechamente afectadas pueden a menudo arrojar una valiosa luz". En la medida en que esto sea así, las partes del proceso pueden verse como participantes en el proyecto colectivo de configuración del Derecho. Es la premisa de la permanente disputabilidad de las normas la que está en la base de la dimensión democrática del proceso judicial.

Amartya Sen distingue entre la dimensión constitutiva y la instrumental en relación con el papel de la libertad en el desarrollo[2]. La distinción se puede emplear en relación con el acceso a la justicia. La dimensión constitutiva se refiere al valor del acceso a la justicia en sí mismo para el enriquecimiento y dignidad de la vida humana; la dimensión instrumental se refiere al acceso como medio para realizar y expandir el resto de derechos básicos. El derecho al acceso es la vía para defender y hacer efectivos los otros derechos en igualdad con otros y mediante procedimientos legales (Marshall 1997: 302). O, en fin, en palabras de Robert Alexy (1993: 460), a todo derecho fundamental material le están adscritos derechos procedimentales.

Estas consideraciones no implican que el derecho de acceso sea, sin más, un derecho instrumental, sino un derecho con sustantividad y valor propios derivado de principios tales como la racionalidad, participación y dignidad humana intrínsecos al significado y propósito del proceso. Organizar las decisiones mediante ciertos procedimientos no solo tiene una dimensión formal, sino también sustantiva, en cuanto con ello se pretende lograr valores y fines prácticos propios del Derecho (Vega 2018: 137). El procedimiento es un elemento esencial para la aceptabilidad de las decisiones jurídicas. La imposibilidad de alcanzar soluciones a los problemas jurídicos que satisfagan a

---

2 Sen (2000: 55) afirma que el papel constitutivo de la libertad está relacionado con la importancia de las libertades fundamentales para el enriquecimiento de la vida humana. Desde esta perspectiva, el desarrollo implica la expansión de las libertades; estas son parte constitutiva del propio desarrollo. El papel instrumental hace referencia a que las libertades también pueden contribuir al desarrollo.

todas las partes interesadas no obsta para que las partes interesadas puedan considerar correcto el modo de abordarlo o se sientan excluidas o no reconocidas en ocasiones (Brems 2017: 18). Esto no solo es válido en el proceso legislativo, sino también en el administrativo y el judicial. En este último, la justicia de la decisión no solo depende de la justificada selección e interpretación de las normas y de la confirmación confiable de los hechos relevantes del caso, sino también del uso correcto de las normas procedimentales y las posibilidades de participación equilibrada de las partes.

El acceso a la justicia debe concebirse como un derecho social que exige del Estado la constitución de estructuras materiales y jurídicas que garanticen su vigencia en condiciones de igualdad. Es necesario, primero, generar las condiciones para que todos puedan acceder a los órganos jurisdiccionales y puedan alcanzarse resultados individual y socialmente justos en el proceso. Y es necesaria, en segundo lugar, la disponibilidad de órganos y mecanismos procedimentales que permitan obtener una protección jurídica efectiva. En este sentido, el derecho de acceso a la justicia debe adscribirse, en la terminología de Jellinek que adopta Alexy, al estatus positivo, en cuanto tiene por objeto el deber del Estado de posibilitar las condiciones para la protección jurídica efectiva, y activo, en cuanto esa decisión se alcanza con la participación del ciudadano.

En la idea de *status activus processualis* de Peter Häberle (1972: 81-86; 2019: 73-79), la exigencia jusfundamental del debido proceso supone que la adecuada protección de los derechos fundamentales exige la existencia de un procedimiento adecuado que permita al individuo participar en la formulación de aquellas decisiones que incidan en su esfera de intereses, necesidades y pretensiones. Esta idea, concebida en relación con la administración prestadora del Estado social, no solo apela a un derecho al procedimiento, sino también a una participación en el mismo del destinatario de la prestación.

El Estado ha de establecer la regulación necesaria sin la cual el ejercicio del derecho no puede ser efectivo. El derecho de acceso a la justicia exige una compleja organización institucional y un amplio desarrollo normativo como condiciones de posibilidad de ejercicio del derecho. Las medidas organizativas y las políticas orientadas al acceso a la justicia deben concebirse en el marco general de políticas de integración de sujetos excluidos, distribución de recursos y capacitación para la participación en la esfera pública. Son estas condiciones las que son necesarias para que, como afirma Alejandro Sahuí (2024: 101), la ciudadanía pueda disputar mediante el proceso el significado de los derechos y del resto de normas jurídicas en todos los ámbitos.

3. LA FORMACIÓN DEL ORDEN JURÍDICO DEMOCRÁTICO COMO PROCESO COMPLEJO

En los últimos años, se habla de un giro sistémico en la concepción de la deliberación política. El sistema deliberativo se concibe como "un conjunto interrelacionado de individuos, asociaciones civiles e instituciones políticas formales reunidas en una unidad política, vinculadas de tal manera que forman un todo complejo, y comprometidas con la producción, transformación y expresión de emociones, preferencias, discursos y argumentos políticos considerados, en el contexto de la resolución de conflictos y la adopción de decisiones colectivas legítimas, respetuosas, inclusivas e igualitarias de manera continua" (Bello Hutt 2017b: 87). Los foros y procesos que formalizan la discusión y la traducen en términos de legalidad son solo una parte de ese sistema deliberativo. Pero, por un lado, esos procesos, aún interrelacionados con el resto de elementos del sistema, tienen una función propia en el sistema deliberativo amplio; y, por otro lado, el sistema de legalidad debe concebirse también de modo complejo como conjunto interrelacionado de instancias discursivas que contribuyen de modos diversos a la generación y evolución del Derecho.

Son diversos los actores institucionales, entre los que se encuentran los jueces, que forman parte del complejo entramado institucional mediante el que es posible traducir la deliberación pública a resultados jurídicos. La cuestión de la legitimidad de las decisiones jurídicas de todo tipo implica preguntarse acerca del conjunto de arreglos institucionales que proporcionan una mejor garantía de la participación de la ciudadanía en la elaboración de los significados jurídicos (Lafont 2021: 304). La estructura y componentes de esos arreglos es compleja y varía en función del contexto social, histórico y político. Y la legitimidad de cada institución dentro del sistema depende de su competencia para cumplir una función social positiva dentro del mismo (Fiss 2007: 84).

El ideal de autogobierno supone que todos los ciudadanos puedan apropiarse o identificarse por igual con las instituciones y leyes a las que están sujetos y que estas sean receptivas a sus intereses y objetivos. El acceso a los tribunales es un modo adicional y necesario de acceso de los ciudadanos a la conformación del Derecho que debe estar sometido, como tal, al principio de igualdad en sentido político-jurídico. Este modo de acceso a la discusión jurídica está especialmente justificado cuando las vías políticas de participación están bloqueadas. Jeremy Waldron reconoce límites a su crítica democrática a la revisión judicial cuando la mayoría de la ciudadanía llevada por sus prejuicios difiere de modo injustificado o no razonable de la estimación que miembros de una minoría hacen de sus propios derechos (Waldron 2006: 1395, 1404).

La visión procedimentalista y compleja de la participación pone el énfasis al mismo tiempo en la participación y en el conflicto. Y supone que cualquier decisión es revisable. La imposibilidad de poner fin al conflicto sitúa el problema en cuál sea la base de la legitimidad de cualquier decisión frente a un desacuerdo persistente e inevitable. Desde una consideración normativa del procedimentalismo ese fundamento se encuentra en los recursos para la contestación y la crítica y, de este modo, la revisabilidad de las decisiones públicas (Gebh 2021: 23-24). Tales recursos suponen, en el ámbito jurídico, la accesibilidad y participación efectivas en entornos institucionales de toma decisiones jurídicas plurales que combinan prácticas de justificación diversas. La inclusión de una pluralidad de perspectivas y necesidades se ve ampliada si el debate político sobre las leyes se prolonga en el discurso jurídico de intercambio de argumentos ante un litigio particular. La relevancia del desafío y la revisabilidad implican el deber de atender las demandas e interpelaciones a la ley desde los problemas de casos concretos.

En el modelo constitucionalista, como bien ha remarcado Luigi Ferrajoli, la dimensión sustancial del Estado de Derecho se traduce en una dimensión sustancial de la propia democracia. La tutela y satisfacción de los derechos es complementaria a la dimensión formal de la democracia. Ferrajoli (2010: 23) contrapone la sustancia a la decisión, la "esfera de lo indecidible" a la "esfera de lo decidible". No obstante, como afirma Alfonso Ruiz Miguel (2000: 13) cuando a la sustracción de los derechos fundamentales a las decisiones de la mayoría se une la amplitud extensional e intensional del catálogo de esos derechos, se deja muy poco a la capacidad de decisión democrática. Tras el ocultamiento de la dimensión normativa e ideológica de la concreción del contenido y alcance de los derechos en contextos de pluralismo valorativo y conflictos ideológicos se encuentra, afirma el propio Ferrajoli (2010: 34) una "excesiva confianza en el papel garantista del Derecho". Se debe reconocer, pues, la necesaria complementariedad entre el sistema político y el sistema judicial en la concreción del contenido de los derechos, que no podría lograrse ni en un sistema no democrático ni en uno que deje las decisiones enteramente a las mayorías.

El constitucionalismo, una teoría moderadamente objetivista de la interpretación y la complejidad de la realidad social suponen que la función de los jueces no puede ser meramente la de declarar el Derecho, sino la de atribuir sentido al Derecho a la luz de los casos concretos, adaptándolo a las necesidades sociales y jurídicas y haciendo posible su evolución. Existe siempre un salto desde el texto general del enunciado legal y la situación concreta, haciendo inevitable una elaboración interpretativa en el momento de la aplicación por el juez. Asumida la indeterminación parcial o flexibilidad semántica de los términos jurídicos, la asignación de significados ante problemas jurídicos cambiantes por los jueces hace que estos desempeñen un rol importante en la evolución del significado de los términos en la comunidad jurídica (Ramírez-Ludeña 2024: 213).

De acuerdo con lo anterior, se puede considerar que la jurisdicción y el poder legislativo desarrollan una tarea coordinada y colaborativa para que exista un Derecho que evolucione y se ajuste a las necesidades sociales, fundamentalmente en la labor que desempeñan los tribunales supremos. Se tiene, así, afirma Marinoni (2016: 210), que "i) la función real de un tribunal supremo no es controlar la legalidad de las decisiones, sino, definir el sentido del texto de la ley, a partir de un método interpretativo abierto a valoraciones y decisiones racionalmente justificables; ii) la alteración de la función del tribunal supremo preocupado con el Derecho estatal infraconstitucional es consecuencia del impacto del constitucionalismo y de la evolución de la teoría de la interpretación; iii) esta nueva función sitúa los tribunales supremos junto al Poder Legislativo, apartándolos del lugar de mera tutela del legislador, en el que los situó el Derecho inspirado en los valores de la Revolución Francesa; y iv) la corte suprema, dada su función contemporánea, añade sustancia al orden jurídico, que, de esta forma, también pasa a estar integrado por los precedentes judiciales".

La función de los jueces solo puede entenderse adecuadamente en el contexto del sistema social y político en el que la desempeñan. Mediante su discurso, categorías y procedimientos, el Derecho constituye un marco a través del que los individuos captan la realidad y desarrollan la interacción social (Berman 2002: 111-112). La relación entre el proceso judicial y la democracia no es de suma cero, conforme a la que el aumento de uno lleve necesariamente a la disminución del otro, sino de mutuo enriquecimiento. De hecho, la tarea judicial en la definición y aplicación de los derechos puede revitalizar la política (Post y Siegel 2007: 404). Esta perspectiva sistémica es esencial para analizar y valorar desde una visión de conjunto las diferentes piezas del sistema democrático, teniendo en cuenta el rol y la posición que ocupa cada institución dentro del mismo (Martí 2023: 95).

Se puede considerar que la propiedad deliberativa de la democracia es transversal a todas las instituciones, como modo de adoptar decisiones dando razones públicamente e incorporando la voz de los afectados (Ucín 2020: 160). "Superando su visión estática o descriptiva, el Derecho es discurso jurídico que forma parte de la razón práctica... ya que si se trata de extraer una interpretación valiosa, el juez no debe correr o despreocuparse del asunto, sino afrontar y abrazar el conflicto, considerar los diferentes puntos de vista y fomentar el diálogo, especialmente en tiempos de democracia" (Pisfil 2021: 30). La complejidad de la tarea de asignar significados jurídicos a los textos legales supone que las decisiones adoptadas no tienen que aceptarse acríticamente, sino en un intercambio de argumentos también entre los propios tribunales. La deliberación entre estos genera una mayor responsabilidad en la toma de decisiones interpretativas y en su motivación (Ramírez-Ludeña 2024: 219-220).

Desde la concepción deliberativa de la democracia el espacio que pueden ocupar los jueces en la discusión pública obedece a su capacidad para desarrollar un discurso racional y dar audiencia a las partes afectadas. En el proceso judicial convergen dos elementos esenciales de la deliberación: primero, el ser una de las sedes centrales de la práctica justificativa que obliga a dar razones en apoyo de las demandas y decisiones y, segundo, dar acceso y participación a quienes van a verse afectados por las mismas. El proceso judicial combina, pues, la exigencia de racionalidad en la toma de decisiones jurídicas con la exigencia de dar entrada y atender las contribuciones de los actores individuales o colectivos que presentan demandas y esperan soluciones jurídicas.

Es este segundo elemento, afirma Donald Bello (2017b: 92-93), respecto del que los tribunales cumplen un papel determinante en el marco del sistema deliberativo. Su orientación funcional a casos particulares permite salvar el riesgo de que la cualidad deliberativa se quede solo en el nivel sistémico, teniendo lugar entre las élites institucionales sin participación de individuos y grupos. "Los tribunales son especialmente útiles en contextos donde las relaciones de poder probablemente no favorezcan a los más desfavorecidos, ya que pueden fallar con independencia del poder que tengan las partes, proporcionando así las condiciones necesarias para ejercicios de interés propio no coercitivos ni abusivos. Los tribunales servirían al sistema, harían visibles a los individuos y pondrían a prueba cómo se están aplicando las normas generales a personas específicas" (Bello Hutt 2017b: 92-93).

A diferencia del autor, no obstante, considero que esta contribución a la participación del proceso judicial no se orienta solo a la reparación de agravios y la violación de derechos, sino que está ligada a la participación en la función judicial de determinación del contenido del Derecho. La finalidad del acceso a la justicia no es solo la de tutelar el derecho del particular, sino también la de permitir revisar el sentido de las fuentes jurídicas si se justifica debidamente en relación con un problema jurídico derivado de la evolución de la realidad social o la ampliación del foco de perspectivas sobre cuestiones jurídicamente controvertidas. El acceso favorece interpretaciones innovadoras significativas para la vida social. Desde una concepción escéptica o moderada de la interpretación, la igualdad de los ciudadanos no puede limitarse a la igualdad ante la ley, sino que debe integrar el igual acceso al proceso judicial en el que esa ley adquiere significado ante el caso.

4. ACCESO A LA JUSTICIA E IGUALDAD

Si, como se acaba de señalar, en el proceso judicial las disposiciones jurídicas dotadas de autoridad son provistas de significado y son concretadas, acceder a la justicia supone algo más genérico que obtener una solución motivada a un conflicto particular. Y ocurre que quienes por razones de pobreza, exclusión o subordinación no tienen una influencia política en el diseño de las leyes encuentran también obstáculos para acceder a la determinación del Derecho en los casos concretos.

Cuando Cristina Lafont defiende la revisión judicial en virtud del importante papel que desempeña en el empoderamiento jurídico habla de que asegura la "participación efectiva de todos los ciudadanos en condiciones de igualdad en la configuración del contenido y alcance de sus derechos". El problema de la contribución del acceso a la justicia como vía de participación en la configuración del Derecho es que ni es efectivo ni se produce en condiciones de igualdad. Del mismo modo que en el ámbito político la igualdad supone el igual derecho al voto, la vía judicial debe suponer el igual acceso al proceso. Ciertamente existe una diferencia esencial entre el derecho al voto y el derecho a la participación en el proceso judicial. Mientras el primero da autoridad a los ciudadanos para tomar decisiones, el acceso al proceso no da derecho a "decidir" sino a una audiencia justa de los argumentos y objeciones en relación con un caso (Lafont 2021: 309). Pero esta diferencia no obsta para reconocer la relevancia del acceso a la justicia para tener influencia jurídica. También en esta esfera de participación en la deliberación pública es necesario garantizar la igualdad.

Si se reconoce al acceso al proceso una dimensión participativa, resultan especialmente recriminables las mínimas posibilidades con que cuentan muchas personas para iniciar el proceso. No solo en relación con el modo restrictivo en que se regula la legitimación activa, sino, además, en relación con los obstáculos de todo tipo que encuentran para iniciar y mantener una demanda judicial. Factores institucionales, organizativos, materiales, económicos, lingüísticos, culturales, físicos, geográficos, temporales o epistémicos suponen que el coste individual y la percepción de la necesidad de iniciar la vía judicial para enfrentarse a normas vigentes no puede ser igualmente asumido por cualquier persona. Las barreras en el acceso determinan la posición jurídico-procesal que ocupan distintos grupos de personas de modo sistemático, existiendo, pues, una continuidad entre la justicia social y la justicia procesal. La racionalidad y equidad del proceso de la que he hablado al comienzo no puede pensarse ni realizarse en abstracto. Lo que ocurre ante el tribunal, así como antes y después, viene determinado por el contexto y la posición social de las partes.

Estas barreras condicionan la acción de los tribunales, que no viene determinada solo por las decisiones normativas de legislador y ejecutivo y por las vías procesales habilitadas por la ley, sino por las reclamaciones de particulares, empresas o funcionarios que llevan el conflicto al juez. Las demandas fijan la agenda de los jueces y, con ello, condicionan el poder jurídico que ostentan. La provisión del servicio de justicia refleja las pretensiones y necesidades de quienes acuden al mismo, de modo que los obstáculos al acceso a la justicia tienen consecuencias para el tipo de demandas que se atienden. Los derechos se quedan en el papel si no se invocan en conflictos reales (Anderson 2012: 2, 31). La consecuencia es que el orden jurídico está sesgado a favor de los mejor situados, no solo por su mayor influencia política en el proceso de creación legislativa, sino también por su mayor acceso a los tribunales.

La concepción negativa de la actuación esperable de los jueces se incorpora en muchas ocasiones a la larga lista de obstáculos a la dimensión participativa del proceso judicial y su valor democrático. No cabe esperar, afirma Roberto Gargarella (2023: 135), de los tribunales "el desarrollo de tareas y propósitos (inclusivos y deliberativos, por ejemplo)... bajo las condiciones e incentivos institucionales presentes, que ellos desarrollen. Más bien lo contrario: en las condiciones presentes, esperablemente, los jueces tenderán a actuar de una forma tal que les permita expandir su poder, afirmarse en su vanidad, ganar influencia y poder de decisión, imponer sus propios criterios sobre los de la política, etc.". ¿Por qué, se pregunta el autor, son los jueces los encargados de decidir cómo se lee el Derecho ante la realidad del desacuerdo? ¿Por qué si ellos tienen tantas dudas como nosotros? (Gargarella 2022: 206).

Cabe, no obstante, albergar una posición más positiva si se tiene en cuenta que la dimensión participativa del acceso a la justicia no deriva del modo en que son seleccionados los jueces ni de la actual composición de la judicatura, así como tampoco de los escasos incentivos institucionales a contribuir al avance de la deliberación. Si cabe esperar una aportación de la judicatura a la participación ciudadana es por la conexión esencial entre procedimiento judicial y racionalidad. La judicatura, afirma Owen Fiss (2007: 17), suscita nuestro respeto porque implica una forma especial de diálogo con el público. Es especial porque a) los jueces no controlan su agenda y están obligados a escuchar y confrontar quejas y reclamos que, en otras circunstancias, preferirían ignorar; b) deben escuchar un espectro amplio de personas e intereses; c) deben responder los quejas y reclamos y asumir responsabilidades por sus decisiones; d) deben ser imparciales frente a los litigantes e independientes; y e) deben justificar sus decisiones con base en razones públicamente aceptables (Fiss 2007: 33-34). El reconocimiento de la función del juez en la deliberación jurídica solo puede hacerse en el marco de un proceso que responda a estas exigencias.

La racionalidad no se espera solo en la argumentación de la sentencia, sino también en el desarrollo del proceso. Las partes deben encontrarse en una posición que les permita plantear sus argumentos y contraargumentos en condiciones de igualdad y estos deben ser tenidos en consideración por el juez en su decisión motivada.

El procedimiento ha de tener por objeto establecer y comunicar una resolución justificada sobre los hechos conforme a las normas vigentes. En la medida en que los involucrados consideren ese procedimiento ininteligible o ajeno, esto es, en la medida en que no estén capacitados para comprender y participar en el procedimiento, su derecho se convierte en una "parodia". Seguir el procedimiento se supone una empresa racional que trata de persuadir, a las partes y a la sociedad en general, de la justicia de sus conclusiones (Duff 1986: 142, 110-119).

Esta racionalidad del proceso debe entenderse como racionalidad comunicativa, tanto en relación con la exigencia de participación de las partes como respecto de la necesidad de la lógica deliberativa en la actividad del juez. Por una parte, reclamar un acceso igual a la justicia supone que en el proceso cada sujeto tenga capacidad para ejercer su agencia en el espacio público de las razones, en igualdad con el resto. La concepción discursiva del proceso pone el foco en la relevancia de la aportación de las partes afectadas en la revelación de información relevante y la introducción de problemas y posibilidades jurídicas de solución determinantes. Como afirma Carlota Ucín, los participantes en el proceso podrán estar de acuerdo con lo que se ha decidido, pero "si no lo estuvieran, igualmente aceptarían el resultado de un proceso que los tuvo en consideración" (2022: 71).

Por otra parte, se exige una concepción discursiva, no monológica, de la función del juez. En palabras de Habermas

(2005: 295), "el juez individual ha de entender básicamente su interpretación constructiva como una empresa común, que viene sostenida por la comunicación pública de los ciudadanos". Las condiciones procedimentales deberían asegurar que las razones e informaciones relevantes puedan hacerse oír y desplegar la fuerza motivacional que les es inherente (2005: 299). El juez escucha y debate con abogados y otros magistrados argumentos acerca de los hechos y las normas y precedentes, siendo su decisión una conclusión de esa deliberación (Fiss 2007: 269).

La función participativa del proceso cobra sentido si los derechos no se conciben como normas acabadas, sino exigencias que se definen históricamente en la lucha social y política. En este sentido, los tribunales, mediante los que se articulan las reivindicaciones de derechos, pueden ser el instrumento para avanzar en su definición. La estrategia procesal y la estrategia social se pueden reforzar entre sí para contribuir al cambio jurídico cuando el legislador no atiende adecuadamente las nuevas formas de desigualdad y las nuevas necesidades individuales y colectivas de tutela.

El cambio por vías institucionales distintas de las autoridades legislativas a instancia de grupos sociales desaventajados no es el modo ideal de lograr la satisfacción de los derechos, pero es una vía que contribuye de modo subsidiario cuando el legislador no actúa o lo hace vulnerando y restringiendo derechos. Son particularmente los grupos más vulnerables los que no encuentran atendidas en la legislación promulgada sus necesidades. Acceder a la justicia supone acceder a la posibilidad de cambiar el Derecho para promover derechos e intereses. Supone un modo de *empoderamiento jurídico* que aumenta el control de las poblaciones desfavorecidas sobre sus vidas (Golub 2003: 25). Para ello se requiere hacer efectivas capacidades como tener el conocimiento necesario para identificar el problema jurídico, responsabilizar o identificar a quien ha incumplido una obligación y comprender las normas jurídicas, así como la disponibilidad de vías para obtener reparación cuando estas resulten violadas (Durojaye, Mirugi-Mukundi y Adeniyi 2020: 233).

5. MAXIMALISMO JUDICIAL. EL LITIGIO DE INTERÉS PÚBLICO

Desde un enfoque minimalista, los tribunales deberían intervenir en las disputas de manera contenida y prudente, decidiendo cuestiones específicas en lugar de establecer precedentes amplios que puedan restringir futuras reclamaciones. Esto permite dejar cuestiones controvertidas abiertas para futuros debates democráticos (Sunstein 2001). El minimalismo judicial favorece un sistema abierto y flexible que permite una mayor participación desde circunstancias específicas muy diversas al no imponer soluciones rígidas y con alcance excesivamente amplio. De este modo, el Derecho evoluciona gradualmente, adaptándose mejor a las necesidades reales de las personas.

Sunstein considera que, en una sociedad heterogénea, las personas razonables discrepan sobre una gran cantidad de asuntos. Los tribunales deberían tratar de economizar el desacuerdo moral evitando desafiar los compromisos morales profundamente arraigados de otras personas cuando no sea necesario hacerlo. Para ello, deberían adoptar "acuerdos incompletamente teorizados", lo que les permitiría dejar los desacuerdos a un lado y converger en un resultado con una justificación relativamente modesta. Según el autor, las decisiones judiciales maximalistas, aunque buscan expandir derechos de manera rápida y generalizada, pueden tener el efecto opuesto de provocar resistencias políticas que obstaculicen cambios futuros.

Frente a esa posición, el enfoque maximalista considera el proceso judicial como un instrumento adicional de la práctica democrática argumentativa en la que debatir y cambiar el significado de los principios y leyes compartidos en un contexto de pluralismo. "Mientras los grupos continúen discutiendo sobre el significado de nuestra Constitución común, seguirán comprometidos con una empresa constitucional compartida. Se ha observado acertadamente que nuestro sistema constitucional consiste en una tradición históricamente extendida de argumentación cuya integridad y coherencia se encuentran en, no fuera de, la controversia" (Post y Siegel 2007: 405-406, 427). El proceso judicial puede ser un elemento adicional a las instituciones representativas para canalizar disputas de modo que puedan generar nuevos significados jurídicos en un marco que resulte aceptable para todos. En él toman forma y son nombrados problemas y se les da voz a sujetos con necesidades jurídicas particulares. En este sentido, el acceso al proceso no consiste solo en que sujetos concretos puedan acceder a una decisión imparcial individual, cuanto en que se obtengan resultados socialmente justos (Cappelletti y Garth 1981). La justicia a la que se tiene derecho a acceder no es solo la justicia individual obtenida a través de la resolución, sino también la justicia social obtenida a través de la creación de nuevo Derecho (Shapiro 1981: 291).

Es democráticamente legítimo que los litigantes en un proceso judicial tengan objetivos más genéricos que los puramente particulares del caso (Lafont 2021: 307). El proceso contribuye a la producción de cambios jurídicos generales, actualizando y revisando el Derecho mediante la creación de doctrina judicial que corrija inconsistencias o vacíos jurídicos, la revocación de precedentes a partir de argumentos renovados o la fijación de interpretaciones novedosas de las fuentes jurídicas. Este elemento iusgenerativo es particularmente intencionado en el supuesto del litigio de interés público.

Desde la concepción maximalista del proceso judicial, el derecho a ser oído, que es parte de las garantías individuales esenciales de la tutela judicial, se puede concebir en sentido amplio como derecho a participar en el proceso de toma de decisiones públicas integrando perspectivas, intereses y necesidades. Muchos de los obstáculos que encuentran las personas desfavorecidas en el acceso a la justicia derivan de la necesidad de ajustar la diversidad de necesidades jurídicas a los esquemas y categorías del orden jurídico. Particularmente difícil resulta integrar en el proceso la dimensión estructural y colectiva de muchas de las pretensiones y problemas que afrontan los peor situados.

El litigio de interés público puede contribuir a integrar problemas o enfoques nuevos desde una triple perspectiva (Baumgärtel 2019: 7-8). Proporciona, en primer lugar, acceso a los tribunales a aquellos cuyos derechos se ven afectados pero cuya oportunidad real de iniciar y sostener un proceso está sumamente restringida. De este modo, acceden a los tribunales casos concretos que no llegarían a ellos. En segundo lugar, como he señalado, el litigio puede desplegar efectos respecto del desarrollo del Derecho, mediante la contribución de los jueces a la interpretación de las disposiciones normativas, a las decisiones de casos análogos o a la determinación de las condiciones de aplicación de las disposiciones. Por último, este litigio pretende desplegar efectos estratégicos más amplios. Se espera que su efectividad suponga el impacto de la decisión en el avance de los derechos litigados, en las políticas estatales o supranacionales, en los procesos legislativos y en la evolución de la sociedad en general.

Es especialmente en las dos últimas dimensiones en las que el litigio de interés público puede contribuir a proteger derechos de los más vulnerables y reequilibrar las relaciones de poder mediante el replanteamiento de las interpretaciones jurídicas y la presión en favor de transformaciones legislativas. Pero es la primera dimensión, la que atiende a la efectividad del litigio para el caso específico, la que plantea dudas acerca de la idoneidad de la litigación estratégica, en la medida en que su éxito o fracaso no se mide solo desde el punto de vista del interés del litigante individual, sino también de fines sociales más amplios. Y esta relación entre efectos de primer y segundo orden no está siempre libre de dificultades (Baumgärtel 2019: 122). Actuar en interés de los demandantes puede suponer la pérdida de oportunidades en relación con los intereses estratégicos en juego. Pero perder de vista las experiencias y perspectivas de los demandantes particulares puede suponer convertir a los más vulnerables en meros objetos del proceso. Se trata de buscar un equilibrio entre ambas dimensiones.

Desde el punto de vista participativo, el litigio de interés común resulta destacable por su capacidad para hacer que se vean adecuadamente representados en el proceso judicial los intereses de grupos infrarrepresentados en el espacio público (Fiss 1993: 970-972). La abogacía en pro de los movimientos sociales representa a esos movimientos mediante "estrategias de defensa jurídica interrelacionadas y planeadas conscientemente, dentro y fuera de los espacios formales en los que se crea el Derecho, por abogados que rinden cuentas a grupos sociales políticamente marginados, con el fin de darles poder a esos grupos para que produzcan y mantengan los cambios sociales democráticos que ellos mismos definan" (Cummings 2019: 166). La representación de abogados que actúan en el seno de organizaciones y asociaciones de defensa de intereses colectivos resulta central para hacer valer aquellos intereses que exceden los de los propios litigantes.

No obstante, el rol determinante del abogado en el manejo de las estrategias jurídicas para maximizar el potencial del proceso en la denuncia y transformación sociales puede generar el rechazo de quienes consideran jerárquica, elitista y antidemocrática la promoción del abogado como agente de cambio, relegando el activismo social a un papel subordinado (Hilbink 2006: 64). En muchas ocasiones, el litigio no da voz a los propios afectados sobre los daños sufridos y las necesidades a atender. Un litigio de interés público basado en un modelo participativo supone una relación dialógica entre abogado y afectados, de modo que estos aporten habilidades y conocimientos en una lucha conjunta.

El modelo participativo permite empoderar a los afectados mediante su participación activa y colectiva en las diferentes fases del proceso. La interacción colaborativa entre abogado y representados genera un aprendizaje mutuo y brinda a los afectados una voz auténtica y no mediada para presentar sus necesidades y demandas ante los jueces y el público (Lobel 2022: 92). Las vías colectivas de acceso a la justicia abren la discusión jurídica a las partes interesadas que no tienen influencia real en el ámbito político; al mismo tiempo que llevan al proceso a sujetos con poder económico y político que ejercen una influencia desproporcionada en el Derecho legislado (Sabel y Simon 2004; Ucín 2017: 248).

El abogado debe reflejar las voces de las personas marginadas que representa, comprendiendo lo que quieren los demandantes y desde su propia descripción de su situación desventajada. Su participación es particularmente relevante para abordar los problemas estructurales, puesto que los demandantes comprenden los problemas implicados mejor que los abogados (Lobel 2024: 229, 232-233, 235). La especial posición epistémica de los sujetos que tienen una experiencia propia de la situación injusta supone que son ellos los que pueden evidenciar en mayor grado el carácter sesgado o parcial de los recursos hermenéuticos jurídicos dominantes. Es desde la propia experiencia de marginación desde donde se pueden incorporar al Derecho otras realidades de vulneración de derechos y otros significados jurídicos. Autores como Amandine Catala (2015: 433) o David Ingram (2021: 37) emplean el concepto de "privilegio epistémico" para referirse a la particular percepción que los miembros de grupos desaventajados tienen de las experiencias que llegan al proceso judicial y de las preguntas y demandas que derivan de ellas. El aprovechamiento de esa experiencia para cuestionar los significados y soluciones jurídicas vigentes ayuda, además, a la toma de conciencia (*consciousness raising*) que se alcanza en la práctica de compartir experiencias para identificar patrones de opresión sistémica y generar demandas de cambios. De este modo, se logran visibilizar desigualdades que los peor situados experimentan sin haberlas conceptualizado ni traducido jurídicamente.

Las reglas procesales son factores institucionales claves para que puedan desarrollarse acciones judiciales de alcance colectivo. Resulta esencial reflexionar acerca de cómo debería ser la regulación adecuada del proceso para que se adapte a formas de interacción discursiva (Ucín 2022: 73). Se requiere que la litis se determine en el proceso en su complejidad y ello supone la inclusión de las diferentes perspectivas y necesidades que, especialmente en el litigio de interés público, tiene carácter "policéntrico" debido a la naturaleza estructural del problema (Ucín 2018; Fiss 2007: 63). En los asuntos de trascendencia pública deberían ampliarse las categorías subjetivas del proceso e integrar todos los grupos de interés afectados, cada uno de los cuales puede aportar una dimensión del problema y los hechos controvertidos. Las reglas procesales habrán de definir quiénes pueden representar a grupos o intereses colectivos, las intervenciones de terceros sin intereses directos como *amicus curiae*, la creación de audiencias públicas, o la participación en procedimientos de ejecución de sentencias (Abramovich 2009: 85). Estas adaptaciones procedimentales deberían ser paralelas a procesos discursivos más amplios entre instituciones y entre estas y los movimientos sociales.

Estos procesos de cambios jurídicos informales mediados por la jurisdicción se han analizado especialmente en relación con el cambio constitucional, pero pueden ampliarse a una diversidad de procesos de cambio jurídico operado en prácticas interpretativas ampliadas. Se puede pretender revisar, por ejemplo, una práctica administrativa o una estructura burocrática, lograr la tutela efectiva de derechos, colmar un vacío normativo, declarar el incumplimiento de las obligaciones positivas contraídas por el Estado, o impugnar regulaciones o políticas sociales o la ineficacia de las mismas. Pero fundamentalmente, cabe apreciar el potencial de la litigación de interés público para la transformación jurídica mediante la resignificación de las disposiciones legisladas que atienda otras perspectivas y necesidades.

6. LA REVISIÓN JUDICIAL DESDE LA PERSPECTIVA DE LA PARTICIPACIÓN

La dimensión participativa del acceso a la justicia se aprecia en cualquier ámbito de la justicia ordinaria, en la que cada día se presentan ante el Derecho demandas de daños, necesidades o intereses que esperan decisiones justificadas atendiendo a las razones presentadas por las partes que subvierten "interpretaciones consideradas asentadas" (Sahuí 2024: 89). No debe pensarse la dimensión participativa del acceso a la justicia solo en relación con las instancias más altas a las que solo llegan en la mayoría de las ocasiones actores ya empoderados. Por el contrario, cada juez como punto de acceso al sistema es responsable-garante de los derechos (Sahuí 2024: 108).

No obstante, es en procesos ante instancias judiciales superiores en los que la eficacia iusgenerativa de las decisiones judiciales tiene efectos más amplios y generales. La interpretación que del Derecho hagan los jueces está determinada en cierta medida por los criterios interpretativos que han sido usados por otros jueces en la resolución de casos iguales o, al menos, similares en un sentido relevante, especialmente por los órganos judiciales superiores. La fuerza jurídica del precedente, por tanto, es la modalidad en que se realiza la función de evolución o creación del Derecho por parte de las cortes supremas (Taruffo 2016: 243). El valor o eficacia de los precedentes verticales deriva, por una parte, del ideal de justicia uniforme y la función de uniformización del Derecho ante la existencia de múltiples tribunales regionales y locales; y, por otra parte, de una razón de autoridad cuya fuerza no depende solo de la posición institucional que ocupa el tribunal sino también de la cualidad y racionalidad de sus decisiones (Gascón 2014: 277).

La revisión judicial supone la competencia de un tribunal de revisar y controlar los actos de otros órganos públicos. Los diversos niveles de revisión jurídica por el poder judicial, esto es, la tarea de casación de los tribunales supremos, la revisión judicial de la legislación y de la actuación administrativa o el escrutinio por tribunales supranacionales e internacionales, son fundamentalmente instrumentos de corrección frente a la actuación contraria a Derecho y el abuso del poder. Pero abren, al mismo tiempo, la posibilidad de garantizar a los ciudadanos una participación más amplia en la discusión sobre cuestiones jurídicamente controvertidas y en la transformación del Derecho.

La dimensión participativa de las diversas modalidades de revisión judicial depende del diseño institucional de cada una de ellas en ordenes jurídicos concretos. En los casos en que las partes son las que recurren al órgano de revisión para impugnar una decisión se hace posible su intervención en una nueva discusión razonada de las cuestiones controvertidas. No obstante, este modelo ha producido problemas de funcionalidad e ineficiencia, fundamentalmente la congestión de casos y los tiempos excesivamente largos de resolución de litigios, que han obligado a reformas procesales que acortan los trámites de audiencia, habilitan sistemas de selección de recursos y aumentan la carga de argumentación de las partes involucradas que deben justificar la relevancia constitucional o el interés casacional del asunto. Estas exigencias suponen restricciones relevantes a la capacidad de participación de los litigantes, al favorecer la inadmisión de casos y reforzar la discrecionalidad de los tribunales supremos al admitir los recursos.

En este contexto, cobran esencial importancia los criterios que valoran la importancia o relevancia de la cuestión de Derecho para la selección de los casos. Esa importancia o relevancia puede ser entendida de modos diversos, pero entre ellos debería tenerse presente la necesidad de seleccionar casos en los que se planteen cuestiones que difícilmente son discutidas al interior del Derecho. La selección de recursos debería emplear criterios que garanticen una distribución equitativa del acceso que atienda especialmente las demandas de los peor situados con menor capacidad de hacer llegar al Derecho sus necesidades jurídicas (Segatti 2018). Al seleccionar los casos, los tribunales supremos tienen la posibilidad de determinar sus propias decisiones en relación con la evolución del Derecho, pudiendo introducir la discusión de planteamientos jurídicos innovadores o alternativos que no se ha visto atendidas en otras instancias. Si bien el objetivo esencial de la revisión por los tribunales supremos es generar jurisprudencia que permita una interpretación uniforme del Derecho, ello no implica que esa jurisprudencia sea necesariamente estática. Lo contrario impediría cualquier cambio o mejora en la interpretación del Derecho. La revisión judicial ha de cumplir un papel esencial en la decisión de cuestiones relevantes para la evolución general del Derecho.

De este modo, las cortes supremas no solo tutelan *reactivamente* el cumplimiento de la legalidad, sino que también favorecen *proactivamente* la evolución y transformación del Derecho. En esta segunda función "el Derecho se transforma de modo *interstitial* mediante la solución de cuestiones específicas pero capaces de orientar decisiones futuras sobre problemas de relevancia jurídica supraindividual" (Taruffo 2016: 238-239). Así, la jurisprudencia de los tribunales supremos tiene un carácter "cuasilegislativo" en su potencialidad, no solo para proteger, sino también para desarrollar el ordenamiento jurídico (Nieva 2016: 159, 167).

Los problemas que plantea la revisión judicial se deben fundamentalmente a su consideración como instancia que tiene la *última palabra* en la interpretación jurídica con respecto al resto de órganos del Estado con mayor legitimidad política. Una teoría democrática supone que, si la autoridad última corresponde a la ciudadanía, la labor de los jueces se debe entender como un elemento adicional y limitado en la institucionalización del proceso de formación de la voluntad política (Bello Hutt 2017a). En ese proceso amplio, la revisión judicial es la que genera las condiciones para impugnar decisiones de autoridades públicas fundadas en interpretaciones cuestionables para que sean reconsideradas a la luz de otras razones. Esta función, no obstante, se debería desempeñar con la colaboración del recurrente que aporta su asunto y su fundamentación para unificar criterios y potenciar la evolución general del Derecho desde la injusticia en la resolución de su caso particular (López Menudo 2018: 33).

Resulta más conforme con una concepción deliberativa de la función de la jurisdicción considerar que su aportación a la discusión jurídica no se limita a su capacidad para instar eventuales cambios legislativos, que pueden resultar difíciles de conseguir aún en contextos de movilización social y política. Resulta deseable que esa posibilidad incierta sea complementada con la institucionalización de procedimientos, como la revisión judicial, que permitan a los afectados responder a los tribunales en una discusión inclusiva y dentro de un plazo razonable, que evite que sea la decisión judicial la que se mantenga mientras no sea respondida mediante reformas legislativas (Giuffré 2023: 224).

El recurso aparece así como un derecho que habilita a las partes a intervenir en la construcción de la legalidad. Mediante la capacidad de impugnar decisión judiciales, se cuestiona activamente el razonamiento que le sirve de base y se proponen opciones interpretativas alternativas que amplían la discusión jurídica y fortalecen el control ciudadano del ejercicio del poder jurídico.

Si nos referimos a la revisión judicial de la constitucionalidad de las leyes, se puede hacer una defensa de su legitimidad democrática si se entiende que su contribución no consiste esencialmente en que los tribunales sean un foro racional de deliberación sobre principios, cuanto en que faculta a los ciudadanos a incluir en el debate político y jurídico argumentos acerca del alcance, contenido y límites de los derechos y libertades que deban concederse mutuamente para tratarse como libres e iguales (Lafont 2021: 319). La discusión acerca del papel de los jueces en la determinación del significado de la constitución es, sin duda, la perspectiva predominante en la literatura sobre deliberación y jurisdicción, que acentúa fundamentalmente la capacidad de los jueces de incrementar la racionalidad del debate, en particular en los procesos de revisión judicial de la constitucionalidad de las leyes. Si los legisladores y ejecutivos representan la voluntad política mayoritaria, los jueces contribuyen a que la deliberación pública se incardine en el marco de valores y principios.

Los límites, sin embargo, de esta visión de la aportación de los jueces a la deliberación, centrada en el control de constitucionalidad y basada en la mayor calidad de la racionalidad discursiva en sede judicial, son muchos y diversos. Ciertamente, son muchas las consideraciones que se han generado en el debate doctrinal para poner en duda que la justicia constitucional sea el foro ideal y último para deliberar sobre las cuestiones constitucionales. No es mi intención aquí entrar en esta cuestión. Puede decirse de modo breve que la justicia constitucional en su institucionalización en nuestros Estados no habilita una discusión abierta basada en razones, sino que canaliza las demandas individuales a través de un formato estrecho y técnico. Y que debemos ser conscientes de que las decisiones constitucionales pueden también revertir decisiones mayoritarias protectoras de derechos que tardaron muchos años en alcanzarse (Cannilla y Suteu 2023: 27-28).

Incluso en su visión deliberativista, el fundamento del control judicial de constitucionalidad encuentra objeciones. Cristina Lafont (2021: 305) habla de los ciudadanos como los "iniciadores del proceso". En este sentido, su propuesta sirve especialmente para los recursos que presenta la propia ciudadanía. Si es así, este argumento de la revisión judicial de constitucionalidad como vía para una conversación pública ampliada encuentra limitaciones en el funcionamiento de la gran mayoría de nuestros sistemas constitucionales, en los que no son fundamentalmente los ciudadanos los que tienen la potestad para cuestionar la constitucionalidad de las decisiones legislativas, sino que dicha potestad corresponde en su mayor parte a autoridades públicas (Iglesias 2023: 175). Incluso la vía de amparo es bastante restrictiva en aquellos sistemas en los que, como en el nuestro desde la reforma de 2007, el Tribunal Constitucional tiene una competencia en gran medida discrecional para decidir la admisión de asuntos en amparo en función de su "especial trascendencia constitucional" (Montesinos 2023).

Además del control de la constitucionalidad de las leyes, los jueces realizan una tarea de control de la legalidad de la actuación administrativa. El riesgo de abuso en el ejercicio del poder demanda particularmente en la esfera administrativa límites, contrapesos y controles al mismo. En el cumplimiento de su función de control, los jueces pueden adoptar una actitud deferente de diversa intensidad ante el margen de apreciación que permite la interpretación de las normas administrativas y la deferencia ante la discrecionalidad técnica. Los tribunales deben racionalizar la apertura y graduación de esa deferencia en el ejercicio de su función de control, dependiendo de las variables de evidencia, complejidad e intereses en juego de cada caso (Arroyo 2024). Pero los jueces realizan, en todo caso, una función esencial de canalización de la autoridad administrativa haciendo efectivas las garantías y límites que la constituyen mediante la exigencia de justificaciones razonadas y fidelidad a la ley (Sunstein y Vermeule 2024).

Desde una perspectiva democrática, los riesgos del Estado administrativo para el Estado de Derecho implican el establecimiento de mecanismos de control democrático de las agencias y órganos administrativos, instrumentos en materia de transparencia y ejercicio de acciones de control. El proceso contencioso-administrativo es impugnatorio de alguna actuación administrativa, por lo que frecuentemente el demandante es una persona privada que ha sido afectada en sus derechos o intereses legítimos por esa actuación. Pero, existen vías de acceso de intereses generales al proceso. Por una parte, las asociaciones están legitimadas para defender intereses colectivos. Por otra, la acción popular objetiviza la legitimación y permite actuar a quienes buscan un "interés a la legalidad", si bien solo en los casos en que está expresamente prevista en la ley. No puede obviarse, sin embargo, que la acción popular ha sido causa de abusos y desviaciones en nuestro órdenes jurídicos, mediante demandas infundadas que tratan de evitar la falta de acción de otras instancias legitimadas.

Por último, el acceso transnacional a la justicia es de interés desde una perspectiva normativa, no tanto en el sentido de acceso a la justicia en disputas transnacionales —disputas que tienen conexiones personales o territoriales con más de un Estado—, sino en el sentido de la posibilidad de aumentar la eficiencia del acceso a la justicia mediante mecanismos transnacionales. La transnacionalidad se puede entender como la posibilidad de seguir aquellos procedimientos y aplicar aquellas normas de diferentes regímenes que sean más favorables para alcanzar una solución justa a partir de las plurales premisas normativas y procesos jurídicos disponibles para un caso particular. Esta perspectiva transnacional aumenta las posibilidades de ampliar el alcance y los argumentos de la discusión jurídica. La interacción horizontal de normas y actores de diferentes regímenes con el objetivo de promover cambios sociales y jurídicos permite incluir aportaciones plurales en la evolución del Derecho (Perotti 2023). En un contexto en que no existe una regla de reconocimiento que aúne en un mismo sistema las normas de regímenes jurídicos diversos, el empleo de recursos jurídicos externos puede contribuir a reforzar la capacidad de acceder a un proceso justo y obtener una resolución imparcial, incrementada por la pluralidad de perspectivas que interaccionan en el proceso.

En concreto, se habla de "transjudicialismo" cuando los jueces, fundamentalmente los tribunales supremos, invocan normas o decisiones de otros órdenes jurídicos. Los jueces no lo hacen solo por razones estrictamente formales de validez, sino también en la medida en que se perciben como miembros de una comunidad judicial más amplia comprometida con los derechos humanos (Slaughter 2003). Pero el transjudicialismo se percibe como algo más complejo que el mero diálogo entre tribunales, para considerarse una fuente esencial de consolidación de un Derecho transnacional (Piffer, Cruz y Klaus 2023). Las razones por las que los jueces se remiten a normas y decisiones externas son diversas pero interdependientes. Bahdi (2002) se refirió a cinco razones: la preocupación de los tribunales nacionales por el Estado de derecho; el deseo de promover valores universales; la búsqueda de instrumentos que permitan un ejercicio de introspección y auto-reflexión acerca del propio régimen nacional; la adopción de una herramienta analítica para conocer e invocar la lógica de las decisiones judiciales en otras jurisdicciones; y una "autoconciencia globalizada", esto es, la convicción de la dependencia de otros órdenes y la preocupación por evitar la percepción crítica de la comunidad internacional en el contexto de una intención de participar y ser aceptado en un contexto jurídico ampliado.

Por lo que ahora nos interesa, estas razones permiten a las cortes supremas referirse a decisiones y normas de órdenes externos con el fin de justificar decisiones que transformen o avancen en el estado del Derecho vigente. El acceso a la justicia incluye la capacidad de acudir a los tribunales para que reconsideren los casos a la luz de una pluralidad de disposiciones nacionales, supranacionales e internacionales que convergen y abren la posibilidad de nuevas interpretaciones y planteamientos jurídicos.

7. CONCLUSIÓN

El compromiso del Derecho con la legalidad y con la justificación argumentada de las decisiones le hacen especialmente inidóneo para hacer frente a lo inesperado y ser vehículo de progreso en un mundo que cambia de manera rápida (Arena 2023: 133). Pero esta inclinación intrínseca por la estabilidad y la generalidad no puede ser obstáculo para reconocer la necesidad de poner de manifiesto las insuficiencias, prejuicios y estereotipos infundados en que consciente o inconscientemente se apoyan los estándares jurídicos generales. El cambio y la regeneración jurídicas son elementos igualmente importantes en el Derecho. En un clima, como el actual, de polarización y desacuerdos morales y políticos profundos, el Derecho debería ir conformándose en el marco de arreglos institucionales complejos, más allá de un mayoritarismo político puro.

Ante la indiferencia jurídica a los problemas de los más vulnerables que pueden manifestar las mayorías, el acceso a la justicia debería ser la contrapartida a su falta de influencia política, sometiendo a control judicial el modo en que se interpreta y aplican normativas en cuya elaboración no han participado efectivamente los grupos afectados.

El acceso a la justicia es un pilar fundamental para la realización efectiva del Estado de derecho y el fortalecimiento de la democracia. No se trata únicamente de garantizar que los ciudadanos puedan llevar sus conflictos ante los tribunales, sino de asegurar que este acceso sea equitativo y no se vea condicionado por factores económicos, sociales o culturales. La capacidad de los individuos para participar en el proceso judicial no solo les permite la defensa de sus propios derechos, sino que también contribuye a la resignificación y evolución de las normas jurídicas, haciendo del Derecho un sistema dinámico y adaptable a las necesidades de la sociedad.

En este sentido, el acceso a la justicia tiene tanto una dimensión pasiva, que consiste en la garantía de la legalidad mediante la correcta aplicación de las normas, como una dimensión activa, que permite a los ciudadanos incidir en la configuración del Derecho. No obstante, esta posibilidad de influencia no se distribuye de manera igualitaria. Factores de exclusión social dificultan que ciertos grupos puedan acceder a los tribunales y hacer valer sus derechos, lo que genera un sesgo en la configuración del orden jurídico a favor de quienes tienen mayores recursos.

El proceso es la institución en la que el Derecho alcanza una expresión racional y completa. Desde el punto de vista de la participación, la reflexión sobre el proceso no ha de versar solo sobre cómo diseñar procedimientos que faciliten el conocimiento de los hechos del caso y del sentido y alcance de las normas, sino cómo diseñar procedimientos justos que proporcionen a quienes intervienen el debido reconocimiento y respeto, logrando con ello la finalidad práctica de hacer aceptables las decisiones jurídicas. Cuando la solución a un problema es incierta, el proceso permite que las razones plurales en juego sean tomadas en consideración y tengan su peso propio en la adopción de la decisión.

El proceso judicial no puede entenderse como un ente aislado, sino como parte de un sistema interconectado con la democracia y la participación ciudadana. La justicia no solo se legitima a través de la aplicación de normas, sino también mediante la posibilidad de deliberación y argumentación en los tribunales. En última instancia, el acceso a la justicia debe ser concebido no solo como un derecho instrumental para la tutela judicial, sino como un derecho con valor propio, intrínsecamente ligado a la dignidad, la equidad y la participación democrática. Lo anterior no es incompatible con la consideración de que la función activa del juez es relativa y provisional, orientada a reforzar la deliberación jurídica e inducir reformas legislativas y políticas públicas, sin pretender sustituirlas con carácter permanente. En último término, no deja de ser una muestra de la debilidad de las instituciones políticas y las instancias de mediación entre sociedad y política. Solo con las debidas cautelas puede plantearse una concepción participativa del acceso a la justicia, que no puede implicar deferir a los jueces, en palabras de Unger (1996: 73), lo que la política no alcanza a ofrecer, sino facilitar un cauce adicional para hacer manifiesto el carácter sesgado del Derecho y continuar la deliberación jurídica.

REFERENCIAS BIBLIOGRÁFICAS

ABRAMOVICH, Víctor (2009). "El rol de la justicia en la articulación de políticas y derechos sociales". En V. Abramovich y L. Pautassi (comps.), *La revisión judicial de las políticas sociales. Estudio de casos.* Buenos Aires: Editores del Puerto, pp. 1-89.

ALEXY, Robert (1993). *Teoría de los derechos fundamentales.* Madrid: Centro de Estudios Constitucionales.

ALLAN, T.R.S. (1998). "Procedural Fairness and the Duty of Respect". *Oxford Journal of Legal Studies*, vol. 18, nº 3, pp. 497-515.

ANDERSON, Michael (2012). "Acceso a la justicia y al proceso legal: Creando instituciones legales más receptivas a los pobres en los países en Desarrollo". En Birgin, H. y Gherardi, N. (coords.), *La garantía de acceso a la justicia: Aportes empíricos y conceptuales.* México: Fontamara, pp. 1-40.

ARENA, Federico J. (coord.) (2022), *Manual sobre los efectos de los estereotipos en la impartición de justicia.* Ciudad de México: Suprema Corte de Justicia de la Nación.

ARROYO JIMÉNEZ, Luis (2024). "Control judicial y deferencia en el Derecho administrativo". *Revista de Derecho Público: Teoría y Método*, vol. 9, pp. 125-169.

BAHDI, Reem (2002). "Globalization of Judgment: Transjudicialism and the Five Faces of International Law". *The George Washington International Law Review*, vol. 34, nº 3, pp. 555-603.

BAUMGÄRTEL, Moritz (2019). *Demanding Rights. Europe's Supranational Courts and the Dilemma of Migrant Vulnerability.* Cambridge: Cambridge University Press.

BELLO HUTT, Donald E. (2017a). "Revisión judicial y democracia deliberativa en términos de teoría departamental y constitucionalismo popular". *Bajo Palabra,* 17, pp. 192-212.

BELLO HUTT, Donald E. (2017b). "Deliberation and Courts. The Role of the Judiciary in a Deliberative System". *Theoria,* vol. 64, nº 3, pp. 77-103.

BENHABIB, Seyla. (2018). "From the "Right to Have Rights" to the "Critique of Humanitarian Reason"'. En *Exile, Statelessness, and Migration.* Princeton: Princeton University Press, pp. 101-124.

BERMAN, Schiff (2002). "The Cultural Life of Capital Punishment: Surveying the Benefits of a Cultural Analysis of Law". *Columbia Law Review,* vol. 102 (4), pp. 101-148.

BREMS, Eva (2017). "Addressing Multicultural Conflicts: An Emphasis on Procedural Fairness". *Deusto Journal of Human Rights,* nº 2, pp. 13-47.

CANNILLA, Ana y SUTEU, Silvia (2023). "Ciudadanía y justicia. El control de constitucionalidad desde la democracia deliberativa". *Revista Derecho del Estado,* nº 55, pp. 191-205.

CAPPELLETTI, Mauro y GARTH, Bryant (1981). "Access to Justice and the Welfare State: An Introduction". En M. Cappelletti (ed.), *Access to Justice and the Welfare State.* Florencia: European University Institute, pp. 1-24.

CATALA, Amandine (2015). "Democracy, trust, and epistemic justice". *The Monist,* vol. 98, nº 4, pp. 424-440.

CUMMINGS, Scott (2019). "Abogacía en pro de los movimientos sociales". En D. Bonilla Maldonado y C. Crawford (coords.), *El acceso a la justicia: teoría y práctica desde una perspectiva comparada.* Bogotá: Siglo del Hombre Editores-Universidad de los Andes, pp. 149-232.

DUFF, Robin A. (1986). *Trials and Punishments.* Cambridge: Cambridge University Press.

DUROJAYE, Ebenezer, MIRUGI-MUKUNDI, Gladys y ADENIYI, Oluwafunmilola (2020). "Legal Empowerment as a Tool for Engendering Access to Justice in South Africa". *International Journal of Discrimination and the Law,* vol. 20(4), pp. 224-244.

FERRAJOLI, Luigi (2010). *Derechos y garantías. La ley del más débil.* Madrid: Trotta, 7ª ed.

FISS, Owen (1993). "The Allure of Individualism". *Iowa Law Review,* vol. 78, pp. 965-979.

FISS, Owen (2007). *El Derecho como razón pública*. Madrid: Marcial Pons.

FORST, Rainer (2015). *Justificación y crítica. Perspectivas de una teoría crítica de la política*. Barcelona: Katz Editores.

GARGARELLA, Roberto (2022). *El Derecho como una conversación entre iguales. Qué hacer para que las democracias contemporáneas se abran -por fin- al diálogo ciudadano*. Madrid: Clave Intelectual.

GARGARELLA, Roberto (2023). "Por una democracia ciudadana sin "atajos". Sobre *Democracia sin atajos*, de Cristina Lafont". *Revista Derecho del Estado*, nº 55, pp. 125-139.

GASCÓN, Marina (2014). "Concepciones de la interpretación y problemas interpretativos. Los argumentos de la interpretación". En M. Gascón (coord.), *Argumentación jurídica*. Valencia: Tirant lo Blanch, pp. 223-283.

GEBH, Sara (2021). "The Substance of Procedures". *Philosophy & Social Criticism*, vol. 47(1), pp. 22-25.

GIUFFRÉ, Ignacio (2023). "Deliberative Constitutionalism "Without Shortcuts": On the Deliberative Potential of Cristina Lafont's Judicial Review Theory". *Global Constitutionalism*, vol. 12, nº 2, pp. 215-233.

GOLUB, Stephen (2003). *Working Papers Beyond Rule of Law Orthodoxy: The Legal Empowerment Alternative*. Washington: Carnegie Endowment for International Peace.

HÄBERLE, Peter (1972). "Grundrechte Im Leistungsstaat". En AAVV, *Veröffentlichungen Der Vereinigun Der Deutschen Staatrechtslehrer*. Berlín: Walter de Gruyter & Co.

HÄBERLE, Peter (2019). *Los derechos fundamentales en el Estado prestacional*. Lima: Palestra.

HABERMAS, Jürgen (2005). *Facticidad y validez. Sobre el derecho y el Estado democrático de derecho en términos de teoría del discurso*. Madrid: Trotta, 4ª ed.

HILBINK, Thomas (2006). "The Profession, the Grassroots and the Elite: Cause Lawyering for Civil Rights and Freedom in the Direct Action Era". En A. Sarat y S. Scheingold (eds.), *Cause Lawyers and Social Movements*. Stanford University Press, pp 60–83.

IGLESIAS, Marisa (2023). "¿Tribunales de derechos humanos sin atajos a la democracia? Contestación, conversación y revisión judicial". *Revista Derecho del Estado*, nº 55, pp. 171-190.

INGRAM, David (2021). "What an Ethics of Discourse and Recognition Can Contribute to a Critical Theory of Refugee Claim Adjudication:

Reclaiming Epistemic Justice for Gender-Based Asylum Seekers". En G. Schweiger (ed.), *Migration, Recognition and Critical Theory*. Cham: Springer, pp. 19-46.

LA ROSA CALLE, Javier (2009). "El acceso a la justicia como condición para una reforma judicial en serio". *Revista Derecho PUCP*, nº 62, pp. 115-128.

LAFONT, Cristina (2021). *Democracia sin atajos. Una concepción participativa de la democracia deliberativa*. Madrid: Trotta.

LAPORTA, Francisco (2016). "Reflexiones sobre el derecho procesal: racionalidad y proceso". *Revista de la Maestría en Derecho Procesal*, vol. 6, nº 1, pp. 6-25.

LOBEL, Jules (2022). "Participatory Litigation: A New Framework for Impact Lawyering". *Stanford Law Review*, vol. 74, pp. 87-161.

LOBEL, Jules (2024). "Critical Human Rights Lawyering in Latin America and the United States. The Latin American roots of participatory impact lawyering". *Latin American Legal Studies*, vol. 12 (1), pp. 225-278.

LÓPEZ MENUDO, Francisco (2018). "El recurso de casación: ¿Jurisprudencia y/o Justicia?". *Revista de Administración Pública*, 207, pp.13-41.

MARINONI, Luiz G. (2016). "Del Tribunal que declara el "sentido exacto de la ley" al tribunal que sienta precedentes". En M. Taruffo, L. Marinoni y D. Mitidero (coords.), *La misión de los tribunales supremos*. Madrid: Marcial Pons, pp. 205-230.

MARSHALL, Thomas H. (1997). "Ciudadanía y clase social". *REIS: Revista Española de Investigaciones Sociológicas*, nº 79, pp. 297-346.

MARTÍ, José Luis (2023). "Múltiples velocidades. Sobre *Democracia sin atajos*, de Cristina Lafont". *Revista Derecho del Estado*, nº 55, pp. 87-104.

MONTESINOS, Carmen (2023). "El elefante en la habitación. La discrecionalidad en la admisión del recurso de amparo". *Blog del CEPC*. Accesible en https://www.cepc.gob.es/blog/el-elefante-en-la-habitacion-la-discrecionalidad-en-la-admision-del-recurso-de-amparo (última consulta 31 de marzo de 2025).

NIEVA FENOLL, Jordi (2016). "¿Un juez supremo o un legislador "supremo"?". En M. Taruffo, L. Marinoni y D. Mitidiero (coords.), *La misión de los Tribunales Supremos*. Madrid: Marcial Pons, pp. 157-174.

PALOMBELLA, Gianluigi (2021). "Access to Justice: Dynamic, Foundational, and Generative". *Ratio Iuris*, vol. 34, nº 2, 121-138.

PEROTTI PINCIROLI, Ignacio (2023). "El acceso a la justicia en la Corte Interamericana de Derechos Humanos: El Potencial Transformador del Derecho Internacional en Ámerica Latina". En C. Jiménez y Cristina Zamora-Gómez (coords.), *El derecho humano de acceso a la justicia en Tribunales Internacionales.* Granada: Comares, pp. 17-39.

PIFFER, Carla, CRUZ, Paulo M. y KLAUS, Claudio A. (2023). "Transnational Law and Transjudicialism: Beyond the Dialogue between Courts". *Revista Direito Mackenzie,* vol. 17, nº 3, pp. 1-17.

PISFIL, Osvaldo W. (2021). "Filosofía, casación y democracia constitucional". *Revista de Derecho y Ciencia Política,* vol. 76, pp. 25-38.

POST, Robert y SIEGEL, Reva (2007). "Roe Rage: Democratic Constitutionalism and Backlash". *Harvard Civil Rights-Civil Liberties Law Review.* Yale Law School, Public Law Working Paper, nº 131, pp. 373-433.

RAMÍREZ-LUDEÑA, Lorena (2024). "Justicia deliberativa". *Isonomía,* 61, pp. 206-228.

RANCIÈRE, Jacques (2004). "Who Is the Subject of the Rights of Man?". *South Atlantic Quarterly,* vol. 203, nº 2/3, pp. 297–310.

RUIZ MIGUEL, Alfonso (2000). "Democracia, jueces y derechos". *Revista de Libros,* nº 42, pp. 11-13.

SABEL, Charles F. y SIMON, William H. (2004). "Destabilization Rights: How Public Law Litigation Succeeds". *Harvard Law Review,* vol. 117, pp.1016-1101.

SAHUÍ, Alejandro (2024). *Constitucionalismo reflexivo. Derechos humanos y democracia en las sociedades complejas.* México: UNAM.

SEGATTI, Marco (2018). "La tutela de la igualdad social en el acceso a las Cortes Supremas: usos y abusos de la distinción entre *ius litigatonis* y *ius constitutionis*". manuscrito no publicado.

SEN, Amartya (2000). *Desarrollo y Libertad.* Barcelona: Planeta.

SHAPIRO, Martin (1981). "Access to the Legal System and the Modern Welfare State: American Continuities". En M. Cappelletti (ed.), *Access to Justice and the Welfare State.* Florencia: European University Institute, pp.273-293.

SLAUGHTER, Ann-Marie (2003). "A Global Community of Courts". *Harvard International Law Journal,* vol. 44, nº 1, pp. 191-219.

SUNSTEIN, Cass R. (2001). *One Case at a Time: Judicial Minimalism on the Supreme Court.* Cambridge, Mass.: Harvard University Press.

SUNSTEIN, Cass y VERMEULE, Adrian (2024). *Los jueces frente al Leviatán. El control judicial del Estado administrative.* Madrid: Aranzadi.

TARUFFO, Michele (2016). "Las funciones de las cortes supremas. Aspectos generals". En M. Taruffo, L. Marinoni y D. Mitidiero (coords.), *La misión de los Tribunales Supremos*. Madrid: Marcial Pons, pp. 231-251.

UCÍN, Carlota (2017). "Litigio de interés público". *Eunomía. Revista en Cultura de la Legalidad*, nº 12, pp. 246-255.

UCÍN, Carlota (2018). "La trama policéntrica del Litigio de Interés Público". En J. Rojas (coord..), *Análisis de las bases para la reforma Procesal Civil y Comercial*. Editorial Rubinzal Culzoni.

UCÍN, Carlota (2020). "Dimensión democrática y deliberativa del proceso judicial de interés público". *Revista Direito e Justiça: Reflexões Sociojurídicas*, vol. 20, nº 37, pp. 159-168.

UCÍN, Carlota (2022). "Fundamentos teóricos para la participación ciudadana en los tribunales. Una mirada a los casos de Interés Público. *Revista Paradigma*, vol. 31(1), pp. 67-86.

UNGER, Roberto M. (1996). *What Should Legal Analysis Become?*. London: Verso.

VEGA, Jesús (2018). "Límites de la jurisdicción, concepciones del Derecho y activismo judicial". *Doxa, Cuadernos de Filosofía del Derecho*, 41, pp. 123-150.

WALDRON, Jeremy (2006). "The Core of the Case against Judicial Review". *Yale Law Journal*, 115, pp. 1347-1406.

El proceso penal tras la LO 1/2025, de medidas en materia de eficiencia del servicio público de justicia

YOLANDA DOIG DÍAZ
Profesora Titular de Derecho Procesal
Universidad de Castilla-La Mancha

1. PRESENTACIÓN

Tras más de tres años, desde su aprobación en el Consejo de Ministros, el viernes 3 de enero de 2025 se publicó en el BOE la Ley Orgánica 1/2025, de 2 de enero, de medidas en materia de eficiencia del Servicio Público de Justicia, que aglutina el Anteproyecto de Ley Orgánica de Eficiencia Organizativa del Servicio Público Justicia y el Anteproyecto de Ley de Medidas de Eficiencia Procesal del Servicio Público de Justicia.

Se trata de una reforma ambiciosa, que incorpora un cambio estructural en toda la organización judicial, apuesta por los métodos adecuados de solución de controversias en la justicia civil, potencia los actos de conciliación en el orden social[1], entre otras tantas medidas que comparten un denominador común, optimizar los recursos de la administración de justicia.

Frente a un cambio tan extenso e intenso como el que dicha Ley orgánica provoca, se han levantado críticas de naturaleza y contenido muy distinto. Un cuestionamiento de orden general se ha dirigido contra la concepción de Justicia que subyace en la reforma y que obedece al concepto de "servicio público", lo que supondría para algunos una degradación en tanto se distancia de la Justicia como Poder Judicial para integrarse en el ámbito de la administración[2]. En esa línea crítica, el Consejo de Estado llamó la atención sobre la denominación que -consideraba- minusvalora los cometidos asignados a la Administración de Justicia y debía, en su opinión, ser sustituida por «Poder Judicial», «Administración de Justicia», «Juzgados y Tribunales», y cualesquiera otra fórmula de las que utiliza la Constitución[3]. Sobre esa misma expresión, y desde otra perspectiva,

---

1 Sobre la reforma en lo social véase la valoración de PEREA GONZÁLEZ, A., TUSET DEL PINO y otros, «Diálogos para el futuro judicial CII. Jurisdicción social y Ley de Eficiencia,» en Diario, La ley, núm. 10759, La Ley, Madrid, 8 jul 2025, págs. 1-12.

2 Cfr. BERNARDO SAN JOSÉ, A., «Cómo hacer más eficientes los procesos declarativos civiles», en Jiménez Conde, Fernando y López Simó, O. (Dirs.), La Eficiencia de la Justicia a Debate, Tirant Lo Blanch, Valencia, 2024, pág. 231.

3 Dictamen núm. 1112/2021 del Consejo de Estado, del Anteproyecto de Ley de medidas de eficiencia procesal del servicio público de Justicia, del 10/03/2022. Disponible en https://www.boe.es/buscar/doc.php?id=CE-D-2021-1112. Para ASENCIO MELLADO «La Justicia, para el legislador, no es un Poder del Estado que garantiza los derechos y evita la autotutela, sino un servicio público regido por los criterios de eficiencia, sinónimo, de relación entre coste y beneficio». ASENCIO MELLADO, J.M., «Eficiencia y Derecho a un proceso con todas las garantías»,

CALAZA LOPEZ entiende que la Justicia debe ser vista como un «bien de primera necesidad», un servicio público indispensable en un Estado democrático de Derecho[4], que convive con otros servicios públicos como el educativo o el sanitario, que también son prestados desde el ámbito privado, cosa que no había sucedido con la justicia[5] hasta esta reforma, que arbitra una suerte de externalización en el orden civil que tendrá que ser sufragada por las partes antes de acudir a los tribunales.

Aunque aludir a la Justicia como servicio público genere incertidumbre, lo cierto es que constituye un enfoque novedoso que, en nuestra opinión, no pretende sustituir a la concepción clásica de jurisdicción ni resulta incompatible con ella, puesto que no se trata de concebir la justicia como un mero servicio público, sino de reconocerla como un Poder del Estado pero también -y aquí reside el nuevo prisma- observarla como un servicio dirigido a los ciudadanos y como tal, sujeto a unos recursos humanos y económicos limitados.

Y como servicio público y bien escaso que es, las medidas previstas en la reforma están destinadas a racionalizar los recursos de los que disponen los Tribunales, de modo que los métodos adecuados de solución de controversias (MASC) en vía no jurisdiccional se presentan -tal y como recoge la Exposición de Motivos- como imprescindibles para la consolidación de un servicio público de Justicia sostenible, al que han de acudir los justiciables como paso previo al proceso judicial. El requisito de procedibilidad que se incorpora en la LEC, se reconocerá cumplido si las partes han acudido a la mediación,

---

Práctica de Tribunales núm. 171, noviembre a diciembre, La Ley, 2024, pág. 2.

4 Como precisa CALAZA LOPEZ, S.; «Un bálsamo de Fierabrás compuesto por eficiencia organizativa, procesal, digital: ¿La Panacea de la justicia?», Actualidad Civil, núm. 1, enero 2025, pág. 2

5 CALAZA LOPEZ, S.; «Un bálsamo de Fierabrás….», cit. pág. 4.

a la conciliación, a la opinión neutral de una persona experta independiente, a la oferta vinculante confidencial o a cualquier tipo de actividad negociadora reconocida legalmente. Y si no pudo evitarse la iniciación del proceso civil a través de los MASC, y se trata de la incoación de un juicio verbal, este puede tener lugar sin convocar la vista, pues se atribuye al Juez la decisión en torno a su celebración, tanto en el juicio verbal en el orden civil cuanto en el procedimiento abreviado del orden contencioso administrativo y, con ello, se vertebra un proceso que se sustancia por escrito y sin contacto alguno con el tribunal[6].

Los instrumentos para optimizar recursos de los que ha hecho uso el legislador en el orden civil, en lo esencial, la exigencia de una fase negociadora previa entre las partes y la supresión de la vista en los juicios verbales, también ha tenido impacto en la justicia penal, donde la pretendida eficiencia se ha materializado por cauces algo distintos. Y es que, los principios fundamentales del proceso penal impiden arbitrar mecanismos de esa naturaleza, toda vez que resulta inviable externalizar la resolución de los litigios penales o dejar en manos de la discrecionalidad del juez la celebración del juicio, medidas incompatibles con su carácter no dispositivo y con los bienes jurídicos en conflicto.

Para la perseguida agilidad y rapidez, en el orden penal se ha optado por suprimir las -poco efectivas- barreras establecidas contra la conformidad y se ha introducido un momento procesal nuevo en el que acordarla, para evitar los trámites de celebración del juicio oral. Ahora bien, sortear el juicio no ha sido la única medida, aunque sin duda es la más potente en

---

6 Dicha facultad, que depende en exclusiva del juez, resta legitimidad social y eficiencia al servicio público de justicia. BERNARDO SAN JOSÉ, A. «Cómo hacer más eficientes los procesos declarativos civiles», cit., pág. 231.

términos de eficiencia, y será tratada en este trabajo junto con otras medida que tienen directa incidencia en las garantías del justiciable. Para analizar las principales reformas que afectan al orden penal, se aplicará un filtro que persigue estudiar cada reforma desde dos parámetros, el de la eficiencia obtenida con la medida y la afectación que ha supuesto para los derechos y garantías del justiciable

Este trabajo se centrará en analizar las reformas que la LO 1/2025 despliega en el ámbito del proceso penal y se abordará, en primer lugar, la modificación de los requisitos que debe reunir la denuncia telemática; en segundo lugar, todos los cambios que ha experimentado el instituto de la conformidad; y, en tercer lugar, la audiencia preliminar.

2. LA DENUNCIA TELEMÁTICA

Tal y como estaba redactado el art. 265 LECrim antes de las reformas de 2023, no había acto procesal con menos formalidad que la denuncia penal, definida tradicionalmente como una declaración de conocimiento acerca de la posible comisión de un hecho delictivo[7]. Dicho precepto establecía que la denuncia podía ser formulada por escrito o verbalmente, bien de forma personal o a través de un mandatario con poder especial. El art. 266 añadía que la denuncia debía estar firmada por el denunciante y, en caso no sea posible, por persona a su ruego, además de hacer constar la identidad de la persona denunciante y, por último, el art. 267 precisaba que, en caso de denuncia verbal, se expresarán cuantas noticias

---

[7] RIZO GOMEZ, B., «La iniciación del proceso penal», en Asencio Mellado Dir., Derecho Procesal Penal, 3ª Edición, Tirant Lo Blanch, Valencia, 2025, pág. 125.

tenga el denunciante relativas al hecho denunciado y a sus circunstancias.

Tras el Real Decreto-ley 6/2023 de 19 de diciembre por el que se aprueban medidas urgentes para la ejecución del Plan de Recuperación, Transformación y Resiliencia en materia de servicio público de justicia, función pública, régimen local y mecenazgo, el art. 265 LECrim pasa a incorporar exigencias que afectan a los sujetos que interponen la denuncia y al contenido de la misma, que habrá de incluir la identificación del denunciante y, de ser el caso, que pueda ser citado como testigo o se facilite acciones en su contra por denuncia falsa o calumniosa[8]. Si se trata de una persona jurídica o ente sin personalidad, no bastará solo con su identificación sino que deberá consignarse también el de la persona física que formula la denuncia en su nombre, con expresa indicación del vínculo que mantiene con la persona jurídica o el ente sin personalidad. En esa línea, y siempre que resulte posible, aportará la identificación de las personas que lo hayan cometido y de quienes lo hayan presenciado o tengan información sobre él. En cuanto a su contenido, el reformado art. 265.2 LECrim pone énfasis en la información que trasladará el denunciante, que tendrá que incorporar una narración circunstanciada del hecho e indicará sobre cualquier fuente de conocimiento de la que el denunciante tenga noticia y pueda servir para esclarecer el hecho denunciado. Adviértase que la exigencia de una «narración circunstanciada del hecho» constituye una expresión que utiliza la LECrim en el art 277,

---

[8] Vid. KHALAF REDA, A., «Reformas en el proceso penal introducidas por el Real Decreto-Ley 6/2023», en Banacloche Palao y Gascón Inchausti Dirs., Los procesos judiciales tras las reformas introducidas por el Real Decreto-Ley 6/2023 , Madrid, La Ley Aranzadi, 2024, pág.505.

cuando especifica el contenido de la querella[9], y aunque denuncia y querella comparten la puesta en conocimientos de un hecho de apariencia delictiva, la querella además de los presupuestos que debe cumplir tiene por finalidad constituir en parte al querellante.

Por último, en 2023 se permitió que la denuncia pudiera interponerse de forma telemática, con firma electrónica del denunciante, y siempre ajustada a las exigencias del art. 10 de la Ley 39/2015 del Procedimiento Administrativo Común.

De ese modo, si se facilitaba utilizar el canal digital entonces era razonable incluir cierta formalidad en su redacción, tanto en relación al sujeto que denuncia cuanto a la información que transmite. Esta apuesta por la denuncia telemática es corregida en 2025, que pasa de constituir un canal a través del cual pueden ser interpuestas, a uno con restricciones. Y si hasta 2024 podía afirmarse que la voluntad del legislador era potenciar la justicia digital en la fase preliminar del proceso penal, desde el momento de la interposición de la denuncia; tras la LO 1/2025 se impide su presentación de forma telemática (art. 266 LEcrim) cuando concurra alguna de las siguientes circunstancias: a) se trate de hechos cometidos con violencia e intimidación; b) si tuvieran autor conocido; c) si existen testigos; d) si el denunciante es menor de edad; e) si el delito es flagrante; y, g) si se trata de hechos de naturaleza violencia o sexual.

Tal restricción tiene una explicación, y es que la posibilidad arbitrada en la reforma de 2023 de presentar denuncias de forma telemática, si bien resulta una fórmula sencilla, ágil y desburocratizada, que garantiza su autenticidad, puede no resultar el cauce adecuado para trasladar el relato

---

9 KHALAF REDA, A., «Reformas en el proceso penal introducidas por el Real Decreto-Ley 6/2023», cit., pág.505

del denunciante e incoar las actuaciones con efectividad. Tal y como informa la policía nacional, en los hechos de naturaleza violenta o sexual, se precisa un tratamiento singularizado de la denuncia en Comisaría, que comprende una atención directa, inmediata, especializada y personalizada a la víctima[10].

Esta enmienda en solo un año de vigencia de la norma obedece a la necesidad de constatar de forma presencial la identidad del denunciante y la verosimilitud de lo denunciado y de beneficiarse de la presencia del denunciante, que no solo acudirá a presentar la denuncia sino que podrá prestar declaración y ampliar o aclarar algún extremo de su denuncia. El contacto directo y presencial entre quien recibe la denuncia y quien la presenta cobra un valor añadido por varias razones, en primer lugar, por la posibilidad de percibir indicios y activar los protocolos necesarios para proteger a la víctima, asegurar la prueba y, en su caso detener al responsable; y, en segundo lugar, por constituir una vía para detectar las denunciadas falsas, lo que no resulta siempre posible en el caso de las denuncias telemáticas[11].

A juicio de los críticos, esta reforma desmonta la agilización que supone dicho canal de denuncias[12], puesto que el

---

[10] Véase en https://denuncias.policia.es/OVD (consultada 12 marzo 2025).

[11] GRANADOS, E., «Principales reformas efectuadas por la Ley Orgánica 1/2025, de eficiencia del Servicio Público de Justicia y su incidencia en el ámbito penal», La Ley Penal, núm. 172, enero, 2025, La Ley, pág 4.

[12] En opinión de RODRÍGUEZ LAINZ «la denuncia telemática, exigida de firma electrónica, muestra tanta o más garantía de autenticidad que la manuscrita » y, sobre la presencialidad del denunciante «no aporta absolutamente nada frente a una denuncia en la que puede identificarse el autor». RODRIGUEZ LAINZ, J.L., «El desacertado impacto de la Ley Orgánica de Medidas en materia de efi-

denunciante tendrá que acudir personalmente a la comisaria, fiscalía o tribunal de instancia con las dificultades que entraña para el ciudadano y, especialmente, para sujetos vulnerables para los que puede constituir la única vía para trasladar una *notitia criminis*[13]. No cabe duda que la denuncia telemática presenta notables ventajas de agilidad y rapidez en la comunicación del hecho de apariencia delictiva[14], pero analizadas esas virtudes en el contexto de una investigación policial, parece prudente rebajar esa velocidad si trae consigo una escasez de información y de detalles que pueden terminar por dilatar el inicio de una investigación policial.

---

ciencia del servicio público de justicia en el proceso penal», Diario La Ley, Núm. 10665, febrero, 2025, pág.10.

13 CANOVAS FERNANDEZ, N., «Claroscuros de la Ley Orgánica 1/2025, de 2 de enero, de medidas en materia de eficiencia del Servicio Público de Justicia», La Ley Penal núm. 172, enero de 2025, Editorial La Ley, pág.2

14 La Guardia Civil ha difundido en los medios de comunicaciones el 7 de julio de 2025 la puesta en marcha del nuevo servicio telemático de denuncias para los delitos de: daños, hurtos, pérdida o extravío de documentación, localización de documentación, sustracción de vehículos, sustracción en el interior de vehículos y cargos fraudulentos con tarjeta bancaria (y otros medios de pago electrónico). Para cada delito, ha incluido una tramitación especial con unos requisitos específicos. Vid. https://sede.guardiacivil.gob.es/procedimientos/index/categoria/1470 consultada el 8 de julio de 2025.

3. LOS AJUSTES EN LA CONFORMIDAD

3.1. Supresión de límites

Cuando se tratan los problemas de la Justicia Penal, la conformidad suele ser presentada por algunos como el exponente del fracaso del sistema de justicia penal[15] y, para otros, como su salvavidas[16].

Los primeros consideran que a la vista de los datos estadísticos, según los cuales más del 50% de las sentencia condenatorias lo fueron por conformidad, se premia la reducción de la litigiosidad penal a cambio de la renuncia del justiciable a derechos esenciales como el derecho a un juicio, la prueba o la presunción de inocencia. Los segundos, sus defensores o los resignados a su existencia, consideran que esos datos reflejan

---

15 Solo a título ilustrativo véase AGUILERA MORALES, M., « La deriva del "principio" de consenso», Revista Ítalo-Española de Derecho Procesal, 2019, vol. 2; ARMENTA DEU, T., Derivas de la justicia Tutela de los derechos y solución de controversias en tiempos de cambio, Marcial Pons, 2021; BACHMAIER WINTER, L., «Justicia negociada y coerción. Reflexiones a la luz de la jurisprudencia del Tribunal Europeo de Derechos Humanos», Revista General de Derecho Procesal, núm. 44, 2018; DEL MORAL GARCIA, A., «La mediación en el proceso penal. Fundamentos, Problemas y Experiencias», En Rodríguez-Arana Muñoz, J., y De Prada Rodrígiez, M., La mediación. Presente, pasado y futuro de una institución jurídica, Netbiblo, La Coruña, 2010., LASCURAIN SÁNCHEZ, J.A. y GASCÓN INCHAUSTI, F., «¿Por qué se conforman los inocentes?», Indret, Revista para el Análisis del Derecho, 2018, núm. 3.

16 Véase Instrucción 2/2009 de 22 de junio, sobre aplicación del protocolo de conformidad suscrito por la Fiscalía General del Estado y el Consejo General de la Abogacía Española; MORENO VERDEJO, MORENO VERDEJO, J., «La conformidad», en El Juicio Oral en el proceso penal, Comares, 3ª edición, Granada, 2021, pág. 39 y ss.

su gran virtud, cual es, la de convertirse en la válvula de oxígeno del sistema penal.

Pese a tratarse de un instituto polémico, con los años no ha hecho sino afianzarse y extenderse, y ello explica que se haya decidido en esta reforma facilitar su aplicación suprimiendo los límites penológicos que contemplaba la LECrim en los arts. 655, 688 y 787. Para ser más precisos, el límite cuantitativo estaba previsto en el art. 787 LECrim en 6 años y se proyectaba en los arts. 655 y 688 LECrim que hacían referencia a la pena correccional.

Constituye una reforma esperada por dos razones. Primero, porque así se contemplaba en los anteproyectos de Ley de Enjuiciamiento Criminal de 2011 y 2020 y en el Borrador de 2013[17]; y, segundo, porque la reforma no hace sino reconocer una situación que de facto venía ocurriendo, y es que pese a la existencia de un límite en la conformidad, la práctica judicial vertebró los cauces para eludirlo[18]. Esta disfuncionalidad sistemática[19] aparece incluso expresamente reconocida en el Ante-

---

17 Como expone OLIVEIRA TEIXEIRA DOS SANTOS la regulación de la conformidad en los Anteproyectos de 2011 y 2020 y en el Borrador de 2013 se caracteriza por la amplitud de la conformidad. OLIVEIRA TEIXEIRA DOS SANTOS, M., «La regulación de la conformidad en el proyecto de ley de medidas de eficiencia procesal del servicio público de justicia: sobre la maximización del principio de oportunidad», Revista General de Derecho Procesal, núm. 61, IUSTEL, 2023, pág. 5.

18 Para MAGRO SERVET, sin embargo, «La supresión del límite de pena para la conformidad, hasta ahora mismo vigente, supondrá un vuelco en la resolución de los procedimientos judiciales en el orden penal», en MAGRO SERVET, V., «La nueva conformidad en la reforma de la LECRIM a tenor de la Ley Orgánica 1/2025, de 2 de enero», La Ley Penal, Núm.,172, enero de 2025, La Ley, pág.4..

19 Calificación que utiliza en Italia PERONI, Francesco para referirse al patteggiamento previsto en el CPP italiano. Vid. PERONI, F., La

proyecto de LECrim de 2020, en cuya Exposición de Motivos se admitía que la limitación de la conformidad atendiendo a la gravedad de la pena no tuvo un reflejo en la práctica.

Esos cauces que permitieron que no existieran límites son dos, por un lado, la «conformidad forzada» y, por otro, la «conformidad encubierta». La «conformidad forzada» se hace patente en el segundo escrito de calificación que puede presentar el Fiscal antes de iniciarse la práctica de la prueba (art. 787 LECrim), en el que incluye -a diferencia del primero- circunstancias que atenúan la responsabilidad criminal o constatan un grado de ejecución o participación más favorable al acusado, que permite solicitar una pena de prisión igual o inferior a seis años, y dictar una sentencia de conformidad en procesos para delitos graves[20]. Por su parte, la conformidad encubierta constituye una práctica forense fruto de un acuerdo oficioso entre Ministerio Fiscal y defensa[21] pero cumpliendo ciertas reglas. La primera consiste en formular una única pregunta al acusado, si se reconoce autor de los hechos, y si contesta afirmativamente, se concluye que son "aceptados como existentes"[22]. Dicha regla fue modulada y algunos tribunales exigieron que el reconocimiento sea expreso, y no se limite a confirmar el conocimiento del escrito de acusación, sino la certeza de hechos, episodios concretos, fechas y nombre de la víctima. La segunda regla, constituye la ratificación y en algunos casos declaración del tes-

---

peripezia del patteggiamento in un trentannio di sperimentazioni, Archivio Penal, 2019, num. 3, pág. 21

20 AGUILERA MORALES, M., El principio de consenso. La conformidad en el proceso penal, Edit. Cedecs. 1998, Madrid, pág. 71.

21 CANOVAS FERNANDEZ, N., «Claroscuros de la Ley Orgánica 1/2025, de 2 de enero, de medidas en materia de eficiencia del Servicio Público de Justicia», La Ley Penal, núm. 172, enero de 2025, Editorial la ley, Pag.3 Discrepamos, por lo tanto, de la afirmación del CGPJ

22 SAP Santa Cruz de Tenerife 246/2013 de 19 junio

tigo más importante y, en tercer lugar, tras la renuncia al resto de pruebas se produce la modificación de la pena fijada por la acusación en las conclusiones definitivas según lo convenido previamente. Cumplidos estos tres presupuestos, la acusación fija unas conclusiones definitivas según lo acordado por las partes, la defensa hace suyas las conclusiones y las partes dan por reproducidas sus conclusiones en el trámite de informes orales finales.

Ahora bien, que esa voluntad de implantar la conformidad sin límites haya prosperado y que el legislador se haya doblegado a la inercia de esta práctica judicial no significa que debamos aceptarla sin las objeciones que a continuación exponemos.

La primera crítica se centra en el escenario que diseña y promueve esta ley, al no imponer restricción alguna que atienda a la clase de delito ni a su autor[23]. El legislador prescinde de límites, no discrimina entre delitos y tampoco fija un máximo de pena por encima del cual no hay margen de negociación. Pudo haber establecido restricciones que obedezcan a la condición del sujeto, como podría ser la reincidencia o aquellos casos en los que la persona acusada padece alguna discapacidad que le impide comprender el significado y las consecuencias del proceso en su contra, cautela que sí contempló el Anteproyecto de LECrim de 2020 (art. 80 ALECrim).

Pudo imponerse un límite similar al previsto en el *patteggiamento allargato* italiano, que impide al imputado beneficiarse cuando sea considerado delincuente habitual, profesional o de tendencia a delinquir como prevé el art. 444.1 bis CPP[24] italiano.

---

23 MARCOLINI, S., Il patteggiamento nel sistema della giustizia penale negoziata. L'accertamento della responsabilità nell'applicazione della pena su richiesta delle parti, Edit. Giuffré, Univ. Insubria-Fac. di giurisprudenza, 2005, pag.3.

24 La jurisprudencia, tras oscilaciones, se ha decantado por una solución garantista en la aplicación de dicho precepto y entiende que

Tampoco se establece ninguna cautela en torno al número de veces que puede intentar alcanzarse el acuerdo entre la acusación y la defensa, y podría en consecuencia frustrarse tras el traslado de la acusación o en la audiencia preliminar y prosperar antes de la práctica de la prueba.

Tal es la apuesta por la conformidad en la LO 1/2025, que no solo se ha suprimido el límite para facilitar así su aplicación en cualesquier delito[25], sino que también se crea otro momento procesal en el que el encausado puede aceptar la acusación, cual es el de la audiencia preliminar. De ese modo, el encausado puede ahora expresar su conformidad; primero, en el escrito de defensa previsto en el art. 784.3 LECrim o en el nuevo escrito de calificación que conjuntamente firmen las partes acusadoras y el acusado junto a su letrado antes de la celebración del juicio oral; segundo, en la audiencia preliminar a la que serán convocados por el tribunal competente tanto el Fiscal como las partes, y podrán pedir al juez que dicte sentencia de conformidad con el escrito que contenga pena de mayor o gravedad o con el que se presente en ese acto; tercero, antes del inicio de la práctica de la prueba, si la defensa, con la conformidad del acusado, acepta el escrito de acusación que contenga pena de mayor gravedad o con el que se presente en ese acto.

La segunda cuestión controvertida pone el acento en la reformulación del modelo de justicia que la LO 1/2025 diseña, que deja en manos de los justiciables la opción entre el enjuicia-

---

solo se aplicaran al imputado que si son preexistentes al momento del patteggiamento , SANNA, A., Il "patteggiamento" tra prassi e novelle legislative, CEDAM Wolters Kluwer Italia, Milán, 2018, pág. 59

25 Cuestionadas por FERNANDEZ FUSTES, M.D., «La conformidad en el borrador del Código Procesal Penal», En Reflexiones sobre el nuevo proceso penal, Moreno Catena (dir.), Tirant lo Blanch reformas, Valencia, 2015, pág. 857.

miento del delito o el acuerdo de conformidad. Dicha apuesta desdibuja la esencia del proceso y lo reconfigura, puesto que la tutela judicial es producto de un proceso de negociación en detrimento del cauce tradicional[26]. Aunque la sentencia condenatoria fruto de una conformidad se ajuste a los principios de oficialidad, legalidad y necesidad, cuya aplicación como advierte GONZALEZ NAVARRO ha sido paradójicamente exceptuada por la institución[27], debería ser vista como un riesgo para el sistema penal y el prestigio de la función judicial[28].

Es imprescindible tomar conciencia de las renuncias que entraña una sentencia de conformidad, toda vez que impide conocer la valoración de las estrategias de las partes, no se discutirán ni resaltarán los puntos débiles o incongruentes de esas estrategias, no se valorarán los medios probatorios ni sopesará la credibilidad de los testigos y tampoco se habrán percibido los contrainterrogatorios. Las sentencias de conformidad carecen del razonamiento judicial y además de mecanismos de fiscalización[29].

---

[26] ARNAIZ SERRANO propone recordar aquel tiempo en el que los procesos se sustanciaban y agotaban sus fases. ARNAIZ SERRANO, A., «Procedimiento testigo y extensión de efectos de la sentencia: ¿una solución eficiente a los problemas que plantea la litigación masiva», en Jiménez Conde, Fernando y López Simó, O. (Dirs.), La Eficiencia de la Justicia a Debate, Tirant Lo Blanch, Valencia, 2024, pág. 237.

[27] GONZALEZ NAVARRO, A., «Breves reflexiones críticas sobre la proyección de los principios de oportunidad y dispositivo en el proceso penal», En Calaza López, S. y Muinelo, J. (Dirs.), Postmodernidad y Proceso Europeo: la Oportunidad como principio informador del proceso judicial, Dykinson, 2020, pág. 287.

[28] Argumento que utilizó el Tribunal de Roma para plantear la cuestión de legitimidad contra la reforma del patteggiamento de 2003. Véase la 5ª Sezione Penale. Ordinanza 1 luglio 2003

[29] CANOVAS FERNANDEZ, N., «Claroscuros de la Ley Orgánica 1/2025, de 2 de enero, de medidas en materia de eficiencia del Ser-

Pero además, se habrá prescindido de la publicidad propia del enjuiciamiento, que garantiza que la resolución de un conflicto grave tenga una proyección general que trasciende a las partes y afianza la confianza en la independencia e imparcialidad de los Tribunales, salvo en aquellos casos en que se precise la celebración del juicio a puerta cerrada (art. 681 LECrim).

La tercera objeción al nuevo modelo, pone el acento en la incoherencia del sistema de persecución penal, puesto que, mientras por un lado, el legislador expresa su inquietud y preocupación por perseguir ciertas infracciones recurriendo al incremento punitivo; por otra, decide implantar una conformidad generalizada y sin límites que supondrá siempre una reducción de las penas. Piénsese en los tipos penales de violencia de género o violencia sexual, informados por el principio de ofensividad, que por su especial gravedad o por la importancia de los bienes jurídicos a los que protegen, precisan de una intervención más intensa del Derecho Penal y, en consecuencia, reclaman una aplicación de la pena sin modulaciones ni ajustes. En delitos de esta naturaleza, los bienes jurídicos comprometidos y el incremento de los casos que llegan a los tribunales, hacen patente un interés público -no solo en la persecución penal- sino también en su enjuiciamiento. En este escenario, ¿las conductas reprochadas pueden ser objeto de pactos como si se tratase de intereses sujetos al derecho privado?. ¿Es coherente que en este ámbito de especial vulnerabilidad se alteren los marcos penales fijados por el legislador?.

Como postulaba BANACLOCHE al analizar en su momento el que fuese proyecto de ley, el legislador debió dar una explicación que justifique la supresión de límites de la conformidad y, mientras no construya una regulación detallada de los lími-

vicio Público de Justicia», La Ley Penal, Núm. 172, enero de 2025, Editorial la ley, pag.3.

tes y condiciones de la negociación, lo prudente hubiese sido impedir la conformidad en los delitos graves[30].

3.2. El nuevo momento procesal de la conformidad

Si el legislador pretendía eficiencia, no cabe duda que la huida o evitación del enjuiciamiento cumple plenamento con sus objetivos, puesto que consigue descargar a los tribunales del trabajo a coste cero, tal como señala FERNANDEZ LOPEZ, para quien se trata de una reforma procesal *low cost*[31].

Como se adelantó en el apartado anterior, para facilitar la conformidad no solo se han suprimido los límites de la pena que puede ser aceptada, sino también se ha arbitrado que en la nueva audiencia preliminar pueda también tener lugar la conformidad.

La finalidad del legislador con la implantación de esta audiencia es múltiple, es el momento para que defensa y acusación alcancen una conformidad, para la admisión de pruebas, para la depuración de cuestiones que pudieran suponer la suspensión y provoquen un nuevo señalamiento y para resolver las alegaciones sobre la nulidad de pruebas debido a la vulneración de derechos fundamentales. De la nueva redacción del art.785 se desprende que el primer acto sobre el que preguntará el órgano de enjuiciamiento es sobre la conformidad,

---

30 BANACLOCHE PALAO, J., «El proyecto de ley de eficiencia procesal y el proceso penal: una reflexión crítica sobre las innovaciones propuestas», Diario La Ley, núm. 10103, Editorial Wolters Kluwer, julio 2022, pág.6.

31 FERNANDEZ LÓPEZ, M., ¿Eficiencia del proceso penal sin una nueva LECRIM? Un análisis crítico de las recientes (y futuras) reformas de la justicia penal, en Jiménez Conde, Fernando y López Simó, O. (Dirs.), La Eficiencia de la Justicia a Debate, Tirant Lo Blanch, Valencia, 2024, pág. 550.

en la que el fiscal y las partes podrán exponer lo que estimen oportuno sobre la conformidad del acusado.

El precepto que aborda la conformidad en la audiencia preliminar tiene una redacción muy similar a la prevista en los arts. 655 o 787ter LECrim, lo que significa que el mecanismo de la conformidad es idéntico al que viene operando, y eso supone mantener y perpetuar una de las nefastas prácticas asociadas a la conformidad y fomentada por la práctica forense, cual es, que entre una primera y segunda acusación -permitida por la LECrim- aparezcan circunstancias que no han sido alegadas previamente y provoquen una atenuación de la responsabilidad criminal o constaten un grado de ejecución o de participación más favorable para el acusado, gracias a los cuales se podrá solicitar una pena inferior. Aunque se defienda que dicha reducción se ajusta al principio de legalidad y a una estricta ponderación de la pena, es evidente que se trata de un incentivo para aceptar la acusación, gracias a calificaciones moduladas por sorprendentes atenuantes de dilaciones indebida del art. 21.6 CP[32] o de la reparación del daño del art. 21.5 CP. En la práctica, el Fiscal sobredimensiona[33] su primer

---

32 Atenuante utilizada por los Fiscales en conformidades difícilmente aceptables, como describen ALVAREZ GARCIA y VENTURA PÜSCHEL, «a la luz de las exigencias de prevención general... y de la dignidad de las víctimas». ALVAREZ GARCIA, J., y VENTURA PÚSCHEL, A., «De fisuras que tornan grietas en la prevención democrática», En DIARIO LA LEY, núm. 99931, de 13 de octubre de 2021, Editorial Wolters Kluwer, pág. 5.

33 No es infrecuente -afirma MATEOS RODRÍGUEZ-ARIAS- que los fiscales, como estrategia ante la más que segura negociación para la conformidad, en los escritos de acusación soliciten penas más elevadas de las que en realidad consideran procedentes, para poder rebajarlas en el caso de acuerdo, lo cual sitúa al acusado en posición favorable a la conformidad a la vista de la generosa rebaja que se le ofrece. MATEOS RODRÍGUEZ-ARIAS, A., «La Ley Orgánica de eficiencia del servicio público de justicia: novedades introducidas en

escrito de acusación para provocar la conformidad tras esa segunda acusación–donde no hay oportunidad procesal para actuaciones que contemplen una rebaja de la pena- que puede presentar en la Audiencia Preliminar. No solo no se corrige ese defecto, sino que nada impide que la inercia de las práctica judicial espere hasta la conformidad que tiene lugar al inicio de la prueba, en el enjuiciamiento, para alcanzar allí -cuando no quedan más opciones- un acuerdo. Lo pertinente hubiese sido, como ocurre en los juicios rápidos, premiar la conformidad con una reducción de la pena e incentivar a la defensa a alcanzar un acuerdo en una fase temprana convirtiéndose en un instrumento de carácter tasado e imperativo que impregne de rapidez y celeridad al proceso penal. Como explica DEL MORAL[34], dado que la LECrim solo prevé una reducción de la pena en la conformidad premiada, se ha implantado una regla no escrita que pasa por tomar en consideración, como criterio de individualización de la pena: no llegar a una conformidad. De ese modo, si antes del inicio de la prueba se llega al acuerdo, se formula una reducción de la pena prevista en la primera acusación y, si no se consigue, se mantiene intacta. No se atenúa la pena –dado que no existe marco legal- sino que se agrava aplicando criterios que no se corresponden con el art. 66 CP. Es evidente que, si la pena fuese la misma para quien se conforma o para el que no se conforma, nadie se conformaría y por ello se ha articulado una rebaja que no está prevista en la LECrim, y cuya única posibilidad de arbitrar es mediante una sensible rebaja cuando no se celebra el juicio, retribuyendo así a quien consigue descargar de trabajo a la Administración de Justicia.

---

la conformidad penal», Diario La Ley, núm. 10654, La Ley, 29 ene 2025, pág. 5

34 DEL MORAL GARCIA, A., La mediación en el proceso penal: fundamentos, problemas y experiencias, .., cit., pág. 56.

Para concluir es preciso tener presente una idea esencial de toda reforma, la ventaja en términos de tiempo y recursos materiales y personales que entraña alcanzar una conformidad en la audiencia preliminar y no esperar al inicio del juicio; pero conseguir beneficiarse de ella dependerá del compromiso de los operadores jurídicos con la reforma, y en especial, de los Fiscales, que tendrán que intentar cerrar el acuerdo con la defensa antes de la Audiencia Preliminar y no postergarlo hasta la celebración del juicio, donde tienen lugar un número importante de conformidades, a escasos minutos del inicio del juicio cuando han sido citadas las partes y sus letrados, los peritos, testigos y, por supuesto, el Fiscal y el tribunal.

3.3. El deber de información del abogado

Siempre en el marco de la conformidad, los renovados arts. 655, 785 y 787 ter LECrim incluyen un deber de información para el letrado del acusado, quien facilitará por escrito a la persona a quien defiende la información sobre el acuerdo alcanzado. Con esa lacónica frase, esta reforma pretende garantizar el derecho de defensa del acusado -pronto condenado- en el nuevo escenario de una conformidad sin límites. Ahora bien, si el objetivo era asegurar su derecho a conocer todos los extremos del acuerdo quizás lo prudente, tratándose de una tarea que asumen los abogados, hubiese sido especificar la forma de llevar a cabo dicha comunicación y establecer ciertas reglas sobre el contenido de esa información.

El primer aspecto sobre el que debió pronunciarse la LO 1/2025 es el momento procesal en el que debe ser facilitada la información, puesto que de su redacción surgen ciertas dudas interpretativas. Son solo tres los preceptos que contemplan que se traslade esta información al acusado: por un lado, en el art. 655 LECrim, referido a la conformidad que manifiesta el procesado tras el traslado del escrito de calificación provisional en el proceso ordinario; y, por otro, en los arts. 785 y 787 ter

LECrim, en el marco de la audiencia preliminar y al inicio de la práctica de la prueba en el proceso abreviado. Si nos ajustamos a lo expuesto en dichos preceptos y aquello que no figura en otros -que también regulan la conformidad- podría concluirse que la intención del legislador ha sido que la información que deba trasladarse al acusado se circunscriba a los puntuales momentos previstos en los arts. 655, 785 y 787 ter LECrim y no se realice al inicio de las sesiones del juicio en el proceso ordinario según art. 688 LECrim o tras trasladar el escrito de acusación a la defensa en el abreviado, según el art. 784.3 LECrim. Dicha interpretación literal nos resulta incongruente, pues no tendría sentido que se garantice que el acusado tenga información de los detalles del acuerdo en la audiencia preliminar pero no tras conocer la acusación. Habrá que entender que la reforma impone al letrado el deber de informar al acusado siempre que se alcance un acuerdo de conformidad, con independencia del momento procesal o de la clase de proceso que se trate.

La segunda cuestión que genera incertidumbre tiene que ver con el momento en el que debe ofrecerse esa información. De la lectura del art. 655 LECrim se entiende que tiene lugar -como afirma FERNANDEZ LÓPEZ- con carácter previo a la ratificación del acuerdo alcanzado con las acusaciones, pero podría no deducirse lo mismo del art. 785 LECrim en cuyo precepto se incluye el deber de información del letrado tras la ratificación ante el Tribunal. Lo pertinente será entender que el acusado cuenta con esa información antes de la ratificación de la conformidad y solo tras conocer los términos del acuerdo y sus consecuencias, es homologado por el Tribunal. Así entendido, dicha actuación del letrado adquiere el carácter de presupuesto de su homologación[35].

---

35 FERNANDEZ LÓPEZ, M., ¿Eficiencia del proceso penal sin una nueva LECRIM? Un análisis crítico de las recientes (y futuras) reformas de la justicia penal, cit., 2024, pág. 558.

Una tercera duda surge en la extensión y precisión que tendrá que tener la información que brinda el letrado al acusado y las consecuencias que se derivan de que esa información no se proporcione o lo sea parcialmente. Sería conveniente -como precisa BANACLOCHE- haber previsto los extremos que alcanza dicha información, para evitar reclamaciones posteriores de los condenados exigiendo responsabilidad a sus abogados, por ejemplo, si alega no estar enterado de las penas accesorias, la liquidación o la ejecución[36].

Se tratará, dice la ley, de un documento escrito al que deberá acompañarse información que se ajustará al deber que ha de cumplir el abogado, que no es otro que garantizar que el acusado tenga toda la información necesaria para expresar su consentimiento. Ello supondrá, primero, que se utilice un lenguaje que permita la comprensión de la información; segundo, que se precisen los hechos que, tras la conformidad, resultarán probados en la sentencia; tercero, la calificación jurídica de los mismos, la pena y las penas accesorias y las consecuencias que se derivan de estas; cuarto, la responsabilidad civil y, en quinto lugar, la decisión que pueda adoptarse sobre la suspensión de la pena[37].

Un tema relevante, cuando del consentimiento a la conformidad se trata, es el de la suspensión de la pena. Y si bien es cierto, como parte del acuerdo las acusaciones pueden comprometerse a no oponerse a la suspensión de la pena, dicho acuerdo no vincula al tribunal y no es automático. La decisión sobre la suspensión comporta el ejercicio de una facultad dis-

---

36 BANACLOCHE PALAO, J., «El proyecto de ley de eficiencia procesal y el proceso penal: una reflexión crítica sobre las innovaciones propuestas», cit., pág. 5.

37 FERNANDEZ LÓPEZ, M., ¿Eficiencia del proceso penal sin una nueva LECRIM? Un análisis crítico de las recientes (y futuras) reformas de la justicia penal, cit., 2024, pág.561.

crecional del tribunal para ponderar todos los bienes en conflicto en cada caso[38].

Ahora bien, la reforma incorpora una regla especial cuando la conformidad es acordada en la audiencia preliminar, puesto que podrá dictarse sentencia de forma oral y, en caso se declare su firmeza, se pronunciará el tribunal, previa audiencia de las partes, sobre la suspensión de la pena o su sustitución cuando proceda. Y aunque se comunique con unidad de acto, es preciso entender que se trata de una decisión competencia del Tribunal, que se ajustará al art. 80 CP, en virtud del cual, el sentido y el fundamento del beneficio de la suspensión es que no sea razonable esperar a la ejecución de la pena para evitar la comisión futura de nuevos delitos, y ello concurre cuando se dan las circunstancias previstas en el art. 80.2 CP o las especiales circunstancias de los siguientes epígrafes. De modo que, corresponde al tribunal que pronuncie la sentencia valorar la hoja histórico penal, la pluralidad de condenas y de conductas delictivas, la violencia empleada del acusado, la alta probabilidad de reiteración delictiva y justificar si resulta o no necesario el cumplimiento efectivo de la responsabilidad penal para evitar la comisión de nuevos delitos y eso supone que solo el Tribunal valorará las circunstancias que justifiquen o no la suspensión. También será preciso que el letrado informe de las consecuencias que los antecedentes tendrán en la condena que se le imponga en un futuro proceso penal, dado que los antecedentes penales han dejado de constituir una condición para la suspensión de la ejecución de la pena, y corresponde al tribunal valorar la preexistencia de «antecedentes penales correspondientes a delitos que, por su naturaleza o circunstancias, carezcan de relevancia para valorar la probabilidad de comisión de delitos futuros». Se trata, como apunta GOYENA HUERTA, de una cláusula tan abierta que no incluye criterio

---

[38] AAP Navarra 14 abr 2025

alguno que permita al tribunal concluir qué antecedente es relevante a los efectos de reincidencia[39], y trasladado al escenario del acuerdo de conformidad, provocará incertidumbre en el acusado que se conforma, confiado en que la pena será suspendida pero que a la vista del art. 80 CP y su indeterminación puede ver frustradas sus expectativas.

El letrado intentará que la información se extienda también a las consecuencias y la repercusión que tendrá en su ámbito personal y profesional la aceptación de una pena. Se trata de concretar la proyección que cobra la pena y que supondrá unos antecedentes penales que provocarán, en algunos casos, efectos que desbordan el ámbito del proceso pero que debe conocer el acusado. Piénsese en aquella persona interesada en acceder a la función pública, sea la Administración o las FFAA que, sin embargo, debido a los antecedentes penales verá frustrada su posibilidad. En el caso de los antecedentes por delitos de naturaleza sexual, también se impide entablar una relación laboral en cualesquier colegio o instituto del sistema público y privado, y adviértase que en este caso, no se trata solo de aquellos que pretendan prestar servicios como docentes sino que cualesquiera que, por cuestión del trabajo que desempeñe, mantenga contacto habitual con menores —pediatra, monitor infantil, catering en comedores- no debe tener antecedentes por delito sexual.

Igual sucede con los vigilantes de seguridad, que requieren de una tarjeta de identificación profesional, que entre sus

---

[39] GOYENA HUERTA, J, «La suspensión de la ejecución de las penas privativas de libertad tras la reforma del Código Penal de 2015», Revista Aranzadi de Derecho y Proceso Penal, núm. 38/2015, Edit. Aranzadi, pág. 4 y TRAPERO BARREALES, M., «Las reformas que se avecinan en materia de suspensión de la ejecución de la pena privativa de libertad», La Ley Penal, núm. 150, mayo-junio, 2021, Editorial Wolters.

requisitos para la concesión, precisa de antecedentes penales negativos. Distinto es el valor que adquieren los antecedentes en el caso de los extranjeros en España, pues si se trata de una pena de prisión superior a un año serán sustituidas por su expulsión de territorio español, o podrá acordarse la ejecución de una parte y la sustitución del resto de la pena por la expulsión, como establece el art. 89 CP. Deberá también instruirse al ciudadano extranjero, que los antecedentes penales podrán incidir de forma negativa en la solicitud de una residencia temporal o en su renovación.

Para concluir, en este punto es conveniente remontarse al anteproyecto de LECrim de 2020, que contemplaba ciertas reglas en torno a los presupuestos de la conformidad y a la información que ha de brindar el abogado defensor al cliente. Según su art. 165 ALECrim constituía un presupuesto de la conformidad el «consentimiento libremente prestado -dice el precepto- con pleno conocimiento de sus consecuencias»[40]. A ese conocimiento se sumaba una advertencia, la consideración de consentimiento no válido de quien presente una enfermedad, coacción, amenaza o cualquiera otra circunstancia semejante, entre las que se incluían los casos de falta absoluta de capacidad procesal (art. 80 ALECrim). Observada tal exigencia, se concretaban una a una las materias sobre las que debía informarse al acusado y que adquirían un carácter imperativo, puesto que debía, primero, informar detalladamente a su cliente de todos los acuerdos que ofrezca o que le sean ofrecidos; segundo, tendrá que comunicarle las razones por las cuales considera que debe aceptarse; y, por último, las conse-

---

[40] BACHMAIER WINTER se pregunta si puede hablarse de un «acuerdo voluntario de conformidad», véase su estudio en BACHMAIER WINTER, L., «Justicia negociada y coerción. Reflexiones a la luz de la jurisprudencia del Tribunal Europeo de Derechos Humanos», cit., pág. 5.

cuencias que deben derivarse. Este grado de precisión se echa de menos en la redacción actual.

3.4. La intervención de la víctima

La LO 1/2025 consolida la conformidad como una fórmula de terminación del proceso penal que depende del consenso entre defensa y acusación, que controla el Tribunal y que, desde esta ley, también prevé que la víctima del delito sea oída.

Dicha medida se enmarca en la progresiva atención y protección que nuestro sistema ha prestado en los últimos 20 años a las víctimas del delito y corrige una disfunción del sistema procesal que potenciaba la intervención de la víctima en la fase de instrucción y en la fase intermedia, pero la marginaba en el momento de la conformidad.

Como contempla nuestra LECrim, la víctima del delito tiene derecho a que se le instruya sobre su derecho a mostrarse parte (art. 109 LECrim), se prevé que en cualquier momento antes del trámite de calificación del delito pueda constituirse en parte y, tras la reforma del precepto instada por la Ley Orgánica 8/2021 de protección integral a la infancia y la adolescencia frente a la violencia, si se personase transcurrido el término para formular escrito de acusación podrá ejercitar las acción penal adhiriéndose al escrito de acusación. El momento de la intervención se ha ampliado de forma sustancial[41] y se enmarca en el derecho a la tutela judicial efectiva de las víctimas y, entiendo, en la voluntad de que decida en la fase intermedia intervenir de forma activa en el proceso.

---

41 Véase sobre dicha intervención SEMPERE, S., «La participación activa de la víctima en el proceso penal: análisis del art. 11 del Estatuto de la Víctima», La Ley Penal, núm. 136, enero 2019, Editorial Wolters Kluwer, pág. 6-8

También se prevé que la víctima pueda no estar en primera línea en el proceso penal, e intervenir a través de las Asociaciones sin que recaiga sobre ella directamente el ejercicio de la acción penal. Con ese objetivo, desde la reforma de 2015, el art. 109.3 LECrim cuenta con el expreso reconocimiento de las Asociaciones de Víctimas y de las Personas Jurídicas para ejercitar la acción penal en defensa de los derechos de las víctimas, siempre que ello fuere autorizado por las víctimas del delito. Su intervención será a título de acusación particular siempre y cuando se cumplan con los requisitos establecidos en la LEcrim[42]. Y cuando ha de presentarse a declarar, el Estatuto de la Víctima ha contemplado medidas dirigidas a protegerla durante la investigación penal y el enjuiciamiento; se procurará que se reciba declaración sin dilaciones injustificadas, el menor número de veces, cuando sea estrictamente necesario, en compañía de una persona de su elección y con la posibilidad de evitar el contacto visual con el investigado (art. 21y 24 EV).

A la vista de las medidas descritas, resultaba difícil entender un sistema que pone a disposición de la víctima los recursos para que intervenga en el proceso penal y se constituya en parte, con asistencia jurídica gratuita -y facilitando la intervención de Asociaciones que velen por sus intereses-, para, en la fase de

---

[42] En opinión de HOYOS SANCHO, en el caso del art. 109.3 LECrim deben cumplirse los siguientes presupuestos: primero, existencia de un vínculo entre los que integran la asociación o la persona jurídica en calidad de víctima y el bien jurídico lesionado o puesto en peligro; segundo, la asociación o persona jurídica tiene reconocida por ley legitimación para defender los derechos de las víctimas y ello supone que en los documentos constitutivos deberá contemplarse la defensa de las victimas; y, tercero, la autorización de la víctima. HOYOS SANCHO, M., «Víctimas del delito y acción penal», En Las Víctimas del Delito y las últimas reformas Procesales Penales, Thomson Reuters Aranzadi, Navarra, 2017, pág. 86

enjuiciamiento, poner en marcha el aparato de la conformidad y promover rebajas con la finalidad de esquivar el juicio, y donde la víctima no solo queda al margen del acuerdo sino, en ciertos casos, desinformada[43].

Esta reforma introduce una nueva actuación que corresponde al Fiscal y que tendrá lugar antes de pedir al Tribunal que proceda a dictar sentencia, momento en el deberá oír previamente a la víctima o perjudicado, aunque no estén personados en la causa. Se trata de una carga que ha de asumir el Fiscal y que, en opinión de RODRIGUEZ LAINZ, constituye una actuación paraprocesal[44]. Distinta es la propuesta de MARTINEZ MORENO, quien considera que corresponde al Ministerio Fiscal en su escrito de acusación o cuando sea convocado a la audiencia preliminar, solicitar la citación de la víctima o del perjudicado; pero en el caso de víctimas en situación de especial vulnerabilidad, considera que serán llamadas por el Tribunal e informadas del deber de acudir correctamente asistidos y representados, bien con las medidas de apoyo con las que cuenten o con los medios a los que hace referencia el art. 7 bis LEC, para realizar los ajustes y adaptaciones necesarios.

Resulta positivo que esta reforma postule la intervención de la víctima en el marco de la conformidad, pero tal y como se configura solo constituye una tarea para el Fiscal que no tiene carácter imperativo y depende de su discrecionalidad. La decisión de oír a la víctima dependerá de que sea posible escucharla y de que se estime necesario para ponderar correctamente

---

43 Tal como precisa MATEOS RODRÍGUEZ-ARIAS, A., «La Ley Orgánica de eficiencia del servicio público de justicia: novedades introducidas en la conformidad penal», cit., pág. 7.

44 RODRIGUEZ LAINZ, J.L., «El desacertado impacto de la Ley Orgánica de Medidas en materia de eficiencia del servicio público de justicia en el proceso penal», Diario La Ley, núm. 10665, Editorial La Ley, febrero-2025, pág.11.

los efectos y el alcance de la conformidad. Eso significa que para el Fiscal debe ser viable tal reunión y necesaria para determinar los puntos del acuerdo que habrá de homologarse por el Juez, por ejemplo, en la determinación de la indemnización. Ese carácter discrecional, cobra un sentido imperativo en dos concretas circunstancias que obligan al Ministerio Fiscal a oír a la víctima, primero, cuando la gravedad, la trascendencia del hecho, la intensidad o la cuantía sean especialmente significativos; y, segundo, cuando las víctimas o perjudicados se encuentren en situación de especial vulnerabilidad[45].

Y aunque la voluntad del legislador es contar con la víctima, será preciso que el Ministerio Fiscal haya previamente recabado su opinión, y no solo para la audiencia preliminar, sino también cuando la conformidad tiene lugar tras evacuar la defensa el escrito de calificación o defensa (art. 655 y 784.3 LECrim) o antes de iniciarse la práctica de la prueba (Art. 688 y 787 ter LECrim), toda vez que no tendría sentido que, dependiendo del momento en el que tenga lugar el acuerdo, se cuente o no con la víctima.

A la necesidad de uniformidad en la aplicación de esta garantía para la víctima, se suman algunas lagunas, y es que no se determina qué finalidad tiene la información que se obtenga, si se integra en la actuaciones y cómo habrá que hacerlo. Y, por último, qué ocurre si la víctima traslada al Fiscal su oposición al acuerdo cuando no se ha personado, se entenderá en tal caso que puede frustrarlo[46] o, al no constituirse en parte no podrá ejercer tal derecho.

---

45 RODRIGUEZ LAINZ, J.L., «El desacertado impacto de la Ley Orgánica de Medidas en materia de eficiencia del servicio público de justicia en el proceso penal», cit., pág. 11.

46 Para GRANADOS podrá frustrar el acuerdo, GRANADOS, L. E., «Principales reformas efectuadas por la Ley Orgánica 1/2025, de

Para concluir con este punto, debemos reconocer la valoración positiva que merece este mandato directo de la LECrim al Ministerio Fiscal, y confiamos tenga vocación de cumplimiento, aunque somos conscientes que la excesiva carga de trabajo que recae hoy en día sobre la Fiscalía, con seguridad impedirá en muchos casos que sea posible contactar con la víctima, primero y conocer su parecer sobre el acuerdo, después. Especialmente, cuando la disposición que se incorpora a la LECrim figuraba, en términos prácticamente idénticos[47], en la Instrucción 2/2009, de 22 de junio, sobre aplicación del protocolo de conformidad suscrito por la Fiscalía General del Estado y el Consejo General de la Abogacía Española. Dicha Instrucción nació con una finalidad organizativa dirigida, en lo esencial, a facilitar el funcionamiento del Protocolo, pero contemplaba un apartado III.2. dedicado a la *Tutela de los derechos e intereses de las víctimas y perjudicados por el delito,* donde reconocía que la víctima se había encontrada ausente y desinformada acerca del acuerdo y encargaba al Ministerio Fiscal su cuidado antes de cerrar el acuerdo. Quizás ahora, que dicho encargo ha saltado del ámbito normativo interno del Ministerio Fiscal al de la LECrim, cobre un carácter imperativo.

Eficiencia del Servicio Público de Justicia y su incidencia en el ámbito penal», cit., pág. 5

47 La Instrucción contempla en el epígrafe III.2. la siguiente medida: «Por ello, de cara a la negociación de la conformidad el Fiscal procurará oír previamente a la víctima o perjudicado, aunque no estén personados en la causa, siempre que sea posible y lo juzgue necesario para ponderar correctamente los efectos y el alcance de tal conformidad, y en todo caso cuando por la gravedad o trascendencia del hecho o por la intensidad o la cuantía sean especialmente significativos los intereses en juego, así como en todos los supuestos en que víctimas o perjudicados se encuentren en situación de especial vulnerabilidad. Igualmente deberá asegurarse en lo posible que éstos sean informados de la existencia y los términos de la conformidad, una vez pactada, y de sus consecuencias procesales».

4. LA AUDIENCIA PRELIMINAR

En el diseño del proceso penal de la LO 1/2025, la audiencia preliminar prevista en el renovado art. 785 LECrim tiene encargada tres tareas esenciales: primero, evitar el juicio gracias a un acuerdo de conformidad; segundo, sanear el proceso para facilitar la celebración del juicio y, en tercer lugar, solventar las discusiones en torno a la admisión de prueba o a su carácter ilícito.

Como se ha expuesto en epígrafes previos, la audiencia preliminar apuesta por la conformidad como el primero de los puntos sobre los que podrán las partes manifestarse y, en caso no haya acuerdo, el Juez pondrá el foco en aquellas cuestiones que podrían impedir la celebración del juicio, como sucede con las cuestiones de competencia, la existencia de artículos de previo pronunciamiento, la nulidad de actuaciones, la vulneración de algún derecho fundamental y la suspensión del juicio oral. Por último, en esta audiencia corresponde al Tribunal pronunciarse sobre el contenido, finalidad o nulidad de las pruebas propuestas.

No son pocas las tareas que cumplirá esta audiencia y que definirán la continuación del procedimiento abreviado siempre y cuando no exista un acuerdo de conformidad entre las partes. En términos de economía procesal, de tiempo y de recursos humanos, las ventajas resultan patentes, tal y como se expondrá; y, sin embargo, como toda reforma precisa de una operativa distinta y del cambio de mentalidad de todos y cada uno de los operadores jurídicos.

Una de las primeras dudas que surge de la lectura del reformado art. 785 LECrim reside en determinar si la Audiencia Preliminar podrá ser aplicada en el procedimiento ordinario, pues al tratarse de una actuación procesal prevista expresamente en el marco del procedimiento abreviado, no parece que pueda trasladarse al ordinario. Y es que, si la voluntad del legislador hubiese sido la de implantar esta audiencia también en el ordinario, podría haberlo hecho, tal y como ha sucedido con la supresión del límite penológico de la conformidad para el que se modifican de forma expresa los arts. 655 y 688 LECrim, de lo que podría concluirse que la voluntad del legislador ha sido la de no implantar esa comparecencia en el procedimiento ordinario.

Pero a la vista de la diversidad procedimental que caracteriza nuestro sistema penal, y a las reformas de los últimos años, habrá que entender que hoy por hoy el proceso abreviado es el común o el tipo[48], y tendrá carácter supletorio respecto del resto, especialmente en materia de conformidad, al tratarse de normas recientes y específicas que han terminado por constituir el marco desde el que debe ser interpretada la conformidad[49]. Con otro argumento pero en el mismo sentido, MAGRO SERVET considera que dicha audiencia aporta un beneficio en el ejercicio del derecho de defensa y potencia la concentración y oralidad, razones para extender estas ventajas al proceso ordinario[50].

La segunda cuestión sobre la que debemos detenernos es si dicha audiencia contribuye a la ansiada eficiencia procesal tan buscada por la reforma, pues supone arbitrar una vista a la que deben concurrir fiscal y acusado, que tiene carácter obligatorio y se celebra antes del enjuiciamiento. Recuérdese que hasta la

---

48 FERNANDEZ LOPEZ., M., El control judicial de la acusación, Tirant Lo Blanch, Valencia, 2025, pág. 49.

49 Cfr. OLIVEIRA TEIXEIRA DOS SANTOS, M., «La regulación de la conformidad en el proyecto de ley de medidas de eficiencia procesal del servicio público de justicia: sobre la mximización del principio de oportunidad», pág. 10.

50 Véase dicha reflexión en MAGRO SERVET, V., «Apuntes sobre la resolución de la prueba ilícita en la LECRIM tras la Ley Orgánica 1/2025, de 2 de enero de medidas de eficiencia», Diario La Ley, núm. 10649, Editorial La Ley, enero 2025, pág. 5.

implantación de dicha audiencia, el órgano de enjuiciamiento se pronunciaba por escrito sobre las pruebas propuestas por las partes y las cuestiones previas planteadas, y postergaba la decisión sobre la conformidad para el inicio del enjuiciamiento.

El carácter preceptivo de la audiencia ha provocado que se pronostique un colapso en los calendarios de señalamiento de las secciones de lo penal y de las audiencias provinciales debido a la duplicidad de señalamientos, tanto de la audiencia cuanto del enjuiciamiento, si es que no se alcanza una conformidad[51]. Esta audiencia requiere la comparecencia de las partes y del Ministerio Fiscal, y ello significa convocar al acusado, actor civil, responsables civiles y acusaciones.

Ahora bien, la percepción de los críticos requiere ser analizada en el contexto de la reforma, y es que siendo cierto que se incrementará la carga de trabajo del órgano de enjuiciamiento con una actuación más y de carácter presencial, si consigue cumplir sus objetivos, puede servir no solo para descargar de trabajo a la Administración de Justicia en caso se celebre la conformidad[52] -y no haya que citar al enjuiciamiento a las par-

---

51 RODRIGUEZ LAINZ, J.L., «El desacertado impacto de la Ley Orgánica de Medidas en materia de eficiencia del servicio público de justicia en el proceso penal», cit., pág. 14.

52 Resulta muy gráfica la descripción que realiza MARTINEZ MORENO del problema que pretende solventar la conformidad en la audiencia preliminar. «.. nos encontrábamos con situaciones un tanto peregrinas o complicadas de abordar, como era una sala de espera abarrotada «hasta la bandera», si se me permite la expresión, pues estaban todos los testigos propuestos por cada una de las partes, los testigos-peritos y los peritos en la mayor parte de los casos, que habían sido citados para la celebración del acto del juicio y nadie les había informado, al menos, de la intención del acusado de conformarse con las penas de la acusación. Por lo que se les intentaba explicar la situación legal producida, con una perfecta cobertura jurídica, pues al acusado no se le puede negar nunca esta oportu-

tes, testigos o peritos ni el tribunal, fiscal o abogados tengan que incluir esa fecha en su agenda- sino que, en caso no se alcanzase, esta audiencia pretende que el juicio se libere de trabas y obstáculos y se centre en la práctica de la prueba.

La tercera cuestión que suscita escepticismo tiene que ver con el momento de la audiencia preliminar en el que debe tener lugar la conformidad. De la lectura del art. 785 LECrim y del orden en el que se presentan las funciones que atribuye dicho precepto al órgano de enjuiciamiento, el primer acto de la audiencia será escuchar a las partes sobre la posibilidad de conformidad. Dicha redacción guarda sintonía con la de la audiencia previa del proceso civil, cuyo art. 415 LEC establece que, comparecidas las partes, el tribunal comprobará si subsiste el litigio entre ellas[53]. En concreto, y al margen de lo discu-

---

nidad procesal, siempre y cuando los términos de la conformidad estén dentro del marco técnico procesal aplicable. Sin embargo, en no pocas ocasiones no lo comprenden, pues como es lógico pensar, no entienden por qué no se les avisó con una antelación suficiente en aras de evitar desplazamientos innecesarios, ausencias laborales o, a fin de cuentas, molestias e inconvenientes del tipo que sea, personal, familiar o laboral, cuando en la citación se les había informado que su comparecencia es obligatoria y que les parará el perjuicio que proceda en derecho si no asisten al juicio señalado. Y luego nadie se acuerda de ellos en los casos, en lo que como hemos explicado, el acusado se conformaba antes de comenzar el juicio. Siendo estos casos cada vez mayores hasta tal punto que en algunos órganos de enjuiciamiento penal más del 70% de los procedimientos finalizan con una sentencia de conformidad». MARTINEZ MORENO, J., «La Audiencia Preliminar preceptiva en el procedimiento abreviado penal (Ley Orgánica 1/2025, de 2 de enero, de medidas en materia de eficiencia del Servicio Público de Justicia, Diario La Ley, núm. 10698, Editorial La Ley, abril 2025, pág.2.

53 Similitud advertida por BANACLOCHE PALAO, J., «El proyecto de ley de eficiencia procesal y el proceso penal: una reflexión crítica sobre las innovaciones propuestas», cit., pág. 7; MARTINEZ MORENO, J., «La Audiencia Preliminar preceptiva en el proce-

tible que resulta que el proceso penal se aproxime a las reglas del civil y que implante fórmulas de consenso sobre un conflicto penal, lo razonable debería ser que la conformidad no tenga siempre que constituir el primer punto de la audiencia.

La LO 1/2025 apuesta por la conformidad como el instrumento de la eficiencia[54], y la razón para incluirla en primer lugar responde a su carácter prioritario, pues no solo descartará la celebración del juicio sino que dejarán de abordarse todas aquellas otras cuestiones sobre las que pivota la audiencia preliminar, tal como puede suceder con una nulidad de actuaciones o la admisión de prueba. Pero siendo ello cierto, también los es que despejados los obstáculos procesales, como por ejemplo la alegación de incompetencia o acordada la ilicitud probatoria, las partes se encuentran en mejores condiciones para replantear sus estrategias de defensa y decidir sobre si la conformidad constituye una decisión viable[55]. Habrá que

---

dimiento abreviado penal (Ley Orgánica 1/2025, de 2 de enero, de medidas en materia de eficiencia del Servicio Público de Justicia)», cit., pág.4.

54 Para MARTÍNEZ MORENO la finalidad principal de la convocatoria de la audiencia preliminar es llegar a un acuerdo. MARTINEZ MORENO, J., «La Audiencia Preliminar preceptiva en el procedimiento abreviado penal (Ley Orgánica 1/2025, de 2 de enero, de medidas en materia de eficiencia del Servicio Público de Justicia)», cit., pág.3. Y para PASCUAL SUAÑA, para quien la audiencia preliminar «.. tiene la clara función de favorecer las conformidades», en PASCUAL SUAÑA, O., «Preclusión de la proposición de medios de prueba personales en el proceso penal tras la Ley de medidas en materia de eficiencia del Servicio Público de Justicia: un estudio desde el derecho a la prueba», La Ley Penal, núm. 173, Editorial La Ley, marzo 2025, pág.3.

55 Según MAGRO «si el juez o tribunal resolviera en el acto de forma oral sobre el alegato de la prueba ilícita y suprimiera la misma, también, al igual que la prueba derivada, la defensa podría pactar con la acusación una conformidad con el resto de la prueba de la

admitir pues, como sucede en la audiencia previa del proceso civil, que el Tribunal escuche a las partes sobre la conformidad no solo al inicio sino también al finalizar esta, tras los pronunciamientos en torno a la prueba.

Y, cuando las partes comuniquen al Juez que la conformidad es viable, será preciso fijar algunos límites. Y esta es la cuarta cuestión que nos llama a la reflexión, si en la audiencia preliminar solo cabe presentar los términos del acuerdo o si se admite que sea el escenario para alcanzar el acuerdo. Se trata de un aspecto de la conformidad -el de la negociación- sobre el que no se pronuncia la LECrim, de modo que, no se ha perfilado el escenario que desemboca en el acuerdo. Resulta discutible que pueda negociarse frente al Juez, ante el que habrá de practicarse la prueba -de celebrarse el juicio- y sobre quien recaerá la decisión sobre la absolución o condena del acusado, por el daño que comporta al derecho a la presunción de inocencia y a un juez imparcial[56]. Es cierto que ese Juez convoca a

---

acusación que quedará subsistente». MAGRO SERVET, V., «Apuntes sobre la resolución de la prueba ilícita en la LECRIM tras la Ley Orgánica 1/2025, de 2 de enero de medidas de eficiencia», cit., pág. 7.

56 Distinta es la percepción de MARTÍNEZ MORENO para quien «en modo alguno existe ningún inconveniente en la presencia del juzgador en dichas conversaciones, pues si todo se desarrolla con una aparente normalidad y tranquilidad, la única conversación que debe tener lugar entre el abogado defensor y el Ministerio Fiscal, estando presente el juzgador, es la relativa a la propuesta que el primero realice al segundo, y la aceptación por parte de éste, y viceversa, según la naturaleza del delito, las penas solicitadas y resto de pretensiones pecuniarias planteadas, sin entrar en ningún momento sobre el fondo del asunto, vigilando que discurra de esa forma y evitando en todo momento entrar sobre cuestiones más propias del juicio y no de la audiencia preliminar». MARTÍNEZ MORENO, J., «La Audiencia Preliminar preceptiva en el procedimiento abreviado penal (Ley Orgánica 1/2025, de 2 de enero, de medidas en materia de eficiencia del Servicio Público de Justicia)», cit., pág.6.

las partes y espera que hayan alcanzado un acuerdo y se lo trasladen en la audiencia, pero no que sea testigo de la estrategias de negociación de las partes. En tal caso, si apreciase que las partes requieren de tiempo para fijar los términos del acuerdo o concede una suspensión o no podrá en dicha audiencia abordarse la conformidad.

La quinta, y última de las objeciones que suscita la regulación de la audiencia preliminar tiene relación con la admisión de la prueba. Una de las virtudes que se reconoce a esta comparecencia es la de vertebrar un espacio para la discusión acerca del contenido y finalidad de las pruebas propuestas, de modo que, será la oportunidad para exponer y desarrollar las razones de su pertinencia y utilidad. Se pretende que la admisión de prueba sea fruto de un proceso meditado y racional, que se distancie de los automatismos o de autos genéricos de admisiones que en muchos casos provoca dilaciones, con pruebas de muy difícil práctica, que terminan por provocar suspensiones y retrasos innecesarios[57].

Hasta esta reforma, la decisión sobre la prueba tenía lugar en dos momentos procesales: con la formulación de los escritos de calificación provisional (art. 781.1 LECrim) y al inicio de las sesiones del juicio oral (art. 786.2 LECrim), cuando ya se ha dictado un auto no recurrible admitiendo o inadmitiendo las pruebas propuestas en los escritos de conclusiones[58]. Con

---

57 GRANADOS, L.E., «Principales reformas efectuadas por la Ley Orgánica 1/2025, de eficiencia del Servicio Público de Justicia y su incidencia en el ámbito penal», La Ley Penal, núm. 172, enero, 2025, pág. 5 y MARTÍNEZ MORENO, J., «La Audiencia Preliminar preceptiva en el procedimiento abreviado penal (Ley Orgánica 1/2025, de 2 de enero, de medidas en materia de eficiencia del Servicio Público de Justicia)», cit., pág.9.

58 VÁZQUEZ FERNÁNDEZ, A. y RODRÍGUEZ FUENTES, C., «No hay prueba más allá de los escritos de calificación provisional», Actualidad Jurídica Uría Menéndez, 67, mayo 2025, pp. 187.

las reglas nuevas, se pretende que la decisión sobre la admisión o el rechazo de ciertas pruebas deje de ser un asunto de última hora, y distorsione la finalidad del juicio que no es otra que valorar la prueba no discutir sobre su pertinencia.

Estas buenas intenciones del legislador se diluyen cuando se analizan las reglas para proponer y admitir la prueba en la audiencia preliminar y el juicio. De la redacción del art.785.1LECrim. se entiende que esta audiencia constituye el momento procesal de las partes para exponer sobre el contenido y finalidad de la prueba propuesta en sus escritos, Pero el segundo párrafo del art. 785.1 abre la posibilidad para que las partes incorporen informes, certificaciones y otros documentos y, también, propongan la práctica de prueba de las que no hubieran tenido conocimiento en el momento de formular sus escrito de acusación o defensa. Se advierte que en el caso de los documentos no se espera justificación alguna que sustente la presentación de unos documentos que pudieron presentarse en dichos escritos, lo que no sucede con la prueba de los hechos nuevos o de nueva noticia. Así expuesto, parece que la proposición de nueva prueba documental y pericial está excluida de la preclusión, a la que sí parece someterse a las pruebas personales cuya practica puede solicitarse pero condicionada a la justificación oportuna.

No brinda la reforma un criterio claro sobre la proposición de prueba[59], puesto que, o bien la audiencia preliminar consti-

---

59 Arianna Vázquez Fernández y Cristina Rodríguez Fuentes se preguntan: «¿Eso significa, a sensu contrario, que las partes no pueden proponer prueba ya "conocida" en esos momentos procesales? ¿Ha pretendido con ello el legislador anticipar el momento preclusivo para proponer prueba en el procedimiento abreviado desde el inicio del juicio oral (régimen previo a la reforma) al trámite de formulación de los escritos de calificación provisional? De ser así, ¿cuál es la finalidad que ampararía una reforma de tanta trascendencia? ¿Hay argumentos para defender que, pese a la desafortunada redac-

tuye una segunda posibilidad de proponer prueba documental o se limita a la prueba -sea personal o documental- de los hechos nuevos o de nueva noticia

Ahora bien, las dudas sobre la intención del legislador se incrementan cuando se analiza el art. 787.3 LECrim, referido al inicio de las sesiones del juicio, que abre la posibilidad para que las partes incorporen informes, certificaciones y otros documentos y propongan la práctica de pruebas de las que las partes no hubieran tenido conocimiento al momento de celebrar la comparecencia prevista en el art. 785 LECrim. Al art. 787.3 LECrim se trasladan de forma idéntica no solo la previsión normativa de la audiencia preliminar, sino también los problemas interpretativos.

Ahora bien, podría entenderse que la posibilidad de presentar documentos al inicio del enjuiciamiento responde al derecho de contradicción de aquella parte que pretende oponer pruebas a los documentos presentados en la audiencia preliminar, de acuerdo con el art. 785.1 LECrim. Esta interpretación no es la única que puede extraerse del precepto analizado, puesto que podría perfectamente concluirse que constituye otro momento procesal para presentar prueba documental sin tener que esgrimir justificación alguna, lo que no ocurre en el caso de la prueba personal, para la que sí habrá que justificar que recae sobre hecho nuevo o de nueva noticia.

Todo lo anterior ha provocado incertidumbre entre los juristas, pues una interpretación literal de los arts. 785 y 787 LECrim puede conducir, en determinados casos, a una inadmisión de pruebas sobre la base del argumento formal de que

---

ción de la norma, el cambio de redacción no debería tener ninguna trascendencia práctica en este sentido?». Vázquez Fernández, A. y Rodríguez Fuentes, C., «No hay prueba más allá de los escritos de calificación provisional», cit., pág. 187.

la proposición del medio de prueba no estaba originariamente incluida en los escritos de acusación y defensa, en concreto, en el caso de la prueba personal. Para los que rechazan este cambio, el nuevo precepto entra en confrontación con determinados principios rectores esenciales del derecho procesal penal y con la doctrina de la Sala Segunda del Tribunal Supremo sobre cómo ha de aplicarse el principio de preclusión en el orden penal y supone aplicar principios propios del proceso civil–pues se trasladan sus reglas sobre admisión de la prueba- y renunciar a la búsqueda de la verdad material[60].

En esa misma línea crítica, se defiende que se mantenga la aplicación del art. 728 LECrim, tal y como se ha interpretado por los tribunales[61], de modo que, se continúe admitiendo la petición de prueba hasta el inicio del juicio oral, cuando se den los siguientes tres requisitos: primero, se justifique de forma razonada; segundo, no suponga un fraude procesal y, en tercer lugar, no constituya un obstáculo a los principios de contradicción e igualdad en garantía de la interdicción de indefensión[62]. Y aunque estas interpretaciones, en mi opinión se distancian del espíritu de la reforma, deberemos confiar en la jurisprudencia que será quien irá dando respuesta a las preguntas que surgirán de la aplicación de los arts. 785 y 787 LECrim, que confío serán cumplidos por todos los operadores jurídicos, sin modulaciones.

---

60 Vázquez Fernández, A. y Rodríguez Fuentes, C., «No hay prueba más allá de los escritos de calificación provisional», cit., pág. 187.

61 Vid. STS. 1060/2006 de 11 de octubre y Tribunal Superior de Justicia de Madrid, Sala de lo Civil y Penal, Sentencia 80/2022 de 1 Mar. 2022, Rec. 13/2022

62 PASCUAL SUAÑA, O., «Preclusión de la proposición de medios de prueba personales en el proceso penal tras la Ley de medidas en materia de eficiencia del Servicio Público de Justicia: un estudio desde el derecho a la prueba», cit., pág.8.

5. CONCLUSIONES

El éxito de una reforma puede depender de distintos factores, del diseño propio de la ley, de los recursos materiales y humanos -jueces, fiscales y abogados-, del presupuesto destinado a la reforma y de la gestión idónea del proceso de implantación[63] .

La perspectiva que otorga el tiempo, cuando de un estudio jurídico se trata, permite volver sobre la intención del legislador, identificar el punto de partida y comprobar el rodaje que ha experimentado la norma procesal, las desviaciones que ha sufrido y los vacíos que presenta. Carecemos de esa perspectiva en el caso de la LO 1/2025 de 2 de enero, pero las críticas que hasta el momento se esgrimen pueden darnos pistas del mayor o menor grado de cumplimiento. De ese modo, no cabe duda alguna que la nueva regulación de la conformidad se consolidará y buscará que sea la audiencia preliminar el momento idóneo para alcanzar al acuerdo, y es que por parte de los operadores jurídicos no hay prácticamente oposición; distinto es, sin embargo, el caso de las reglas de admisión de prueba que se incorporan en la audiencia preliminar y el inicio de la prueba, donde los argumentos esgrimidos rechazan un nuevo marco legal y siguen apelando a razones jurisprudenciales previas a la reforma.

---

[63] SAN MARTIN CASTRO, C. «Introducción General al estudio del Nuevo Código Procesal Penal». En C. V. otros, El Nuevo Procesal Penal. Estudios Fundamentales, (pág. 11), Palestra, Lima, 2005, pág. 11.

REFERENCIAS BIBLIOGRÁFICAS

AGUILERA MORALES, M., El principio de consenso. La conformidad en el proceso penal, Edit. Cedecs. 1998, Madrid.

AGUILERA MORALES, M., « La deriva del "principio" de consenso», Revista Ítalo-Española de Derecho Procesal, 2019, vol. 2.

ALVAREZ GARCIA, J., y VENTURA PÚSCHEL, A., «De fisuras que tornan grietas en la prevención democrática», En DIARIO LA LEY, núm. 99931, de 13 de octubre de 2021, Editorial Wolters Kluwer.

ARMENTA DEU, T., Derivas de la justicia, Tutela de los derechos y solución de controversias en tiempos de cambio, Marcial Pons, 2021.

ARNAIZ SERRANO, A., «Procedimiento testigo y extensión de efectos de la sentencia: ¿una solución eficiente a los problemas que plantea la litigación masiva», en Jiménez Conde, Fernando y López Simó, O. (Dirs.), La Eficiencia de la Justicia a Debate, Tirant Lo Blanch, Valencia, 2024.

ASENCIO MELLADO, J.M., «Eficiencia y Derecho a un proceso con todas las garantías», Práctica de Tribunales núm. 171, noviembre a diciembre, La Ley, 2024.

BACHMAIER WINTER, L., «Justicia negociada y coerción. Reflexiones a la luz de la jurisprudencia del Tribunal Europeo de Derechos Humanos», Revista General de Derecho Procesal, núm. 44, 2018.

BANACLOCHE PALAO, J., «El proyecto de ley de eficiencia procesal y el proceso penal: una reflexión crítica sobre las innovaciones propuestas», Diario La Ley, núm. 10103, Editorial Wolters Kluwer, julio 2022.

BERNARDO SAN JOSÉ, A., «Cómo hacer más eficientes los procesos declarativos civiles», en Jiménez Conde, Fernando y López Simó, O. (Dirs.), La Eficiencia de la Justicia a Debate, Tirant Lo Blanch, Valencia, 2024.

CALAZA LOPEZ, S.; «Un bálsamo de Fierabrás compuesto por eficiencia organizativa, procesal, digital: ¿La Panacea de la justicia?», Actualidad Civil, núm. 1, enero 2025.

CANOVAS FERNANDEZ, N., «Claroscuros de la Ley Orgánica 1/2025, de 2 de enero, de medidas en materia de eficiencia del Servicio Público de Justicia», La Ley Penal núm. 172, enero de 2025, Editorial La Ley.

DEL MORAL GARCIA, A., «La mediación en el proceso penal. Fundamentos, Problemas y Experiencias», En Rodríguez-Arana Muñoz, J., y

De Prada Rodríguez, M., La mediación. Presente, pasado y futuro de una institución jurídica, Netbiblo, La Coruña, 2010.

FERNANDEZ FUSTES, M.D., «La conformidad en el borrador del Código Procesal Penal», En Reflexiones sobre el nuevo proceso penal, Moreno Catena (dir.), Tirant lo Blanch reformas, Valencia, 2015

FERNANDEZ LÓPEZ, M., ¿Eficiencia del proceso penal sin una nueva LECRIM? Un análisis crítico de las recientes (y futuras) reformas de la justicia penal, en Jiménez Conde, Fernando y López Simó, O. (Dirs.), La Eficiencia de la Justicia a Debate, Tirant Lo Blanch, Valencia, 2024

FERNANDEZ LOPEZ., M., El control judicial de la acusación, Tirant Lo Blanch, Valencia, 2025

GONZALEZ NAVARRO, A., «Breves reflexiones críticas sobre la proyección de los principios de oportunidad y dispositivo en el proceso penal», En Calaza López, S. y Muinelo, J. (Dirs.), Postmodernidad y Proceso Europeo: la Oportunidad como principio informador del proceso judicial, Dykinson, 2020

GOYENA HUERTA, J, «La suspensión de la ejecución de las penas privativas de libertad tras la reforma del Código Penal de 2015», Revista Aranzadi de Derecho y Proceso Penal, núm. 38/2015, Edit. Aranzadi, pág. 4

GRANADOS, E., «Principales reformas efectuadas por la Ley Orgánica 1/2025, de eficiencia del Servicio Público de Justicia y su incidencia en el ámbito penal», La Ley Penal, núm. 172, La Ley, enero, 2025.

HOYOS SANCHO, M., «Víctimas del delito y acción penal», En Las Víctimas del Delito y las últimas reformas Procesales Penales, Thomson Reuters Aranzadi, Navarra, 2017

KHALAF REDA, A., «Reformas en el proceso penal introducidas por el Real Decreto-Ley 6/2023», en Banacloche Palao y Gascón Inchausti Dirs., Los procesos judiciales tras las reformas introducidas por el Real Decreto-Ley 6/2023 , Madrid, La Ley Aranzadi, 2024.

LASCURAIN SÁNCHEZ, J.A. y GASCÓN INCHAUSTI, F., «¿Por qué se conforman los inocentes?», Indret, Revista para el Análisis del Derecho, 2018, núm. 3

MAGRO SERVET, V., «La nueva conformidad en la reforma de la LECRIM a tenor de la Ley Orgánica 1/2025, de 2 de enero», La Ley Penal, Núm.,172, enero de 2025, La Ley

MAGRO SERVET, V., «Apuntes sobre la resolución de la prueba ilícita en la LECRIM tras la Ley Orgánica 1/2025, de 2 de enero de medidas de eficiencia», Diario La Ley, núm. 10649, Editorial La Ley, enero 2025

MARCOLINI, S., Il patteggiamento nel sistema della giustizia penale negoziata. L'accertamento della responsabilità nell'applicazione della pena su richiesta delle parti, Edit. Giuffré, Univ. Insubria-Fac. di giurisprudenza, 2005

MARTINEZ MORENO, J., «La Audiencia Preliminar preceptiva en el procedimiento abreviado penal (Ley Orgánica 1/2025, de 2 de enero, de medidas en materia de eficiencia del Servicio Público de Justicia, Diario La Ley, núm. 10698, Editorial La Ley, abril 2025

MATEOS RODRÍGUEZ-ARIAS, A., «La Ley Orgánica de eficiencia del servicio público de justicia: novedades introducidas en la conformidad penal», Diario La Ley, núm. 10654, La Ley, 29 ene 2025

MORENO VERDEJO, MORENO VERDEJO, J., «La conformidad», en El Juicio Oral en el proceso penal, Comares, 3ª edición, Granada, 2021, pág. 39 y ss.

OLIVEIRA TEIXEIRA DOS SANTOS, M., «La regulación de la conformidad en el proyecto de ley de medidas de eficiencia procesal del servicio público de justicia: sobre la maximización del principio de oportunidad», Revista General de Derecho Procesal, núm. 61, IUSTEL, 2023,

PASCUAL SUAÑA, O., «Preclusión de la proposición de medios de prueba personales en el proceso penal tras la Ley de medidas en materia de eficiencia del Servicio Público de Justicia: un estudio desde el derecho a la prueba», La Ley Penal, núm. 173, Editorial La Ley, marzo 2025,

PEREA GONZÁLEZ, A., TUSET DEL PINO y otros, «Diálogos para el futuro judicial CII. Jurisdicción social y Ley de Eficiencia,» en Diario, La ley, núm. 10759, La Ley, Madrid, 8 jul 2025.

PERONI, F., La peripezia del patteggiamento in un trentannio di sperimentaziones, Archivio Penal, 2019, num. 3.

RIZO GOMEZ, B., «La iniciación del proceso penal», en Asencio Mellado Dir., Derecho Procesal Penal, 3ª Edición, Tirant Lo Blanch, Valencia, 2025.

RODRIGUEZ LAINZ, J.L., «El desacertado impacto de la Ley Orgánica de Medidas en materia de eficiencia del servicio público de justicia en el proceso penal», Diario La Ley, Núm. 10665, febrero, 2025.

SAN MARTIN CASTRO, C. «Introducción General al estudio del Nuevo Código Procesal Penal». En C. V. otros, El Nuevo Procesal Penal. Estudios Fundamentales, (pág. 11), Palestra, Lima, 2005

SANNA, A., Il “patteggiamento” tra prassi e novelle legislative, CEDAM Wolters Kluwer Italia, Milán, 2018,

SEMPERE, S., «La participación activa de la víctima en el proceso penal: análisis del art. 11 del Estatuto de la Víctima», La Ley Penal, núm. 136, enero 2019, Editorial Wolters Kluwer

TRAPERO BARREALES, M., «Las reformas que se avecinan en materia de suspensión de la ejecución de la pena privativa de libertad», La Ley Penal, núm. 150, mayo-junio, 2021, Editorial Wolters

VÁZQUEZ FERNÁNDEZ, A. y RODRÍGUEZ FUENTES, C., «No hay prueba más allá de los escritos de calificación provisional», Actualidad Jurídica Uría Menéndez, 67, mayo 2025.

La lentitud como gran crisis de la justicia penal: algunas reflexiones y posibles soluciones[1]

JORDI GIMENO BEVIÁ
Prof. Titular Derecho Procesal UNED

1. INTRODUCCIÓN: UNA LECRIM QUE SE REMONTA A 1882

La Ley de Enjuiciamiento Criminal (LECrim) que regula el proceso penal español se erige no sólo en una de las leyes procesales penales más antiguas de Europa, sino del mundo entero, pues data de hace dos siglos, concretamente del año

[1] Este trabajo se enmarca como resultado del Proyecto de investigación "Crisis y retos de la justicia: el necesario equilibrio entre eficiencia e inclusión de grupos vulnerables", IPs. Yolanda Doig Díaz e Isabel Turégano Mansilla, referencia SBPLY/21/180501/000178, ayuda financiada por la Junta de Castilla-La Mancha/Fondo Europeo de Desarrollo Regional (FEDER).

1882. Nuestra ley de enjuiciamiento penal, creación del ilustre jurista y Ministro de Gracia y Justicia de la época, Alonso Martínez, supuso una auténtica revolución en la justicia penal española y, a su vez, se convirtió en una de las leyes procesales penales más avanzadas del viejo continente. España transformó su proceso penal, que podría calificarse de medieval, por otro más moderno y justo, en el que, entre otros avances, se reforzaron los derechos del imputado –principalmente se garantizaba el derecho de defensa-, se apostaba decididamente por la oralidad, contradicción y publicidad en la fase de juicio, y se desdoblaba la instrucción del enjuiciamiento, a fin de que no fuera el mismo juez quién llevara a cabo ambas tareas[2].

Resulta cuanto menos curioso que una Ley de Enjuiciamiento Criminal sea capaz de sobrevivir a dos monarquías constitucionales (Alfonso XII y Alfonso XIII), a la dictadura de Primo de Rivera (1923-1930), a la Segunda República (1931-1936), a la Guerra Civil (1936-1939), a la dictadura del General Franco (1939-1975) y que siga vigente actualmente[3].

Pero la LECrim ha sido sufrido modificaciones de gran calado, principalmente desde la llegada de la democracia española y la aprobación de la Constitución de 1978 que trajo consigo importantes reformas legislativas –promovidas en gran por la jurisprudencia del Tribunal Constitucional-[4]. Es necesario plantearse, por consiguiente, si una ley tan vetusta es capaz

---

2 Vid. detenidamente la exposición de motivos de la LECrim de 1882.

3 Es cierto que, aunque la LECrim permaneciese vigente, durante la dictadura franquista no se aplicaban las disposiciones relativas al derecho de defensa, juez imparcial, presunción de inocencia, etc. y los imputados se encontraban en una situación de indefensión prácticamente absoluta. Vid. MUÑOZ CONDE, F. (2008), "La transformación jurídica de la dictadura franquista en un Estado de Derecho", Revista Penal nº 22, pág.70

4 Entre otras, la LO 6/1984 de Habeas Corpus, la Ley 38/2002 de juicios rápidos, LO 13/2003 en materia de prisión preventiva, LO

de soportar reformas sustanciales, que la han convertido en un texto "parcheado" con multitud de defectos, tanto formales como materiales. Ante dicha situación, la doctrina procesalista ha exigido, desde hace años, la aprobación de una nueva Ley de Enjuiciamiento Criminal.

Entre otros, GIMENO SENDRA, entendía que "*el estado actual de nuestra justicia penal pone de relieve la exigencia de abandonar la política de reformas parciales a la LECrim y de promulgar un nuevo Código Procesal Penal que responda a nuestra Constitución y a las nuevas exigencias de la sociedad democrática contemporánea*"[5].

Y es que, en España, mientras sí contamos con una LEC aprobada en el año 2000; no tenemos un "Código Procesal Penal de la democracia" pues no nos subimos a la ola de nuevos procesos penales de finales del siglo pasado (La "Gran Reforma" del proceso penal alemán de 1975; el nuevo Código Procesal penal italiano del 88 (que entró en vigor en 1989) o el Código Procesal Penal portugués del 87 (que entró en vigor en el 1988 son el mejor ejemplo de ello).

El legislador español, por su parte, ha intentado durante varias legislaturas la aprobación de una nueva LECrim. Durante el primer Gobierno socialista de este siglo (2004-2008) se creó una comisión de reforma de LECrim que, desgraciadamente no llegó a presentar oficialmente ninguna propuesta[6]. En la

---

9/2007 reguladora de las bases de datos policiales sobre identificadores obtenidos a partir del ADN, etc.

5 GIMENO SENDRA, V. (2004), "La necesaria e inaplazable reforma de la Ley de Enjuiciamiento Criminal de España"., Anuario de Derecho Penal, Perú , pág.333.

6 La comisión contaba con un amplio grupo de expertos pertenecientes a la universidad, a la judicatura y a la fiscalía. Vid. las Memorias de la Comisión de Codificación del año 2005 y 2006, disponibles en el siguiente enlace: http://www.mjusticia.gob.es/cs/Satellite/es/1215198250496/Estructura_P/1215198249794/Detalle.html

segunda legislatura socialista (2008-2011), sin embargo, sí que se aprobó un texto que llegó a convertirse en Anteproyecto (de ahora en adelante, ALECrim) pero que, al ser presentado justo antes de las elecciones generales, finalmente no llegó a prosperar[7]. En la siguiente legislatura, concretamente en el año 2013, una comisión de expertos nombrada por el Ministerio de Justicia entregó una nueva Propuesta de Código Procesal Penal (de ahora en adelante, PCPP)[8]. También en el año 2020, otra vez durante el Gobierno socialista, se presentó otro Anteproyecto de LECrim (en adelante, ALECRIM 2020)[9] e incluso en el año 2025 -momento en el que se redacta este trabajo- no se descarta la presentación de otro texto, si bien seguramente sea parecido al de 2020[10].

Lo cierto es que los distintos anteproyectos, aunque con algunas diferencias, coinciden en lo sustancial: fiscal instructor, juez de garantías, principio de oportunidad... en línea con los países de nuestro entorno. Sin embargo, han carecido del consenso político necesario para llevarlos a término. Por consiguiente, mientras tanto seguimos con nuestra LECrim de 1882 y con un proceso penal particular en relación con los países

---

7 El Anteproyecto de 2011 está disponible en el siguiente enlace: http://www.juecesdemocracia.es/pdf/anteproyectos.pdf

8 La propuesta de CPP fue presentada al Ministro de Justicia el 25 de febrero de 2013. El texto se encuentra disponible en la página web del Ministerio de Justicia: http://www.mjusticia.gob.es/cs/Satellite/es/1215198252237/ALegislativa_P/1288775964668/Detalle.html ("clicar" en Propuesta de texto Articulado L.E.Crim)

9 Accesible desde el siguiente enlace https://www.mjusticia.gob.es/es/AreaTematica/ActividadLegislativa/Documents/210126%20ANTEPROYECTO%20LECRIM%202020%20INFORMACION%20PUBLICA%20%281%29.pdf

10 Así se desprende, al menos, de la información ofrecida desde el Gobierno https://www.lamoncloa.gob.es/serviciosdeprensa/notasprensa/presidencia-justicia-relaciones-cortes/paginas/2025/270225-bolanos-comision-justicia-congreso.aspx

de nuestro entorno: prevalencia del juez de instrucción, generosidad en el ejercicio del derecho de acción penal (M.F, acusación particular y acción popular), 7 procedimientos penales (5 ordinarios: sumario, abreviado, jurado, leves y menores; y 2 especiales: rápidos y aceptación de decreto),...lo que convierte a nuestro proceso -como se expondrá a continuación- en un instrumento poco eficaz y poco eficiente, con una configuración que favorece la lentitud en la justicia penal.

2. EL TIEMPO Y EL PROCESO EN EL MARCO DE LA DISCUSIÓN GARANTÍAS VS EFICIENCIA

No cabe duda de que actualmente el proceso judicial se dirige hacia la búsqueda de la eficiencia. Así pues, en estos últimos años hemos asistido a la trilogía de anteproyectos de eficiencia, esto es, Anteproyecto de Ley de eficiencia organizativa, Anteproyecto de Ley de eficiencia digital y Anteproyecto de Ley de eficiencia procesal, que han cristalizado -en algunos casos parcialmente- en el RD 6/2023 y la reciente LO 1/2025 de 2 de enero de medidas en materia de eficiencia del Servicio Público de Justicia.

Sobre la eficiencia, es evidente que "va de suyo", es decir, cualquier reforma debe perseguir su aplicación empleando los menores recursos posibles, pero el "ahorro" como eje, "motto" o lema de las reformas procesales resulta, sin duda, preocupante, como seguro lo sería cualquier reforma que proclamase la eficiencia en la sanidad o eficiencia en la educación.

Pero dejando a un lado la crítica, y centrándonos en el objeto de este trabajo, cuando se aborda el tema "tiempo y proceso" se suelen emplear términos como "aceleración", "agilización", "simplificación", e incluso "contracción" de la justicia penal. Así pues, a priori parece que hacer el proceso más rápido o ágil es únicamente una cuestión de "eficiencia".

Sin embargo, no hay que perder de vista que ello forma parte del contenido esencial del derecho fundamental del investigado a tener un proceso «sin dilaciones indebidas» (art. 24.2 CE) o, con terminología del art. 6.1 CEDH, que se desarrolle «dentro de un plazo razonable». Por tanto, no es una estricta cuestión de eficiencia sino de garantías constitucionales.

Es más, en los tiempos que corren, en los que desgraciadamente el proceso tiende a verse como una derrota (ese «*stigma of prosecution*» que dirían los norteamericanos), reclamar la importancia del proceso y su consideración como garantía deviene indispensable. Y ante la sociedad de la información en la que estamos inmersos, con esa búsqueda de la inmediatez que resulta apabullante, la cuestión resulta más profunda, pues el sometimiento al proceso penal, si es excesivo o no es razonable, como sostiene BARJA DE QUIROGA, afecta a la dignidad de la persona[11], también de la persona jurídica, en su vertiente reputacional.

Así pues, en atención al art. 24.2 CE, al art. 6.1 CEDH e incluso, en otros ordenamientos como el estadounidense, donde la la VI enmienda reconoce el *Right to Speedy trial* o que se juzgue su causa con prontitud, el proceso debe acontecer sin dilaciones indebidas[12]. ¿Y qué se entiende por un proceso sin dilaciones indebidas? Sobre ello, tal y como afirma el Tribunal Supremo, "*La dilación indebida es considerada por la jurisprudencia como un concepto abierto o indeterminado, que requiere, en cada caso, una específica valoración acerca de si ha existido efectivo retraso verdaderamente atribuible al órgano jurisdiccional, si el mismo resulta injustificado y si constituye una irregularidad irrazonable en la*

---

11 BARJA DE QUIROGA, J.(2006) "La duración de la instrucción" en *El Notario del S. XXI* nº 7.

12 Si bien no se nos escapa que en una justicia penal negociada como la de los EE. UU. más del noventa por ciento de las causas terminan con un acuerdo entre la fiscalía y la defensa

duración mayor de lo previsible o tolerable. (STS 400/2017 de 1 de junio, TOL6.258.132)".

En este sentido, para valorar la razonabilidad (o no) del retraso o dilación, cabe traer a colación una serie de factores recogidos en las sentencias del TC y del TEDH, a saber: la complejidad de la causa, la naturaleza del objeto procesal, la actitud del investigado o las consecuencias de la dilación para el afectado. Y respecto del proceso penal, concretamente se debe atender "al perjuicio personal y procesal que la dilación pueda ocasionar al sospechoso, tanto en su libertad personal, como en su reputación o en el efectivo ejercicio de su derecho de defensa" (STC 178/2007 de 23 de julio, TOL1.126.524)[13].

Y lo que sí debe quedar meridianamente claro, tal y como afirmó el TEDH en el asunto *Unión Alimentaria Sanders c. España,* de 7 de julio de 1989, TOL119.132, es que el carácter estructural de las dilaciones no puede privar a los ciudadanos de su derecho al respeto del plazo razonable; porque, como también afirma este tribunal en el caso *Lenaerts c. Bélgica,* de 11 de marzo de 2004, TOL9.087.962 el art. 6.1 del CEDH obliga a los Estados contratantes a organizar su sistema judicial de tal forma que sus tribunales puedan cumplir cada una de sus exigencias, en particular la del derecho a obtener una decisión definitiva dentro de un plazo razonable.

Por lo anteriormente expuesto, el Estado no puede ampararse en una sobrecarga de trabajo o en la sistémica lentitud de la justicia penal como patente de corso para que las resoluciones judiciales puedan demorarse, sino al contrario, tiene la

---

[13] Para un análisis más detallado de los problemas que plantean las dilaciones indebidas vid., por todos, OUBIÑA BARBOLLA, S. (2016). Dilaciones indebidas. *EUNOMÍA. Revista En Cultura De La Legalidad,* (10), 250-264.

obligación de poner los medios necesarios para que la justicia acontezca en un plazo prudencial o razonable.

3. PROBLEMAS QUE PROVOCA LA LENTITUD DE LA JUSTICIA PENAL

Es evidente, por tanto, que la lentitud de la justicia tiene consecuencias para los que intervienen en el proceso como para los mismos fines del proceso penal. Por ello, vamos a ver algunos de los problemas que plantea la lentitud de la justicia penal para el Estado, la víctima y el investigado.

3.1. Para el Estado

Comenzando por los problemas para el Estado, tanto en la aplicación del *ius puniendi* como en la expectativa social o interés público en la imposición de penas al delincuente, la lentitud de la justicia provoca, entre otros, los siguientes problemas:

a) Genera desconfianza en la justicia: la confianza de la ciudadanía en la Administración de Justicia se ve afectada por la tardanza en la resolución judicial dada además la lógica prohibición de que el ciudadano se tome la justicia por su mano, esto es, la autotutela, porque la justicia se administra por jueces y magistrados, en atención al art. 117 CE al principio de exclusividad jurisdiccional. Del mismo modo, la demora en la respuesta penal puede provocar los temidos juicios paralelos, que no afectan solamente al investigado, sino también a la convivencia y, por ende, a la sociedad. Debiera ser un deber del Estado evitar que se produjesen aplicando la ley penal en un plazo razonable

b) Debilita las funciones del Derecho penal: no solo desde un punto de vista social sino también material.

El retardo en la respuesta judicial supone del mismo modo el retraso en la aplicación de la ley penal y debilita las funciones preventivas, retributivas y resocializadoras de la pena.

c) Afecta al proceso y a la calidad de las pruebas: el transcurso del tiempo es un gran enemigo del proceso en tanto afecta lógicamente a la calidad de las pruebas. P.ej. una testifical que no se practica con prontitud pierde su fiabilidad; un objeto que no se inspecciona con prontitud, puede deformarse, etc.

d) Puede conllevar la responsabilidad patrimonial del Estado por error judicial y por funcionamiento anormal de la Administración de Justicia: asimismo, el transcurso del tiempo puede generar la responsabilidad de la Administración, tanto por errores judiciales como, principalmente, por funcionamiento anormal de la Administración de Justicia a causa de las dilaciones indebidas que, como sostiene el TC en su reciente STC 135/2024 de 4 de noviembre, TOL10.286.984, cuya interposición será una acción pertinente y útil, incluso, sin necesidad de plantear un recurso de amparo.

3.2. Para la víctima

Tal y como reza la famosa frase atribuida a Séneca "*la justicia lenta no es justicia*". En efecto, la lentitud de la justicia penal supone un grave perjuicio para la víctima que ansía una pronta respuesta del sistema judicial. Seguidamente, se exponen algunos de los principales problemas.

a) Frustración por el desinterés en relación con la ofensa sufrida: la víctima observa impasible como el Estado no se interesa, de un lado en impartir justicia y aplicar el *ius puniendi* frente a su victimario y, de otro, tampoco se preocupe en que sea reparada con prontitud

b) Victimización secundaria: como sugiere GONZÁLEZ-CUÉLLAR, cabe distinguir victimización secundaria "activa", esto es, la que le supone a la víctima esforzarse en colaborar con la Administración de Justicia -p.ej. ofreciendo reiterados testimonios o incluso encontrándose con el victimario- de la que victimización secundaria "pasiva", que es la que acontece en este escenario y basada en el daño que causa que el sistema legal no funcione o que funcione con lentitud. El Estado falla dos veces: primero, en la protección de sus derechos, y, después, en la aplicación de la respuesta judicial al delito[14].

c) Retraso en su reparación material por la acción civil derivada del hecho delictivo: como señala BANACLOCHE PALAO, no hay que olvidar ex art. 114 LECrim, que la acción civil derivada del hecho delictivo solo puede ser ejercitada una vez que finalice el proceso penal (en el propio proceso penal o en uno civil posterior) y, sobre todo en determinados delitos de naturaleza económica, la obtención de una reparación de tal naturaleza es prácticamente lo único que puede satisfacer mínimamente a la víctima[15].

3.3. Para el investigado

Por último, y quizás más importante -porque es quien sufre en sus carnes la lentitud del proceso (o en sus "ficticias carnes jurídicas" si hablamos de empresas), el investigado es el

---

14 GONZÁLEZ-CUÉLLAR SERRANO, N. (2015) *La reforma de la Ley de enjuiciamiento criminal en 2015*, (con MARCHENA GÓMEZ, M.), Ed. Castillo de Luna, pág. 39

15 BANACLOCHE PALAO, J. (2020) "El artículo 324 de la LECr y la limitación de la instrucción en los procesos penales: una contribución al debate", Diario La Ley nº 9617, 21 de abril 2020, pág. 8

principal afectado por la lentitud de la justicia penal. Entre los principales daños, podemos destacar los que, a continuación, se relacionan.

a) Daño psicológico: El principal problema que genera al investigado el estar sometido al proceso es la situación de incertidumbre y de desesperanza que se va acrecentando a medida que éste avanza sin resultados y que además puede afectar -y de hecho afecta- a la salud. Así las cosas, es habitual que el investigado sufra estrés, ansiedad, depresión e incluso, si padece problemas cardiacos, puede aumentar el riesgo de sufrir un infarto[16].

b) Daño económico y reputacional: la imputación, que debiera ser percibida como una garantía para el ejercicio del derecho de defensa, desgraciadamente es concebida por la sociedad como una suerte de anticipación de la pena que afecta al prestigio profesional y reputacional del investigado, lo que suele traducirse también en una afectación patrimonial e incluso moral para sus familiares y, en su caso, trabajadores. Ello resulta particularmente grave cuando hablamos de empresas -y más si están sometidas a los mercados- donde la imputación puede generar cuantiosas pérdidas económicas y potenciales oportunidades de negocio. Así pues, la imputación en España de una multinacional puede causarle graves perjuicios en otras jurisdiccionales, como EE. UU. o Australia, entre otras.

---

[16] El estrés que supone estar sometido al proceso puede convertirse en un factor secundario desencadenante del infarto o evento agudo concreto, siempre y cuando el investigado tenga cierta tendencia a sufrirlos. Sobre ello, vid. la entrevista que se realizó al cardiólogo D. Carlos Macaya en el Diario El Español https://www.elespanol.com/ciencia/salud/20161123/172982836_0.html

c) Afecta al derecho de defensa: el transcurso del tiempo afecta al derecho de defensa, pues la temida pena de banquillo o el *stigma of prosecution* aboca a la búsqueda de conformidades para salir cuanto antes del proceso penal. De acuerdo con LASCURAIN SÁNCHEZ y GASCÓN INCHAUSTI puede ser razonable eliminar la incertidumbre y el riesgo por muy injusta que pueda resultar la conformidad para quien se sabe o se cree inocente[17].

d) Inutilidad de la pena: no solo desde la perspectiva del Estado -a la que ya nos hemos referido- sino también para el propio investigado, al recibir una pena después de transcurrido mucho tiempo desde la comisión del delito, cuando quizá ya ha superado las circunstancias que le llevaron en su momento a delinquir[18].

e) Especial gravedad en los supuestos de prisión provisional: el paso del tiempo es especialmente grave en casos de prisión provisional (medida cautelar personal de la que frecuentemente se abusa) que, a pesar de estar sometida a plazos máximos de duración ex art. 17.4 CE y 504 LECrim, no debieran agotarse -como sucede en muchos casos- sino durar el tiempo estrictamente imprescindible[19].

---

17 LASCURAIN SÁNCHEZ, A. y GASCÓN INCHAUSTI, F. (2018) "¿Por qué se conforman los inocentes?" en *InDret* nº 3, pág. 14.

18 BANACLOCHE PALAO, J. op. cit. pág. 2

19 GONZÁLEZ-CUÉLLAR SERRANO, N. op.cit. pág. 38

4. LAS PRINCIPALES CAUSAS DE SU LENTITUD

4.1. ¿Es la justicia penal lenta? La percepción ciudadana y la realidad

Una vez analizados los problemas o los males, seguidamente se expondrán cuáles son las principales causas de la lentitud de la justicia penal. En primer lugar, conviene detenerse en el análisis de la realidad, es decir, corroborar si es tan lenta como automáticamente se infiere o, mejor dicho, tan lenta como la ciudadanía percibe. Aunque no tenemos datos concretos en relación con la percepción ciudadana de la lentitud (o no) de la justicia penal, sí contamos con datos sobre la lentitud de la justicia en su conjunto y, a este respecto, tres de cada 4 ciudadanos entienden que la justicia "*es tan lenta que siempre que se pueda más vale evitar acudir a ella*"[20].

Pero más allá de la percepción ciudadana, podemos afirmar que, en términos generales, nuestro proceso penal no es lento, ni en comparación con los países de nuestro entorno ni tampoco en comparación con otros órdenes jurisdiccionales. En el informe CEPEJ, no salimos del todo mal parados y, a nivel nacional, las estadísticas arrojan una duración media de 3,6 meses -el penal es el orden jurisdiccional más rápido-.

Ahora bien, no podemos valorarlo en términos generales porque, a nivel comunitario, en lo que respecta al informe CE-

---

20 Vid. el sondeo de opinión "La imagen de la justicia entre los usuarios de sus servicios", elaborada por Metroscopia para el CGPJ en febrero de 2023 y accesible a través del siguiente enlace https://www.poderjudicial.es/portal/site/cgpj/menuitem.65d2c4456b6ddb628e635fc1dc432ea0/?vgnextoid=8212195305626810VgnVCM1000004648ac0aRCRD&vgnextchannel=10e38673f0bf6410VgnVCM1000006f48ac0aRCRD&vgnextfmt=default&vgnextlocale=fr&lang_choosen=fr

PEJ, no solo faltan datos o la comparativa es pobre (Francia o Alemania, que son países que solemos tener muy en cuenta en las comparativas, no contestan), sino que los datos aportados cuentan con importantes matices nacionales que hace que sea difícil trazar paralelismos y establecer una comparativa realista[21].

Por otro lado, a nivel interno, hay que tener presente para descartar la relevancia de las estadísticas que nuestros procedimientos penales son muy dispares. Si analizamos los datos respecto de los juicios rápidos, el promedio de su duración es de 1,2 meses, mientas que solo la instrucción de un abreviado es de 8,6 y de un sumario es de 9,5. Y todo ello solamente en fase de instrucción. Si además sumamos la duración del juicio, en los supuestos más graves que acontecen ante la Audiencia Provincial y los abreviados -que de abreviado solo tienen el nombre- duran una media de 11,6 meses y, los sumarios, de 15,3 meses. Es más, un abreviado ante la Sala de lo Penal de la AN, alcanza la media de 16,3 meses. Y todo esto es primera instancia, sin añadir la fase de recursos[22].

En conclusión, podemos afirmar que nuestra justicia penal no siempre es lenta, pero, desgraciadamente, sí lo es en los casos más graves.

---

21 Vid. El informe CEPEJ sobre la eficiencia de la justicia 2024 (datos de 2022) pág. 128 y ss. accesible desde el siguiente enlace https://rm.coe.int/cepej-evaluation-report-2024-general-analyses/1680b1e91d Huelga decir que el informe CEPEJ no hace referencia solo y exclusivamente a países de la UE, sino del Consejo de Europa, donde encontramos sistemas jurídicos tan distintos como el de Azerbaiyán, Georgia o Moldavia, entre otros.

22 Las estadísticas pueden verse en el portal de transparencia del CGPJ, fácilmente accesibles desde el siguiente enlace https://www.poderjudicial.es/portal/site/cgpj/menuitem.87fc234e64fd592b3305d5a7dc432ea0/?vgnextoid=4980cbcce569f510VgnVCM1000006f48ac0aRCRD&vgnextfmt=default&vgnextlocale=es&lang_choosen=es

4.2. Algunas causas de lentitud de nuestra justicia

Resulta complejo identificar todas causas de la lentitud de la justicia, si bien podemos destacar algunas de ellas:

a) Sobrecarga de trabajo y falta de medios personales/ materiales: como es sabido, el trabajo de los jueces se mide por un sistema de módulos de entrada de asuntos establecido en la Orden JUS/1415/2018 de 28 de diciembre[23]. Existe preocupación en la judicatura porque los jueces y magistrados, como regla general, cumplen con cargas de trabajo superiores al 100%, no siendo extraño que algunos lleguen al 200%, 250% e incluso, al 320%. Lógicamente, si cuentan con jornadas netas de más de 50 horas, no resulta extraño que se dilaten los procedimientos[24].

b) Desorganización y burocracia excesiva: sobre ello, basta un ejemplo. Según la Memoria de la FGE 2024 en los juzgados de lo penal, como media nacional, se suspendieron el 42,6 % de los señalamientos y el 36,3% de los señalamientos de las audiencias provinciales. De acuerdo con la Fiscalía, "*ha de reiterarse el efecto negativo del elevado índice de suspensiones, en la medida que perturba la organización de las fiscalías y órganos judiciales, genera una elevada y justifi-*

---

[23] Vid. la referida Orden en el siguiente enlace https://www.boe.es/diario_boe/txt.php?id=BOE-A-2018-17994 Para mayor información sobre ello, vid. RODRIGUEZ CASTILLA, A. "Las cargas de trabajo en la carrera judicial", publicado en el Blog Hay Derecho el 11 de marzo de 2018 y accesible en el siguiente enlace https://www.hayderecho.com/2018/03/11/las-cargas-trabajo-la-carrera-judicial/

[24] Véase la entrevista al Juez Tomás Sánchez Puente en El País en la que expone cómo afecta la sobrecarga de trabajo en la práctica judicial https://cincodias.elpais.com/legal/2024/02/02/juridico/1706882578_552612.html

cada insatisfacción y molestias a la ciudadanía, y se traduce en una respuesta penal negativa frente a los hechos delictivos a consecuencia del debilitamiento de los medios de prueba y la apreciación generalizada de la atenuante por dilaciones indebidas."[25] Veremos también los efectos que tiene la conversión de los juzgados en secciones de tribunales de instancia, en cumplimiento de la LO 1/2025.

c) Deficiencias e ineficacia de la legislación sustantiva y procesal: en tercer lugar, de acuerdo con autorizada doctrina, cabe apuntar a una criminalización excesiva de conductas[26] y a una regulación procesal incoherente, rígida e ineficaz (piénsese p.ej. que en la práctica forense el abreviado es, de facto, el proceso penal tipo en detrimento del sumario ordinario).

5. POSIBLES SOLUCIONES Y PROPUESTAS DE *LEGE FERENDA*

Una vez expuestas algunas de las principales causas de la justicia penal, se expondrán, en consonancia, sus posibles soluciones:

5.1. Aumento de plazas: *para combatir la sobrecarga de trabajo, existe consenso tanto en la judicatura como en el propio Ministerio de que hacen falta más jueces. El CGPJ reclama que, de*

---

[25] La Memoria de la FGE 2024 se encuentra accesible a través del siguiente enlace https://www.fiscal.es/memorias/memoria2024/FISCALIA_SITE/index.html

[26] BANACLOCHE PALAO, op.cit. pág. 1. Sin ir más lejos, piénsese por ejemplo en los delitos contra el honor, bien jurídico que también se protege civilmente mediante la LO 1/1982

aquí a 2030, habría que ofertar unas 320 plazas anuales[27]. *Sobre ello el Gobierno ha presentado este año un Anteproyecto de Ley Orgánica para el fortalecimiento de las Carreras Judicial y Fiscal que, con elementos positivos -p.ej. el aumento del número de becas- plantea algunas sombras. De un lado, contempla que una de cada cuatro plazas no sea por oposición sino por cuarto turno, convocando 300 plazas por oposición libre y otras 100 de magistrado por concurso para juristas con más de 10 años. Ello resulta un tanto anómalo, no solo porque implica desplazar un procedimiento objetivo y general -que resulta manifiestamente mejorable, todo sea dicho- por otro más discrecional y excepcional, sino porque el cuarto turno no está concebido para que una de cada cuatro nuevas plazas sea para juristas, sino para que éstos cubran una de cada cuatro vacantes en la categoría de magistrado. No es lo mismo. Por otro lado, una estabilización masiva de jueces sustitutos mediante concurso-oposición, tampoco garantiza una evaluación objetiva y rigurosa de los conocimientos jurídicos necesarios para el desempeño de la judicatura*[28]. *Por tanto, estamos de acuerdo en la necesidad de dotar de más plazas a la judicatura y también entendemos que el sistema de acceso actual puede ser revisado y mejorado, pero, ahora bien, una reforma de este ca-*

---

27 Así lo manifestó en 2024 su presidente D. Vicente Guilarte. La información se encuentra disponible a través del siguiente enlace https://www.poderjudicial.es/cgpj/en/Judiciary/Panorama/El-presidente-del-CGPJ-reclama-un-pacto-global-para-recomponer-las-relaciones-entre-el-poder-politico-y-el-Poder-Judicial

28 Así lo manifiesta el propio CGPJ en su informe al Proyecto de LO referenciado. https://diariolaley.laleynext.es/dll/2025/03/20/informe-del-cgpj-avisa-la-falta-de-rigor-en-las-pruebas-a-jueces-sustitutos-puede-socavar-la-independencia-judicial

lado debiera realizarse con un amplio consenso y, desde luego, no puede hacerse de espaldas a la carrera judicial

5.2. ***Digitalización e I.A:*** *para enfrentarnos a la excesiva desorganización y burocratización del proceso, no cabe duda, como sostiene PLANCHADELL GARGALLO, que las nuevas tecnologías de la información y comunicación (TICs) son, en los tiempos actuales, claves para garantizar una justicia más rápida, eficaz y de calidad, racionalizando los recursos, humanos y materiales. Sin embargo, como apunta la referida autora, el RD 6/2023, solo reformó ocho artículos de nuestra LECrim*[29]*. No obstante lo anterior, entendemos que debemos ir más allá y avanzar desde las TICs hacia el uso de la inteligencia artificial en la justicia penal, ahora bien, siempre y cuando partamos del escrupuloso cumplimiento de unas premisas básicas: i) respeto al art. 117.3 CE y al principio de exclusividad jurisdiccional (I.A siempre asistencial, nunca sustitutoria, siguiendo la máxima "Human in command"); ii) pública y accesible (no sólo para el justiciable, también para el ciudadano); iii) evaluación y revisión independiente de la I.A; iv) con un importante papel del M.F como revisor del funcionamiento de la IA en el proceso (como guardián y garante del buen uso de la I.A en tanto parte imparcial en el proceso que debe velar por los derechos de los ciudadanos); v) formación e información para los jueces y operadores jurídicos (tal y como, p.ej. realizamos en el Máster en función jurisdiccional de la UNED mediante la impartición de sesiones sobre Blockchain e I.A. a los jueces en la*

---

29 PLANCHADELL GARGALLO, A. (2024) "Breves apuntes sobre digitalización del proceso penal español a la luz de la reciente reforma", *Revista Brasileira de Direito Processual Penal*, vol. 10, nº 2, págs. 3 y 4

Escuela Judicial) y vi) una mayor pedagogía e información hacia la sociedad (pues partimos de una tecnología desconocida, lo que provoca desconfianza y debemos ser muy escrupulosos, claros y pedagógicos a la hora de explicar tanto los beneficios como, en definitiva, el funcionamiento, de la aplicación de esta tecnología en la administración de justicia)[30]*. Sentado lo anterior, la I.A puede ayudar al juez tanto en la rápida extracción de información y en la agilización del estudio de la causa, como generando propuestas de resoluciones sobre distintos temas que, por su naturaleza, permitan una objetivación de parámetros (p.ej. la determinación de medidas cautelares patrimoniales). Asimismo, se discute por la doctrina su aplicación para decisiones más trascendentes como la prisión provisional*[31]*. Sobre ello, aunque lógicamente debe decidirse de modo individualizado y atendiendo a las circunstancias concretas del caso, intentar objetivar y "algoritmizar" determinados parámetros puede operar a favor del imputado*[32]*. Por ello, siempre de un modo asistencial, la I.A puede ayudar al juez a tomar decisiones, más rápidamente y que descansen en una base algo más objetiva que lo que sucede en la actualidad*

---

30 Sobre la aplicación de la I.A en la justicia penal, nos hemos pronunciado con mayor amplitud en GIMENO BEVIÁ, J. (2023) "Instrumentos actuales de policía y justicia predictiva en el proceso penal español: análisis crítico y reflexiones de lege ferenda ante aplicaciones futuras" en *Estudios Penales y Criminológicos*, nº 44

31 NEIRA PENA, A. (2021) "Inteligencia artificial y tutela cautelar. Especial referencia a la prisión provisional" en *Revista Brasileira de Direito Processual Penal*, vol.7, nº 3, págs. 1897-1933, pág. 1927

32 Sirva como ejemplo, aunque ya en sede de ejecución penitenciaria, lo que sucede en Cataluña con la herramienta RisCanvi que, desde que se utiliza, se conceden más permisos penitenciarios que antes. GIMENO BEVIÁ, J. op.cit. pág. 10

*5.3. **Reformas procesales:** y, por supuesto, es necesario realizar reformas en nuestro decimonónico proceso penal, entre las que cabe destacar las que seguidamente se relacionan*

a) Mejora del sistema de plazos de instrucción: el texto original de la LECrim de 1882 señalaba en su art. 324 que el plazo para la terminación del sumario era de un mes. Se trataba de un plazo que, de facto, jamás se cumplía, por lo que el legislador en el año 2015 introdujo unos plazos más realistas modificando el art. 324 y estableciendo un plazo de 6 meses prorrogables que, a su vez, fue modificado en 2020, sustituyéndolo por otro de 12 meses prorrogables. El problema de la reforma de 2015 es que resultaba incoherente con nuestro modelo de juez instructor, pues residía en el M.F. la carga de solicitar la prórroga y, el problema de la reforma de 2020 es que el juez instructor sigue siendo amo y señor de los plazos, pues puede, de oficio, seguir alargando la causa. Por tanto, "que cambie todo para que nada cambie", de acuerdo con la famosa cita de el Gatopardo. Resulta sorprendente, asimismo, que existan voces que entienden que el establecimiento de plazos genera impunidad. Sobre ello, basta señalar únicamente que los países de nuestro entorno cuentan con plazos, p.ej. Italia, según la gravedad del delito, de 6 meses a un año, prorrogable en algunos casos por el juez a instancia del M.F, en el peor de los casos máximo 24 meses, art. 405.2 CPP; o Francia, que también los contempla en su art. 175-2 CPP. Por consiguiente, coincidimos absolutamente con BANACLOCHE PALAO en que los plazos son necesarios para equilibrar la posición de la Fiscalía y el investigado y que, además, con una configuración legal adecuada, pueden ayudar en la sustitución de instrucciones "expedicionarias" por otras más concretas, específicas y programadas. Es, por tanto, necesario compatibilizar un plazo de investigación suficiente con un plazo de duración razonable[33].

b) Ampliación del principio de oportunidad: tímidamente incorporada en el art. 963.1 LECrim, debiera consolidarse y ampliarse a otros supuestos, como p.ej.la posibilidad de alcanzar acuerdos en la justicia penal de las personas jurídicas[34]. En el Derecho comparado, se puede observar un importante auge del principio de oportunidad reglado frente al principio de legalidad en el proceso penal. Italia, por ejemplo, instauró a finales de los ochenta el llamado "*patteggiamento*" -que a la postre inspiró nuestra conformidad "premiada"-, y consiste en que el Juez, tras acordarlo con el Ministerio Fiscal, puede aplicar alguna pena sustitutiva de a la privación de libertad cuando el imputado que no ha reincidido en su conducta lo solicite[35]. En Alemania, es posible sobreseer por razones de oportunidad determinados delitos, con base en la falta de interés público, así como, en supuestos concretos, cuando existan acuerdos compensatorios entre el autor y la víctima[36]. Todavía más común es el uso de la oportu-

---

33 BANACLOCHE PALAO, J. op.cit. pág. 10. En su interesante trabajo, el autor propone, de *lege ferenda*, una modificación del 324 que combina algunos elementos positivos -y desgraciadamente desechados- de la reforma de 2015, como el mantenimiento de la distinción entre las causas sencillas y complejas con otras de propio cuño como la modificación de la conformidad privilegiada para que solo se admitiera al inicio de la instrucción.

34 Así lo venimos defendiendo desde hace más de una década. Vid. recientemente GIMENO BEVIA, J. (2023) "La posibilidad y conveniencia de sobreseer el proceso penal frente a la persona jurídica mediante un compliance eficaz. Se hace camino al andar" en *La Ley Compliance Penal* nº15,

35 Véase art.444 *Códice di Procedura Penale*

36 Véase arts. 153 y 154 *Strafprozessordnung*. Para un análisis más exhaustive del principio de oportunidad en Alemania, puede verse, en

nidad en países pertenecientes al sistema anglosajón, en Estados Unidos, por ejemplo, a través de los "*probationary agreements*" o incluso los "*plea bargain*"[37]. En cuanto a la conformidad, como manifestación de la oportunidad, ha sufrido una modificación de calado en la LO 1/2025, suprimiendo el límite penológico de seis años existente hasta la fecha. Del mismo modo, esta ley establece en su DA 9º la posibilidad de remisión a las partes a un proceso restaurativo. Sin embargo, entendemos que para que la justicia restaurativa tenga virtualidad práctica deviene indispensable que venga acompañada de una dotación económica suficiente capaz de equilibrar y mitigar las diferencias -y desigualdades- existentes entre las distintas Comunidades Autónomas. Como contundentemente indica OLLERO PERÁN, "*los derechos de las víctimas no pueden depender de su código postal*"[38]

c) Reforma de la acción popular: como es sabido, el art. 125 de nuestra Constitución consagra la acción popular, que cuenta con un innegable arraigo en nuestra historia jurídica[39]. No es menos cierto, sin embargo, que en los últimos años ha sido fuertemente cuestionada por su utilización de modo espurio, torticero y abusivo. En cuanto al futuro de la institución y su encaje en la justicia penal, el debate siempre ha estado abierto, pues es una institución que la doctrina se ha mostrado abierta

---

español, el interesante trabajo del Prof. GÓMEZ COLOMER, J.L. (2021) "La fiscalía alemana: temas relevantes de su organización y funciones", *Diario La Ley*, 3 de diciembre 2021

37 Véase rule 11 *Federal Rules of Criminal Procedure*

38 OLLERO PERÁN, J.E (2025). "Apuntes sobre la importancia de la primera regulación procesal de la justicia restaurativa en España" en *Diario La Ley* 10 enero 2025

39 Referencia sobre la acción popular, sin duda, el trabajo de PEREZ GIL, J. *La acusación popular*, Comares, Granada, 1998.

a revisarla[40]. Más allá de su reconocimiento constitucional y de que, como sostiene ARMENTA DEU "*cualquier propuesta de reforma debe partir ineludiblemente de su imposible erradicación*"[41], particularmente nos adherimos a su limitación o modulación, de acuerdo, en mayor o menor medida, con los textos de reforma global de LECrim de la última década (ALECrim 2011, PCPP 2013 y ALECrim 2020). Así pues, que se trate de una institución histórica no es un motivo suficiente para mantenerla incólume y el debate sobre el alcance de la participación ciudadana en el ejercicio de la acción penal popular es sano y necesario. Y una reforma que debiera acontecer urgentemente, y en la que parece existir consenso, consiste en vedar su ejercicio a los partidos políticos para mitigar la judicialización de la política que desgraciadamente acontece en nuestro país[42]. Ahora bien, recientemente se ha presentado la "Proposición de Ley Orgánica de garantía y protección de los derechos fundamentales frente al acoso derivado de las acciones judiciales abusivas", que pretende no solo una drástica reducción subjetiva y objetiva de la figura, sino que modifica sustancialmente su régimen de participación en proceso, quedando relegada a la formulación de la querella y a su entrada en la fase de juicio oral, no pudiendo instar a la práctica de ninguna diligen-

---

40 Entre otros, NIEVA FENOLL, J. (2025) *Derecho Procesal III*, Ed. Tirant lo Blanch, 4ª Edición, pág. 135 y ss o QUINTERO OLIVARES, G. (2015) "La acción popular: pasado, presente y futuro de una institución controvertida" en *Revista de Derecho y Proceso Penal*, nº 37

41 ARMENTA DEU, T. (2023) *Jueces, fiscales y víctimas en un proceso en transformación*, Ed. Marcial Pons, pág.266

42 Sobre ello, vid. GIMENO BEVIA, J (2024). "El cuestionable ejercicio de la acción popular por los partidos políticos" en *Más allá de la justicia: nuevos horizontes del Derecho Procesal* (SÁNCHEZ RUBIO, A. dir.), Tirant lo Blanch

cia. Ello supone, como ya advirtió GIMENO SENDRA, laminar esta institución, entregando el monopolio de la acción penal al M.F y quebrando su propia naturaleza y fundamento[43]. Además, resulta cuando menos poco decoroso el régimen transitorio aplicable establecido en la Disposición Transitoria Única, pues supone la aplicación de estas restricciones a procedimientos en curso, estando afectadas personas vinculadas personalmente al ejecutivo. Entendemos, pues, que el ruido político no es nunca buen compañero de las reformas procesales -sobre todo las penales- y, volviendo sobre su reconocimiento constitucional en el art. 125, cualquier reforma de la acción popular debiera contar con un amplio consenso parlamentario para llevarla a cabo.

6.CONCLUSIÓN

Las soluciones frente a la lentitud expuestas *supra,* aunque pudieran ayudar a agilizar la justicia penal, no dejarían de resultar otro parche más en nuestra vetusta LECrim, ahondando en la incoherencia que implican reformas procesales para enfrentar los retos de la actual la sociedad de la información con el espíritu del texto original que impulsó Alonso Martinez dos siglos atrás. Por ello, más allá de estas reformas, es urgente avanzar hacia una nueva LECrim del S. XXI o Código Procesal Penal de la democracia, no importa la denominación, siguiendo la estela del camino que emprendieron los países de nuestro entorno a finales del siglo pasado. Aunque vayamos con un retraso injustificable, contamos con valiosos textos pre-legislativos que coinciden en lo sustancial (ALECrim 2011, PCPP 2013, ALECrim 2020) pero, con independencia de la apuesta por

---

43 GIMENO SENDRA, V. (2020) *La simplificación de la justicia penal y civil,* Ed. BOE, pág. 59

uno u otro -o incluso uno nuevo-, deviene imprescindible que nuestro futura ley procesal penal cuente con un sólido consenso, tal y como aconteció con la LEC e incluso con algunas importantes reformas del proceso penal como la Ley 38/2002 de juicios rápidos, auspiciadas por el Pacto de Estado para la Reforma de la Justicia, del año 2001[44]. Solo con los mimbres del consenso y el acuerdo, de los que ahora desgraciadamente carecemos, puede alcanzarse una justicia penal que no se convierta en un arma arrojadiza ni sea instrumentalizada en pos de intereses partidistas y que, con respeto a las conquistas alcanzadas en nuestro sistema de garantías constitucionales, logremos -por fin- un proceso penal eficaz y eficiente, en tiempo y forma.

REFERENCIAS BIBLIOGRÁFICAS

ARMENTA DEU, T. (2023) *Jueces, fiscales y víctimas en un proceso en transformación,* Ed. Marcial Pons, 2023

BANACLOCHE PALAO, J. (2020)"El artículo 324 de la LECr y la limitación de la instrucción en los procesos penales: una contribución al debate", Diario La Ley nº 9617, 21 de abril 2020

BARJA DE QUIROGA, J. "La duración de la instrucción" en *El Notario del S. XXI* nº 7, 2006

GASCÓN INCHAUSTI, F. (2004) "La reforma del proceso penal español por Ley Orgánica 8/2002 y por Ley 38/2002 de 24 de octubre: juicios rápidos y un nuevo juicio de faltas" en *Reforma Judicial: Revista Mexicana de Justicia,* nº3, 2004

GIMENO BEVIA, J. (2024) "El cuestionable ejercicio de la acción popular por los partidos políticos" en *Más allá de la justicia: nuevos horizontes del Derecho Procesal* (SÁNCHEZ RUBIO, A. dir.), Tirant lo Blanch, 2024

---

44 Sobre la génesis y las líneas generales de la referida reforma, vid. GASCÓN INCHAUSTI, F. (2004) "La reforma del proceso penal español por Ley Orgánica 8/2002 y por Ley 38/2002 de 24 de octubre: juicios rápidos y un nuevo juicio de faltas" en *Reforma Judicial: Revista Mexicana de Justicia,* nº3, pág. 193 y ss.

GIMENO BEVIÁ, J. (2023) "Instrumentos actuales de policía y justicia predictiva en el proceso penal español: análisis crítico y reflexiones de lege ferenda ante aplicaciones futuras" en *Estudios Penales y Criminológicos*, nº 44, 2023

GIMENO BEVIA, J. (2023) "La posibilidad y conveniencia de sobreseer el proceso penal frente a la persona jurídica mediante un compliance eficaz. Se hace camino al andar" en *La Ley Compliance Penal* nº15, 2023

GIMENO SENDRA, V., (2004) "La necesaria e inaplazable reforma de la Ley de Enjuiciamiento Criminal de España"., Anuario de Derecho Penal, Perú, 2004

GIMENO SENDRA, V. (2020) *La simplificación de la justicia penal y civil*, Ed. BOE, 2020

GONZÁLEZ-CUÉLLAR SERRANO, N. (2015) *La reforma de la Ley de enjuiciamiento criminal en 2015*, (con MARCHENA GÓMEZ, M.), Ed. Castillo de Luna, 2015

GÓMEZ COLOMER, J.L. (2021) "La fiscalía alemana: temas relevantes de su organización y funciones", *Diario La Ley*, 3 de diciembre 2021

LASCURAIN SÁNCHEZ, A. y GASCÓN INCHAUSTI, F. (2018) "¿Por qué se conforman los inocentes?" en *InDret* nº 3, 2018

MUÑOZ CONDE, F. (2008), "La transformación jurídica de la dictadura franquista en un Estado de Derecho", Revista Penal nº 22

NEIRA PENA, A. (2021) "Inteligencia artificial y tutela cautelar. Especial referencia a la prisión provisional" en *Revista Brasileira de Direito Processual Penal*, vol.7, nº 3, págs. 1897-1933, 2021

NIEVA FENOLL, J. (2025) *Derecho Procesal III*, Ed. Tirant lo Blanch, 4ª Edición, 2025

OLLERO PERÁN, J.E. (2025) "Apuntes sobre la importancia de la primera regulación procesal de la justicia restaurativa en España" en *Diario La Ley* 10 enero 2025

OUBIÑA BARBOLLA, S. (2016). Dilaciones indebidas. *EUNOMÍA. Revista En Cultura De La Legalidad*, (10), 250-264.

PLANCHADELL GARGALLO, A. (2024) "Breves apuntes sobre digitalización del proceso penal español a la luz de la reciente reforma", *Revista Brasileira de Direito Processual Penal*, vol. 10, nº 2, 2024

PEREZ GIL, J. (1998) *La acusación popular*, Comares, Granada, 1998.

QUINTERO OLIVARES, G. (2015) "La acción popular: pasado, presente y futuro de una institución controvertida" en *Revista de Derecho y Proceso Penal*, nº 37, 2015.

PARTE 2.
BARRERAS EN EL ACCESO A LA JUSTICIA Y DESIGUALDAD

Entre el derecho y la realidad: reflexiones sobre el acceso efectivo al proceso penal para personas investigadas con discapacidad intelectual

ÁGATA Mª SANZ HERMIDA
Catedrática de Derecho Procesal
Universidad de Castilla-La Mancha

I. INTRODUCCIÓN: CONTEXTO, DE LA INVISIBILIDAD A LA INCLUSIÓN

Durante siglos, las personas con discapacidad -y, en particular, aquellas con discapacidad intelectual- han sido objeto de una sistemática exclusión social y jurídica, frecuentemente amparada en discursos paternalistas que legitimaban prácticas de segregación, medicalización forzada y negación de derechos fundamentales. Este fenómeno, enraizado en el capacitismo, fundado en estándares estrictos de apariencia, funcionamiento y comportamiento[1] ha penetrado en la sociedad y ha orientado la legislación para las personas con discapacidad, reproduciendo así un sistema de discriminación estructural que ha permeado el diseño de políticas públicas, marcos legales e instituciones del Estado[2]-

En el ámbito penal, esta discriminación ha provocado lesiones de sus derechos fundamentales (privaciones involuntarias de libertad en centros de internamiento, esterilizaciones forzosas[3], segregación, tratamientos químicos -psicofarmacológicos-, etc). Durante décadas, los sistemas de justicia no solo no

---

1 *Informe de la Relatora Especial sobre los derechos de las personas con discapacidad*, de 17 de diciembre de 2019, A/HRC/43/41, consultable en A/HRC/43/41 (un.org). Se afirma que el "capacitismo" es una ideología que valora a las personas sin discapacidad y desvaloriza a las personas con discapacidad, ya que considera a estas últimas inferiores en virtud de su estado físico, emocional o cognitivo (déficits) en lugar de ser valoradas por sus capacidades y su humanidad (Perkel, Tobin y Weisman 2012, 32-33).

2 *Ibidem*

3 Sirvan como referencia las palabras de la Corte Suprema de Estados Unidos cuando, en el primer tercio del s. XX, se pronunciaba sobre la legalidad del sistema de esterilización forzosa de los confinados en instituciones estatales de apoyo del Estado de Virginia y que son reflejo del sentir de la época: "*el Estado mantiene en diversas instituciones a muchas personas defectuosas que, si se les diera el alta, se convertirían en una amenaza, pero que, si fueran incapaces de procrear, podrían ser dadas de alta con seguridad y llegar a ser autosuficientes en beneficio propio y de la sociedad (...) siempre que se cumplan las cuidadosas disposiciones por las que la ley protege a los pacientes de posibles abusos.*" (Buck v. Bell, de 22 de abril de 1927). Esta sentencia, ejemplo de aplicación de la filosofía de la supremacía anglosajona, sentó un precedente legal que permitía la esterilización involuntaria de miles de hombres y mujeres en más de veintisiete estados, como señalan (Perkel, Tobin y Weisman 2012, 33).

les han reconocido como sujetos titulares de derechos -negándoseles su capacidad jurídica-, sino que las han tratado como meros objetos de tutela, corrección o control institucional, sin tener en cuenta las enormes dificultades que estas personas enfrentan para comprender los procedimientos judiciales, establecer una comunicación efectiva con su defensa o participar de manera plena y equitativa en el proceso.

La evolución de los derechos de las personas con discapacidad debía haberse producido de manera sincronizada al reconocimiento y efectividad de los derechos humanos. Es decir, la segunda mitad del s. XX debía haber supuesto un cambio revolucionario para este sector de la sociedad. También dicho progreso debería haber sido consecuencia de los avances científicos médicos, mecánicos y de toda índole que hubieran servido para derribar buena parte de los muros creados en torno a este grupo de población. Sin embargo, no ha sido hasta muy recientemente[4], de la mano de la Convención de Naciones

---

4 No obstante, con carácter previo y como antecedentes en el seno de las Naciones Unidas, encontramos algunos otros instrumentos de muy diversa naturaleza y vinculación como la Declaración de los derechos de las personas con retraso mental (Proclamada por la Asamblea General en su resolución 2856 (XXVI), de 20 de diciembre de 1971); la Declaración de los derechos de los impedidos de las Naciones Unidas (aprobado por Resolución 3447, de 9 de diciembre de 1975); el Programa de Acción Mundial para las impedidos (aprobado por la Asamblea General de las Naciones Unidas en su Resolución 37/52, de 3 de diciembre de 1982); las Normas Uniformes sobre Ia igualdad de oportunidades para las personas con discapacidad (AG.48/96, del 20 de diciembre de 1993) ; la Declaración de Viena y Programa de Acción aprobados por la Conferencia Mundial de las Naciones Unidas sobre Derechos Humanos (157/93), por destacar algunos de ellos. Es, sin embargo, la Convención de los derechos del niño, de 20 de noviembre de 1989 el primer instrumento de la ONU que establece previsiones expresas con relación a la prohibición de la discriminación por motivos de discapacidad y el

Unidas sobre los derechos de las personas con discapacidad (CNUDPD) de 13 de diciembre de 2006, cuando se han producido transformaciones relevantes y significativas para un colectivo invisibilizado durante mucho tiempo.

La CNUDPD constituye un cambio de paradigma para el tratamiento jurídico de la discapacidad, "asentado en el 'modelo de la diversidad', en el que se pasa de la generalidad (derechos humanos inherentes a toda persona) a la especialidad (derechos humanos de las personas con discapacidad)" (CGPJ 2018). De ahí su contribución en la eliminación de algunos de los tradicionales obstáculos a los que se han visto enfrentadas las personas con discapacidad y consolidar, no sin ciertas resistencias, que el reconocimiento de la dignidad y el valor inherentes a toda persona, así como de la universalidad, indivisibilidad, interdependencia e interrelación de todos los derechos humanos y libertades fundamentales necesariamente debe llevar, no a negar el disfrute de los derechos de estas personas, sino a facilitar el mismo y eliminar cualquier tipo de discriminación contra cualquier persona por razón de su discapacidad.

---

derecho de los niños con alguna discapacidad a una vida plena y en condiciones que aseguren su dignidad, y que le permitan lograr su autosuficiencia e integración activa en la sociedad (cfr. arts. 2 y 23 CDN). No obstante, la CNUDPD destaca, no solo por ser el primer tratado de derechos humanos que se adoptó en el siglo XXI y haber sido negociado con gran rapidez, sino por contar con un alto nivel de intervención de los representantes de las personas directamente afectadas y por participar de un movimiento internacional que se aleja de un modelo médico o de un enfoque de bienestar social en el que las personas con discapacidad son consideradas receptoras pasivas de servicios, acogiendo una comprensión de la discapacidad basada en los derechos humanos (Gibson, 2011, pág. 12) y un sistema de cumplimiento revolucionario en el contexto internacional.

Los cambios derivados de la ratificación por España de la Convención[5] han azotado, con fuerza, algunas instituciones jurídicas pretendidamente cristalizadas, en especial, la distinción entre capacidad jurídica y capacidad de obrar[6], que sustentaba una barrera, no solo legal sino también social, para el pleno disfrute y acceso a los derechos y libertades de las personas con discapacidad. De ahí que se haya pasado de un sistema jurídico basado en la sustitución de la capacidad de obrar de la PD a un sistema de "apoyo para el ejercicio de su capacidad" cuya concreta determinación deberá tener en cuenta la diversidad de personas con discapacidad, la autonomía individual y la libertad de tomar sus propias decisiones. De manera consecuente, la fijación de esos apoyos dependerá, con carácter general, de la libre expresión de la decisión de la PD, de su voluntad y preferencias.

Para llegar hasta aquí han sido necesarios muchos e importantes cambios en nuestro sistema jurídico que deben además ser contextualizadas en el marco normativo general del RD-Legis. 1/2013, de 29 de noviembre, por el que se aprobó el Texto Refundido de la Ley General de derechos de las personas con discapacidad y de su inclusión social[7]. Así, por lo que se refiere

---

5 Instrumento de ratificación de 23 de noviembre de 2007.

6 Algunos autores como Manga Alonso afirman que el precepto más importante de la Convención es el art. 12 que exige a los Estados Parte asegurar que las personas con discapacidad puedan ejercer su capacidad jurídica en igualdad de condiciones que el resto de las personas, lo que significa que libremente deben poder adoptar todas aquellas decisiones que les afecten, siendo solo apoyados en los residuales casos en que lo necesiten, con máximo respeto a su capacidad (Manga Alonso 2019, 133).

7 Muy recientemente modificada por la Ley 6/2022, de 31 de marzo, de modificación del Texto Refundido de la Ley General de derechos de las personas con discapacidad y de su inclusión social, aprobado por el Real Decreto Legislativo 1/2013, de 29 de noviembre,

al ámbito civil, el último gran exponente ha venido de la mano de la decisiva reforma de la Ley 8/2021, de 2 de junio, por la que se reforma la legislación civil y procesal para el apoyo a las personas con discapacidad en el ejercicio de su capacidad jurídica que, como se señala en su exposición de motivos, supone la adaptación de nuestro ordenamiento a la CNUDPD, así como en la puesta al día de nuestro Derecho interno en un tema, como es el del respeto al derecho de igualdad de todas las personas en el ejercicio de su capacidad jurídica, que viene siendo objeto de atención constante tanto por parte de las Naciones Unidas, como por el Consejo de Europa o por el propio Parlamento Europeo. La nueva regulación está inspirada en el respeto a la dignidad de la persona, en la tutela de sus derechos fundamentales y en la consideración de la libre voluntad de la persona con discapacidad, así como en los principios de necesidad y proporcionalidad de las medidas de apoyo que, en su caso, pueda necesitar esa persona para el ejercicio de su capacidad jurídica en igualdad de condiciones con los demás que abarca tanto la titularidad de los derechos, como la legitimación para su ejercicio.

Más lentos están siendo los cambios referidos al ámbito penal. En efecto, sin negar la existencia de ciertos avances producidos por cambios normativos en los últimos años como, por ejemplo, la mejora de la tutela de las víctimas con discapacidad en el estatuto de la víctima[8]; la sustitución de la referencia al "incapaz" por una nueva definición de persona con discapacidad en el art. 25 del CP al objeto de reforzar la protección

---

para establecer y regular la accesibilidad cognitiva y sus condiciones de exigencia y aplicación.

8 Ley 4/2015, de 27 de abril, del estatuto de la víctima. Sin perjuicio de que esta norma incluye un amplio catálogo de derechos de las víctimas, destaca el art. 26 que se refiere a la posible adopción de medidas específicas para menores y personas con discapacidad necesitadas de especial protección.

especial de que deben ser objeto estos sujetos[9]; la garantía de la participación de las personas con discapacidad en el Tribunal del Jurado[10]; más recientemente, la erradicación de la esterilización forzada o no consentida de personas con discapacidad incapacitadas judicialmente[11]; los de la LO 8/2021, de 4 de junio, de protección integral a la infancia y la adolescencia frente a la violencia o los de la LO 10/2022, de 6 de septiembre, de garantía integral de la libertad sexual[12]. A este respecto, el

---

9 Reforma abordada por la LO 1/2015 de 30 de marzo por la que se modifica la LO 10/1995, de 23 de noviembre del CP.

10 Llevada a cabo por la LO 1/2017, de 13 de diciembre, de modificación de la Ley Orgánica 5/1995, de 22 de mayo, del Tribunal del Jurado que, con este fin, en el art. 8.5 se refiere a que "las personas con discapacidad no podrán ser excluidas por esta circunstancia de la función de jurado, debiéndoseles proporcionar por parte de la Administración de Justicia los apoyos precisos, así como efectuar los ajustes razonables, para que puedan desempeñar con normalidad este cometido". Se pone fin a las versiones anteriores de dicho artículo que, originalmente, impedía ejercer la función de jurado al que estuviera "afectado por discapacidad física o psíquica que impida el desempeño de la función de jurado".

11 Por LO 2/2020, de 16 de diciembre, de modificación del Código Penal para la erradicación de la esterilización forzada o no consentida de personas con discapacidad incapacitadas judicialmente. Con esta reforma se pone fin a la esterilización forzada de personas con discapacidad, práctica más extendida de lo que pudiera pensarse, como lo confirman los datos del CGPJ a que hace referencia la exposición de motivos de esta norma y que señalan que, en la última década se han practicado en España más de un millar de esterilizaciones forzadas.

12 Que contiene también referencias específicas a las necesidades especiales de protección de las víctimas de estos delitos con discapacidad, en cumplimiento, como señala el Legislador en la exposición de motivos, de la recomendación del Comité sobre los Derechos de las Personas con Discapacidad de Naciones Unidas de adoptar todas las medidas apropiadas para combatir la violencia de género contra las mujeres con discapacidad psicosocial y para prevenir, investigar

ya caducado anteproyecto de Ley orgánica de enjuiciamiento criminal de 2020 -ALECRIM 2020- proyectaba en su articulado disposiciones dedicadas a la persona encausada con discapacidad (arts. 61 a 80) y, junto a ello, las relativas a la especial protección de las víctimas con discapacidad -en cuanto víctimas especialmente vulnerables- (arts. 101 a 103) sin perjuicio de algunas otras disposiciones dispersas en dicho texto legal con referencias a las personas con discapacidad, en un afán de reforzar el estatuto jurídico de estas personas, tanto cuando fueran sujetos activos del proceso, como sujetos pasivos del mismo. Sin embargo, todavía queda mucho por hacer.

La proyección de los cambios normativos producidos o que están por venir en el sistema de protección que brinda la justicia civil y penal a las personas con discapacidad es de amplia dimensión y se enfrenta a importantes retos en su implantación y a no pocas tensiones. En las siguientes líneas se abordarán algunos de los problemas y disfunciones relativas a las personas con discapacidad cuando son investigadas y encausadas en causas penales.

II. EL ACCESO A LA JUSTICIA PENAL DE LAS PERSONAS CON DISCAPACIDAD INTELECTUAL

1. Personas con discapacidad: marco conceptual y criterios actuales

En la actualidad, las reformas legislativas y propuestas normativas anteriormente mencionadas se orientan principalmente hacia el concepto de discapacidad recogido en la Convención sobre los Derechos de las Personas con Discapacidad

---

y ofrecer reparaciones por las violaciones de sus derechos humanos, enjuiciando a las personas responsables.

(CNUDPD), sin dejar de lado el legado de instrumentos jurídicos previos. Ya desde las *Normas Uniformes sobre la igualdad de oportunidades para las personas con discapacidad*[13], la ambigüedad terminológica existente en los años setenta, así como el predominio de un enfoque médico basado en el diagnóstico clínico. Este paradigma fue fuertemente cuestionado por organizaciones representativas del colectivo, que demandaban una reformulación conceptual que reflejara no sólo las condiciones individuales, sino también las barreras impuestas por un entorno social excluyente. En 1980, la OMS adoptó una *clasificación internacional de deficiencias, discapacidades y minusvalías* que sugería "un enfoque más preciso y al mismo tiempo relativista" (apdo. 20 de las Normas Uniformes), lo que supuso una "revolución cultural en el enfoque conceptual de la discapacidad y minusvalía" (Charpentier & Arboiron, 2000, pág. 1) y el avance hacia reconocimiento de la necesidad de abordar tanto las necesidades individuales como las carencias de la sociedad (Normas Uniformes, apdo. 21).

Esta primera clasificación fue objeto de revisión 20 años después mediante la aprobación, por resolución WHA 54.21 de la Asamblea de la OMS, de la *Clasificación Internacional del Funcionamiento, de la Discapacidad y de la Salud*, conocida por CIF -ICF en sus siglas en inglés-, de 22 de mayo de 2001, que reformulaba el marco estandarizado y conceptual para medir y describir la discapacidad y la salud[14] y debe ser completada por *Clasificación Internacional del Funcionamiento, de la Discapacidad y de la Salud en la Infancia y Adolescencia (CIF-IA)* de mayo de 2011.

---

13 Aprobadas por la Asamblea General de las Naciones Unidas por Resolución A/RES/48/96, de 20 de diciembre de 1993, (consultable en https://docs.un.org/A/RES/48/96)

14 Sobre el significado de esta clasificación cfr (Fernández-López, Fernández-Fidalgo, Geoffrey, Stucki, & Cieza, 2009)

En este sentido, lo destacable de la CIF es el cambio de paradigma en el que se basa, ya que hasta ese momento la discapacidad había sido concebida desde una perspectiva biomédica, que no reconoce a las personas como titulares de derechos, basada en las limitaciones funcionales y su percepción como desventaja que limita el rendimiento funcional y cuyo origen se encontraba en el propio individuo (Hendriks & Degener, 1994, pág. 345). En cambio, la CIF se funda en un modelo biopsicosocial, de carácter dinámico, en el que la discapacidad no es la característica de algunos grupos sociales, sino que es fruto de la interacción entre factores de carácter individual, biológicos y contextuales o sociales[15], lo que debe llevar a identificar

---

[15] No obstante, se generaron ciertas críticas en algunos sectores señalando que la nueva clasificación había dado el salto desde servir para esclarecimiento a los profesionales a responder a una "defensa de intereses" de grupos de presión lo que, sin negar los aspectos positivos de la revisión, presentaba riesgos Estos autores ponen de manifiesto, desde un punto de vista médico-profesional, que la primera clasificación estaba basada en tres dimensiones distintas que avivaron las correlativas críticas por las asociaciones de personas con discapacidad: la deficiencia, que describe las afecciones de órganos o sistemas orgánicos, a lo que las asociaciones contraargumentaron que la separación entre estructura y función no siempre es lo suficientemente explícita; la discapacidad, que describe las limitaciones que pueden encontrarse en la realización de actividades de la vida cotidiana, lo que no es considerado sin embargo, como positivo, al estar centrado en lo que no se puede hacer -y no en las capacidades que se tienen; y la minusvalía o desventaja, que describe las eventuales consecuencias negativas en materia de inserción social, pero que, para muchas asociaciones, refleja un enfoque estigmatizante y no es adecuada, además para ciertos grupos de población.
Por el contrario, las modificaciones propuestas en esta revisión del 2001, como sintetizaban estos autores, no estaban exentas de ciertos riesgos. Así temían que "la transformación del concepto de minusvalía en «participación» y la gran importancia que se da a la interacción del medio ambiente y a la ausencia de discriminación interfieran en la vida privada de las personas, al tener en cuenta las normas

"la diversidad de las personas con discapacidad" como se señala en el Preámbulo de la CNUDPD (apdo. i). Este enfoque, por el que también apuesta la CNUDPD, supone un cambio radical, ya que los instrumentos jurídicos basados en el modelo médico y centrados en los atributos particulares de una persona con discapacidad, tenían como objetivo proporcionar un tratamiento o cura para ayudar a la persona a acercarse lo más posible a lo que se considera una norma social. Sin embargo, el modelo social o bio-psicosocial de la discapacidad se concentra en el entorno social y no en la deficiencia, y conlleva la necesidad de actuar para desmantelar las barreras sociales y físicas a la participación e inclusión de las personas con discapacidad de las personas con discapacidad) (Hendriks & Degener, 1994, págs. 347-348). En definitiva, se produce un salto enorme desde el tratamiento de las personas con discapacidad como "objeto" a su consideración como sujetos de derechos, lo que significa desproblematizar a la persona y situar el problema en otra parte, principalmente en la respuesta política adecuada a la diferencia humana (Quinn & Courtis, 2010, pág. 206)[16].

---

sociales" desviando, en cierto modo, el centro de atención de las políticas en este ámbito fundamentalmente a la eliminación de barreras medioambientales, lo que, llevado al extremo, podría acabar en la negación de la deficiencia o afectación física de la persona. Ponen como ejemplo el hecho de una persona en silla de ruedas que reside en una zona montañosa: la noción de «participación» sólo incrimina el medio ambiente y asigna a la sociedad únicamente la responsabilidad de eliminar barreras medioambientales, esperando que la desaparición sea suficiente para permitir la integración de la persona, sin reparar en los obstáculos que podría tener, por ejemplo, en su inserción laboral si, para un puesto de trabajo, no se tuvieran en cuenta las dificultades personales que limitan sus funciones. Sobre estos aspectos, cfr. (Charpentier & Arboiron, 2000, pág. passim).

16 De ahí que se haya establecido un paralelismo de la distinción conceptual entre "deficiencia" y "discapacidad" con la entre "sexo" y

El término "discapacidad" no tiene una definición precisa y uniforme, si bien el artículo 1 de la Convención señala "las personas con discapacidad incluyen a aquellas que tengan impedimentos físicos, mentales, intelectuales o sensoriales a largo plazo que, al interactuar con diversas barreras, puedan impedir su participación plena y efectiva en la sociedad, en igualdad de condiciones con las demás". Además, en la CNUDPD se pone de relieve el carácter dinámico del concepto, al afirmarse en el Preámbulo que "la discapacidad es un concepto que evoluciona y resulta de la interacción entre las personas con impedimentos, las barreras ambientales y la actitud que impide su participación plena y eficaz en la sociedad en igualdad de condiciones con los demás" (apdo. e).

Por ello, el CoDPD, en la OG nº 6 (2018)[17], señala que el modelo de discapacidad basado en los derechos humanos es una construcción social[18] y que las deficiencias no deben con-

---

"género". Al igual que el sexo, el concepto de deficiencia representa el elemento biológico natural que también suele estar presente en las formas de discapacidad. Sin embargo, de forma análoga al "género", la interacción social (o la falta de interacción) confiere a ese elemento natural un significado social específico, a menudo negativo. De ahí que se considere que entender la discapacidad como una construcción social es la condición previa para abordar las experiencias de discriminación y exclusión y, de manera consecuente, programar las políticas necesarias para erradicar estas conductas. (Bielefeldt, 2007, pág. 398).

17 CRPD/C/GC/6, de 26 de abril de 2018

18 No obstante, Atienza advierte, con sentido crítico, del peligro que puede proporcionar este constructivismo social aplicado al concepto de discapacidad lo que, siguiendo a Mario Bunge, puede concluir en una "visión tan falsa como peligrosa", ya que puede llevar a afirmar que todas las discapacidades son siempre socialmente construidas. Sin perder de vista la explicación que pueda tener su inserción en textos internacionales o internos como modo de poner fin a excesos históricos, subraya la necesidad de que los principios

siderarse un motivo legítimo para denegar o restringir los derechos humanos (apdo. 9). Esta misma OG nº 6 (2018), en su apdo. 10 sostiene que mientras que la igualdad formal lucha contra la discriminación directa tratando de manera idéntica a las personas que están en situación similar y puede contribuir a eliminar los estereotipos negativos y los prejuicios, no puede ofrecer soluciones al "dilema de la diferencia", que solo pueden venir dadas desde la igualdad sustantiva, que aborda además la discriminación indirecta y estructural y tiene en cuenta las relaciones de poder.

No obstante, y sin perder de vista la importancia del trascendental avance en el modo de considerar la discapacidad, continúan existiendo elementos que suscitan importantes controversias y mantiene constante el debate político-público, situado ahora en la perspectiva de los derechos (Catalán Parada & Simon Rodgers, 2021, pág. 109). La Convención parte del reconocimiento de la capacidad jurídica a las personas con discapacidad con el correlativo derecho a adoptar sus propias decisiones. En este contexto, han ido apareciendo nuevas categorías jurídicas con valor normativo en lo que afecta al derecho de la persona, de modo que, la discapacidad se sitúa entre "una de las condiciones civiles emergentes", porque así lo determina la ley y en consecuencia para ella se establece un régimen propio amplio y diverso a lo largo de todo el ordenamiento jurídico (Sánchez Gómez, 2020, pág. 388).

En particular, la aplicación de la Convención a las "personas con discapacidades psicosociales" o que se encuentran bajo tratamiento psiquiátrico o con enfermedades mentales sigue

---

de la Convención se interpreten no en sentido literal para todos los casos, sino siempre "en la medida de lo posible" lo que permite la individualización a cada situación. (Atienza Rodríguez, 2016, págs. 265-266).

siendo una asignatura pendiente[19]. Mientras que los debates sobre los derechos de las personas con discapacidades físicas y sensoriales avanzan hacia la mejora de las leyes, políticas y prácticas, los procesos de toma de decisiones relativos a las personas con diagnósticos psiquiátricos y/o con discapacidad intelectual siguen retrocediendo o no avanzan al mismo ritmo, como lo demuestran los numerosos casos en los que todavía se ven sometidas a medidas coercitivas como la detención o el internamiento forzoso (Russo & Wooley, 2020, pág. 152), o a tratamientos farmacológicos o médicos involuntarios, siendo evidente la necesidad de fomentar estrategias jurídicas para realizar los ajustes necesarios a este respecto. Estos problemas se agudizan, como veremos, en el acceso a la justicia penal.

2. Las personas con discapacidad intelectual como sujetos investigados

2.1. Acceso efectivo a la justicia penal y en condiciones de igualdad

Pese a ser el proceso penal el sector del ordenamiento en el que se ponen en juego los más importantes derechos de las personas y bienes jurídicos, es probablemente el que más lentamente está avanzando hacia la mejora de la tutela de los derechos de las PD, particularmente por lo que se refiere a la persona discapaz encausada, en especial las personas con discapacidad intelectual o psicosocial o con problemas de salud mental “ya que suelen ver restringida su capacidad jurídica o se

---

[19] Sobre la evolución de la concepción de la discapacidad intelectual y las distintas denominaciones que ha tenido a lo largo de la historia, cfr. (Lopera Murcia, 2021, págs. 31-ss.)

ven privadas de esta"[20], lo que puede repercutir en el ejercicio de derechos tan esenciales como los derechos de la defensa y a un proceso con todas las garantías. A este respecto, hay que tener en cuenta que la discapacidad es una circunstancia de especial vulnerabilidad[21] y que el art. 13.1 CNUDPD se refiere al acceso a la justicia de las PD "en condiciones de igualdad", como también se exige en uno de los ODS (16.3), así como en la estrategia europea 2030[22]. En esta última se señala que el acceso debe ser además "efectivo", lo que implica la realización de los ajustes adecuados en todos los procedimientos judiciales, con inclusión de la etapa de investigación y otras etapas preliminares[23]. A tal efecto deberán eliminarse las barreras prácticas y jurídicas que impiden a las PD "intervenir como testigos, defender sus derechos como víctimas, sospechosos o acusados, así como ejercer funciones profesionales como jueces, abogados o fiscales en procesos penales y civiles".

---

20 Comunicación de la Comisión al Parlamento Europeo, al Consejo, l Comité Económico y Social Europeo y al Comité de las Regiones, "Una Unión de la igualdad: estrategia sobre los derechos de las personas con discapacidad para 2021-2030", de 3 de marzo de 2021, COM/2021/101 final.

21 Como se establece en la Recomendación de la Comisión, de 27 de noviembre de 2013, relativa a las garantías procesales para las personas vulnerables sospechosas o acusadas en procesos penales (2013/C 378/02). Para un estudio sobre las repercusiones que tiene en los distintos ámbitos de la justicia penal cfr. (Álvarez de Neyra Kappler 2020)

22 Comunicación de la Comisión al Parlamento Europeo, al Consejo, l Comité Económico y Social Europeo y al Comité de las Regiones, "Una Unión de la igualdad: estrategia sobre los derechos de las personas con discapacidad para 2021-2030", de 3 de marzo de 2021, COM/2021/101 final.

23 De hecho, señala el Defensor del Pueblo, "La convención, al referirse a las «etapas preliminares», se refiere sin duda a la actividad policial, con respecto a la cual también alude a la necesidad de «capacitación adecuada»" (Defensor del Pueblo 2019, 30).

Más concretamente, la Recomendación Rec (2004) 10[24], se refiere a la necesaria protección de las personas vulnerables que padecen trastornos mentales y la Recomendación Rec. (2006) 5[25] llama a los Estados a implementar diversas medidas y acciones positivas para favorecer el acceso efectivo a la justicia en igualdad de las PD. Entre ellas, formación sobre los derechos humanos y la discapacidad (a escala nacional e internacional) para policías, agentes públicos, personal judicial y médico; garantizar que las personas con discapacidad disfruten de una igualdad de acceso al sistema judicial haciendo efectivo su derecho a información y comunicación accesibles para ellos; proporcionar una asistencia adecuada a las personas que se encuentran con dificultades para ejercer su capacidad jurídica y procurar que esta atención sea proporcional al grado de ayuda requerido.

Nuestro ordenamiento jurídico-penal es parco en la regulación de las adaptaciones y ajustes necesarios para las PD, con esporádicas referencias, algunas de ellas introducidas en

---

24 La Recomendación Rec (2004) 10 del Comité de Ministros a los Estados miembros relativa a la protección de los derechos humanos y a la dignidad de las personas con trastorno mental, de 22 de septiembre de 2004

25 Recomendación Rec (2006) 5 del Comité de Ministros a los Estados miembros sobre el Plan de acción del Consejo de Europa para promover los derechos y la plena participación de las personas con discapacidad en la sociedad: mejorar la calidad de vida de las personas con discapacidad en Europa 2006-2015, de 5 de abril de 2006

los últimos años en el CP[26], normativa penitenciaria[27], en la LECrim, la LO del Tribunal del Jurado[28] y, con algo más de intensidad, en el Estatuto jurídico de la víctima, con las repercusiones, en muchos casos negativas, que tiene en la vigencia

---

26 Véanse, entre otros, los arts. 20, exención de responsabilidad criminal; 21, circunstancias atenuantes; 25, definición de discapacidad y personas con discapacidad necesitadas de especial protección; 60, suspensión de la pena privativa de libertad en situación duradera de trastorno mental; 80, suspensión en caso de enfermedad muy grave con padecimientos incurables; art. 96, medidas de seguridad: tipología (privativas o no privativas); 97, mantenimiento, cese, sustitución o suspenso de las medidas de seguridad durante la sentencia; 101, medidas de internamiento para tratamiento médico educación especial; 135, prescripción de las medidas de seguridad.

27 Así, Ley Orgánica 1/1979, de 26 de septiembre, General Penitenciaria nos encontramos con los arts. 62, entidades colaboradoras; 10, excepción del régimen cerrado en personas con "anomalías o deficiencias", que irán a centros especiales; 11, relativo a los tipos de establecimientos especiales; 16, separación del régimen normal del establecimiento de aquellos con "enfermedad o deficiencias físicas o mentales"; 69, colaboración de instituciones públicas o privadas en la resocialización de los reclusos. Y, por su parte, en el Real Decreto 190/1996, de 9 de febrero, por el que se aprueba el Reglamento Penitenciario, los arts. 182; internamiento en centro de deshabituación y en centro educativo especial; 183-191, ingreso en establecimientos o unidades psiquiátricas penitenciarias.

28 Destacando las importantísimas previsiones introducidas en la Ley Orgánica 5/1995, de 22 de mayo, del tribunal del jurado por la LO 1/2017, de 13 de diciembre, para garantizar la participación de las personas con discapacidad sin exclusiones y que se incorporan en los arts. 8.5 (requisitos para ser jurado: "Contar con la aptitud suficiente para el desempeño de la función de jurado. Las personas con discapacidad no podrán ser excluidas por esta circunstancia de la función de jurado, debiéndoseles proporcionar por parte de la Administración de Justicia los apoyos precisos, así como efectuar los ajustes razonables, para que puedan desempeñar con normalidad este cometido"), 12.1 (excusa para actuar como jurado), 20 (devolución del cuestionario) y DA 3ª, referida a la provisión de apoyos.

y efectividad de los derechos de las PD, ya que la falta de detección de sus necesidades específicas de apoyo y protección pueden afectar gravemente a la defensa legítima de sus derechos e intereses[29].

2.2. La necesidad de una evaluación individualizada

Desde el punto de vista procesal, la situación de discapacidad del encausado interesa desde distintas perspectivas que, además, tienen un carácter complementario. Por un lado, al proceso penal le importa la trascendencia que pueda tener la situación de discapacidad de la persona investigada o encausada en el momento de desarrollo del proceso para determinar si tiene, en términos razonables/suficientes, capacidad procesal, es decir, si dispone de capacidad suficiente para entender y comprender el desarrollo de las actuaciones procesales[30]; o aptitud para participar de modo consciente en el proceso,

---

29 Algo, por otro lado, común en otros ordenamientos jurídicos. Se han puesto de manifiesto, por ejemplo, los problemas que presenta declaración de incapacidad para declarar, ya que puede hacer que las personas con discapacidades cognitivas pierdan acceso a las garantías procesales en el sistema de justicia penal. También pueden dar lugar a largos periodos de detención y, en algunos casos, la detención indefinida de personas con discapacidades cognitivas en prisiones y otros centros de seguridad. Esto suscita importantes preocupaciones con violaciones de los derechos humanos, incluidos los derechos a la capacidad jurídica, a un juicio justo y a la libertad. (Arstein-Kerslake, y otros 2017, 399)

30 Como se señala en el considerando 1 de la Recomendación de la Comisión, de 27 de noviembre de 2013, relativa a las garantías procesales para las personas vulnerables sospechosas o acusadas en procesos penales (2013/C 378/02). De manera muy próxima define la capacidad procesal Moreno Catena como "la capacidad de las personas vivas que tengan la aptitud necesaria para participar de modo consciente en el

comprender la acusación que contra ellos se formula y ejercer el derecho de defensa, según Armenta Deu (2021, 116) y, en el mismo sentido, Moreno Catena (2023, 119); capacidad de autodefensa a que se refiere Grima Lizanda (2010, 2)[31] ; o, quien, además de comprender y ser consciente de la investigación y acusación contra ella formulada, puede ejercitar los derechos procesales como parte, como señala Barona Vilar (Gómez Colomer y Barona Vilar 2021, 99). Todo ello, sin perjuicio de la evaluación de las necesidades de adaptación, ajustes razonables y apoyo que una PD pueda necesitar a lo largo del proceso.

Nuestro Código penal define la discapacidad en su art. 25[32] como aquella situación en que se encuentra una persona con deficiencias físicas, mentales, intelectuales o sensoriales de carácter permanente que, al interactuar con diversas barreras, puedan limitar o impedir su participación plena y efectiva en la sociedad, en igualdad de condiciones con las demás y el párrafo segundo se refiere a la "persona necesitada de una especial

---

31 Según este autor, "el imputado ha de tener la capacidad intelectual necesaria para comprender la imputación; para entender los consejos técnicos que le dé su abogado; para darle a éste la información que precise para su mejor asesoramiento; para discutir con el abogado las distintas opciones y elegir la que se estime más adecuada. En definitiva, ha de tener la capacidad intelectual para dirigir su propia defensa y para dar instrucciones al abogado al efecto; así como para dirigirse por sí mismo al Tribunal. El ejercicio del derecho de defensa por parte del imputado supone diversas y sucesivas decisiones racionales; y exige la comprensión no sólo de hechos (tanto extraprocesales como procesales) sino también de sus consecuencias jurídicas". (Grima Lizanda 2010, 4-5)

32 Definición que incorpora la de la CNUDPD tras la reforma de la LO 1/2015, de 30 de marzo, superando así la versión original del art. 25 que se refería a la persona "incapaz" como aquella "haya sido o no declarada su incapacitación, que padezca una enfermedad de carácter persistente que le impida gobernar su persona o bienes por sí misma"

protección", como "aquella persona con discapacidad que, tenga o no judicialmente modificada su capacidad de obrar, requiera de asistencia o apoyo para el ejercicio de su capacidad jurídica y para la toma de decisiones respecto de su persona, de sus derechos o intereses a causa de sus deficiencias intelectuales o mentales de carácter permanente". Al amparo de esta delimitación se incluyen situaciones de muy diversa consideración y entidad, a la vez que se pone de manifiesto la particular atención que requieren las personas que tienen gravemente afectadas las capacidades mentales, en especial, las intelectuales[33].

En efecto, el Defensor del Pueblo ha tenido ocasión de poner de manifiesto, en diversos informes[34], la particular preo-

---

33 La discapacidad intelectual (DI) "es una condición de la persona, que se caracteriza por ser multidimensional (intervienen aspectos fisiológicos, psicológicos, médicos, educativos y sociales), multicausal (se puede deber a patologías genéticas, a daños neurológicos, a factores ambientales, educacionales o sociales), y por su enorme heterogeneidad (las diferencias entre las personas con DI son aún mayores, si cabe, que las diferencias que se establecen entre las personas de la población general)" (Alemany 2013, 11). Como pone de manifiesto este autor, siguiendo la clasificación realizada por la *American Association on Intellectual and Developmental Disabilities* en 2002, la DI no depende exclusivamente de las competencias cognitivas, sino que además de éstas, hay otras cuatro dimensiones que modulan el funcionamiento individual: las *capacidades intelectuales*, es decir, la capacidad para comprender nuestro entorno, comprender ideas complejas, adaptarse eficazmente a sus ambientes, aprender de la experiencia, desarrollar varias formas de razonamiento y superar obstáculos pensando y comunicando; la *conducta adaptativa* o conjunto de habilidades conceptuales, sociales y prácticas que han sido aprendidas por las personas para funcionar en sus vidas diarias; la *participación, interacción y roles sociales*; la *salud*; y, el *contexto*. (Alemany 2013, 13-ss.)

34 Sólo por referirnos a los últimos años, desde 2016 el Defensor del Pueblo ha denunciado sistemáticamente estas situaciones y elaborado diferentes recomendaciones. Resulta, además, particularmente

cupación que debe prestarse a las personas con enfermedades mentales y a las personas con discapacidad intelectual en centros penitenciarios, debido a la falta de recursos materiales y humanos para su debida atención, a la improcedencia en buen número de casos de su internamiento en módulos generales o a la falta de actividades específicas para estos grupos de sujetos[35]. En el caso de las personas con discapacidad intelectual destaca, además, su particular vulnerabilidad, ya que con bastante frecuencia siquiera se ha detectado su situación de discapacidad lo que puede generar que parte de sus conductas sean consideradas como infracciones disciplinarias; que no conozcan sus derechos adecuadamente ni tampoco comprendan las normas internas al no habérseles sido facilitadas en lenguaje accesible; en definitiva, que no reciban el adecuado tratamiento. Por ello ha insistido "en la necesidad de comunicar a la autoridad judicial la presencia de personas con discapacidad intelectual o que tengan indicios de tenerla, con el fin de garantizar -si no lo supiera anteriormente- que el juez tiene en cuenta esta relevante circunstancia en cualquier decisión que

---

ilustrativa la Separata del volumen II del Informe anual 2018 dedicada específicamente a las personas con discapacidad intelectual en prisión (Defensor del Pueblo 2019).

35 De igual modo, el CDPD, en sus Observaciones finales sobre los informes periódicos segundo y tercero combinados de España, de 13 de mayo de 2019 (CRPD/C/ESP/CO/2-3) exhortaba a nuestro Estado a que cumpla las obligaciones que le incumben en virtud del artículo 14 de la Convención y se guíe por las directrices del Comité sobre el artículo 14 (2015) en los debates regionales sobre la aprobación del proyecto de protocolo adicional al Convenio para la Protección de los Derechos Humanos y la Dignidad del Ser Humano con respecto a las Aplicaciones de la Biología y la Medicina, titulado "La protección de los derechos humanos y la dignidad de las personas con trastornos mentales con respecto al internamiento y el tratamiento involuntarios"

pudiera tener que adoptar, sea de naturaleza civil, penal o penitenciaria" (Defensor del Pueblo 2019, 22).

Las circunstancias relativas a la discapacidad no ocasionan, como regla general, la prohibición de comparecer válidamente en el proceso penal, si bien la cuestión de la capacidad procesal del encausado afectado por anomalías o alteraciones psíquicas no es pacífica, lo que ha generado ciertas oscilaciones en la jurisprudencia en la aplicación de nuestro sistema jurídico, sin que pueda afirmarse que la cuestión esté actualmente zanjada. Se trata, por tanto, de delimitar qué criterios deben seguirse para, en casos de anomalías o alteraciones psíquicas -utilizando las expresiones del CP- determinar cuándo la persona encausada dispone de esa capacidad suficiente para *comprender todo el significado de sus actos y palabras en relación con la situación jurídica y procesal y su sometimiento a la acción de la justicia.*

La trascendencia de la determinación de ese grado suficiente para participar en el proceso es tal que requiere que se adopten las medidas necesarias para su rápida detección, ya desde los momentos más iniciales de la investigación y de ahí la importancia de la adecuada formación y cualificación de todo el personal al servicio de la Administración de Justicia, particularmente, de las fuerzas y cuerpos de seguridad del Estado, como se dispone en el art. 13.2 CNUDPD. Es más, la "sospecha" de existencia de algún tipo de alteración o anomalía que pueda ser relevante a estos efectos debería constar ya en el atestado policial.

A estos aspectos se refiere precisamente la *Recomendación (2013/C 378/02) de la Comisión de 27 de noviembre de 2013, relativa a las garantías procesales para las personas vulnerables sospechosas o acusadas en procesos penales,* cuyo apartado 4 alude a que las personas vulnerables deben ser identificadas y reconocidas como tales rápidamente y que todas las autoridades competentes puedan recurrir a un reconocimiento médico efectuado por un experto independiente, con su identificación y determinación de su grado de vulnerabilidad y sus necesidades específica.

De estas previsiones se deduce que la evaluación de la concurrencia de alteraciones o anomalías que puedan incidir en la capacidad procesal suele requerir una cierta actividad instructora que exigirá además la aportación de informes de expertos sobre conducta, comprobación de su sanidad mental a través de dictamen pericial en el que se evalúe la situación individual del investigado[36]. La valoración judicial de dicha situación debe saber interpretar los informes periciales y motivar la decisión sobre dicha capacidad a la luz del marco de garantías fundamentales, lo que significa velar por el respeto de los derechos inherentes al estatuto jurídico de la persona encausada[37], con particular atención a los derechos de la defensa en toda su extensión, conforme se establece en el art. 24.2 de la CE y, detalladamente, en los arts. 118 y 520 LECrim, tanto en su manifestación del **derecho a la asistencia letrada** (recordando que la Recomendación europea llama además a los Estados a hacerla irrenunciable en el caso de discapacidad intelectual- Sección 3, apartado 11); como en su manifestación de "**autodefensa**", lo que significa que el sujeto encausado reú-

36 De manera anacrónica y, sin duda, desfasada con nuestro actual modelo de responsabilidad y enjuiciamiento penal, el art. 380 LECrim dispone que "Si el procesado fuere mayor de nueve años y menor de quince, el Juez recibirá información acerca del criterio del mismo, y especialmente de su aptitud para apreciar la criminalidad del hecho que hubiese dado motivo a la causa. En esta información serán oídas las personas que puedan deponer con acierto por sus circunstancias personales y por las relaciones que hayan tenido con el procesado antes y después de haberse ejecutado el hecho. En su defecto se nombrarán dos Profesores de instrucción primaria para que, en unión del Médico forense o del que haga sus veces, examinen al procesado y emitan su dictamen."

37 Sobre estos aspectos cfr. (Subijana Zunzunegui 2020).

ne las facultades necesarias para *enfrentarse al juicio, entender las instrucciones de su abogado,* puede *tomar decisiones, contestar a los interrogatorios* y, entre otros, *comprender el desarrollo de las demás pruebas, así como el derecho a la última palabra.*

Y como criterio interpretativo coadyuvante de esta labor, la Recomendación introduce una *presunción de vulnerabilidad que* los Estados miembros deben prever especialmente en el caso de las personas con deficiencias graves de orden psicológico, intelectual, físico o sensorial, o trastornos mentales o cognitivos, que les dificulten comprender y participar efectivamente en el proceso[38].

Finalmente hay que tener en cuenta que la capacidad de comprender y participar en el proceso penal debe ser una condición que se ostente durante todo el proceso penal y en todas sus fases teniendo, como se expondrá a continuación, distinta repercusión su falta según el momento procesal de que se trate.

2.3. Barreras y retos: la determinación de la capacidad procesal

Dispone el art. 383 de la LECrim que "si la demencia sobreviniera después de cometido el delito, concluso que sea el sumario se mandará archivar la causa por el Tribunal competente hasta que el procesado recobre la salud, disponiéndose además respecto de éste lo que el Código Penal prescribe para los que ejecutan el hecho en estado de demencia".

Como pone de manifiesto la STS 971/2004, de 23 de julio (ECLI:ES:TS:2004:5510) este precepto no resulta aplicable en

---

[38] En esta línea y también en consonancia con nuestra normativa penal y por las consecuencias jurídicas que conlleva (Batlló Buxó-Dulce 2022, 1), se señala que es necesario distinguir entre aquellas personas que sufren una discapacidad intelectual grave y aquellas otras que sufren una discapacidad leve

sentido literal en la actualidad, ya que entraña una respuesta no acorde con las previsiones del Código Penal vigente, al suponer, en la práctica, una imposición de medida de seguridad sin sentencia, lo que vulnera el principio de legalidad tal y como ha sido consagrado en el art. 3.1 interpretado de manera conjunta con los arts. 95 y 101 del CP. La interpretación que debe tener en cuenta el marco constitucional que impide la imposición de una pena o medida de seguridad sin juicio previo que respete todas las garantías.

A este respecto, el TS se pregunta, en la citada STS 971/2004 cómo, a la luz del citado precepto, se puede ofrecer una solución normativa ajustada y expresa al grave problema del enjuiciamiento de una persona que, en realidad, carece de la necesaria capacidad procesal para ejercitar plenamente su derecho de defensa y que se enfrenta a la necesidad ineludible del juicio para permitir, en justicia, la aplicación de la medida de seguridad que se muestra como la adecuada tanto desde el interés terapéutico del enfermo como desde el de protección de los miembros de la sociedad. Señala, por ello, que el art. 383 LECrim debe ser entendido conforme a la Constitución. En este sentido el Juez de Instrucción sólo deberá adoptar una medida provisoria de seguridad, pero deberá remitir la causa a la Audiencia para que ésta juzgue de acuerdo con la ley al procesado que ha caído en estado de inimputabilidad. En el concreto asunto, el TS toma en cuenta que los Jueces "a quibus" contaron con la opinión favorable de los médicos forenses que examinaron previamente al acusado a la celebración del juicio oral y dictaminaron que disponía, en ese momento, de las facultades psíquicas esenciales para comprender los hechos que le afectaban, e incluso que el propio Tribunal de instancia "pudo apreciar que el acusado entendía perfectamente las preguntas y las respondía con un lenguaje claro y preciso". Señala que el trastorno psíquico sufrido por el encausado -padecía una esquizofrenia paranoide con alucinaciones e ideas delirantes que le incitaban a matar- cursaba con episodios de mayor o menor intensidad y que al margen del lógico deterioro general que podía producir en los ámbitos ajenos al objeto propio del delirio, permitía incluso conservar cierta lucidez, por lo que consideró que el juicio llevado a cabo para la adopción de la medida de seguridad, en la que el acusado contó con la asistencia letrada, era conforme al marco constitucional, lo que, como reconoce el propio TS en su STS 4065/2006, de 14 de junio, (ECLI:ES:TS:2006:4065) causó una importante polémica[39].

A diferencia de lo que sucede durante la fase de instrucción, no existe en la LECrim una norma que de manera clara y expresa, establezca las consecuencias de esta situación en fase

---

39 Señala el TS que hay que diferenciar la situación a la fecha de los hechos y la que provoca la llamada "demencia sobrevenida" o "agravamiento de la ya padecida hasta el punto de privar de capacidad al acusado para comprender todo el significado de sus actos y palabras en relación con la situación jurídica y procesal y su sometimiento a la acción de la justicia". Se subraya el hecho de que la Sala sentenciadora, acordó la celebración del juicio oral, justificando su proceder en la ausencia de previsiones legales sobre el archivo de la causa una vez abierto el juicio oral y en la salvaguardia -a su parecer suficiente- de los derechos de defensa del acusado a través de la intervención de su letrada. En el mismo sentido, Grima Lizanda que pone de manifiesto las contradicciones de la propia sentencia. En particular, afirma que el razonamiento sostenido por el TS en la sentencia "incurre en un grave error de partida, en una suerte de petición de principio. Da por sentado que la aplicación de la medida de seguridad se hace imprescindible o se muestra ineludible. Pero ese es precisamente el objeto del juicio, la cuestión del debate procesal: determinar si el acusado ha sido autor del hecho, si ese hecho es típicamente antijurídico, y si el acusado autor necesita (por su peligrosidad) la imposición de una medida de seguridad (...) La tesis de la Sentencia del Tribunal Supremo viene a decir que el fin (imposición de una medida de seguridad a un ciudadano con peligrosidad criminal) justifica el medio para conseguirlo (sentencia tras un juicio en el que ese ciudadano no ha podido ejercer su derecho de defensa)". (Grima Lizanda 2010, 11-ss.).

de juicio oral, como ya había evidenciado la STS 971/2004, aspecto tratado en otras decisiones del TS.

A este respecto, la STS 4667/2017, de 21 de diciembre (ECLI:ES:TS:2017:4667) señala que este precepto, ya en su redacción originaria, entronca con una exigencia elemental, a saber, la necesidad de que el marco procesal que delimita el ejercicio del *ius puniendi* por el Estado, defina un escenario que haga posible la vigencia del derecho de defensa. Apunta que el acusado que carece de las facultades mentales precisas para tomar conciencia, por ejemplo, del alcance jurídico de sus respuestas al interrogatorio de la acusación o, con carácter general, del valor constitucional de los derechos a no confesarse culpable y a la presunción de inocencia, es un acusado inerme frente al poder sancionador del Estado y de ahí el mandato histórico de proceder al archivo de la causa y adoptar las medidas de seguridad previstas para aquellos que ejecutan el hecho con una afectación de su imputabilidad. En este escenario sintetiza las dos opciones interpretativas en torno al art. 383 LECrim en los casos de demencia sobrevenida. La primera, que el Juez instructor dicte una resolución de archivo de la causa penal, con la consiguiente remisión de los antecedentes psiquiátricos del acusado al MF para el ejercicio de la acción civil de incapacitación, con la eventual adopción de una medida jurisdiccional tuitiva de ingreso en un centro psiquiátrico[40]. La segunda, la conclusión del sumario conforme a la regla general y la celebración de un juicio oral que tendría como desenlace una sentencia en la que se impusiera, después de un debate contradictorio, la medida de seguridad de internamiento prevista por el CP[41].

---

40 Si bien esta opción debe forzosamente ser contextualizada en el marco jurídico vigente, tras la ley 8/2021.

41 Asencio Mellado apunta en este sentido que, si se trata de un enajenado mental, la declaración de su incapacidad exigirá celebración

En favor de la primera solución encontramos ya en la STS 2265/1993, de 2 de abril (ECLI:ES:TS:1993:2265) y se reproduce en sentencias posteriores, como la STS 4065/2006 de 14 de junio (ECLI:ES:TS:2006:4065) o la STS 1033/2010, 24 de noviembre (ECLI:ES:TS:2010:7182), que subrayan que el derecho de asistencia letrada y el derecho a la autodefensa constituyen los pilares básicos sobre los que se asienta un proceso con la debida adecuación a las exigencias constitucionales, de modo que la garantía de aquella tiene como complemento ineludible la posibilidad efectiva de ejercitar con eficacia el derecho a la autodefensa. La consecuencia de estas garantías es la exigencia de que el encausado se encuentre con las facultades mentales necesarias para afrontar el juicio y gozar de todos los medios necesarios para defenderse y especialmente, para afrontar su interrogatorio desde el principio del juicio y para poder ponerse de acuerdo eficazmente con su abogado, así como para ejercitar su derecho a la última palabra. Por ello, en los casos en los que existan dictámenes periciales que establezcan la imposibilidad de participar el acusado en el juicio oral debido a su situación de DI, dicho acto debería suspenderse –con archivo provisional de la causa- pues, de otro modo, se produciría una lesión del derecho de defensa del acusado, en su manifestación de autodefensa y, con ello, se lesionaría el derecho fundamental a un proceso con todas las garantías. La no suspensión en esa situación generaría la nulidad del juicio oral. En estas situaciones de suspensión, como se prevé en la Ley debe realizarse en todo caso un seguimiento periódico del estado de salud del procesado y en caso de que pudiera restablecerse en condiciones para afrontar el juicio oral, deberá este ser celebrado. Caso contrario, si se acredita que la demencia o incapacidad mental del procesado es de carácter permanente

de juicio oral a los efectos de imposición de una medida de seguridad. (Asencio Mellado y Fuentes Soriano 2020, 72) e irreversible en sus efectos, sin posibilidad de episodios lúcidos, deberá cesar toda intervención penal sobre el mismo, dándose traslado de las actuaciones al Ministerio Fiscal para que inste en el orden jurisdiccional civil las medidas pertinentes en materia de incapacitación o internamiento del afectado... para evitar un nuevo comportamiento criminal y remediar esa inexistente capacidad de autodeterminación".

La segunda opción se encuentra en el voto particular a la STS 2265/1993, de 2 de abril (ECLI:ES:TS:1993:2265) que debe ser contextualizada en el momento temporal en que se realiza, año 1993, antes de la entrada en vigor del CP vigente y que permitía, en virtud de la Ley de peligrosidad, imponer medidas de seguridad sin juicio previo. La discrepancia, mantenida por el Magistrado Bacigalupo Zapater, se concretaba en el sinsentido, desde su punto de vista, que representaba el hecho de excluir del enjuiciamiento a una persona con evidentes síntomas de enajenación, pues se opta así por una rígida fórmula de archivo que, en último término, está descartando la posibilidad de absolución del enfermo mental. No existe ninguna razón para privar de estas garantías a una persona simplemente porque no se puede defender por sí misma. Por el contrario: resulta totalmente infundado que la imposibilidad del acusado de autodefenderse determine sin más que las consecuencias jurídicas del delito previstas para tales casos se puedan aplicar sin juicio previo y sin las garantías que éste implica. De esta manera, en lugar de proteger al acusado que no se puede defender, se le priva de toda posibilidad de ser juzgado ante un Tribunal imparcial y, consecuentemente, no se lo trata como una persona sino como un objeto carente de los derechos procesales fundamentales para la protección de una libertad que también está garantizada por el art. 17 de la Constitución Española a los enfermos mentales. (...) En el orden jurídico de España la existencia de este hecho típico y antijurídico depende de que se lo haya establecido en una sentencia judicial que, como es obvio, sólo es válida como consecuencia de un juicio con todas las garantías, dado que no existe razón alguna que permita excluir que el enfermo mental sea absuelto. (...) En consecuencia, el art. 383 de la LECrim, que autoriza a que el Juez de Instrucción aplique sin juicio previo las medidas de seguridad que el Código Penal prevé para los inimputables o incapaces de culpabilidad, debe ser entendido conforme a la Constitución. En este sentido el Juez de Instrucción sólo deberá adoptar una medida provisoria de seguridad, pero deberá remitir la causa a la Audiencia para que ésta juzgue de acuerdo con la ley al procesado que ha caído en estado de inimputabilidad»[42].

---

[42] Este voto particular va en la línea de lo que desde hace décadas se venía defendiendo por algunos autores, sobre la base de los modelos jurídicos desconectados de la CNUDPD. Así se señalaba que las normas sobre la capacidad para comparecer en juicio se basan en la premisa de que las personas no deben ser juzgadas si son incapaces de comprender el proceso legal y los cargos que se les imputan y que el objetivo es evitar juicios injustos. Sin embargo, paradójicamente, tras considerar que un acusado no es apto para declararse culpable, algunos sistemas se desvían del proceso penal ordinario y el acusado es apartado del sistema de justicia ordinario o se desvían del procedimiento normal de imposición de penas. Estas desviaciones de los procedimientos judiciales ordinarios son significativas porque equivalen a un trato diferenciado de las personas con discapacidad, sobre una base pretendidamente protectora, pese a que se puede acabar con resultados discriminatorios ya que se les puede impedir la oportunidad de examinar las acusaciones en un tribunal de justicia, o también pueden ser objeto de detención e intervención estatal durante un tiempo que supere la duración y/o la gravedad de la posible condena si no se hubiera declarado la ineptitud. (Arstein-Kerslake, y otros 2017, 403-404). No obstante, lo relevante del voto particular es que pone de manifiesto la imposibilidad de imponer una medida de seguridad si no es a través de un proceso justo.

2.4. Estándares internacionales de la capacidad procesal de la persona investigada

No cabe duda de que la cuestión de la capacidad procesal de la persona encausada afectadas por anomalías o alteraciones psíquicas -o demencia, como se expresa en el art. 383 LECrim- no está zanjada y más allá de que mantenemos una normativa procesal y penal desfasada en estos aspectos -aunque haya sido reinterpretada por la jurisprudencia-, es necesario que se produzca la total armonización con las obligaciones contraídas por nuestro Estado en virtud de lo previsto en la CNUDPD, particularmente lo previsto en los arts. 5, 12, 13 y 14 y se garantice, como nos advierte el Comité de derechos de las personas con discapacidad, a accesibilidad y los ajustes de procedimiento, incluidas las disposiciones para apoyar a las personas con discapacidad en la adopción de decisiones y garantizar el derecho a la defensa, en todas las fases de los procedimientos penales, para las personas con discapacidad que estén siendo investigadas o procesadas[43].

En efecto, conforme a lo dispuesto en el art. 5 CNUDPD los Estados partes deben velar por que todas las personas sean iguales ante la ley y tengan derecho a igual protección legal y a beneficiarse de la ley en igual medida sin discriminación alguna, adoptando las medidas pertinentes para asegurar la realización de ajustes razonables a fin de promover la igualdad y eliminar la discriminación. Junto a ello, el art. 12 de la Convención supone un "cambio de paradigma" que alienta a los sistemas jurídicos a abandonar la identificación de una persona como incapaz y a ayudarle a ejercer su capacidad jurídica, derecho absoluto e inviolable, y que no debe ser utilizado el

---

43 Comité sobre los Derechos de las Personas con Discapacidad Observaciones finales sobre los informes periódicos segundo y tercero combinados de España, de 13 de mayo de 2019 (CRPD/C/ESP/CO/2-3)

deterioro "para negar la capacidad jurídica ni ninguno de los derechos previstos en el artículo 12", sino para la aplicación de los apoyos necesarios para ayudar a su ejercicio (Arstein-Kerslake, y otros 2017, 406). De igual modo, el art. 13 aborda el derecho de acceso a la justicia en igualdad de condiciones con otras personas. [...] a fin de facilitar su participación efectiva, directa e indirecta [...] en todos los procedimientos judiciales". Finalmente, el art. 14 establece el derecho a la libertad y a la seguridad de la persona, así como la prohibición de la privación ilegal o arbitraria de la libertad, derechos que, conforme a la amplia interpretación del Comité de la CDPD "prohíben la privación de libertad sobre la base de una deficiencia real o percibida, incluso si también se utilizan otros factores o criterios para justificar la privación de libertad".

No existe consenso sobre las repercusiones de estos derechos en el sistema de justicia penal, en general, y en la capacidad procesal, en particular, si bien es cierto que el Comité de la CDPD ha apelado a la necesidad de repensar la forma en que los procedimientos penales abordan las cuestiones de aptitud y capacidad, de modo que han surgido diversas interpretaciones, como señalan (Arstein-Kerslake, y otros 2017, 409-ss.): desde las posiciones más extremas, que señalan que el art. 12 que reconoce la capacidad jurídica de las PD no permite en ningún caso negar la capacidad procesal -sin perjuicio de las adaptaciones que haya que llevar a cabo- hasta aquellas que podríamos denominar "compatibilistas" que señalan que el artículo 12 no hace más que obligar a los Estados Partes a garantizar que se adopten todas las medidas necesarias para ayudar a las personas con discapacidad a ejercer su capacidad jurídica cuando se les imputa un delito, lo que desde el punto de vista práctico, reduciría potencialmente el número de acusados declarados no aptos para participar en el proceso penal, sin perjuicio de que habrá casos en los que no pueda garantizarse un juicio justo ya que habrá acusados que, independientemente de la asistencia que se les preste, no podrán participar eficazmente en el juicio. Precisamente, en aquellos casos en los que se concluya que las personas no pueden participar en el proceso penal porque no pueden participar en igualdad de condiciones o eficazmente, o no está en condiciones de defenderse o de dar instrucciones a su abogado ni siquiera a través de la prestación de apoyos, dichas personas no deberían ser juzgadas, pues podría producirse una violación de un derecho a un proceso justo (Arstein-Kerslake, y otros 2017, 20)

Esta última parece ser la opción históricamente más extendida en los distintos sistemas jurídicos entre los que se puede observar sensibles diferencias. Así, por ejemplo, en USA la capacidad el del encausado para ser juzgado se basa en dos grandes estándares fijados en el asunto Dusky v. United States, 271 F.2d 385, 395 (8th Cir. Mo. 1959), del que surgió el denominado "estándar o test Dusky": que disponga de una comprensión racional y fáctica de los cargos que se le imputan y de las penas asociadas a ellos. En segundo lugar, que tenga la capacidad de cooperar con un abogado en su propia defensa[44]. Por su parte, en el sistema anglosajón la prueba sobre la capacidad de un acusado para participar en el proceso judicial se deriva del caso inglés de *R v Pritchard* **(1836) 7 C&P 303** en el que se acudió al

---

44 Se señala en la citada sentencia que no basta con que "el acusado [esté] orientado en el tiempo y el lugar y [tenga] algún recuerdo de los acontecimientos", sino que se tiene que comprobar si en el momento presente (de desarrollo del juicio) "tiene suficiente capacidad para consultar con su abogado con un grado razonable de comprensión racional y si tiene una comprensión racional y fáctica de los procedimientos en su contra". No obstante, anteriormente a esta sentencia, se había aplicado un estándar de capacidad más exigente en los casos en los que el acusado intentaba declararse culpable o renunciar a un abogado, que incluía la capacidad de hacer una elección razonada, en Godinez v. Maran, 509 U.S. 389 (1993), aunque ha prevalecido el test Dusky por considerar que cumple con el mínimo constitucional. Sobre el estándar Dusky cfr. (Grima Lizanda 2010, 5-ss.)

denominado "test de Pritchard", que requiere que el acusado tenga la suficiente capacidad intelectual para declararse culpable, comprender el desarrollo del proceso, dar instrucciones a un abogado, recusar a un miembro del jurado y comprender las pruebas. Este test se desarrolló aún más en R v Davies13 y R v M(John), señalándose que para ser juzgado un acusado debe ser capaz de: 1. comprender los cargos; 2. decidir si se declara culpable o no; 3. ejercer el derecho a recusar a los miembros del jurado 4. dar instrucciones a los abogados y a los procuradores 5. seguir el curso del proceso; y 6. declarar en su propia defensa, como señalan (Arstein-Kerslake, y otros 2017, 401)[45].

El Comité de derechos de las personas con discapacidad ha tenido ocasión de pronunciarse en diversas ocasiones sobre si las normas que abordan la situación de las personas con discapacidad psicosocial e intelectual y son declaradas no aptas para comparecer en juicio en función de la discapacidad mental, constituye un trato diferenciado razonable o si, por el contrario, tiene naturaleza discriminatoria[46], recordando

---

45 No obstante estos autores, comparan los criterios seguidos tanto en el sistema anglosajón como en el derecho continental subrayando que este tipo de pruebas pueden ser realizadas desde dos perspectivas distintas, la funcional o basadas en el estado, afirmando que incluso en aquellas jurisdicciones en las que la prueba legal parece neutral con respecto a la discapacidad, la aplicación históricamente desproporcionada de las leyes de incapacidad a las personas con deficiencias las hace discriminatorias en la práctica (Arstein-Kerslake, y otros 2017, 403)

46 Cfr. a este respecto hay que tener en cuenta que la Comisión se pronuncia sobre la ley australiana de Acusados con Deficiencia Mental que posibilita, cuando se establece que una persona no tiene capacidad para declarar en juicio, que la misma pueda permanecer privada de libertad durante un plazo de tiempo ilimitado. Y se presumirá que sigue siendo mentalmente no apta para comparecer en juicio hasta que se determine lo contrario. Entretanto, la persona no tiene ninguna posibilidad de ejercer su capacidad jurídica ante

que la discriminación puede ser consecuencia del efecto discriminatorio de una norma o medida carente de la intención de discriminar pero que afecte desproporcionadamente a las personas con discapacidad. Las consideraciones realizadas por el Comité pueden resultar de enorme utilidad para hacer una valoración del modelo propugnado por la CNUDPD.

Así, por un lado, el Comité recuerda que los Estados partes tienen la obligación de reconocer que las personas con discapacidad tienen capacidad jurídica en igualdad de condiciones con las demás en todos los aspectos de la vida en virtud del art. 12.2. Junto a ello, el párrafo 3 de este mismo artículo obliga a los Estados a proporcionar acceso a las personas con discapacidad al apoyo que puedan necesitar en el ejercicio de su capacidad jurídica. Y el art. 13.1, a asegurar que las personas con discapacidad tengan acceso efectivo a la justicia en igualdad de condiciones con las demás, incluso mediante ajustes de procedimiento y adecuados a la edad. Aunque los Estados parte tienen "cierto margen de apreciación para determinar los ajustes del procedimiento que permiten a las personas con discapacidad ejercer su capacidad jurídica", siempre deben respetarse los derechos pertinentes del interesado. No obstante, considerando que el funcionamiento de la justicia penal puede resultar muy complejo y, por tanto, el riesgo de injusticia es

---

los tribunales. El Comité observó que durante todo el tiempo que permaneció el autor en la cárcel, todo el procedimiento judicial giró en torno a su capacidad mental para comparecer en juicio sin concederle ninguna posibilidad de declararse inocente e impugnar las pruebas presentadas contra él. El Estado parte no proporcionó al autor el apoyo o los ajustes que necesitaba para ejercer su capacidad jurídica y no analizó las medidas que podrían adoptarse al respecto. Como resultado de la aplicación de la Ley de Acusados con Deficiencia Mental, suspendió por completo el derecho del autor a un juicio imparcial y su derecho a igual protección legal y a beneficiarse de la ley en igual medida.

real, la previsión del art. 13 requiere de la provisión de adaptaciones procesales y adecuadas a la edad y la formación de las personas que trabajan en el sistema de justicia, de modo que el hecho de no proporcionar estas adaptaciones puede constituir una forma de discriminación. En la práctica, las medidas de accesibilidad y las formas de ajustes razonables son muchas y variadas, como facilitar el uso del método de comunicación de su elección en las interacciones judiciales, lo que comprende la lengua de señas, el braille, la lectura fácil, los subtítulos, los dispositivos aumentativos y alternativos de comunicación y todos los demás medios, modos y formatos de comunicación accesibles; así como que se instauren programas permanentes de capacitación y campañas regulares de sensibilización e información para los abogados, los funcionarios judiciales, los jueces, los fiscales y los agentes encargados de hacer cumplir la ley y el personal penitenciario, sobre la necesidad de dar acceso a la justicia a las personas con discapacidad.

Por ello, cuando un sistema considera que la persona encausada con discapacidad cognitiva carece de capacidad para declarar y el Estado no le proporciona ninguna forma de apoyo adecuado para comparecer en juicio y declararse inocente, se está privando de la posibilidad de ejercer su capacidad jurídica para declararse inocente e impugnar las pruebas presentadas, lo cual constituye una violación del artículo 12, párrafos 2 y 3, de la Convención[47].

También constituye una clara lesión del art. 14, aquellos sistemas jurídicos que permiten declarar inimputables a las personas con discapacidad intelectual o psicosocial, sin aplicar los principios de las debidas garantías procesales para un juicio imparcial y que estas personas con discapacidad declaradas

---

47 Cfr. Dictamen aprobado por el Comité en virtud del artículo 5 del Protocolo Facultativo, respecto de la comunicación núm. 7/2012, de 10 de octubre de 2016, CRPD/C/16/D/7/2012

inimputables puedan ser sometidas a medidas de seguridad que impliquen la privación forzada de libertad durante períodos indeterminados de tiempo[48]. De ahí la recomendación de que en estos casos se apliquen plenamente los principios de las debidas garantías procesales para un juicio imparcial; de que las medidas de seguridad no impliquen la privación de libertad sin pruebas de la culpabilidad; y, en fase de ejecución, de que el Estado parte que se asegure de que se proporcionan ajustes razonables a los presos con discapacidad a fin de que puedan acceder, en condiciones de igualdad con los demás, a todos los servicios y actividades en las cárceles u otros centros de detención y participar en ellos.

En definitiva, lo que el Comité pone de manifiesto es que los sistemas jurídico-penales deben reconocer el principio de plena capacidad jurídica de las personas con discapacidad, lo que conlleva la necesidad de que en estos sistemas se implementen las medidas y ajustes necesarios para procurar hacer efectivo dicho ejercicio, garantizando en todo caso, el respeto de las garantías y derechos fundamentales de la justicia penal, particularmente el derecho a un juicio justo y a la defensa. En aquellos casos en los que ni con dichos ajustes sea posible una participación de la persona de manera razonable no es posible que los Estados recurran al internamiento forzoso de la misma como alternativa o medida transitoria, quedando, por tanto, cualquier internamiento o privación de voluntad sujeto al respeto de las garantías vigentes en el ordenamiento -lo que, en el caso español, imposibilita que en estos casos se imponga una medida de seguridad privativa de libertad a que se refiere el art. 383 LECrim-.

---

48 Comité sobre los Derechos de las Personas con Discapacidad Observaciones finales sobre el informe inicial de Italia, de 6 de octubre de 2016, CRPD/C/ITA/CO/1,

III. DE NUEVO, EL CODPD PONE A ESPAÑA EN EL FOCO: UNA OPORTUNIDAD PARA REPENSAR NUESTRO SISTEMA DE JUSTICIA

En un reciente dictamen, el CoDPD ha condenado a España en el caso *Ruiz Suárez c. España*. En dicho asunto se denunció que España había vulnerado los derechos de una persona con DI durante un proceso penal. A pesar de que el acusado contaba con un reconocimiento oficial del 73 % de discapacidad, los tribunales españoles no adoptaron ajustes de procedimiento ni proporcionaron apoyos adecuados para garantizar su participación efectiva[49]. El Comité subraya que las autoridades judiciales debieron actuar de oficio al detectar la discapacidad, establecer un diálogo multidisciplinar con el acusado y revisar continuamente los apoyos necesarios durante todo el proceso. Además, critica la falta de accesibilidad en la información y las comunicaciones, así como la ausencia de formación específica del personal judicial en materia de discapacidad intelectual. También constata que el marco legislativo español no garantiza de forma efectiva los derechos procesales de las personas con discapacidad. En consecuencia, concluye que se produjo una situación de indefensión contraria al artículo 13 de la Convención, en relación con el artículo 9. Además de recomendar indemnizar al autor y garantizarle un nuevo juicio con todas las salvaguardias, llama a nuestro Estado a adoptar reformas legislativas, formativas y estructurales para evitar futuras vulneraciones similares.

Este nuevo dictamen, junto con las consideraciones previamente expuestas, pone de manifiesto las importantes lagunas normativas que aún persisten en el sistema jurídico español. Ante esta evidencia, se hace imperativa la promulgación de un

---

49 Anexo III del Informe del Comité sobre los Derechos de las Personas con Discapacidad de 11 de octubre de 2024, CRPD/C/31/2.

nuevo marco normativo que se adecúe plenamente a las garantías exigidas por la Convención sobre los Derechos de las Personas con Discapacidad CDPD y que asegure una justicia verdaderamente inclusiva y accesible[50].

Hasta el momento, la iniciativa más ambiciosa en esta materia ha sido el Anteproyecto de Ley de Enjuiciamiento Criminal de 2020, que proponía, entre otras novedades, la creación de un estatuto jurídico específico para las personas con discapacidad cuando actúan como sujetos pasivos en el proceso penal (arts. 61 a 80). Este texto incluía una definición funcional de discapacidad, entendida como la situación de aquellas personas con limitaciones físicas, mentales, intelectuales o sensoriales que les impidan o dificulten comprender el significado y las consecuencias del proceso penal en su contra, o que limiten su capacidad para ejercer sus derechos o cumplir con sus obligaciones procesales (art. 61).

Desde este punto de partida, la regulación se proyectaba sobre la atribución inicial de tres grandes derechos (o conjunto de garantías, o, "derechos nucleares" en expresión de Ramírez Ortíz/Rueda Soriano (2021, 4)): el derecho de defenderse en condiciones de igualdad con el resto de personas (art. 62), lo que lleva consigo la obligación de las autoridades y funcionarios que intervienen en el proceso penal de adaptar a las condiciones particulares de la discapacidad todos los trámites en los que esa intervención defensiva esté legalmente prevista; el reconocimiento de la autonomía o plenitud de facultades decisorias (art. 63), lo que da lugar a una regulación pormenorizada del complemento procesal de la capacidad, basada en los principios de individualización y flexibilidad. Y el de-

50 A esta necesidad se refieren, entre otros, (Ramírez Ortíz y Rueda Soriano 2021) que incluyen un estudio de los antecedentes inmediatos (el ALECrim 2011 y la propuesta de nuevo código procesal penal de 2013)

recho de participación eficaz en todo el procedimiento (art. 64), lo que exige la remoción de los obstáculos que impiden o dificultan dicha participación. Estos derechos deben ser considerados desde su necesaria interrelación e interconexión para dar plena efectividad a la participación de la PD como sujeto pasivo del proceso penal, sin perder de vista la disposición del art. 14.2 referida al uso de lenguaje compresible y accesible en las actuaciones procesales. A partir de aquí se abordaba una reforma de importante calado con el fin de proveer, en su caso, a la PD de los apoyos necesarios, de forma concreta e individualizada, para lograr dar efectividad a los derechos de que es titular (art. 65).

Junto a ello y bajo la rúbrica "medida inmediatas", el art. 70 señalaba que tan pronto como la policía o el fiscal sospecharan que la persona investigada padecía alguna discapacidad que pudiera afectar a su participación eficaz en el proceso adoptarían diversas prevenciones tendentes a la información de sus derechos procesales en una forma que le resulte comprensible; la eventual designación de los apoyos que precise; la grabación, en soporte apto para reproducir la imagen y el sonido todo interrogatorio que se practique; el reconocimiento médico o psicológico por los facultativos de la clínica médico forense[51], a fin de que se identifique su discapacidad, alcance y necesidades específicas, así como las medidas necesarias para proteger su integridad corporal, intimidad y datos personales. Y el art. 71 regulaba la posible adopción de oficio, por la autoridad judicial en estos casos, de las medidas necesarias para salvaguardar su derecho de defensa.

Sin perjuicio de otras disposiciones y por lo que se refiere al objeto de esta contribución, se hacía referencia a las situaciones en las que el encausado presente "falta plena de capacidad

---

51 Sobre la importancia de esta observación, cfr. (Tomé García 2021, 9 y ss.)

procesal". Así el art. 79 se refiere a los casos en los que una discapacidad puede impedir "completamente que la persona encausada comprenda el significado y las consecuencias del proceso que se sigue en su contra·, en cuyo caso, el juez o tribunal lo declarará así en la resolución que ponga término al incidente regulado en el artículo 72 de esta ley. A partir de aquí, se introducían varias posibilidades, mejorando la regulación procesal existente en nuestra LECrim, entre ellas, se señalaba que la persona que integre la institución de apoyo asumiría la asistencia integral de la persona encausada y que el procedimiento de investigación continuará hasta su conclusión, sin perjuicio de la preceptiva asistencia letrada, designado por quien integre la institución de apoyo y en su defecto, del turno oficio. A la finalización de la investigación, el Ministerio Fiscal podría adoptar alguna de las resoluciones siguientes:

1.º. Cuando, en atención a las circunstancias y características del hecho punible, entienda que la continuación del procedimiento solo puede tener por objeto la imposición de una pena, decretará el archivo de las actuaciones hasta que la persona investigada recobre la capacidad necesaria para ser sometida a juicio. Si esto sucediera, se procederá a la reapertura del procedimiento con la práctica de los trámites que, en cada caso, correspondan.

2.º. No obstante, cuando resulte procedente la imposición de una medida de seguridad, dictará decreto acordando la conclusión del procedimiento de investigación y la continuación del proceso. A partir de este momento, se deberá continuar con la tramitación establecida en el art. 80, que contiene las especialidades procesales del juicio oral para la imposición de la medida de seguridad. En estos casos se opta por atribuir el monopolio de la acusación al Ministerio Fiscal, con adaptación subsiguiente de los trámites procesales, bajo la consideración de que la naturaleza preventivo-asistencial del proceso penal en estos casos hace aconsejable reconducir excepcionalmente la intervención de la víctima al ejercicio exclusivo de la acción civil.

Sin embargo, esta última opción no parece ser respetuosa con nuestro marco jurídico dado que, por un lado, asumimos que estas personas no ostentan las mínimas capacidades para ser juzgadas penalmente -para la imposición de una pena- pero sí para ser sujetos de una medida de seguridad. Y aquí reside la incongruencia. Tanto penas como medidas de seguridad deben ser impuestas a través de un proceso con todas las garantías en el que la persona con discapacidad ostente las condiciones necesarias para participar efectivamente en el mismo, es decir, ostente capacidad procesal, lo que no impide, evidentemente, que pueda requerir de apoyos para su ejercicio, pero sí que estos apoyos sean sustitutivos de su intervención. Si no está en condiciones de conocer los cargos y sus consecuencias, de conocer la trascendencia del proceso y su finalidad -imposición de una medida de seguridad en este caso-, ni está en condiciones de poder ejercitar los derechos inherentes a la defensa, no resulta sostenible la solución jurídica dada, por lo que deberá ser objeto de reflexión en futuros proyectos de reformas, tomando en consideración los criterios recomendados por el CoNUDPD.

REFERENCIAS BIBLIOGRÁFICAS

Alemany, Alberto. «Concepto e implicaciones del modelo actual sobre discapacidad intelectual.» En *Atención a víctimas con discapacidad intelectual*, de Antonio L. Manzanero, María Recio, Alberto Alemany y Jacobo Cendra, 11-20. Fundación Carmen Pardo-Varcacel, 2013.

Alto Comisionado de las NN.UU para los dd.hh. «Informe de la Oficina del Alto Comisionado de las Naciones Unidas para los Derechos Humanos. Igualdad y No discriminación de acuerdo con el art. 5 de la Convención de los derechos de las personas con discapacidad.» 2017.

Alvarez de Neyra Kappler, Susana. «La persona investigada y encausada con discapacidad.» En *Reflexiones en torno al Anteproyecto de Ley de Enjuiciamiento Criminal de 2020*, de Fernando Jiménez Conde y Olga Fuentes Soriano, 295-311. Valencia: Tirant lo Blanch, 2022.

Álvarez de Neyra Kappler, Susana. *Los llamados colectivos vulnerables en el proceso penal: de la teoría a la práctica.* Madrid: Reus, 2020.

Armenta Deu, Teresa. *Lecciones de derecho procesal penal.* Madrid: Marcial Pons, 2021.

Arstein-Kerslake, Anna, Piers Gooding, Louis Andrews, y Bernadette McSherry. «Rights and Unfitness to Plead: The Demands of the Convention on the Rights of Persons with Disabilities.» *Human Rights Law Review* 17, nº 3 (septiembre 2017): 399-420.

Asencio Mellado, José Mª (dir.), y Olga (coor.) Fuentes Soriano. *Derecho procesal penal.* Valencia: Tirant lo Blanch, 2020.

Batlló Buxó-Dulce, Luis. «Tratamiento penal de las personas discapacidatas.» *Diario La Ley,* nº 10070 (mayo 2022): -16.

Catalán Parada, Ricardo, y Jeanne Simon Rodgers. «Transversalización del enfoque de derechos humanos en discapacidad a nivel local. Imaginarios sociales de las y los actores involucrados del Gran Concepción.» *Revista Latinoamericana en Discapacidad, Sociedad y Derechos Humanos* 5, nº 2 (2021): 107-132.

CGPJ. «Informe sobre el anteproyecto de Ley por la que se reforma la legislación civil y procesal en materia de discapacidad.» 2018.

Charpentier, Pascale, y Henry Arboiron. «Classification internationale des handicaps (en español: Clasificación internacional de las deficiencias, discapacidades y minusvalías).» *Encyclopédie Médico-Chirurgicale* (Elsevier) E 20-006-B-10 (2000): 1-6.

De Hoyos Sánchez, Montserrat. «El derecho de acceso a la justicia de las personas con discapacidad: obligaciones del órgano jurisdiccional en los procesos sobre capacidad y en el enjuiciamiento penal en ausencia.» En *Estudios y comentarios jurisprudenciales sobre discapacidad,* de José Javier García Medina y Cristina Guilarte Martín-Calero, 535-558. 2016.

Defensor del Pueblo. «Las personas con discapacidad intelectual en prisión. Separata especial del volumen II del Informe 2018.» Madrid, 2019.

Gibson, Frances. «The Convention on the rights of the persons with disabilities. The response of the clinic.» *The International Journal of Clinical Legal Education,* nº 15 (2011): 11-24.

Gómez Colomer, Juan Luis, y Silvia Barona Vilar. *Proceso penal. Derecho procesal III.* Valencia: Tirant lo Blanch, 2021.

Grima Lizanda, Vicente. «El derecho de defensa del imputado con graves anomalías psíquicas.» *Revista Jurídica de la Comunidad Valenciana*, nº 34 (2010): 1-19.

Hendriks, Aart, y Theresia Degener. «The Evolution of a European Perspective on Disability Legislation.» *European Journal of Health Law* 1, nº 4 (1994): 343-366.

Manga Alonso, María Teresa. «Incidencia de la Convención de los derechos de las personas con discapacidad en el Derecho español.» *Revista Jurídica de Castilla y León*, nº 48 (mayo 2019): 129-152.

Moreno Catena, Víctor, y Valentín Cortés Domiguez. *Derecho procesal penal*. Valencia: Tirant lo Blanch, 2023.

Perkel, Steven, Paul J. Tobin, y James Weisman. «Disability wrongs, disability rights.» *Jury Expert* 24, nº 6 (2012): 32-36.

Quinn, Gerard, y Christian Courtis. *Poverty, Invisibility and Disability- the Liberating Potential of Economic, Social and Cultural Rights*. Vol. 4, de *Freedom from Poverty as a Human Right: laws duty to the poor*, de Geraldine Van Bueren, 203-230. Paris: UNESCO PUBLISHING- The Philosopher´s Library Series, 2010.

Ramírez Ortíz, José Luis, y Yolanda Rueda Soriano. «El estatuto de la persona encausada con discapacidad en el proceso penal del siglo XXI. (Propuesta de Anteproyecto de Ley de Enjuiciamiento Criminal de 2020).» *Diario La Ley*, nº 9815 (marzo 2021): 1-22.

Russo, Jasna, y Stephanie Wooley. « The implementation of the convention on the rights of persons with disabilities: more than just another reform of psychiatry.» *Health and* 22, nº 1 (junio 2020): 151-162.

Sánchez Gómez, Amelia. «Hacia un nuevo tratamiento jurídico de la discapacidad. Reflexiones a propósito del proyecto de ley de 17 de julio de 2020 por la que se reforma la legislación civil y procesal para el apoyo a las personas con discapacidad en el ejercicio desu capacidad.» *Revista de Derecho civil* VII, nº 5 (octubre-diciembre 2020): 385-429.

Subijana Zunzunegui, Ignacio José. «El estatuto jurídico de las personas investigadas/acusadas con discapacidad por trastorno mental en el proceso penal de adultos.» *Práctica penal: cuaderno jurídico*, nº 100 (2020): 14-24.

Tomé García, José Antonio. «Particularidades de la instrucción en el proceso penal cuando el investigado presenta indicios de enfermedad o transtorno mental (LECrim y Anteproyecto de 2020) (1).» *La Ley Penal*, nº 151 (julio-agos 2021): 1-24.

Vázquez Ferreira, Miguel Ángel, y Amparo Cano Esteban. «Capacitismo neoliberal: los derechos y las condiciones de empleo de las personas con Diversidad Funcional en España.» *Dilemata,* nº 36 (2021): 19-34.

Weller, Penelope. «Developing Law and Ethics: The Convention on the Rights of Persons with Disabilities.» *Alternative Law Journal* 35, nº 1 (2010): 8-12.

Weller, Penelope. «Human Rights and Social Justice: The Convention on the Rights of Persons with Disabilities and the Quiet Revolution in International Law.» *Public Space: The Journal of Law and Social Justice* 4 (2009): 74-91.

"Sobre la digitalización y la accesibilidad a la Justicia en los grupos vulnerables como objetivo del plan de Justicia 2030. Especial mención a las personas mayores y personas con discapacidad"

TAMARA FUNES BELTRÁN
Profesora Ayudante Doctora de Derecho Procesal
Universidad de Alicante
Tamara.funes@ua.es

1. EL CAMINO DE LA ADMINISTRACIÓN DE JUSTICIA EN LA ERA DIGITAL

El escenario jurídico que vivimos actualmente es muy distinto de la que ha sido su configuración en décadas anteriores, donde hasta ahora nos encontrábamos con la aplicación de normas cuya vigencia venía desde el siglo XIX, y que sufrían poco a poco ciertas adaptaciones a la vida moderna, pero sin grandes dificultades. Hoy en día, el panorama es muy diferente, puesto que, las nuevas tecnologías –incluidas las TICS- y la evolución de la inteligencia artificial han irrumpido de forma abrumadora en nuestra sociedad[1], y cuya integración en todos los sectores de la misma exigen un mayor acomodo de su regulación. No obstante, no basta con una técnica legislativa superflua, sino que, muchos aspectos requieren de una profunda reforma legislativa, al surgir nuevas realidades más complejas y nuevas formas de relacionarse que eran impensables hace veinte años como, por ejemplo, el *blockchain*, el *legaltech*, los llamados jueces robots, los *smarts contracts*, etc., que provocan que la legislación vigente quede rápidamente obsoleta y sea inadecuada o insuficiente para regularlas, siendo imposible alargar la vigencia de normas nacidas en una época analógica.

En este sentido, los distintos legisladores estatales han tenido que llevar a cabo grandes cambios políticos y normativos a todos los niveles[2].Prueba de ello, tenemos las últimas medidas que ha introducido la recientísima *Ley Orgánica 1/2025, de 2 de enero, de medidas en materia de eficiencia del Servicio público de*

---

1 BLANCO GARCÍA, A.I. (2024)."Retos para una inteligencia artificial inclusiva de los colectivos vulnerables". *Actualidad Jurídica Iberoamericana* (21), p. 362. BARRIO ANDRÉS, M. (2024). "Inteligencia artificial, internet de las cosas y Blockchain". *Digitalización y Derecho.* Tirant lo Blanch, p.253. MARTÍN CARRETERO, J.M. (2021). "Hacia un pacto social digital". *Tiempo de paz* (141 Verano 2021), p.7.

2 A pesar de la rápida adaptación de las instituciones en su funcionamiento durante el Covid-19, como manifiesta GARCÍA MIRETE, a nivel europeo ya existía un interés en relación con la digitalización mucho antes, dando inicio en 2008 a una nueva etapa de «tránsito hacia una justicia digital a través de "una estrategia europea en materia de e-Justicia"». GARCÍA MIRETE, C. (2025). "El nuevo marco legislativo y tecnológico sobre digitalización de los procedimientos civiles y mercantiles transfronterizos en la Unión Europea". *Justicia digital transfronteriza,* p.14.

Justicia[3], que como veremos más adelante, introduce numerosos cambios sustanciales tanto en la estructura del Poder Judicial como en normas procedimentales, así como, un innovador modelo de métodos alternativos de resolución de conflictos que tratan de resolver algunos problemas que, a juicio del legislador, requerían de una profunda reforma para lograr mayor eficiencia en el funcionamiento del servicio público.

Por otro lado, este nuevo paradigma ha obligado a los Estados, entre otras cosas, a implementar la digitalización en sus funciones en detrimento de los métodos analógicos. En este sentido, la digitalización se considera un pilar esencial para construir una economía más resiliente y limpia, basada en la eficiencia energética, la movilidad sostenible o la economía circular[4]. Y, necesariamente, conlleva a modernizar todas sus instituciones para ofrecer un correcto funcionamiento de la Administración Pública en la denominada era digital[5]. Por ello, y además de las necesarias reformas normativas, es obligado que el cambio venga acompañado de una verdadera modernización de la Administración pública y de sus procedimientos, tanto en medios técnicos como personales para lograr muchos

---

3 BOE núm. 3, de 3 de enero de 2025, y con vigencia desde el 3 de abril de 2025.

4 En sintonía con los objetivos fijados en el Plan Nacional Integrado de Energía y Clima (PNIEC) 2021-2030, tales como, descarbonización, reducción de emisiones de gases de efecto invernadero, de penetración de energías renovables y de eficiencia energética.

5 No obstante, hay otras razones añadidas como el cambio climático o la situación vivida en el Covid-19, a la que muchos autores señalan como un punto de inflexión en las últimas políticas y planes estratégicos en materia de justicia, y que han repercutido directa o indirectamente en los procesos judiciales. Véase, entre otros, ALISTE SANTOS, T.J. (2022). "Hacia un sistema de justicia digitalizado problemas y desafíos". *Digitalización de la justicia: prevención, investigación y enjuiciamiento.* Aranzadi, p.94 y ss.

de los objetivos que se han planteado en relación con la eficiencia de los servicios públicos y la sostenibilidad[6].

Estos objetivos exigen una actualización constante a todos los niveles, por un lado, necesita renovaciones informáticas periódicas, ya que, el software y aplicaciones informáticas quedan obsoletas rápidamente. Por otro lado, requiere de inversión en medios materiales (ordenadores, etc.) y de infraestructuras de comunicación (servidores, líneas, Said, etc.). Sin olvidar, por supuesto, la formación del propio personal en competencias digitales, también, de forma constante que les permita readaptarse rápidamente a los cambios en su entorno laboral. Todo ello, sin olvidar, la otra cara de la moneda que obliga a establecer sistemas de seguridad y protección para evitar ciberataques, así como una formación a la ciudadanía para tener un uso responsable.

Desde el punto de vista de la Administración de Justicia, entendida ahora como un servicio público[7], dicha realidad social

---

6 Para CALAZA LÓPEZ: «La transformación digital de la Justicia precisa, no sólo normas habilitantes–siempre en la base de una adecuada concienciación, formación y buena praxis de los profesionales que deban ponerla en marcha–, sino también de una relevante inversión económica –sería inútil implementar una digitalización sin estudios previos tan relevantes como el que ahora se ofrece o con equipos informáticos y/o dispositivos electrónicos de paupérrima calidad que pudieren interferir, desfavorablemente, en la convicción judicial–; así como de un entorno digital completamente confiable y seguro –en una plataforma de exclusivo dominio del Poder Judicial dónde la identificación de los intervinientes y el contenido de lo intervenido no ofreciere la menor duda–». CALAZA LÓPEZ, S. (2022). "Transición digital de la justicia". *Digitalización de la justicia: prevención, investigación y enjuiciamiento.* Aranzadi, p.36.

7 El hecho de referirse a la Administración de Justicia como un "servicio público", cuando hasta ahora se entendía el poder judicial como el tercer pilar, no está exento de polémica. ALISTE SANTOS, quien considera un giro conceptual intencionado y grotesco, considera que: «constituye una tremenda aberración porque abandonamos la

"tecnológica" pone de relieve la utilidad de los nuevos instrumentos y herramientas tecnológicas al servicio de una mejor y más eficiente gestión de los recursos públicos en el proceso de digitalización[8]. No obstante, en lo que al ámbito judicial se refiere desde el año 2015, pero fundamentalmente, como consecuencia de las medidas sanitarias impuestas en la época del Covid-19, se han ido implementando cambios paulatinos en el desarrollo de ciertas funciones y procedimientos dirigidos a agilizar los procesos judiciales a través de la digitalización y el uso de las nuevas tecnologías, surgiendo aplicaciones de uso cotidiano para los distintos operadores jurídicos como *Lexnet*[9],

---

estructura conceptual que la dogmática constitucional y procesal ha desarrollado entorno a la justicia, y nos precipitamos sin sentido alguno en el universo administrativo, tal y como si desafíos acudir a los tribunales fuese lo mismo que pedir una prestación de jubilación, un subsidio a favor de familiares, o solicitar asistencia sanitaria en un ambulatorio. Evidentemente, estamos ante una aberración conceptual, a la cual le viene como anillo al dedo el refrán castellano que vulgarmente reza aquello de no confundir el culo con las témporas». ALISTE SANTOS, T.J. (2022). Op.cit., p. 100. Por el contrario, otros autores se inclinan a favor de considerar a la Administración de justicia más como un servicio, y no tanto como poder, entre otros aspectos para lograr un verdadero cambio transformador. A favor de esta postura encontramos a Escudero Moratalla, J.F. y FERRER ADROHER, M. (2021). "Justicia 2030, complejidad operativa y Letrados de la Administración de Justicia". *La Ley Digital* (87/2021), p.2. ORDEÑANA GEZURAGA, I. (2024). "Los (mal llamados) medios adecuados de solución de conflictos (MASC) y su aplicación a los conflictos jurídicos de las personas mayores: potencialidades, peligros y límites". *Revista General de Derecho Procesal* (62), p.6.

8 BLANCO GARCÍA, A.I. (2024).Op.cit., p. 362.

9 Introducido mediante el RD 1065/2015, de 27 de noviembre, sobre comunicaciones electrónicas en la Administración de Justicia.

la realización de subastas electrónicas[10], los juicios telemáticos, apoderamientos en la sede judicial electrónica, etc.[11].

A pesar de ser conocidas las innumerables ventajas que nos ofrece el uso de la inteligencia artificial y, en general, las nuevas tecnologías, surgen en contrapartida nuevas necesidades y obstáculos que deben ser atendidos, puesto que, algunas situaciones podrían llegar a afectar alguno de los derechos fundamentales[12]. Como menciona BARRIO ANDRÉS, sobre el uso de la IA,

---

10 Introducido por la Ley 42/2015, de 5 de octubre, de reforma de la LEC.

11 En este sentido, cabe destacar la *Ley 18/2011, de 5 de julio, reguladora del uso de las tecnologías de la información y la comunicación en la Administración de Justicia,* a través de la cual se estableció un verdadero marco tecnológico para el servicio público de Justicia, más allá de la utilización de herramientas tecnológicas concretas, como los ordenadores o los sistemas de gestión procesal. Tras ella, continuaron otras reformas en relación con el entorno digital de la Administración que fueron modernizando los procedimientos a través de normas como la Ley 39/2015, de 1 de octubre, del Procedimiento Administrativo Común de las Administraciones Públicas, y la Ley 40/2015, de 1 de octubre, de Régimen Jurídico del Sector Público. Sin embargo, no fue hasta el año 2020, en la época de la pandemia, cuando en España surgió una estrategia digital, denominada "Agenda digital 2025" compuesta por 50 medidas que se articulaban en 10 ejes, que como indica VELASCO iban dirigidas a: «impulsar la transformación digital del país mediante la garantía de conectividad digital, el despliegue del 5G, el refuerzo de capacidad en ciberseguridad, la digitalización de las Administraciones Públicas y de las empresas (...)». VELASCO, L. (2021). "La Agenda Digital 2025 y el reto de la digitalización en España". *Tiempo de paz* (141 Verano 2021), p.18.

12 BLANCO GARCÍA, A.I. (2024).Op.cit., p. 362. Para GARCÍA MIRETE: «la digitalización puede aportar beneficios y reforzar la eficiencia de los sistemas judiciales». Sin embargo, considera que existen riesgos, y que puede «afectar a la tutela judicial efectiva cuando los litigios se desarrollan por medio de procedimientos electrónicos». GARCÍA MIRETE, C. (2025). Op.cit., pp.16-17.

se pronostican efectos negativos sobre los derechos individuales como la intimidad, la protección de datos, la igualdad[13] y la no discriminación, entre otros riesgos[14].

Especialmente preocupante resultan las consecuencias negativas que se produce con la brecha digital, y que resulta de mayor calado en determinados sectores poblacionales consideramos más vulnerables, entre ellos, las personas de edad avanzada o personas mayores, donde existe una mayor desigualdad cuando hablamos de tecnología[15], o personas con ciertas discapacidades limitantes en el uso de la tecnología. E incluso, puede afectar a muchos otros grupos vulnerables por razones económicas o sociales como destaca MARTIN CARRETERO, al referirse a las desigualdades causadas por la brecha digital, destacando la existencia de mayores obstáculos en el conocimiento y el uso de las tecnologías digitales cuando nos encontramos con personas con menor formación, menores ingresos y peores trabajos; o los problemas de conectividad que surgen en las infraestructuras instaladas en el mundo rural[16]. Destacando la importancia de desarrollar un pacto social que «oriente positi-

---

13 MARTÍN CARRETERO, J.M. (2021).Op.cit., p.7: «La era digital abre un camino de nuevas posibilidades para el ser humano, pero también de nuevas amenazas y nuevas desigualdades. Un proceso de destrucción creativa sin antecedentes en el que nuestros modelos institucionales y sociales están sufriendo numerosas transformaciones, en el plazo de menos de una generación».

14 BARRIO ANDRÉS, M. (2024).Op.cit., p. 254.

15 La vulnerabilidad, tal y como define CALAZA LÓPEZ, es un concepto amplio, polisémico y variable en función del tiempo y el espacio. CALAZA LÓPEZ, S. (2023). "Ni toda la discapacidad es vulnerabilidad, ni toda la vulnerabilidad es discapacidad en el nuevo crisol digital: en busca de la confluencia", *Persona y Derecho* (89), p.245.

16 MARTÍN CARRETERO, J.M. (2021).Op.cit., p.13. Uno de los objetivos de la Agenda digital 2025 va dirigido a garantizar una conectividad digital adecuada para el 100% de la población, promoviendo la desaparición de la brecha digital entre zonas rurales y urbanas.

vamente el poder innovador de la era digital, centrándola en las personas y garantizando el ejercicio de sus derechos.»[17].

Por ello, resulta imprescindible la búsqueda de medidas que reduzcan o eliminen la brecha digital, facilitando el acceso y su uso en el ámbito de la Administración, incluida, la Administración de Justicia[18]. Tarea que no resulta fácil por la multitud de factores a tener en cuenta así, por ejemplo, VELASCO critica el carácter generalista y no personalizado de la relación digital con la ciudadanía, que dificulta, especialmente en los colectivos vulnerables, el acceso a políticas públicas o ayudas, incluso, extendiéndose el problema a las PYMES o empresas enfrentándose a trámites costosos para solicitar subvenciones[19].

1.1. Los Objetivos de Desarrollo sostenible en la Agenda de Justicia 2030

Recientemente, y debido a esa dimensión alcanzada por la digitalización en nuestra sociedad, se han promovido desde las instituciones algunos valores relevantes como la solidaridad e inclusión, evitando que la tecnología divida a las personas, y se garantice el acceso a internet y a los servicios digitales a toda la sociedad. Así como, también, la protección de los derechos de las personas obligando a los distintos operadores a actuar con

---

17 Ibid, p.8.

18 No obstante, el uso de la tecnología por este concreto sector poblacional le sitúa en una situación de vulnerabilidad añadida, ya que son susceptibles de ser víctimas de delitos a través de internet, por lo que, son consideradas personas de especial vulnerabilidad En relación con esto, se aprobó el llamado "Plan Estratégico contra la Cibercriminalidad" del Ministerio del Interior, que se aprobó en el año 2021, y donde se contempla un paquete de medidas dirigidas a la prevención de la ciberdelincuencia.

19 VELASCO, L. (2021).Op.cit., p.24.

responsabilidad en un entorno digital seguro. La aplicación de estas premisas ha tenido como resultado algunos instrumentos normativos o compromisos políticos a nivel internacional y nacional como, por ejemplo, la acción global adoptada en el seno de las NNUU el 25 de septiembre de 2015, denominada "Agenda 2030", y cuyo acuerdo fue firmado por un total de 193 países, entre ellos, España. Este acuerdo contiene una agenda de desarrollo que pretende cubrir las deficiencias de los Objetivos de Desarrollo del Milenio[20], que estaban basados en una perspectiva económica estrecha del desarrollo. Esta acción contempla el compromiso de los Estados adheridos de cumplir con los 17 objetivos establecidos sobre desarrollo sostenible (ODS)[21] con 169 metas de carácter integrado e indivisible que abarcan las esferas económica, social y ambiental y que están dirigidos a erradicar la pobreza, proteger el planeta y promover la paz y el acceso a la justicia antes del año 2030.

Dentro de dichos objetivos, nos vamos a referir al decimosexto relativo a la "paz, justicia e instituciones" como objetivo principal de cumplimento para lograr el resto de ODS[22] -que

---

20 ARRABAL PLATERO, P. (2022). "Justicia, tecnología y objetivos de desarrollo sostenible (ODS): el acceso a la justicia digital para los colectivos vulnerables". *Tecnología y proceso. Problemas procesales en un mundo digital.* Aranzadi, p. 236.

21 Estos objetivos son: 1. Fin de la pobreza; 2.Hambre cero; 3.Salud y bienestar; 4.Educación de calidad; 5. Igualdad de género; 6. Agua limpia y saneamiento; 7.Energía más barata y no contaminante; 8. Trabajo decente y crecimiento económico; 9. Industria, innovación e infraestructuras; 10. Reducción de las desigualdades; 11. Ciudades y comunidades sostenibles; 12.Producción y consumo responsables; 13. Acción por el clima; 14. Vida submarina; 15. Vida de ecosistemas terrestres; 16. Paz, justicia e instituciones sólidas; y, 17. Alianzas para lograr los ODS. Información disponible en: https://www.un.org/sustainabledevelopment/es/sustainable-development-goals/

22 Por su parte, QUISPE REMÓN, se refiere a este ODS como la columna vertebral «porque invoca la construcción de sociedades pa-

no aparecía en los ODM[23]- , ya que pretende promover sociedades pacíficas e inclusivas, facilitar el acceso a la justicia para toda la población de forma universal y crear instituciones eficaces, responsables e inclusivas a todos los niveles. En concreto, fija como una de sus metas "Promover el estado de derecho en los planos nacional e internacional y garantizar la igualdad de acceso a la justicia para todos" (16.3). Acceso a la justicia que debe garantizarse – para, y a su vez, garantizar el Estado de Derecho[24]-, también, en condiciones de igualdad en el entorno de una justicia digital, que como hemos hecho referencia, la

---

cíficas e incluyentes, requisito esencial para construir una sociedad pacífica, equitativa y justa». QUISPE REMÓN, F. (2018). Acceso a la justicia y Objetivos del Desarrollo Sostenible. *Objetivos de Desarrollo sostenible y Derechos Humanos: paz, justicia e instituciones sólidas. Derechos Humanos y empresas.* Instituto de Estudios Internacionales y Europeos Francisco de Vitoria de la Universidad Carlos III de Madrid (9), p. 241.

23 Esta inclusión supuso un gran avance en la Agenda 2030, como manifiesta Sanahuja: «Este objetivo, de carácter marcadamente político, es considerado una "condición habilitante" del desarrollo sostenible, y no un "pilar" del mismo como los tres ya reconocidos —el social, el económico y el ambiental—, lo que implica un menor alcance de las obligaciones que contempla. Sin embargo, es uno de los más amplios y de mayor capacidad transformadora, en la medida que su (no) cumplimiento puede condicionar el éxito del conjunto de la Agenda 2030 en un amplio número de países, especialmente aquellos en situación de conflicto, fragilidad, o que están inmersos en procesos de paz.». SANAHUJA, J.A. (2018). Paz, seguridad y gobernanza: el ODS 16 y la Agenda 2030 de desarrollo sostenible. *Objetivos de Desarrollo sostenible y Derechos Humanos: paz, justicia e instituciones sólidas. Derechos Humanos y empresas.* Instituto de Estudios Internacionales y Europeos Francisco de Vitoria de la Universidad Carlos III de Madrid (9), p.33.

24 ARRABAL PLATERO, P. (2022).Op.cit, p. 239.

digitalización ha introducido mejoras, pero también han surgido nuevas desigualdades y obstáculos para los ciudadanos[25].

Como resultado de la adhesión del Estado español a la Agenda 2030, y con el objetivo de lograr una recuperación económica y social tras la crisis del Covid en España, el Gobierno elaboró el llamado "*Plan de Recuperación, Transformación y Resiliencia*"[26], creado sobre cuatro ejes (transición ecológica, transformación digital, cohesión territorial y social; y la igualdad de género),y el cual se estructuraba en 10 políticas

---

25 Especial importancia tiene el Informe A/69/294, de la relatora especial sobre la independencia de los magistrados y abogados, de 11 de agosto de 2014.

26 La Comisión Europea aprobó el 13 de julio de 2021 l*a Decisión de Ejecución del Consejo del Plan de Recuperación y Resiliencia de España,* el cual trataba de impulsar y modernizar la economía española tras las consecuencias devastadoras de la pandemia. Plan que debía estar acorde con los objetivos establecidos en el *Reglamento (UE) 2020/2094 del Consejo, de 14 de diciembre de 2020,* por el que se establece un Instrumento de Recuperación de la Unión Europea para apoyar la recuperación tras la crisis de la COVID-19 (DO L 433I de 22.12.2020, y con el *Reglamento (UE) 2021/241 del Parlamento Europeo y del Consejo de 12 de febrero de 2021 por el que se establece el Mecanismo de Recuperación y Resiliencia* de la Unión y de sus Estados miembros «mediante el apoyo a medidas que se refieran a ámbitos políticos de importancia europea estructurados en seis pilares (en lo sucesivo, «seis pilares»), a saber: la transición ecológica; la transformación digital; un crecimiento inteligente, sostenible e integrador, que incluya la cohesión económica, el empleo, la productividad, la competitividad, la investigación, el desarrollo y la innovación, y un mercado interior que funcione correctamente con pequeñas y medianas empresas (pymes) sólidas; la cohesión social y territorial; la salud y la resiliencia económica, social e institucional, con miras a, entre otras cosas, aumentar la capacidad de respuesta y la preparación ante las crisis; y políticas para la próxima generación, la infancia y la juventud, tales como la educación y el desarrollo de capacidades» (Considerando 10).

palanca, integradas por 30 líneas de acción, que definían el grueso de las inversiones. Pues bien, la cuarta política palanca se refería a "una Administración para el siglo XXI", y uno de sus objetivos lo constituía la "digitalización de la administración y sus procesos, mediante la introducción de nuevas tecnologías y la simplificación de procedimientos, orientando el conjunto de las unidades administrativas a la atención a la ciudadanía y la resolución de sus problemas". Además, este plan recoge uno de los grandes retos de la democracia española "la agilización de la justicia a través de reformas en los procedimientos y modernización de sus infraestructuras", y establece como objetivo una reforma para el impulso del Estado de Derecho y la eficiencia del servicio público de justicia, con un plan de trabajo para diez años cuyo objetivo es la adaptación y mejora de la Administración de Justicia para y hacerla más accesible y eficiente, digitalizarla y promover su transformación ecológica.

Como puede observarse, esta transformación digital que venimos mencionando pretende implantarse en todos los sectores económicos y sociales, y en cualquier ámbito de la Administración pública[27]. Y en el ámbito de la justicia no resulta diferente, donde un adecuado tratamiento de los datos per-

---

27 Las reformas e inversiones en tecnologías, infraestructuras y procesos digitales- según el Considerando 12 del Reglamento (UE) 2021/241 del Parlamento Europeo y del Consejo de 12 de febrero de 2021- ayudarían a reforzar la competitividad de la Unión a nivel mundial, debiendo promover la digitalización de sus servicios, el desarrollo de infraestructuras digitales y de datos, agrupaciones y centros de innovación digital y soluciones digitales abiertas. La transición digital también debe incentivar la digitalización de las pymes. Las inversiones en tecnologías digitales deben respetar los principios de interoperabilidad, eficiencia energética y protección de datos personales, permitiendo la participación de pymes y empresas emergentes, y promoviendo el uso de soluciones de código abierto.

mite mejorar la eficiencia de la justicia. Sin embargo, implica a su vez nuevos retos para el Estado de Derecho. Además, junto a la digitalización, han surgido una infinidad de realidades derivadas del desarrollo tan avanzado de la inteligencia artificial como, por ejemplo, los jueces robot, justicia predictiva o jurimetría, o incluso, *Chatbots* legales que asesoran al ciudadano y le permiten realizar trámites que a antes requerían de una asistencia- no obligatoria, pero sí necesaria- en la tramitación o gestión profesional de su asunto. En este sentido, hoy en día, se considera a España en una buena posición para afrontar la transformación digital, contando con una buena digitalización de la Administración electrónica, pues son muchas las herramientas o elementos digitales que poco a poco van incorporándose en la gestión de las Administraciones públicas.

No obstante, en los últimos veinte años, los distintos gobiernos de España ya venían perfilando planes estratégicos alineados con las políticas europeas en la materia, que han impulsado una transformación en infraestructuras y en el desarrollo de un ecosistema empresarial y tecnológico que permitieran un progreso económico y social – entre ellos, *Plan Info XXI, el Programa España.es, el Plan Avanza, Agenda digital 2013, etc.-*, enfocándose en cuatro ejes de acción: (1) el despliegue de redes y servicios para la conectividad digital; (2) la digitalización de la economía; (3) la mejora de la Administración electrónica, y (4) la formación en competencias digitales. Entre los últimos planes estratégicos para el avance digital de la sociedad, se presentó en julio de 2020 la llamada "Agenda digital 2025", mencionada con anterioridad, que trataba de impulsar la transformación digital del país[28]. En este sentido, la Agenda

---

28 La cual se concibe como «un conjunto de medidas, reformas e inversiones, articuladas en diez ejes estratégicos, alineados a las políticas digitales marcadas por la Comisión Europea para el nue-

digital 2025 plantea un objetivo transversal alineado a los ODS y a la Agenda 2030, tratando de aplicar medidas que reduzcan las brechas digitales que se han ido ensanchado en los últimos años por motivos socioeconómicos, de género, generacionales, territoriales, o medioambientales.

Ahora bien, y más concretamente refiriéndonos al ámbito de la Justicia se diseñó un plan específico a través del "*Plan de Recuperación, Transformación y Resiliencia para el Servicio Público de Justicia*" (o Justicia 2030), una serie de medidas dirigidas a alcanzar el cumplimiento de los ODS, y en especial, al decimosexto. Y cuyo plan de trabajo viene a impulsar el Estado de Derecho y el acceso a la justicia como palancas de transformación del país. Centrándose en aquellos puntos que están desfasados y no son operativos, y que tienen un efecto sistémico en el sistema judicial.

El objetivo general pretende transformar el Servicio Público de Justicia para hacerlo más accesible, eficiente y contribuir al esfuerzo común de cohesión y sostenibilidad. Y a su vez, recoge tres objetivos específicos: el primero sobre el acceso a derechos y libertades; el segundo sobre sostenibilidad y cohesión; y el tercero, sobre la eficiencia del servicio público de justicia. Los tres forman parte de un mismo ecosistema dirigidos a lograr una Administración de justicia más eficiente, aprovechando una transformación digital que facilita una organización más flexible y procesos más continuos.

---

vo periodo. Las acciones de la Agenda están orientadas a impulsar un crecimiento más sostenible e inclusivo, impulsado por las sinergias de las transiciones digital y ecológica, que llegue al conjunto de la sociedad y concilie las nuevas oportunidades que ofrece el mundo digital con el respeto de los valores constitucionales y la protección de los derechos individuales y colectivos». Guía España digital 2025, disponible en: https://avance.digital.gob.es/programas-avance-digital/Documents/EspanaDigital_2025_TransicionDigital.pdf.

En relación con el primer objetivo, se pretende acercar el servicio de Justicia a la ciudadanía, haciendo que sea más accesible y cercano. Por otro lado, se pretende establecer procedimientos sencillos y comprensibles que les permita ejercitar sus derechos con plena seguridad jurídica digital. Es por ello, que debe ponerse atención en los sectores más vulnerables como las personas con discapacidad y personas mayores de la tercera edad. Este objetivo prevé hacerse efectivo a través de tres tipos de programas – Accesibilidad a la justicia; Profesionales de la justicia; y nuevas realidades sociales- que a su vez contemplan una serie de proyectos, que son las unidades operativas que aseguran que los objetivos se alcancen. El segundo objetivo sobre sostenibilidad y cohesión, pretende contribuir a la transición ecológica, se desarrolla en tres programas: servicios a la ciudadanía – relacionado con la sede electrónica-; sociedades sostenibles; y coordinación y cohesión institucional. Y, por último, el tercer objetivo, sobre la eficiencia del servicio público de justicia, orientado a asegurar que la transformación digital se concreta en una mejora organizativa y de proceso que reduzca la duración del proceso judicial. Y se compone por tres programas: eficiencia organizativa – donde se prevé la creación de los Tribunales de Instancia y las nuevas oficinas de Justicia-, eficiencia procesal – se incide en los MASC-; y, la eficiencia digital – IA, inmediación digital, etc.-.

Evidentemente, la extensión de este trabajo no permite analizar el contenido de todas y cada una de estas medidas, y por ello, nos vamos a limitar a reflexionar sobre algunas cuestiones planteadas sobre las nuevas tecnologías y el objetivo sobre la accesibilidad a la justicia y las medidas encaminadas a las personas mayores y con discapacidad, con el objetivo de crear unos servicios públicos digitales más inclusivos, eficientes, personalizados, proactivos y de calidad.

1.2. Nuevo marco de eficiencia digital y procesal del Servicio Público de Justicia

Desde el primer momento España ha liderado el despliegue del Plan de Recuperación en Europa, recibiendo el pago de los distintos fondos europeos para su ejecución para cumplir con los compromisos adquiridos con la Unión Europea. Sin embargo, para obtener el cuarto desembolso fijado para el año 2023, España debía implementar determinadas reformas legislativas. Ello dio lugar a la aprobación del *Real Decreto-Ley 6/2023, de 19 de diciembre, por el que se aprobaban medidas urgentes para la ejecución del Plan de Recuperación, Transformación y Resiliencia en materia de servicio público de justicia, función pública, régimen local y mecenazgo,* cuya entrada en vigor se produjo el 21 de diciembre de 2023.

En cuanto a la estructura de la norma, este Real Decreto-ley se encuentra dividido en un total de cuatro libros, 129 disposiciones, y numerosas disposiciones adicionales, finales y transitorias, y un anexo de definiciones. De todo este contenido debemos destacar las denominadas "Medidas de Eficiencia Digital y Procesal del Servicio Público de Justicia", recogidas en el Libro I, que tiene por objeto «regular la utilización de las tecnologías de la información por parte de los ciudadanos y ciudadanas y los y las profesionales en sus relaciones con la Administración de Justicia y en las relaciones de la Administración de Justicia con el resto de administraciones públicas, y sus organismos públicos y entidades de derecho público vinculadas y dependientes». Este libro dividido en ocho títulos recoge, a lo largo de todos ellos, multitud de cuestiones relevantes como el acceso digital, la sede judicial electrónica, la tramitación electrónica de procedimientos judiciales, Registros electrónicos, uso y protección de datos, cooperación y ciberseguridad, etc. No obstante, resulta especialmente de interés aquellas medidas recogidas en el Título VIII, donde bajo el título de "Medidas de Eficiencia Procesal del Servicio Público de

Justicia", introduce por cada orden jurisdiccional una batería de reformas a las principales normas procesales con el fin de hacer frente al aumento de litigiosidad y agilizar los procesos en todos los órdenes jurisdiccionales. Principalmente, afectan a la LECrim (art. 101); a la Ley reguladora de la Jurisdicción contenciosa (art. 102); a la LEC (art. 103); y, a la Ley de la Jurisdicción social (art. 104). Con la introducción de estas medidas procesales como la implementación de la digitalización se da cumplimiento a uno de los objetivos del Plan de Recuperación y Resiliencia aprobado para España.

Con este texto legal se da un paso más hacia la digitalización y la aplicación de los nuevos instrumentos y herramientas tecnológicas en el ámbito de la Administración de Justicia. Camino que se inició tiempo atrás con la Ley 18/2011, reguladora del uso del uso de las tecnologías de la información y la comunicación en la Administración de Justicia –mencionada con anterioridad-, se pasó de una tramitación completamente en papel a la creación de un expediente judicial electrónico, que fuera más sencillo de consultar y de almacenar y que ya preveía la firma electrónica, así como la práctica de actos de comunicación por medios electrónicos. Norma a la que siguieron otras, ya aludidas, que introducían reformas relacionadas con la digitalización en el sector público enfocadas en diseñar un servicio público basado en la eficiencia, eficacia y efectividad.

Desde entonces, la evolución de la sociedad digital ha seguido su curso exigiendo una adaptación constante para lograr un servicio público más eficiente mediante el uso de las nuevas tecnologías. No obstante, como garantía del derecho fundamental de acceso a la Justicia en igualdad de condiciones en todo el territorio del Estado el legislador pone el foco en la cogobernanza como fórmula que permita establecer en todo el territorio sistemas comunes o análogos e interoperables, especialmente, garantizando la prestación del servicio público por medios digitales.

Con todo ello, este Real Decreto –Ley trata de adaptar «la realidad judicial española del siglo XXI al marco tecnológico contemporáneo, favoreciéndose una relación digital entre la ciudadanía y los órganos jurisdiccionales y aprovechando las ventajas del «hecho tecnológico» también para fortalecer nuestro Estado social y democrático de Derecho mediante la disposición de medidas orientadas a la transparencia, la eficiencia y la rendición de cuentas de los poderes públicos». Todo ello, por supuesto, sin olvidar las garantías de la potestad jurisdiccional atribuida a los órganos jurisdiccionales, quienes se encargan de juzgar y hacer ejecutar lo juzgado valiéndose de las herramientas tecnológicas como un instrumento más que les permita desempeñar sus funciones de forma más eficiente, pero respetando siempre las garantías procesales.

Por ello, en la regulación de estas medidas deben garantizarse los derechos fundamentales, y en concreto, el derecho a la tutela judicial efectiva de todos los ciudadanos, derecho fundamental reconocido en el artículo 24 de la CE. Este derecho contempla diferentes manifestaciones, entre ellas, el derecho de acceso al proceso en igualdad de condiciones en todo el territorio del Estado, y que obliga a suprimir todos los obstáculos o limitaciones irrazonables que impidan el acceso al proceso.

A colación de ello, el texto en cuestión tiene una novedad, al reconocer a la ciudadanía el derecho a un servicio personalizado de acceso a procedimientos, informaciones y servicios accesibles de la Administración de Justicia. A su vez, para garantizar este reconocimiento a toda la ciudadanía, el legislador es consciente que existe un obstáculo aun mayor cuando se trata de personas con discapacidad o personas mayores. Esta parte de la población requiere de unas medidas especiales que eviten desigualdades con el resto, o se pueda vulnerar su derecho a la tutela judicial efectiva.

En definitiva, este nuevo contexto en el que la tecnología y la digitalización se convierten en un instrumento indispensable en el desarrollo de la Administración, y contribuye a la mejora de la eficiencia de los servicios públicos, existe una contrapartida, es decir, que su implementación conlleva una responsabilidad a los poderes públicos de establecer un marco normativo coherente.

Hoy en día, con la llegada de la *Ley Orgánica 1/2025, de 2 de enero,* de medidas en materia de eficiencia del Servicio público de Justicia se introducen nuevas e importantes reformas que afectan a numerosas cuestiones, pero, principalmente, a la organización territorial del Poder Judicial, cambiando por completo la estructura de juzgados y tribunales. Y, por otro lado, se introduce junto a la jurisdicción un nuevo marco regulatorio sobre otros medios adecuados de solución de controversias (MASC) como medida esencial para lograr, a juicio del legislador, una consolidación de un servicio público de Justicia sostenible. Como veremos a continuación, esta norma viene a revolucionar todo el sistema de Justicia español, afectando especialmente a la configuración y desarrollo de los procesos judiciales que surjan a partir de su entrada en vigor.

Dicha norma se estructura en dos títulos, el Título I que recoge las "medidas en materia de eficiencia organizativa del Servicio Público de Justicia para la implantación de los Tribunales de Instancia y las Oficinas de Justicia en los municipios", con una importante reforma en lo dispuesto en la LOPJ y en la Ley 38/1988, de 28 de diciembre, de Demarcación y de Planta Judicial (en adelante, LDPJ). Mientras que, el Titulo II lo dedica a redefinir la figura de los MASC. Y es que, a lo largo del preámbulo, el legislador viene a justificar esta reforma bajo los mismos argumentos empleados en las últimas reformas, es decir, en adecuar la Administración de Justicia a las necesidades actuales que, con motivo del importante volumen de litigiosidad y la complejidad de las relaciones sociales y económicas, exige una justicia más eficiente que dé respuesta a algunas de las carencias de las que adolecía el sistema judicial como la de especialización de los juzgados; la proliferación de órganos con idéntica competencia en cada partido judicial, conllevando una innecesaria dispersión de medios y esfuerzo; el favorecimiento de la justicia interina; y las desigualdades en la carga de trabajo y en el tiempo de resolución de asuntos, entre otras.

Conforme a esta ley, el sistema tradicional de juzgados unipersonales queda obsoleto, y se desplaza para dar lugar a los nuevos órganos de carácter colegiado, los Tribunales de Instancia, que pasan a dividirse en "secciones", y que junto con el resto de los órganos colegiados ya existentes (Audiencias provinciales, TSJ, TS y centrales) diseña una estructura judicial mucho más acorde – según el legislador- con la realidad social del momento. Estableciendo la creación de un Tribunal de Instancia en cada partido judicial con sede en su capital, los cuales estarán divididos en una sección única – de civil y de instrucción-, salvo los supuestos establecidos en la LDPJ, en los cuales se constituyan como dos secciones diferenciadas[29] ; además, de unas secciones especiales, antes juzgados[30] . Estos se configuran como órganos colegiados, desde un punto de vista organizativo, integrándose en la enumeración de los órganos que tienen atribuido el ejercicio de la potestad jurisdiccional[31].

---

29 Según lo dispuesto en el apartado tres de la Disposición final octava, que modifica la LDPJ y del art. 84 de la LOPJ.

30 Las secciones enumeradas son: De Familia, Infancia y Capacidad; De lo Mercantil; De Violencia sobre la Mujer; De Violencia contra la Infancia y la Adolescencia; De lo Penal; De Menores; de Vigilancia Penitenciaria; De lo Contencioso-Administrativo; y, De lo Social.

31 Conforme a la nueva redacción del art. 26 LOPJ. CALAZA LÓPEZ, S. (2025). Decálogo procesal de urgencia: claves de la reforma de la ley orgánica de medidas en materia de eficiencia del servicio público de justicia. *Diario la Ley,* Sección Tribuna (10637).

2. GARANTÍAS A LA TUTELA DEL DERECHO DE ACCESO A LA JUSTICIA DE LOS GRUPOS VULNERABLES. ESPECIAL REFERENCIA A LAS MEDIDAS DE APOYO Y AJUSTES DEL PROCEDIMIENTO PARA A LAS PERSONAS MAYORES Y PERSONAS CON DISCAPACIDAD

La Constitución española reconoce en el art. 24.1 el derecho fundamental a la tutela judicial efectiva, derecho que a su vez engloba diferentes manifestaciones, entre ellas, el derecho de acceso al proceso en igualdad de condiciones y en todo el territorio nacional[32]. A nivel internacional, el derecho de acceso a la justicia viene reconocido en diferentes Convenios Internacionales, por ejemplo, en el art. 6.2 del CEDH, así como en el art. 47 de la Carta de Derechos Fundamentales de la Unión Europea, o en los arts. 2 y 14 del Pacto Internacional de los Derechos Civiles y Políticos de las Naciones Unidas, y sin olvidar, por supuesto, las Reglas de Brasilia[33] que, no constituyendo un Tratado Internacional sino como *soft law*, eran aplicadas por los Tribunales iberoamericanos, y las cuales se encuentran muy vinculadas al ODS 16, aunque estas reglas se referían específi-

32 MEGÍAS QUIRÓS se refiere al acceso a la justicia como un derecho de carácter universal, cuyo contenido no debe reducirse a aspectos formales como el acceso a instancias judiciales, a recursos efectivos, etc., sino que, se trata de un derecho que debe velar por una defensa efectiva de todos los derechos y alcanzar una justicia material. MEGÍAS QUIRÓS, J.J. (2025). "El derecho de acceso a la justicia en Naciones Unidas". *Acceso a la Justicia y Derecho de defensa de las personas vulnerables.* Aranzadi, p. 15. PLANCHADELL-GARGALLO, A. (2023). "Acceso a la justicia, tutela judicial efectiva y derecho a la información". *Tutela colectiva de derechos humanos y objetivos de desarrollo sostenible: integración, jurisdicción e igualdad.* Tirant lo Blanch, p.73.

33 Adoptado en la XIV Cumbre Judicial Iberoamericana en 2008, y que fueron actualizadas en XIX Cumbre Iberoamericana en 2018.

camente a los grupos vulnerables[34], además, han constituido la base para elaborar las Guías de Buenas Prácticas sobre el Acceso y Tutela de los Derechos de las personas con Discapacidad en sus relaciones con la Administración de Justicia del CGPJ[35].

El derecho de acceso al proceso, como una de las manifestaciones del derecho a la tutela judicial efectiva, puede verse gravemente afectado en algunas situaciones derivadas de la digitalización de la justicia en relación con determinados sectores poblacionales, entre ellos, las personas mayores y las personas con discapacidad[36]. De forma que, para garantizar su ejercicio, el Estado como garante de este derecho fundamental debe adoptar medidas que supriman todos aquellos obstáculos que surgen directa o indirectamente por la implantación de la digitalización de los sistemas y de los procedimientos, y garantizar que todos los ciudadanos en condiciones de igualdad pueden ejercitar sus derechos- en un sentido amplio del derecho- ante la Administración, y no exclusivamente en el

---

34 DEL VALLE GÁLVEZ, A. Y CALVO MARICAL, L. (2025). "Las 100 reglas de Brasilia y el acceso a la justicia de las personas vulnerables: reflexiones sobre su valor jurídico internacional. Soft law, objetivos ONU de desarrollo sostenible y derechos humanos". *Acceso a la Justicia y Derecho de defensa de las personas vulnerables.* Aranzadi, pp.70-71 y 77.

35 VILLAR FUENTES, I. (2025). "La eliminación de barreras en el acceso a la justicia y el derecho de defensa de las personas con discapacidad". *Acceso a la Justicia y Derecho de defensa de las personas vulnerables.* Aranzadi, p. 154.

36 Como alude MEGÍAS QUIRÓS, al referirse al Informe A/62/207 del relator especial sobre la independencia de los magistrados y abogados, de 6 de agosto de 2007, se incidía en la mayor discriminación de los grupos vulnerables en el acceso al sistema judicial y en la ejecución de las sentencias. MEGÍAS QUIRÓS, J.J. (2025). Op.cit., p.27.

sistema judicial[37], por ejemplo, instituciones como el Defensor del pueblo o sistemas de mediación[38]. En este sentido, DE LUCCHI afirma que «la virtualidad del derecho de acceso a la justicia en su dimensión social es, por tanto, garantizar el acceso a la justicia de todos los ciudadanos en condiciones de igualdad, debiendo ser adoptadas las medidas necesarias para lograr dicha aspiración»[39] .

En definitiva, el derecho de acceso al proceso debe garantizar tanto el acceso al proceso en un sistema judicial imparcial, que permita dictar una resolución imparcial en un tiempo razonable sin dilaciones, pero también, de recibir un apoyo de las instituciones durante el proceso que impidan las desigualdades.

Por ello, conscientes de la brecha generacional que existe entre las personas mayores, así como de las dificultades para personas con algún tipo de discapacidad, en el uso de la tecnología y en la forma de relacionarse con una Administración digitalizada que pueden acarrear multitud de obstáculos en el

---

37 Entiende SÁNCHEZ MARTÍN, acerca de las medidas de apoyo y ajustes del procedimiento previstos para las personas con discapacidad que las medidas son extrapolables al resto de ámbitos fuera del judicial, siendo conveniente su implantación para garantizar la plena eficacia en el ejercicio de sus derechos. SÁNCHEZ MARTÍN, P. (2025). "El acceso a la justicia de las personas con discapacidad". *Acceso a la Justicia y Derecho de defensa de las personas vulnerables.* Aranzadi, p. 118.

38 Informe A/62/207 de la Asamblea General de las NN.UU., del relator especial sobre la independencia de los magistrados y abogados, de 6 de agosto de 2007. Disponible en: https://www.iri.edu.ar/publicaciones_iri/anuario/CD%20Anuario%202008/Ddhh/Documentos/N0745173.pdf

39 DE LUCCHI LÓPEZ- TAPIA, Y. (2023). "La humanización de la justicia con relación a las personas con discapacidad el derecho fundamental de acceso a la misma en condiciones de igualdad". *Revista de Estudios Europeos* (Extra 2), p. 164.

ejercicio de su derecho de acceso a la justicia, el legislador ha introducido una serie de medidas orientadas, principalmente, a la creación de un servicio público de Justicia inclusivo y amigable que permita a las personas mayores, y también, a las personas con discapacidad, relacionarse con la Administración de Justicia en igualdad de condiciones.

En este sentido, se trató de paliar estas barreras mediante el Real Decreto- Ley 6/2023, al reconocerse el derecho a un servicio personalizado de acceso a procedimientos, informaciones y servicios accesibles de la Administración de Justicia a la ciudadanía, poniendo especial atención en sujetos vulnerables. Destaca el reconocimiento que, por primera vez, se hace de las personas mayores en nuestro ordenamiento[40] como un sujeto específico vulnerable junto a las personas con discapacidad. Ambas circunstancias pueden concurrir o no en el mismo sujeto, al igual que pueden darse otras características que hagan al sujeto vulnerable – piénsese, por ejemplo, en un sujeto mujer con más de 80 años y discapacidad, sin recursos y extranjera que reside en una zona rural-. Este sector poblacional ha sido un gran olvidado, y el cual requiere de unas medidas especiales ajustadas a sus circunstancias y características propias de su perfil, que eviten desigualdades con el resto de la población, y no se produzca una vulneración en su derecho a la tutela judicial efectiva cuya indefensión podría tener consecuencias irreparables[41].

---

40 CATALÁN CHAMORRO, M.J. (2024). "La nueva tutela judicial y extrajudicial de las personas mayores". *Revista General del Derecho Procesal* (63),p. 27. ARMENTA DEU, T. (2024). "Personas con discapacidad: especialidades en el proceso civil y penal". *Revista General del Derecho Procesal* (62), p.27.

41 Esta falta de atención a las personas mayores no se produce en otros países iberoamericanos, quienes desde hace tiempo llevan introduciendo adaptaciones en relación con este sector concreto de la población así, por ejemplo, debemos destacar la publicación de la

En nuestra sociedad las personas mayores no constituyen un sector minoritario, por el contrario, nos encontramos ante una sociedad cada vez más envejecida no solo por la baja natalidad, sino por la mayor esperanza de vida. En España, este sector poblacional constituye alrededor de un 20% de la población, porcentaje que aumenta cada año[42]. Por lo que, puede ser frecuente que, en el ámbito judicial, intervenga una persona de la tercera edad en el proceso, especialmente, en aquellos lugares cuya población está mayormente envejecida. Por otro lado, aunque se trata de un sector que sufre mucho por la brecha digital, es cierto que cada vez tienen mejores competencias digitales[43], y que por el hecho de tener una edad avanzada no requieran de la aplicación de un correctivo automático, al igual que ocurre con las personas con discapacidad. Por ello, es importante que sean siempre conocedores de los recursos que existen a su disposición, y en caso de necesitarlos puedan solicitarlo tanto ellos como de oficio.

"Guía Práctica de Aplicación del Protocolo de Acceso a la Justicia de Personas Mayores" por la Corte Suprema de Chile, y que recoge una serie de recomendaciones destinadas a facilitar y mejorar la atención de la población mayor usuaria del servicio judicial para potenciar su acceso igualitario a la justicia, garantizar el principio de igualdad y de no discriminación en razón de la edad, y el efectivo ejercicio de sus derechos.

42 ORDEÑANA GEZURAGA, I. (2024). "Los (mal llamados) medios adecuados de solución de conflictos (MASC) y su aplicación a los conflictos jurídicos de las personas mayores: potencialidades, peligros y límites". *Revista General de Derecho Procesal* (62), p.3. CATALÁN CHAMORRO, M.J. (2024), Op.cit.,p.3.

43 Que según, ALONSO BLASCO, las competencias digítales pueden definirse como: «el conjunto de conocimientos y habilidades que permiten un uso seguro y eficiente de las tecnologías de la información y las comunicaciones». ALONSO BLASCO, L. (2021). "Que nadie se quede atrás". Herramientas digitales para el empleo de las personas mayores de 45 años. *Tiempos de paz* 141 Verano 2021), p. 35.

En cuanto a las medidas que se han previsto a favor de estos sectores vulnerables fruto del Real Decreto, así como de las modificaciones derivadas de la *Ley 8/2021, de 2 de junio*[44], se configura un nuevo sistema en relación con los procesos judiciales en los que intervengan personas con discapacidad y/o personas de edad avanzada, donde se busca la independencia de las personas en el ejercicio de su voluntad, frente al sistema anterior en el que predominaba la sustitución en la toma de decisiones[45].

En primer lugar, se establece en la Disposición adicional segunda un mandato dirigido a los poderes públicos sobre diversas cuestiones acerca de la accesibilidad a los servicios electrónicos y los sitios webs oficiales o aplicaciones móviles, quienes deberán garantizar que todos los ciudadanos y ciudadanas, con especial atención a las personas mayores o personas con algún tipo de discapacidad, que se relacionan con la Administración de Justicia, puedan acceder a los servicios electrónicos en igualdad de condiciones con independencia de sus circunstancias personales, medios o conocimientos.

En segundo lugar, el artículo 103 introduce una serie de modificaciones en la LEC. Por un lado, en el apartado treinta

---

44 *Ley 8/2021, de 2 de junio*, por la que se reforma la legislación civil y procesal para el apoyo a las personas con discapacidad en el ejercicio de su capacidad jurídica. BOE» núm. 132, de 03/06/2021. Esta norma constituye todo un hito en el respeto al derecho de igualdad de todas las personas en el ejercicio de su capacidad jurídica, introduciendo importantes reformas en el Código Civil y en la LEC, y como indica su EM: «el elemento sobre el que pivota la nueva regulación no va a ser ni la incapacitación de quien no se considera suficientemente capaz, ni la modificación de una capacidad que resulta inherente a la condición de persona humana y, por ello, no puede modificarse. Muy al contrario, la idea central del nuevo sistema es la de apoyo a la persona que lo precise».

45 SÁNCHEZ MARTÍN, P. (2025). Op.cit., p.110.

y tres se introduce una nueva redacción en el artículo 183.3 bis de la LEC, donde se prevé la posibilidad de solicitar al letrado o letrada de la Administración de Justicia que se practique el señalamiento en las primeras horas de audiencia o bien en las últimas, en función de las necesidades de la persona afectada, cuando en la vista tenga que intervenir una persona con una edad de ochenta años o más. Téngase en cuenta que, en muchas ocasiones, las personas de edad avanzada requieren de tratamientos ambulatorios en las primeras horas de la mañana, de ahí que se permita solicitar ser convocado al final de la mañana. Se trata de una redacción bastante vaga por varios motivos, primero, porque hace referencia a que el requisito de la edad se produzca en las partes y, añade, "personas que han de intervenir", esta segunda expresión parece referirse a cualquiera que sea llamado, es decir, cualquier tercero que tenga que actuar- se sobreentiende- personalmente sin representante. Por otro lado, aunque se refiere a la "vista", el artículo se refiere a "Solicitud de nuevo señalamiento de vista u otros actos procesales". Tampoco se determina cual es el plazo para solicitar el señalamiento, si debe acreditarse o no la petición de que sea conveniente a primera hora o a última, si la parte contraria puede oponerse o no, etc.

En cambio, en el primer apartado del artículo 103 se incorporan los llamados "ajustes del procedimiento[46]" en el artícu-

46 La Convención Internacional de los Derechos de las Personas con Discapacidad, adoptado por la Asamblea General de las NN.UU, el 13 de diciembre de 2006 , se refería entre sus definiciones a los «ajustes razonables» como: « las modificaciones y adaptaciones necesarias y adecuadas que no impongan una carga desproporcionada o indebida, cuando se requieran en un caso particular, para garantizar a las personas con discapacidad el goce o ejercicio, en igualdad de condiciones con las demás, de todos los derechos humanos y libertades fundamentales».

lo 7 Bis de la LEC[47], que junto a las medidas de apoyo del art. 7.2 LEC, contempla una serie de medidas aplicables a aquellos procedimientos civiles en los que intervenga, ya sea como parte procesal o como testigo, una persona con discapacidad o persona mayor[48]. De acuerdo con lo dispuesto en dicho precepto, el legislador establece un régimen diferenciado según se trate de personas entre 65 -79 años, o personas con 80 años o más. Pues, en el caso del primer grupo, estas personas de forma potestativa podrán solicitar estos ajustes o medidas de apoyo que sean necesarios para garantizar su participación en el proceso en condiciones de igualdad. En cambio, podrán ser aplicadas de oficio si nos encontramos con personas del segundo grupo. En el caso de las personas con discapacidad, dichas adaptaciones y ajustes se realizarán tanto a petición de cualquiera de las partes o del Ministerio Fiscal como de oficio por el propio tribunal.

Estas adaptaciones se pueden aplicar en todas las actuaciones procesales con independencia de la fase procesal en la que se encuentre, incluso se pueden aplicar a los actos de comunicación. Se tratan de medidas que pretenden garantizar el derecho de estos sujetos vulnerables a entender y ser entendidas en cualquier actuación que deba llevarse a cabo. Por ello, no se tratan de reglas exclusivas del orden civil, sino que, son aplicables de forma supletoria al resto de órdenes jurisdiccionales.

En cuanto a los ajustes previstos podemos resumirlos en los siguientes: 1) el uso de un *lenguaje claro, sencillo y accesible, y, además, personalizado atendiendo a las características del sujeto y a sus necesidades. Así, por ejemplo, se prevé la interpretación en las lenguas de signos reconocidas legalmente y los medios de apoyo a la*

---

47 En la Ley de Jurisdicción voluntaria, en su artículo 7. Bis se recogen los ajustes para personas con discapacidad.

48 CUADRADO SALINAS, C. (2024). "Personas vulnerables y ajustes del procedimiento. Luces y sombras de su regulación actual". *Revista General del Derecho procesal* (62), p. 27.

comunicación oral de personas sordas, con discapacidad auditiva y sordociegas. En definitiva, se trata de lograr que la persona pueda ser entendida y entender de forma consciente su intervención en el proceso y sus consecuencias, así como da a conocer su verdadera voluntad. Para ello, podrán utilizarse medios como la lectura fácil; y no solo en relación con su comprensión, sino también de su comunicación con el órgano jurisdiccional, donde cobra especial importancia la intervención de la figura del facilitador, quien de forma profesional interviene para facilitar – valga la redundancia- la comunicación entre el sujeto y la Administración. La intervención del facilitador es una forma de corregir la falta de capacitación de algunos de los operadores jurídicos que intervienen, y quienes suelen carecer de formación suficiente para entender y relacionarse con personas con discapacidad[49]*, debido a que se trata de una categoría muy amplia y cada sujeto es diferente, sin embargo, resulta llamativo como en la EM (V) de la Ley 8/2021, se refiera a esta figura indicando que la persona con discapacidad* « si lo desea y a su costa» *pueda solicitar dicha intervención. 2) permitir que se encuentren acompañados por una persona de su confianza* desde el primer contacto con las autoridades y funcionarios, esto, es especialmente favorable hacia las personas mayores que, siendo totalmente capaces, necesitan estar acompañados por alguien de su entorno, por las limitaciones físicas que, sin llegar a ser consideradas una discapacidad, le impiden desenvolverse de

---

49 De hecho, según el artículo 13 del CIDPD , que se refiere al acceso a la justicia, establece el siguiente mandato: «Los Estados Partes asegurarán que las personas con discapacidad tengan acceso a la justicia en igualdad de condiciones con las demás, incluso mediante ajustes de procedimiento y adecuados a la edad, para facilitar el desempeño de las funciones efectivas de esas personas como participantes directos e indirectos, incluida la declaración como testigos, en todos los procedimientos judiciales, con inclusión de la etapa de investigación y otras etapas preliminares. 2. A fin de asegurar que las personas con discapacidad tengan acceso efectivo a la justicia, los Estados Parte promoverán la capacitación adecuada de los que trabajan en la administración de justicia, incluido el personal policial y penitenciario».

forma autónoma. En este sentido, no debemos de olvidar que las barreras físicas[50] como la adaptación de las instalaciones a personas con discapacidad constituyen un verdadero obstáculo en el acceso a la justicia. *3) se reconoce el carácter de tramitación preferente a aquellos procedimientos, independientemente de su fase de tramitación, cuando alguna de las partes interesadas sea una persona con una edad de ochenta años o más.*

No obstante, la parca redacción de estos preceptos genera muchas dudas porque no se delimitan los conceptos[51], *refiriéndose con términos indeterminados en muchas ocasiones, por ejemplo,* "se realizarán las adaptaciones y los ajustes que sean necesarios ...", pero ¿vale cualquier medida?, o *¿qué se entiende por tramitación preferente?, y, ¿cómo se aplica este tipo de medidas en partidos judiciales donde la población está muy envejecida? si, por ejemplo, concurren varias personas, incluidas en estas categorías, en el mismo proceso, pero con necesidades totalmente opuestas -¿qué criterio prevalece?,¿quién los solicite primero?, ¿Quién tenga más edad?- y si el sujeto alcanza la edad durante el procedimiento ¿puede acogerse automáticamente a ellos o hay algún plazo?,¿es necesario comunicar la edad al Tribunal en la primera comunicación?*[52]. *En cualquier caso, lo que sí parece, es que*

---

50 Identifica DE LUCCHI barreras estructurales, contextuales, cognitivas, comunicativas, actitudinales, digitales y económicas. DE LUCCHI LÓPEZ- TAPIA, Y. (2023). Op.cit. Para FONT DE MORA las medidas de adaptación se clasifican en cuatro ámbitos: de índole física, jurídica, tecnológicas y de apoyo por terceras personas. FONT DE MORA, J. (2024). "El impacto de la edad en el proceso civil: nuevas medidas de los artículos 7 bis y 183.3 bis LEC para las personas mayores (RDL 6/23)". SEPIN (blog 25.04.24).

51 DÍEZ RIAZA, S. (2022). "Los ajustes del procedimiento en el proceso civil en la intervención como parte y como testigo de las personas con discapacidad". *Retos de la justicia civil indisponible infancia, adolescencia y vulnerabilidad.* Aranzadi, p.333.

52 CATALÁN CHAMORRO advierte de la posible preclusión de algunas solicitudes o de la necesidad de suspender la vista. CATALÁN CHAMORRO, M.J. (2024).Op.cit.,p.28.

siempre que nos encontremos ante supuestos cuya denegación o aplicación deficitaria generen una indefensión para el sujeto vulnerable, podría ocasionar una nulidad de actuaciones por aplicación de lo dispuesto en el artículo 225.3º de la LEC[53] .

En definitiva, esta reforma permitirá a las personas mayores defender sus intereses de forma más efectiva, independientemente de su edad o de sus posibles limitaciones. Si bien es todo un acierto la contemplación expresa de las medidas tanto de apoyo a la discapacidad como de ajustes en el procedimiento, siendo estos últimos extensibles a las personas de más de 80 años – o, 65 años según la medida-, en nuestra Ley de Enjuiciamiento civil. Es cierto que, la parquedad de la técnica legislativa va a conllevar a que sean los jueces quienes tengan que decidir bajo el criterio de su sana crítica algunos elementos esenciales a la hora de aplicarlas. Esto podría generar ciertas desigualdades en su aplicación en casos iguales o muy similares, y donde el criterio judicial sea, sin embargo, totalmente opuesto. Además, la aplicación de algunas de estas medidas dependerá de los recursos materiales y personales disponibles al servicio de la Administración de Justicia en cada partido judicial[54]*. Este aspecto, también, podría generar algunas desigualdades según el territorio donde se esté tramitando el procedimiento, puesto que, dependerá de los fondos públicos que hayan sido destinados a la Administración de Justicia para dicho fin.*

---

[53] En el mismo sentido, GUTIÉRREZ BARRENENGOA, A. (2022). El derecho de acceso a la justicia de las personas con discapacidad y la necesidad de adoptar los ajustes necesarios para garantizarlo. *Revista de Derecho, Empresa y Sociedad* (REDS 20-21), p.46.

[54] Como señala SÁNCHEZ MARTÍN, no basta con un reconocimiento formal del derecho si el titular no puede acceder de forma efectiva al sistema de justicia, y para ello, no son suficientes las reformas legislativas, si éstas no son acompañadas de las dotaciones presupuestarias necesarias que permitan implantar las medidas. SÁNCHEZ MARTÍN, P. (2025). Op.cit., p. 109.

3. CONCLUSIONES

Teniendo en cuenta que la digitalización es una consecuencia directa de una globalización económica y de una innovación tecnológica, requiere también de una actuación política internacional uniforme. Efectivamente, nos encontramos en una nueva era, donde el ser humano pasa a depender de la tecnología hasta el punto de que su ausencia paraliza nuestra actividad diaria, siendo este aspecto una de sus mayores desventajas frente a la vida analógica. Paradójicamente, me encuentro concluyendo este trabajo un día después del gran apagón que ha sufrido España y Portugal el 28 de abril de 2025, que ha provocado una caída de todos los suministros (luz, comunicaciones, agua...) durante casi 12 horas, donde la única comunicación posible ha sido a través del aparato de radio de toda la vida. Este receptor que se encontraba desaparecido en la mayoría de los hogares volverá a muchos de ellos tras la triste experiencia vivida en esta jornada. En el ámbito judicial, tras verse interrumpida la actividad, la Comisión Permanente del CGPJ se ha reunido con carácter urgente para valorar las consecuencias legales del apagón sobre los plazos procesales, recordando lo dispuesto en el art. 135. 2 de la LEC[55], así como,

[55] Art. 135.2 de la LEC: Cuando la presentación de escritos perentorios dentro de plazo por los medios electrónicos a que se refiere el apartado anterior no sea posible por interrupción no planificada del servicio de comunicaciones telemáticas o electrónicas, siempre que sea posible se dispondrán las medidas para que el usuario resulte informado de esta circunstancia, así como de los efectos de la suspensión, con indicación expresa, en su caso, de la prórroga de los plazos de inminente vencimiento. El remitente podrá proceder, en este caso, a su presentación en la oficina judicial el primer día hábil siguiente acompañando el justificante de dicha interrupción. En los casos de interrupción planificada deberá anunciarse con la antelación suficiente, informando de los medios alternativos de presentación que en tal caso procedan.

la no necesidad de probar los hechos que gocen de notoriedad absoluta y general, según el art. 281.4 de la misma. Posteriormente, se ha acordado la suspensión en los dos días afectados en los plazos previstos en las leyes procesales en los órganos judiciales de toda España[56]. Lo que lleva, irremediablemente, a reflexionar en la importancia no sólo de la búsqueda de medidas y formas de actuación e implementación en el uso de los medios tecnológicos en la Administración pública si no, también, de protocolos ante la paralización de los servicios como consecuencia de interrupciones generalizadas de gran impacto, y cuales son los efectos negativos en los grupos vulnerables, ya que no serán sucesos aislados en un futuro.

Cuando la presentación de escritos perentorios dentro de plazo se vea impedida por limitaciones, incluso horarias, en el uso de soluciones tecnológicas de la Administración de Justicia, establecidas de conformidad con la normativa que regule el uso de la tecnología en la Administración de Justicia, como regla, el remitente podrá proceder a su presentación el primer día hábil siguiente, justificándolo suficientemente ante la oficina judicial. En el caso de que la imposibilidad de la presentación se deba a la naturaleza del documento a presentar o al tamaño del archivo, el remitente deberá proceder, en este caso, a la presentación del escrito por medios electrónicos y presentar en la oficina judicial dentro del primer día hábil siguiente el documento o documentos que no haya podido adjuntar.

56 Disponible en: https://www.poderjudicial.es/cgpj/es/Poder-Judicial/En-Portada/El-CGPJ-acuerda-la-suspension-de-los-plazos-procesales-en-toda-Espana-durante-los-dias-28-y-29-de-abril.

REFERENCIAS BIBLIOGRÁFICAS

Aliste Santos, T.J. (2022). “Hacia un sistema de justicia digitalizado problemas y desafíos”. *Digitalización de la justicia: prevención, investigación y enjuiciamiento.* Aranzadi, 93-110.

Alonso Blasco, L. (2021). “Que nadie se quede atrás. Herramientas digitales para el empleo de las personas mayores de 45 años”. *Tiempos de paz* (141 Verano 2021), 35-43.

Armenta Deu, T. (2024). “Personas con discapacidad: especialidades en el proceso civil y penal”. *Revista General del Derecho Procesal* (62), 1- 29.

Arrabal Platero, P. (2021). “El acceso a la justicia como manifestación de una ‘legislación procesal racional’. Especial atención a los colectivos vulnerables ”. *Homenaje a Michele Taruffo un jurista del futuro: el legado de Taruffo para Latinoamérica.* Institución Universitaria de Envigado.

Arrabal Platero, P. (2022). “Justicia, tecnología y objetivos de desarrollo sostenible (ODS): el acceso a la justicia digital para los colectivos vulnerables”. *Tecnología y proceso. Problemas procesales en un mundo digital.* Aranzadi, 213—245.

Barrio Andrés, M. (2024). “Inteligencia artificial, internet de las cosas y Blockchain”. *Digitalización y Derecho.* Tirant lo Blanch, 253-296.

Blanco García, A.I. (2024). “Retos para una inteligencia artificial inclusiva de los colectivos vulnerables”. *Actualidad Jurídica Iberoamericana* (21), 360-383.

Calaza López, S. (2024). “Nueve ejes esenciales de la reforma de la Justicia penal y una clave asistencial (casi existencial: El Facilitador judicial) no suman 10”. *Diario La Ley,* (10469), 1-30.

Calaza López, S. (Coord.), (2023). “¿Pueden los Jueces proveer de apoyos a las personas con discapacidad contra su voluntad?”. *Actualidad civil* (3), 1-26.

Calaza López, S. (2023). “Ni toda la discapacidad es vulnerabilidad, ni toda la vulnerabilidad es discapacidad en el nuevo crisol digital: en busca de la confluencia”. *Persona y Derecho* (89), 243-267.

Calaza López, S. (2022). “Transición digital de la justicia”. *Digitalización de la justicia: prevención, investigación y enjuiciamiento.* Aranzadi, 27-51.

Catalán Chamorro, M.J. (2024). “La nueva tutela judicial y extrajudicial de las personas mayores”. *Revista General del Derecho Procesal* (63), 1-40.

Cuadrado Salinas, C. (2024). "Personas vulnerables y ajustes del procedimiento. Luces y sombras de su regulación actual", *Revista General del Derecho procesal* (62), 1-33.

De Luchi López- Tapia, Y. (2023). "La humanización de la justicia con relación a las personas con discapacidad el derecho fundamental de acceso a la misma en condiciones de igualdad". *Revista de Estudios Europeos* (extra 2), 156-181.

Del Valle Gálvez, A. y Calvo Marical, L. (2025). "Las 100 reglas de Brasilia y el acceso a la justicia de las personas vulnerables: reflexiones sobre su valor jurídico internacional. Soft law, objetivos ONU de desarrollo sostenible y derechos humanos". *Acceso a la Justicia y Derecho de defensa de las personas vulnerables.* Aranzadi, 69-82.

Díez Riaza, S. (2022). "Los ajustes del procedimiento en el proceso civil en la intervención como parte y como testigo de las personas con discapacidad". *Retos de la justicia civil indisponible infancia, adolescencia y vulnerabilidad.* Aranzadi, 319-344.

Escudero Moratalla, J.F. y Ferrer Adroher, M. (2021)." Justicia 2030, complejidad operativa y Letrados de la Administración de Justicia". *La Ley Digital* (87/2021), 1-12.

Font De Mora, J. (2024). "El impacto de la edad en el proceso civil: nuevas medidas de los artículos 7 bis y 183.3 bis LEC para las personas mayores (RDL 6/23)". SEPIN (blog 25.04.24).

García Mirete, C. (2025). "El nuevo marco legislativo y tecnológico sobre digitalización de los procedimientos civiles y mercantiles transfronterizos en la Unión Europea". *Justicia digital transfronteriza.* Tirant lo Blanch, 14-70.

Gutiérrez Barrendngoa, A. (2022). "El derecho de acceso a la justicia de las personas con discapacidad y la necesidad de adoptar los ajustes necesarios para garantizarlo". *Revista de Derecho, Empresa y Sociedad* (REDS) (20-21), 33-48.

Iglesias Canle, I.C. (2024). "Eficiencia procesal y sistema público de justicia". *Revista General del Derecho procesal* (63), 1-29.

Megías Quirós, J.J. (2025). "El derecho de acceso a la justicia en Naciones Unidas". *Acceso a la Justicia y Derecho de defensa de las personas vulnerables.* Aranzadi, 15-67.

Nadal Gómez, I. (2024). "Acceso digital a la Administración de Justicia. Sistemas de identificación y firma electrónica en el Real Decreto-Ley

6/2023, de 19 de diciembre, de medidas urgentes en materia de servicio público". *Revista General del Derecho procesal* (63), 1-29.

Martín Carretero, J.M. (2021). "Hacia un pacto social digital". *Tiempo de paz* (141 Verano 2021), 6-12.

Ordeñana Gezuraga, I. (2024). "Los (mal llamados) medios adecuados de solución de conflictos (MASC) y su aplicación a los conflictos jurídicos de las personas mayores: potencialidades, peligros y límites". *Revista General de Derecho Procesal* (62), 1-43.

Planchadell-Gargallo, A. (2023). "Acceso a la justicia, tutela judicial efectiva y derecho a la información". *Tutela colectiva de derechos humanos y objetivos de desarrollo sostenible: integración, jurisdicción e igualdad.* Tirant lo Blanch, 71-94.

Quispe Remón, F. (2018). "Acceso a la justicia y Objetivos del Desarrollo Sostenible". *Objetivos de Desarrollo sostenible y Derechos Humanos: paz, justicia e instituciones sólidas. Derechos Humanos y empresas.* Instituto de Estudios Internacionales y Europeos Francisco de Vitoria de la Universidad Carlos III de Madrid (9), 235-248.

Sanahuja, J.A. (2018). Paz, seguridad y gobernanza: el ODS 16 y la Agenda 2030 de desarrollo sostenible. *Objetivos de Desarrollo sostenible y Derechos Humanos: paz, justicia e instituciones sólidas. Derechos Humanos y empresas.* Instituto de Estudios Internacionales y Europeos Francisco de Vitoria de la Universidad Carlos III de Madrid (9), 27-54.

Sánchez Martín, P. (2025). "El acceso a la justicia de las personas con discapacidad". *Acceso a la Justicia y Derecho de defensa de las personas vulnerables.* Aranzadi, 109- 141.

Soleto Muñoz, H. (2021). "Tutela judicial y alternativas al proceso: instrumentos adecuados para la protección de los derechos de las personas mayores ", *Anuario de la Facultad de Derecho de la Universidad Autónoma de Madrid* (25), 419-437.

Velasco, L. (2021). La Agenda Digital 2025 y el reto de la digitalización en España. *Tiempo de paz* (141 Verano 2021), 15-25.

Villar Fuentes, I. (2025). "La eliminación de barreras en el acceso a la justicia y el derecho de defensa de las personas con discapacidad". *Acceso a la Justicia y Derecho de defensa de las personas vulnerables.* Aranzadi, 143- 169.

Sobre la efectividad de la garantía de acceso a la justicia: el papel de los estereotipos de género

MARÍA JOSÉ AÑÓN ROIG
Catedrática de Filosofía del Derecho
Universitat de València

1. INTRODUCCIÓN

La aproximación a los estereotipos de género desde el derecho antidiscriminatorio ha contribuido decisivamente a profundizar en su conocimiento y a situarlos entre los obstáculos que entorpecen y eventualmente impiden el acceso a la justicia. El presente capítulo tiene por objeto examinar en qué medida esta clase específica de estereotipos condiciona la efectividad de la garantía del acceso a la jurisdicción. En primer lugar, expondré la concepción del acceso como derecho y garantía y enumeraré algunas trabas que tienen su origen en déficits de naturaleza cognoscitiva. En segundo término, presentaré de forma sumaria la definición de estereotipo de género y haré hincapié en su funcionamiento y sus efectos. Finalmente, analizaré las propuestas orientadas a neutralizar los estereotipos a través de su identificación o designación y del examen de sus implicaciones lesivas y su componente discriminatorio. Entiendo que estas propuestas teóricas y metodológicas constituyen una valiosa contribución para poner de manifiesto y, previsiblemente, desmantelar la desigualdad estructural.

1.1. Acceso a la justicia

Desde hace algún tiempo, el acceso universal a la justicia es objeto de un fértil debate teórico e institucional en los ámbitos europeo e internacional que, dada su relevancia, compromete e interpela a nuestra cultura jurídica.

El acceso a la justicia es un derecho complejo y multidimensional[1]. No se trata solo de un «derecho pórtico»[2] encuadrado en el derecho al debido proceso, sino que, como ha señalado TURÉGANO[3], también constituye una de las bases fundamentales de la justicia social en el marco del Estado de Derecho. Ciertamente, en la aproximación a los contornos del dere-

---

1 *Este articulo ha sido realizado en el marco del proyecto Tiempos y espacios de una justicia inclusiva. Derechos para una sociedad resiliente frente a los nuevos retos (IN-JUSTICE), del Programa Estatal de Investigación, PID2021-1265520B-100. Así como en el proyecto Justicia sostenible en estado de mudanza global (JUSOST), CIPROM 2023-64 del programa de investigación de la Generalitat Valenciana
Una reflexión más detallada del derecho en AÑON, M. J. "El derecho de acceso como garantía de justicia: perspectivas y alcances". En C. García Pascual (coord.), *Acceso a la justicia y garantía de los derechos en tiempos de crisis.* Tirant lo Blanch, pp. 20-30.

2 FANLO, I. (2004). "La prima "porta". Reflessioni sull'accesso alle Corti da parte dei non abbienti". *Materiali per una storia della cultura giuridica,* XXXIV (1), p. 217.

3 TURÉGANO, I. (2024). *Barreras en el acceso a la justicia y desigualdad social.* Dykinson, pp. 14-16 y capitulo 4.

cho el énfasis recae en el aseguramiento del acceso de todas las personas a los órganos jurisdiccionales en condiciones de igualdad a través de procedimientos idóneos, racionales y participativos[4]. Sin embargo, el derecho de acceso no se limita a la posibilidad de presentar un caso ante un tribunal, dado que también incluye la expectativa de obtener resultados individual y socialmente justos[5], es decir, de que su ejercicio propicie la consecución de objetivos sustantivos. Como observa DE ASÍS, la accesibilidad en sentido amplio no solo forma parte del contenido esencial del derecho al debido proceso, sino que también es una condición de posibilidad de la legitimidad del proceso y, por ende, del ejercicio de la función jurisdiccional[6]. La complejidad y las diversas aristas del derecho explican la creciente atención a las condiciones necesarias y suficientes de la accesibilidad como garantía de la tutela judicial efectiva.

La persecución de resultados sustantivos o de justicia es una finalidad legítima en el caso concreto, pero también puede contribuir a perfilar el contenido, el alcance y el desarrollo del derecho de acceso. No en vano, numerosos procesos sobre discriminación se inician también con el propósito de lograr algún tipo de transformación jurídica y social, aun cuando, como recuerda GIOLO[7], algunos autores hayan cuestionado que el remedio judicial sea una herramienta idónea para pro-

---

4 *Ibid.*, pp. 13-14.

5 Una finalidad por la que abogaron tempranamente los movimientos en defensa del acceso a la justicia. Al respecto, véase CAPELLETTI, M. y GARTH, B. (1996). *El acceso a la justicia. La tendencia en el movimiento mundial para hacer efectivos los derechos.* Fondo de Cultura Económica.

6 DE ASÍS, R. (2024). "Acceso a la justicia, accesibilidad y cultura jurídica". En J. Ansuátegui y M.C. Barranco (eds.), *Cultura jurídica y barreras en el acceso a la justicia.* Tirant lo Blanch, p. 18.

7 GIOLO, O. (2024). "Accesso alla giustizia e funzioni degli stereotipi nel paradigma neoliberale". En J. Ansuátegui y M.C. Barranco

mover cambios sociales en contextos caracterizados por el debilitamiento de la tutela de los derechos fundamentales y el incremento de la desigualdad y la discriminación.

En este sentido, no parece suficiente que el sujeto tenga la posibilidad de formular una pretensión y de sostener el proceso ni que la decisión sea el resultado de un procedimiento sustanciado con todas las garantías. Como apunta TUREGANO[8], es preciso, además, que los actores cuenten con la capacidad de reconocer la existencia del problema, de traducirlo en términos jurídicos y de identificar quién ha incumplido la obligación de evitarlo o resolverlo. En este trabajo prestaré atención, precisamente, a las barreras de acceso que se concretan en la dificultad o la imposibilidad de llevar a cabo estas operaciones debido a la presencia de estereotipos de género.

1.2. Sobre barreras cognoscitivas

Recientemente, TARUFFO[9] ha advertido que nos enfrentamos a una paulatina crisis de efectividad de la garantía de acceso a la justicia, dinámica regresiva que tiende a agravarse y que deriva de la multiplicación cuantitativa y cualitativa de las situaciones de desigualdad en nuestras sociedades. El autor sostiene que, en este escenario, la creciente asimetría entre las condiciones de los sujetos económica y socialmente frágiles y las de los sujetos económica y socialmente aceptables está provocando un incremento del porcentaje de personas débiles, pobres o situadas por debajo de ciertos umbrales por razones de diversa índole, no solo económicas, que ven restringida la

---

(eds.), *Cultura jurídica y barreras en el acceso a la justicia,* cit., pp. 97-122,

8 TURÉGANO, I. (2024). *Barreras en el acceso a la justicia y desigualdad social,* cit. pp. 87 y ss.

9 TARUFFO, M. (2020). *Hacia la decisión justa.* Zela, p. 45

posibilidad de reclamar sus derechos ante los tribunales. Considero ineludible señalar la estrecha relación entre estos nuevos desequilibrios y las transformaciones en la morfología de las desigualdades, cuyas dimensiones estructurales han sido debidamente visibilizadas en sede teórica. TARUFFO concluye que, si bien las razones de este fenómeno son heterogéneas, el resultado tangible es el incremento sustancial de la "cifra negra" de la inefectividad del acceso a la justicia.

Ciertamente, esta perspectiva enlaza con cuestiones de fondo vinculadas al proceso judicial —entre ellas, su legitimidad, su sentido, su función y su idoneidad para materializar no solo la justicia procesal, sino también la justicia social— que exceden con mucho de los objetivos de este trabajo. Aquí ceñiré mi análisis a las posibilidades de frenar y revertir la tendencia arriba descrita.

A mi juicio, estas posibilidades pasan por la identificación y el abordaje de las causas que dificultan el acceso a la justicia. Entre estos obstáculos, destacaré los siguientes[10]: (a) el problema de la *cognoscibilidad* de los propios derechos; en este rubro, las dificultades de acceso vienen dadas por razones de carácter social o cultural, entre las que destacan la falta de conciencia de la titularidad de los derechos, la ignorancia de la posibilidad de acudir a los órganos jurisdiccionales o el desconocimiento de que el derecho vulnerado es justiciable. Como se ha señalado desde diversas perspectivas, si hay un campo especialmente significativo en el que debe asegurarse la conciencia sobre los propios derechos y la posibilidad de reparar su violación en los tribunales, este es el del derecho antidiscriminatorio[11], pues a menudo los sujetos o las clases de sujetos cuyos derechos son lesionados de manera más intensa son aquellos

---

10 *Ibid.*, pp. 43-44.

11 GLOPPEN, S. (2006), "Courts and Social Transformation: An Analytical Framework". En R. Gargarella, P. Domingo y Th. Roux

que se encuentran en una situación de vulnerabilidad procesal motivada, precisamente, por aquellos déficits cognitivos[12]; (b) la falta de información sobre los dispositivos necesarios para acceder a la jurisdicción, una laguna que no solo deriva de la imposibilidad de disponer de un asesoramiento jurídico de calidad, sino también de la habitual desconfianza en los tribunales que muestran los grupos de población expuestos a distintas vulnerabilidades[13], entre ellos, particularmente, las mujeres víctimas de violencia de género y de violencia sexual; y (c) finalmente, las dificultades para disponer de recursos de diverso orden[14], que no son irrelevantes ni en la toma de conciencia de la existencia de un derecho ni en el acceso a la información y el conocimiento requeridos para hacerlo valer[15].

(eds.) *Courts and Social transformation in New Democracies. An Institutional Voice for the Poor?* Burlington Books, pp. 46 y ss.

12 CURRIE, A. (2007). *The legal problems of Everyday Life. The Nature, Extent and Consequences of Justiciable Problems Experienced by Canadians.* Ministère de la Justice, pp. 56 y ss.

13 GLOPPEN, S. y SIEDER, R. (2007) "Courts and the marginalized: comparative perspectives". *International Journal of Constitutional Law, 5*(2), pp. 183-186.

14 EUROPEAN UNION AGENCY FOR FUNDAMENTAL RIGHTS (FRA) (2012). *Acces to Justice in cases of discrimination in the EU – Steps to further equality.* Publications Office of the European Union. Se trata de los resultados de una encuesta realizada en ocho Estados de la UE sobre el acceso a la justicia en supuestos de discriminación en la que se plantearon cuestiones relativas a la disponibilidad, la calidad y la accesibilidad al asesoramiento, y a la asistencia jurídica, distinguiendo, además, la perspectiva de los demandantes, la de los abogados y otros asesores, y la de los organismos para la igualdad y los derechos humanos.

15 En este sentido, las *Reglas de Brasilia de acceso a la justicia de las personas en condición de vulnerabilidad* (XIV Cumbre Judicial Iberoamericana, Brasilia, 4 a 6 de marzo de 2008) contienen previsiones sobre la información y el asesoramiento, entre ellas la promoción de actuaciones destinadas a suministrar información básica sobre los

Las barreras de distinto tipo que dificultan el acceso a la justicia —institucionales, organizativas, materiales, sociales, económicas, lingüísticas, físicas, geográficas y temporales— han sido ampliamente estudiadas[16]. Más recientemente han sido objeto de atención los condicionantes de orden cultural que tienen implicaciones en la organización de los espacios y los procedimientos, las actitudes de los operadores jurídicos que pueden condicionar tanto la accesibilidad como los resultados[17], y las barreras epistémicas vinculadas a factores cognitivos y sociales analizadas en profundidad por los estudios sobre la "injusticia epistémica".

---

derechos, los procedimientos y los requisitos para hacer efectivo el acceso a la justicia (regla 26). Asimismo, establecen disposiciones sobre la asistencia legal y la defensa pública, entre las que destacan el asesoramiento para asegurar la efectividad de los derechos y la garantía de una asistencia jurídica de calidad, especializada y, en su caso, gratuita (reglas 28, 30 y 31), así como el derecho a un intérprete (regla 32).

16 Como he señalado anteriormente, son bien conocidas las investigaciones dirigidas por Cappelletti desde la década de los años 80 del siglo XX (CAPPELLETTI, M. y BRYANT, B. (1986). *El acceso a la justicia. La tendencia en el movimiento mundial para hacer efectivos los derechos*, cit.).

17 JUAN, R. (2018). "Calidad de la justicia, gestión de los tribunales y responsabilidades públicas: algunos estándares internacionales y otras buenas prácticas para favorecer el acceso a la justicia. En C. García Pascual (coord.), *Acceso a la justicia y garantía de los derechos en tiempos de crisis.* Tirant lo Blanch, pp. 77-130.; ROCA MARTINEZ, J. M. (2014) "Vulnerabilidad y garantías procesales. Respuesta procesal frente a la vulnerabilidad". *Justicia: revista de derecho procesal,* (2), pp. 213-286; y EUROPEAN UNION AGENCY FOR FUNDAMENTAL RIGHTS (FRA) (2006). *Handbook on European law relating to access to justice.* Publications Office of the European Union, pp. 111 y ss.

Aunque esta última aproximación no se ha originado en el ámbito jurídico, sino en el filosófico[18], algunos autores, entre ellos LEMA[19], han considerado su posible fertilidad en nuestro campo para analizar los déficits de conocimientos relevantes que operan como obstáculos epistemológicos y repercuten negativamente en la protección de los derechos.

En términos generales, los procesos dilucidados en la distribución o el acceso al conocimiento conciernen a la comprensión intersubjetiva y la participación en prácticas comunicativas de las que derivan tratamientos injustos concretados en dinámicas bien conocidas: exclusión, silenciamiento, invisibilización, distorsión sistemática, infrarrepresentación y desconfianza recurrente, entre otras. Las personas que sufren estas situaciones experimentan una suerte de marginación hermenéutica, dicho esto en el sentido de que participan en las prácticas que generan significados sociales en condiciones de abierta desigualdad y, por ello, se ven privados de la capacidad de transmitir inteligiblemente su experiencia a los demás —e incluso de entenderla cabalmente—, o bien son sujetos pasivos de los procesos de dominación discursiva que establecen los conceptos que "construyen" la realidad o imponen un "deber ser" al mundo social y, por ello, se ven constreñidos a interpretar sus experiencias a partir de esquemas heterónomos en los que no encuentran un encaje adecuado.

---

18 Una obra de referencia sobre esta cuestión es FRICKER, M. (2017). *Injusticia epistémica. El poder y la ética del conocimiento*, Herder. La autora identifica dos tipos de injusticia epistémica: hermenéutica y testimonial.

19 LEMA, C. (2023). "De la ignorancia del derecho a la injusticia epistémica en el derecho: injusticia testimonial e injusticia hermenéutica como obstáculos para el acceso a la justicia". *Oñati Socio-Legal Series, 13*(3), p. 777

Como observa LEMA[20], estas dinámicas también están presentes en la esfera jurídica, dado que el derecho contribuye de forma significativa a afianzarlas y que, en ocasiones, es el propio derecho el que las genera. TURÉGANO refuerza esta idea cuando hace hincapié en aquellos obstáculos que no solo dificultan que determinadas clases de sujetos obtengan la satisfacción de sus pretensiones ante los tribunales, sino que también los incapacitan para incorporar su perspectiva vital, su experiencia y sus problemáticas a la práctica jurídica[21]. Ambos tipos de barreras repercuten negativamente en la cognición de los intereses en juego por parte de los propios sujetos afectados y de los operadores jurídicos y, sobre todo, erosionan notablemente la confianza en el sistema de justicia.

De acuerdo con LEMA[22], estos patrones anómalos se observan en tres situaciones: a) cuando el derecho no dispone de los conceptos idóneos para enmarcar una experiencia o rechaza la incorporación al acervo jurídico de nociones provenientes de otros campos del saber que pueden contribuir a expresarla y comunicarla; b) cuando el derecho establece una forma de interpretar una experiencia y excluye todas las interpretaciones alternativas; y c) cuando el derecho se muestra incapaz de hacer frente a una injusticia concreta, aun si no la ha provocado directamente. En estas situaciones —que invitan a reflexionar sobre los efectos de los estereotipos en el razonamiento jurídico—, las víctimas carecen de los recursos conceptuales necesarios para hacer inteligible sus circunstancias adversas y experimentan una forma de injusticia epistémica incluso si existen los conceptos jurídicos adecuados; en otros términos, el concepto

---

20 *Ibid.*, pp. 778 y 786-787.

21 TUREGANO, I. (2024). *Barreras en el acceso a la justicia y desigualdad social,* Madrid, cit., pp. 72 y 121.

22 LEMA, C. (2023), "De la ignorancia del derecho a la injusticia epistémica en el derecho…", cit., pp. 787-789.

existe, pero no es accesible para quien sufre la injusticia porque está cortocircuitado por estereotipos. Semejante opacidad no solo se proyecta en el conocimiento y la interpretación del derecho, sino también en la faceta testimonial del proceso[23] y, por tanto, en la credibilidad de determinados sujetos[24].

El análisis de estos procesos epistémicos guarda una estrecha relación con la lucha por la incorporación de la perspectiva de género y las experiencias de las mujeres a los sistemas jurídicos[25], una integración que todavía hoy enfrenta dificul-

---

23 FRICKER recurre al concepto de injusticia testimonial para hacer referencia a aquellas circunstancias socio-epistémicas que afectan a la credibilidad de aquellos sujetos que no se ajustan al modelo construido a partir de estereotipos y prejuicios enraizados en estructuras de desigualdad y que tienden a provocar el silenciamiento de la persona, imposibilitando su participación igualitaria en el proceso. En el campo del derecho, está plenamente acreditada la falta de credibilidad procesal de las mujeres víctimas y sus implicaciones negativas en el principio de igualdad de armas. Cfr. FRICKER, M. (2017). *Injusticia epistémica. El poder y la ética del conocimiento*, cit., pp. 238-246. Sobre la credibilidad de los sujetos "no paradigmáticos", véase GIOLO, O. (2024). "Accesso alla giustizia e funzioni degli stereotipi nel paradigma neoliberale", cit.

24 Una de las principales funciones que cumple el sistema judicial es infundir en los justiciables la conciencia de la autoridad judicial y la confianza en su capacidad para juzgar correctamente. Sin embargo, la falta de credibilidad de determinados sujetos impide que estos confíen en el sistema judicial, que se sientan parte de él o que deseen participar en el mismo. BERNARDINI, M. G. (2024). «La vulnerabilità nel processo. Oltre il "paradigma della vittima"». En J. Ansuátegui y M.C. Barranco (eds.), *Cultura jurídica y barreras en el acceso a la justicia*, cit., pp. 63-98.

25 El método de análisis iusfeminista propuesto por Bartlett sigue estando plenamente vigente. BARTLETT, K. (1990). "Feminist legal Methods", Harvard Law Review, 103, 4.

tades considerables[26]. La lucha por la incorporación de esta perspectiva se muestra en diversas vertientes, especialmente en la interpretativa y en el razonamiento probatorio en particular en los procesos de violencia física, psicológica o sexual.

En definitiva, como sostiene TUREGANO[27], los obstáculos en el acceso a la justicia analizados hasta aquí operan como filtros que determinan qué demandas son admitidas a trámite —y, por lo tanto, pueden ser eventualmente estimadas—, dado que no son sino el resultado de carencias cognoscitivas e interpretativas que entorpecen la comprensión autónoma y heterónoma de la experiencia conflictiva e impiden su adecuada traducción a categorías jurídicas de nuevo cuño que deberían ser asumidas y aplicadas por los operadores jurídicos. Estas trabas adquieren una importancia fundamental cuando se toman en consideración dos perspectivas. Por una parte, la óptica tanto de las personas y los grupos peor situados—pues resulta evidente que esas dificultades repercuten en su motivación para emprender una acción judicial en la que presentan una situación experiencial jurídicamente relevante— como de los mejor situados —pues no es menos evidente que tienen la mira

---

26 Arena analiza las barreras que afectan al conocimiento de los hechos desde el punto de vista de las mujeres en el ámbito de la teoría de la prueba y propone dos premisas analíticas desde la perspectiva de género. Según la primera, el conocimiento está condicionado por el punto de vista de quien conoce los hechos relevantes del caso, que debe tener en cuenta diversos enfoques, particularmente el de los grupos tradicionalmente oprimidos. De acuerdo con la segunda, las normas y la práctica de la prueba en el proceso han tendido a ignorar el punto de vista y la experiencia de las mujeres. ARENA, F. J. (2023). "Estereotipos y hechos en el proceso". En F. J. Arena (coord.), *Manual sobre los efectos de los estereotipos en la impartición de justicia.* Suprema Corte de Justicia de la Nación, pp. 217-248. pp. 226-228.

27 TUREGANO, I. (2024). *Barreras en el acceso a la justicia y desigualdad social,* cit., p. 113.

puesta en sus posibilidades de influir en la regulación del acceso a la justicia. Por otra parte, el punto de vista de los operadores jurídicos, especialmente los jueces y tribunales, dado que las posibilidades reales de que cierto tipo de demandas lleguen a los tribunales —y prosperen— dependen de que aquellos cobren conciencia de los problemas que afectan a determinadas clases de sujetos[28].

Una de las vías más prometedoras para aproximarse a estos obstáculos es la identificación de las estructuras discriminatorias que impiden sistemáticamente a ciertos grupos de personas reclamar sus derechos y defender sus intereses con los instrumentos de que disponen. En lo que sigue, abordaré el funcionamiento de los estereotipos de género en relación con el acceso a la justicia, así como las posibilidades de reconocerlos y desactivarlos para evitar que condicionen las decisiones judiciales o, en su caso, para justificar la revocación de las sentencias en cuyo dictado han influido de forma decisiva.

2. LOS ESTEREOTIPOS DE GÉNERO COMO OBSTÁCULOS DE ACCESO A LA JUSTICIA

La literatura sobre los estereotipos ha cobrado vigor en la teoría jurídica, que, entre otros extremos, ha analizado su presencia en las relaciones jurídicas, su influencia en los procesos

---

[28] GARGARELLA, R. (2006), "Protesta social y parcialidad judicial". En H. Birgin y B. Kohen (comps.), *Acceso a la justicia como garantía de igualdad. Instituciones, actores y experiencias comparadas,* Biblos, pp. 109-128.; y ABRAMOVICH, V. (2006). "Acceso a la justicia y nuevas formas de participación en la esfera política". En H. Birgin y B. Kohen (comps.), *Acceso a la justicia como garantía de igualdad. Instituciones, actores y experiencias comparadas,* cit., pp. 59-82.

de producción, interpretación y aplicación de las normas y en el procedimiento probatorio, así como en su valor predictivo[29].

Como trataré de mostrar, los efectos de los estereotipos constituyen obstáculos en el acceso a la justicia[30]. En este sentido, considero que el planteamiento más pertinente para hacer frente a los estereotipos es aquel que sostiene que la tarea de identificarlos adecuadamente y conocer su funcionamiento es tan importante como la de articular respuestas jurídicas para neutralizarlos.

El problema los estereotipos en general —y de los estereotipos de género en particular— no solo radica en las razones que subyacen a su instauración, su arraigo y su *vis* operativa, sino también en las consecuencias que producen[31]; entre estas últimas cabe destacar, por una parte, el desconocimiento de las características, necesidades, deseos y circunstancias individuales de las personas —que, en su caso, conduce a la negación de sus derechos y libertades fundamentales— y, por otra, la reproducción —y, por tanto, la preservación— del esquema jerárquico entre los sexos que deriva en un orden social desigual[32].

---

29 ÁLVAREZ, S. (2021). "Algunas discrepancias sobre el concepto de género, la violencia de género y su relevancia para el derecho. Comentarios a Francesca Poggi", *Doxa. Cuadernos de Filosofía del Derecho*, (44), pp. 557-585.

30 Un análisis sobre las razones de los efectos de los estereotipos en el derecho de acceso puede verse en ARENA, F. J. (2024). "La pragmática de los estereotipos y el enmascaramiento de la individualidad. Obstáculos para el acceso a la justicia". En J. Ansuátegui y M.C. Barranco (eds.), *Cultura jurídica y barreras en el acceso a la justicia*, cit., pp. 123-150.

31 SIMÓ, E. (2024). *Estereotipos de género en procesos por violencia sexual*. Tirant lo Blanch, pp. 59 y ss. y 112 y ss.

32 COOK R. J. y CUSACK, S. (2010). *Estereotipos de género. Perspectivas legales transnacionales*. Profamilia, p. 23.

Al respecto, el Comité CEDAW (Recomendación General N.º 33) ha expresado en estos términos la necesidad desactivar los estereotipos de género para garantizar adecuadamente el acceso a la justicia de las mujeres: "Las mujeres tienen que poder confiar en un sistema judicial libre de mitos y estereotipos y en una judicatura cuya imparcialidad no se vea comprometida por esos supuestos sesgados. La eliminación de los estereotipos judiciales en los sistemas de justicia es una medida esencial para asegurar la igualdad y la justicia para las víctimas y los supervivientes"[33].

2.1. Sobre el concepto

La definición más extendida corresponde a la propuesta por COOK y CUSAK[34], autoras que caracterizan el estereotipo como una visión generalizada o una preconcepción sobre los rasgos distintivos que tienen o deben tener las personas que pertenecen a un grupo social. En cuanto subclase de los estereotipos sin complementos de especificación, la expresión 'estereotipos de género' hace referencia al conjunto estructurado de creencias relativas a los atributos sociales, culturales y personales de las mujeres y los hombres. La cuestión clave es que, en la medida en que se presume que el grupo específico posee tales atributos, sean o no comunes a las personas que lo integran, existe una expectativa de que la persona adscrita a ese colectivo actuará de conformidad con la visión generalizada o la preconcepción sobre el mismo. Una noción, sin embargo,

---

33 COMITÉ CEDAW (2015). Recomendación General N.º 33 sobre el acceso de las mujeres a la justicia, CEDAW/C/GC/3, de 3 de agosto, § 28.

34 COOK, R. J. y CUSACK, S. (2010). *Estereotipos de género. Perspectivas legales transnacionales*, cit., p. 23.

que como subraya IRIGOIEN[35], sitúa el peso en la asignación de características y roles, sin atender suficientemente a la dimensión sistémica, estructural y colectiva de los estereotipos en virtud de la cual los estereotipos no se comprenden como "mecanismos neutros, sino como instrumentos de desigualdad y discriminación"[36].

Este último enfoque cuestiona asimismo las clases o tipos de estereotipo. De la definición de Cook y Cusack cabe inferir que los estereotipos cumplen funciones descriptivas y normativas[37]. En el primer caso, asignan propiedades o características a un grupo de las que puede predicarse su verdad o su falsedad a partir del análisis estadístico. En el segundo, determinan los roles que *deben* asumir y desempeñar ciertas categorías de personas y, por lo tanto, establecen pautas conductuales[38]. Sin embargo, la frontera entre ambas dimensiones funcionales es

---

35 Irigoien Dominguez, A. (2024). *Interseccionalidad y anti-estereotipación como recurso de un Derecho antidiscriminatorio crítico. Especial referencia al ámbito de la CAPV*, Instituto Vasco de Administración Pública, pp. 142-143

36 Ibid., p. 156

37 ARENA ha tratado esta doble función en muchos de sus trabajos. Por todos, véase ARENA, F. J. (2023), "Estereotipos normativos y autonomía personal". En F.J. Arena (coord.), *Manual sobre los efectos de los estereotipos en la impartición de justicia*, cit. pp. 179-216.

38 El Comité CEDAW ha estudiado en profundidad el tema de los estereotipos de género y ha fundamentado diversos dictámenes a partir de su identificación. Así, en el caso Gónzalez Carreño c. España señaló que "las autoridades encargadas de otorgar protección privilegiaron el estereotipo de que cualquier padre, incluso el más abusador, debe gozar de derechos de visita y de que siempre es mejor para un niño ser educado por su padre y su madre; ello sin realmente valorar los derechos de la menor e ignorando que esta había manifestado tener miedo a su padre y rechazaba el contacto" y que la decisión sobre la tutela se había adoptado en un contexto de violencia de género contra la madre (COMITÉ CEDAW (2014).

porosa y los propios estereotipos pueden distorsionar esa línea divisoria[39]. Por ello no parece plausible la distinción entre estereotipos descriptivos y normativos. En el caso de los estereotipos de género, las descripciones del significado de "feminidad" y "masculinidad" funcionan también como prescripciones sobre el modo de comportarse. Por ejemplo, los estereotipos: "las mujeres son pasivas sexualmente y, por tanto, están siempre dispuestas a aceptar las proposiciones de los hombres" o "las mujeres deben resistirse activa y físicamente a las agresiones sexuales"[40], o bien expresan una falsa constatación que no tiene valor veritativo o son una imposición conductual.

Los estereotipos tienen efectos perjudiciales, como veremos, incluso aquellos considerados "neutros" [41]. Parece poco discutible que, en sus respectivos contextos de enunciación, los dos ejemplos que acabamos de ver contribuyen a justificar la subordinación de las mujeres y a robustecer la jerarquía que da lugar a la desigualdad de género[42]. Todavía es posible afirmar que, aunque tengan una base estadística, los estereotipos coadyuvan al mantenimiento e incluso a la intensificación de la des-

---

Dictamen sobre la Comunicación núm. 47/2012 (*González Carreño c. España*), adoptado en su 58º periodo de sesiones, 16 de julio).

39 GIOLO, O. (2024). "Accesso alla giustizia e funzioni degli stereotipi nel paradigma neoliberale", cit.

40 Ejemplos tomados de ARENA, F. J. (2023). "Estereotipos y hechos en el proceso". En F.J. Arena (coord.), *Manual sobre los efectos de los estereotipos en la impartición de justicia*, cit., pp. 231-232

41 Como recordó el COMITÉ CEDAW en su Decisión adoptada respecto de la comunicación núm. 138/2018 (*S.F.M. c. España*), de 28 de febrero de 2020 (§ 7.5), un tribunal nacional calificó el daño psicológico que la actora sufrió a consecuencia de la violencia obstétrica de que fue objeto como una «mera percepción».

42 AÑÓN, M. J. (2020). "Transformations in anti-discrimination law: progress against subordination", *Revus. Journal for constitutional theory and philosophy of Law*, (40), pp. 27-43.

igualdad estructural que afecta a las mujeres[43]. Como muestra GUIDONI [44] los estereotipos de género se encuentran entre aquellos "mecanismos específicos que son generados por, y a la vez reproducen, la desigualdad misma", en tanto que "organizan y fijan los papeles y características de los grupos sociales, en relación con su posición jerárquica, de modo que parezcan naturales y justos". Su función se despliega así en el mantenimiento de jerarquías y del *statu quo*. Interesa, por tanto, examinar cómo funcionan los estereotipos y cuáles son sus efectos.

2.2. Funciones y efectos

Por razones de economía expositiva, me referiré brevemente a tres rasgos de los estereotipos que dan cuenta de su modo de operar y de sus consecuencias: la generalización, la resistencia al cambio y el carácter lesivo.

2.2.1. Generalización

En la vida cotidiana y en los procesos de socialización, la categorización está incorporada a la manera en la que pensamos y actuamos en función de las expectativas que tenemos de los

---

43 TIMMER, A. y SOSA, L. (2023). "Los estereotipos en la jurisprudencia del Tribunal Europeo de Derechos Humanos", cit., pp. 54-55.; y PERONI, L. y TIMMER, A. (2017). "Gender Stereotyping in Domestic Violence Cases. An Analysis of the European Court of Human Rights' Jurisprudence". En E. Brems y A. Timmer (eds.), *Stereotypes and Human Rights Law*. Intersentia, p. 41.

44 GHIDONI, E. (2023). "Aproximación a los estereotipos como elementos del razonamiento judicial a través de las presunciones", *Manual sobre los efectos de los estereotipos en la impartición de justicia*. Suprema Corte de Justicia de la Nación, p. 295.

demás. En este sentido, como afirma ARENA[45], la generalización es un mecanismo indispensable en la interacción humana, dado que permite organizar y simplificar las complejidades del mundo social[46].

De modo similar, la determinación de los supuestos de hecho y las consecuencias de las normas jurídicas debe ajustarse a la exigencia de la generalidad[47]. Si bien es cierto que desde el iluminismo jurídico la generalidad ha sido considerada una garantía de la igualdad ante la ley y la seguridad jurídica, no resulta posible soslayar el hecho de que determinadas generalizaciones sociales estereotípicas se proyectan en la legislación y en los procesos de interpretación y aplicación del derecho, y pueden, por ello, permear en la mentalidad y la práctica consolidada de los órganos de adjudicación, particularmente los de carácter jurisdiccional. Así, los estereotipos forjados en la esfera social son absorbidos por los sistemas jurídicos y propician la creación de otros en los procesos de producción, interpretación y aplicación del derecho, y muy especialmente en el procedimiento probatorio[48].

---

45 ARENA, F. J. (2019). "Algunos criterios metodológicos para evaluar la relevancia jurídica de los estereotipos". en V. Riso y S. Pezzano (eds.) y H. G. Bouvier y F. J. Arena (dirs.), *Derecho y Control* (II). Ferreyra. p. 21.

46 ARENA, F. J. (2023). "Estereotipos normativos y autonomía personal", cit., pp. 235-236

47 Sobre la cuestión de si la exigencia de generalidad de las normas jurídicas es un requisito vinculado a la igualdad y un parámetro de racionalidad, considero de gran interés el trabajo de Hierro Sánchez Pescador, L. (2003). Igualdad, generalidad, razonabilidad y crisis de la ley. *Doxa. Cuadernos De Filosofía Del Derecho,* (26), 449-476. https://doi.org/10.14198/DOXA2003.26.20

48 Uno de los trabajos más importantes sobre los estereotipos en el ámbito judicial es el estudio de CUSACK, S. (2014). "Gender Stereotyping as a Human Rights Violations". En *Eliminating Judicial Stereotyping.* U.N. Office of the High Commissioner for Human Rights.

A este respecto, es preciso explicar por qué o en qué sentido los estereotipos son generalizaciones que tienen efectos indeseables. Comparto con ARENA la idea de que es necesario dilucidar las razones de que, a pesar de que las generalizaciones son esenciales en la fundamentación de las premisas normativa y fáctica[49], los estereotipos —que son, ellos mismos, generalizaciones— distorsionen el razonamiento jurídico y lo conviertan en ilegítimo, pues es evidente que la conclusión de un procedimiento argumentativo sustentado en estereotipos no puede considerarse fundada. La clave es, por tanto, explicar por qué los estereotipos son generalizaciones que tienen efectos dañosos[50].

La simple afirmación de que los estereotipos son generalizaciones es una respuesta insatisfactoria, dado que normalmente las generalizaciones constituyen la apoyatura de razonamientos jurídicos dotados de justificación y, por tanto, de legitimidad. La principal razón de que esa clase específica de generalizaciones que son los estereotipos —singularmente, los

---

49 Sobre estereotipos y prueba, véase BONORINO, P. (2023), "Cómo hacer visible lo invisible: los estereotipos de género en la argumentación". En M. J. Bravo (dir.) y A. I. González Fernández (coord.), *Justicia y género.* Tirant lo Blanch, pp. 265-293. Arena se pronuncia en estos términos sobre la relevancia negativa de los estereotipos en el razonamiento probatorio: "El efecto más peligroso que pueden tener los estereotipos normativos en la prueba de los hechos es invertir la finalidad del procedimiento probatorio. Me refiero a la posibilidad de que quien defienda un estereotipo normativo termine por abandonar la empresa epistémica, limitándose a reprobar el comportamiento de quien no se ajusta al estereotipo normativo y construir los hechos de manera tal que haga posible infligir algún tipo de castigo" (ARENA, Federico J. (2023). "Estereotipos y hechos en el proceso", cit., pp. 232 y 237.)

50 POU GIMÉNEZ, F. (2015). "Estereotipos, daño dignitario y patrones sistémicos: la discriminación por edad y género en el mercado laboral y patrones sistémicos". *Discusiones, 16*(1) p. 179.

de género— distorsionen el proceso argumentativo y lo tornen ilegítimo es que no resulta posible deslindar su origen de una acreditada historia de discriminación, justamente aquella de la que deriva la generalización que es preciso descartar incluso si está sustentada en la evidencia estadística. El estereotipo sería así "un tipo específico de generalización, cuya especialidad viene marcada por un *quid pluris* que es su vinculación con la desigualdad estructural"[51]. Dado que los procesos de generalización son ineludibles en el derecho, lo rechazable es el *tipo* de generalización a través del que son construidos los estereotipos. Por ello, a la hora de analizarlos el énfasis debe recaer no tanto en la generalización cuanto en la justificación de los procesos de discriminación y exclusión que subyacen a la misma: los estereotipos tienen efectos perniciosos precisamente porque desempeñan un papel decisivo en la racionalización de aquellos procesos.

Para distintas autoras, entre ellas GHIDONI y MORONDO[52], los estereotipos de género en tanto que mecanismos cognitivos no tienen la función de proporcionar información o simplificar la complejidad, sino justificar las jerarquías de poder, por tanto, su función no puede ser neutra. Las notas que los caracterizan serían las de serialidad[53], heterodesignación e

---

51 GUIDONI, E. "Aproximación a los estereotipos como elementos del razonamiento judicial a través de las presunciones", cit., p. 297.

52 GHIDONI, E., MORONDO, D. (2022). "El papel de los estereotipos en las formas de la desigualdad compleja: algunos apuntes desde la teoría feminista del derecho antidiscriminatorio". *Discusiones, 28*(1), pp. 51, 56 y ss.

53 Giolo sostiene que los estereotipos permiten reforzar las jerarquías clásicas de lo humano. Los nuevos estereotipos que anidan en la representación del "sujeto neoliberal" competitivo y emprendedor y el menosprecio a quienes no encajan en estas características contribuyen a reforzar los procesos de serialización y estandarización actualmente imperantes en la denominada "justicia algorítmica-

interseccionalidad. La serialización es el tratamiento indiferenciado de las mujeres —es decir, su consideración como personas idénticas o intercambiables— a través de normas jurídicas basadas en estereotipos que pueden justificar su inclusión o su exclusión "en bloque" en la dimensión específica que regulan. Por su parte, la heterodesignación hace referencia a la atribución de rasgos específicos a las mujeres con base en criterios derivados del principio jerárquico de poder, proceso que comporta la asignación de espacios específicos y la valorización de tareas concretas. La interseccionalidad, finalmente, proporciona un enfoque adecuado para identificar patrones sobre la complejidad de las relaciones de desigualdad. De conformidad con ello, "los estereotipos interseccionales se originan en la interacción de sistemas de poder para posicionar a los grupos subordinados"[54].

En síntesis, las generalizaciones estereotipadas sobre las mujeres justifican los patrones vigentes de la desigualdad de género, racionalizan la distribución asimétrica del poder basado en el género, y naturalizan las representaciones de las jerarquías sociales que contribuyen a preservar la desigualdad estructural entre los sexos. Subyacen y justifican tanto las leyes basadas en la distinción de las esferas pública y privada como las decisiones judiciales que son el resultado de su interpretación. Como advierten GHIDONI y MORONDO[55], el estereotipo de la mujer

---

predictiva" que, entre otros efectos, distorsionan la relación entre lo descriptivo y lo normativo en los contextos de decisión jurídica. GIOLO, O. (2024). "Accesso alla giustizia e funzioni degli stereotipi nel paradigma neoliberale", cit., pp. 97-122.

54 IRIGOIEN, A. (2024), Irigoien Dominguez, A. (2024). Interseccionalidad y anti-estereotipación como recurso de un Derecho antidiscriminatorio crítico, cit., p. 155

55 GHIDONI, E. y MORONDO, D. (2022). "El papel de los estereotipos en las formas de la desigualdad compleja: algunos apuntes desde la teoría feminista del derecho antidiscriminatorio", cit.

cuidadora racionaliza las desventajas laborales de las madres trabajadoras como si fueran el resultado natural de la decisión de tener hijos y no de las normas o las lagunas normativas que obstaculizan la conciliación de la maternidad y el trabajo; además, la incorporación de este estereotipo a un nutrido conjunto de normas se traduce en pensiones de viudedad reducidas, ajustes laborales solo para ellas, permisos específicos para el cuidado de los hijos y normas de derecho civil desigualitarias, entre otros efectos indeseables.

2.2.2. Resistencia al cambio

Un segundo rasgo destacable de los estereotipos de género es que, una vez consolidados, tienden a bloquear los cambios sociales tendentes a revertir los patrones que afianzan. Este carácter resistente se explica tanto por el modo en que son transmitidos, naturalizados e interiorizados por los sujetos en los procesos de socialización como por la facilidad con la que pasan desapercibidos. Los estereotipos de género están tan enraizados en nuestra percepción de la realidad que no siempre somos conscientes de la inclinación de nuestro pensamiento a ajustarse a las representaciones que transmiten e imponen[56], e incluso a asumirlas acríticamente. Adicionalmente, la resistencia al cambio se ve reforzada por el hecho de que pueden llegar a distorsionar nuestra aproximación a la realidad hasta el punto de que tendemos a corroborar su plausibilidad a través del sesgo de confirmación incluso en presencia de evidencias que los desmienten o los contradicen.

Por otra parte, los estereotipos de género son dominantes, dicho esto en el sentido de que derivan de una estructura social cimentada en la desigualdad que ensalza y privilegia cier-

---

56 COOK, R. J. y CUSACK, S. (2010). *Estereotipos de género. Perspectivas legales transnacionales*, cit., pp. 16-22.

tos atributos generalmente identificados con la masculinidad y desprecia o minusvalora otros tradicionalmente asociados a las mujeres.

Finalmente, COOK y CUSACK[57] subrayan un aspecto adicional de los estereotipos de género que robustece su carácter resistente al cambio: la persistencia, es decir, la capacidad de perdurar a lo largo del tiempo.

2.2.3. Daños

En buena medida, el rechazo de los estereotipos viene dado por los daños que pueden ocasionar al grupo estereotipado, entre ellos la imposición de un estatus social subordinado o discriminatorio. De acuerdo con MOREAU[58] y CLÉRICO[59], el carácter lesivo de los estereotipos de género se manifiesta en las siguientes situaciones: (i) la perpetuación de relaciones de poder opresivas, entre ellas la atribución de cargas suplementarias a las mujeres; (ii) la privación del ejercicio de los derechos o del acceso a bienes básicos y beneficios sociales por razón de género; y (iii) la erosión de la autonomía y el autorrespeto de las mujeres asociada al impacto de los estereotipos en la toma de decisiones sobre el control de sus propias vidas, que puede tener implicaciones degradantes o minimizar su dignidad. En este sentido, los estereotipos de género limitan la autonomía relacional, concepto al que hace referencia ÁLVAREZ para designar "una concepción del agente cuyas posibilidades racionales y morales solo se comprenden adecuadamente atendiendo al contexto de interacción que le es propio, a los pro-

---

57 *Ibid.*, pp. 25 y 233 y ss.

58 MOREAU, S. R. (2004). "The Wrongs of Unequal Treatment", cit.

59 CLÉRICO, L. (2017). "Derecho constitucional y derechos humanos: haciendo manejable el análisis de estereotipos". *Derechos en Acción*, *5*(5), pp. 216-241.

cesos de socialización en los que se inscribe y actúa la persona autónoma"[60]. Aunque esta consideración es atendible, creo que es necesario añadir, con GHIDONI y MORONDO, que el efecto dañino de los estereotipos —particularmente, de la heterodesignación— no solo es individual, sino también grupal[61], y puede materializarse bien a través del énfasis en ciertos atributos socialmente poco valorados, bien mediante la exaltación interesada de determinadas características.

Estos procesos y el entramado de relaciones intersubjetivas están cargados de significados socioculturales que conforman posiciones y, por tanto, opciones, entre las que la herencia patriarcal y los estereotipos de género ocupan un lugar central. El razonamiento jurídico en el ámbito de la violencia de género y la violencia sexual es un escenario argumentativo especialmente propicio para que los estereotipos de género desplieguen sus efectos negativos. Piénsese, como he señalado antes, en el daño que puede ocasionar la utilización de estereotipos en la valoración del testimonio de las víctimas[62].

---

60 Silvina ÁLVAREZ, S. (2018). *La autonomía de las personas. Una capacidad relacional*, CEPC.

61 GHIDONI, E. y MORONDO, D. (2022). "El papel de los estereotipos en las formas de la desigualdad compleja...", cit., p. 60

62 Como señala ARENA, hay un estereotipo relativo al testimonio de la víctima muy arraigado en los casos de violencia sexual, el denominado *estereotipo de la mujer estratégica*, según el cual las mujeres formulan denuncias falsas por hechos de violencia para obtener otros fines, entre ellos el alejamiento del hombre del hogar, la obtención de ventajas en el divorcio, la satisfacción de su sed de venganza, etc. Lo mismo ocurre con el *estereotipo de la mujer honesta*, según el cual si una mujer se dedica a la prostitución o tiene una vida sexualmente muy activa es menos probable que sea víctima de un delito contra su integridad sexual. Con respecto a la valoración del testimonio, los resultados de algunas investigaciones psicológicas han mostrado que en numerosos procesos los juzgadores no toman en consideración que "las mujeres abusadas exhiben muchas de las caracterís-

A este respecto, una propuesta de avance sugiere la pertinencia de analizar en detalle los efectos negativos de los estereotipos y los sesgos de género en la procuración de justicia para que tanto su conocimiento como la valoración de sus efectos —especialmente en los casos de violencia basados en el género— contribuyan a mejorar sustantivamente los resultados del acceso a la justicia para las mujeres víctimas y supervivientes de la violencia[63] mediante la adopción de diversas medidas, entre ellas la fijación de criterios que aseguren la credibilidad de los testimonios que vierten en calidad de partes o testigos[64].

3. ESTÁNDARES DE RESPUESTA ANTE LOS ESTEREOTIPOS DE GÉNERO EN EL ACCESO A LA JUSTICIA

El artículo 5(a) de la Convención internacional contra todas las formas de discriminación de la mujer (CEDAW) llama a los Estados signatarios a "modificar los patrones socioculturales de conducta de hombres y mujeres con miras a alcanzar la eliminación de los prejuicios y las prácticas consuetudinarias y de cualquier otra índole que estén basados en la idea de la inferioridad o superioridad de cualquiera de los sexos o en funciones estereotipadas de hombres y mujeres".

En su interpretación de este artículo, el Comité CEDAW señala que el precepto aborda adecuadamente la dimensión

---

ticas asociadas con los mentirosos —dudan, cambian sus historias, procrastinan denunciar el hecho, y parecen equivocas en virtud de autoinculparse" (ARENA, F. J. (2023). "Estereotipos y hechos en el proceso", cit., pp. 228 y 241).

63 Comité CEDAW (2015). Recomendación general N.º 33, sobre el acceso de las mujeres a la justicia, cit., §§ 28 y 29.

64 *Ibid.*, § 29.

estructural de la discriminación y subraya que este mandato impone a los Estados el deber de tomar medidas orientadas a transformar las instituciones para que estas "dejen de basarse en pautas de vida y paradigmas de poder masculino determinados históricamente"[65]. El mismo Comité concreta esta tesis en las consecuencias de alcance que los estereotipos de género tiene en el sistema judicial y en los derechos humanos de las mujeres, en especial las víctimas de violencia. Entre ellas, las barreras en el acceso a la justicia en todos los ámbitos jurídicos, las decisiones basadas en creencias preconcebidas y no en hechos, en la prueba, en la interpretación y aplicación de las normas, en la exigencia de responsabilidad penal de los perpetradores y en definitiva en la imparcialidad y la integridad del sistema de justicia[66]

Esta y otras reflexiones del mismo tenor han contribuido a forjar un consenso más o menos amplio en torno a la idea de que los estereotipos no solo son la "causa fundamental y consecuencia de la discriminación"[67], sino que también constituyen un serio obstáculo para el acceso a la justicia en todas sus manifestaciones[68]. Las distintas modalidades de estereotipos

---

65 COMITÉ CEDAW (2017) Recomendación general N.° 36, sobre el derecho de las niñas y las mujeres a la educación, C/GC/36, de 27 de noviembre, § 26. Un estudio sistemático del artículo 5(a) CEDAW puede verse en HOLTMAAT, H. M. T. (2012). "Article 5 CEDAW". En M. A. Freeman, C. Chinkin, y B. Rudolf (eds.), *The UN Convention on the Elimination of All Forms of Discrimination against Women: a Commentary*. Oxford University Press, esp. pp. 142-146.

66 COMITÉ CEDAW (2015) Recomendación general N.° 33, sobre acceso de las mujeres a la justicia C/GC/33, de 3 de agosto § 26.

67 Cfr. COMITÉ CEDAW, *R.K.B. c. Turquía* (2012) § 8.8; y *S.T. c. Federación de Rusia* (2019), § 9.4.

68 Esta idea ha quedado plasmada en diferentes documentos de órganos internacionales y nacionales que indican ciertas acciones para garantizar el derecho de acceso a la justicia, entre los que destaca

de género pueden entenderse, así, como razones relevantes que explican que los operadores jurídicos y otros actores no hayan adoptado medidas para hacer frente a todas las formas de discriminación. Sea como fuere, los tímidos progresos en la identificación de los estereotipos de género verificados en la jurisprudencia de algunas cortes regionales han propiciado la elaboración de marcos teóricos que individualizan los estándares necesarios para detectarlos y neutralizarlos. Tomaré como referencia una de estas construcciones, concretamente la metodología de dos pasos de TIMMER y SOSA, una propuesta basada en el análisis de las sentencias del Tribunal Europeo de Derechos Humanos en las que el órgano de control de la CEDH se ha ocupado de los estereotipos de forma directa o tangencial.

(i) El primer paso comprende dos dimensiones de análisis: el señalamiento del estereotipo y la especificación del daño que genera.

(i.1) El señalamiento consiste en nombrar o designar expresamente el estereotipo con el fin de visibilizarlo, operación que, por evidente que parezca, sigue siendo una tarea pendiente. A estos efectos, TIMMER y SOSA[69] señalan que los tribunales deberían, como mínimo, "nombrar" los estereotipos,

---

la antes citada Recomendación general N.° 33 del Comité CEDAW, sobre el acceso de las mujeres a la justicia (§ § 28,18 (e) y 29).

69 Este análisis coincide fundamentalmente con la propuesta de Timmer, que en 2011 publicó un artículo seminal sobre la visibilización y el señalamiento de los estereotipos (TIMMER, A. (2011). "Toward an Anti-Stereotyping Approach for the European Court of Human Rights", Human Rights Review *11*(4), pp. 707-738). Más recientemente, la autora ha profundizado junto a Lorena Sosa en este esquema metodológico de dos pasos en TIMMER, A. y SOSA, L. (2023). "Los estereotipos en la jurisprudencia del Tribunal Europeo de Derechos Humanos". En F. J. Arena (coord.), *Manual sobre los efectos de los estereotipos en la impartición de justicia,* cit., pp. 53 y 92-93.

reconocerlos como preconcepciones sesgadas de los grupos sociales y examinar cuidadosamente sus implicaciones negativas. Solo si los operadores jurídicos examinan conjuntamente la eventual intersección de diversas categorías[70] o la presencia de estereotipos combinados, como los denomina CLÉRICO[71], estarán en disposición de capturar los estereotipos en toda su complejidad. Considero que una exigencia ulterior es abordar la relación recursiva entre los estereotipos y la discriminación en el caso concreto con el fin de contribuir a desmantelar la desigualdad estructural.

El análisis de las sentencias del TEDH que llevan a cabo TIMMER y SOSA muestra que, aun cuando el Tribunal de Estrasburgo haya identificado y visibilizado algunos estereotipos[72], no se trata de una práctica consolidada. Este "silencio"

---

70 POU GIMÉNEZ, F (2015). "Estereotipos, daño dignitario y patrones sistémicos: la discriminación por edad y género en el mercado laboral y patrones sistémicos", cit., pp. 178-179.

71 CLÉRICO, L. (2018). "Hacia un análisis integral de estereotipos: desafiando la garantía estándar de imparcialidad". *Revista Derecho del Estado*, (41), 67-96.; y CLÉRICO, L. y BÓRQUEZ, N. (2021). "Una vuelta de tuerca al análisis de estereotipo: estereotipo combinado". *Revista Electrónica del Instituto de Investigaciones Ambrosio L. Gioja*, (26), 1-28. En este trabajo, las autoras enlistan las sentencias de la Corte Interamericana de Derechos Humanos en las que se han identificado estereotipos y examinan el interesantísimo caso *Ramírez Escobar y otros vs. Guatemala* (2018) como un supuesto de estereotipo combinado o compuesto.

72 Uno de los primeros casos en los que el TEDH identificó la presencia de estereotipos en la sentencia estatal impugnada fue *Kostantin Markin c. Rusia* (2012) y *Kiyutin c. Rusia* (2011), que se remite a *Alajos Kiss c. Hungria*, de 2010. En este último caso, el tribunal señala: "Excluir a los no nacionales seropositivos de la entrada o residencia con el fin de prevenir la transmisión del VIH se basa en la suposición de que tendrán un comportamiento inseguro específico y de que el nacional tampoco se protegerá. Esta suposición equivale a una generalización que no se basa en hechos" (§ 68). Los hombres son más propensos a buscar trabajo que las mujeres, lo que tiene efectos

sobre los estereotipos es patente en las interpretaciones de la violencia de género y la violencia sexual, y podría dar a entender que estamos ante problemas incidentales y no estructurales. Se observa incluso que, cuando los estereotipos son mencionados o presentados por alguna de las partes o por terceros intervinientes, el tribunal no los toma en consideración. La no designación de los estereotipos tiene efectos relevantes, entre ellos la permanencia en la oscuridad de los argumentos implícitos, la falta de reflexión sobre el papel que desempeñan, la ausencia de cualquier análisis del daño que generan y, en última instancia, la pervivencia de las estructuras de desigualdad. Habitualmente, las autoridades o la legislación estatal son las instancias que apelan a los estereotipos como razón justificatoria. Por ello, el hecho de que el tribunal no los identifique es grave, especialmente si tenemos en cuenta que la carga de la argumentación pesa sobre los Estados, que la justificación de su carácter lesivo debe ceñirse a un daño concreto, específico y real, y no a un perjuicio abstracto, que los estereotipos de género son una prueba de discriminación y que un razonamiento estereotipado de los jueces de instancia puede legitimar determinados tratamientos diferenciados no objetivos ni razonables. Si finalmente persisten dudas sobre la argumentación de las autoridades estatales, la norma o la medida debería considerarse injustificada[73]. Todo ello patentiza

---

positivos en el mercado laboral nacional. Argumento que justifica que se apliquen estándares más estrictos a los maridos que quieren agruparse con sus esposas (residentes legales) que a las esposas que quieren reunirse con sus maridos de acuerdo con la legislación de inmigración británica (TEDH, *Abdulaiz, Cabanes y Balkandali c. Reino Unido*, § 75). Sobre estas sentencias, véase TIMMER, A. y SOSA, L. (2023). “Los estereotipos en la jurisprudencia del Tribunal Europeo de Derechos Humanos”, cit., p. 93

73 CLÉRICO, Laura (2017). “Derecho constitucional y derechos humanos: haciendo manejable el análisis de estereotipos”. *Derechos en Acción*, *5*(5), 216-241.

la relevancia de que el tribunal identifique los estereotipos y les ponga nombre[74].

Se ha observado que las consideraciones relativas al comportamiento apropiado o inapropiado de una mujer alimentan la creación de estereotipos en el proceso[75]. Por ello, se ha establecido como exigencia la labor de identificar las normas sobre esta cuestión que, de hecho, interpretan los jueces y fiscales en sus razonamientos[76]. Sabemos que la percepción de lo que es o debe ser un comportamiento adecuado influye en numerosos ámbitos y subyace a diversos estereotipos que han justificado el reconocimiento o no del carácter de víctima, la tutela en casos de menores y los roles de la mujer en el espacio público y privado. Por ello, la singularización de cada razonamiento judicial a la luz de este contenido constituye una vía

---

74 Un ejemplo representativo en este sentido es el Dictamen del Comité CEDAW de 2014 sobre la Comunicación núm. 47/2012 (*González Carreño c. España*), cit., donde el Comité analizó la decisión de un tribunal español de establecer un régimen de visitas no vigilado aplicando nociones estereotipadas —y, por lo tanto, discriminatorias— en un contexto de violencia doméstica que derivó en el asesinato de la hija común de 7 años a manos del padre. El tribunal doméstico sustentó su decisión en el estereotipo de acuerdo con el cual hay que salvar las relaciones paternofiliales por encima de cualquier otra razón incluso en un contexto de violencia contra la mujer. El Estado español fue condenado por incumplir su obligación de ejercer la debida vigilancia y vulnerar, por ello, los artículos 2 a), d), e) y f); 5 a) y 16, párrafo 1 d) de la CEDAW.

75 En el caso *J.L. c. Italia* (2021), el TEDH identificó el estereotipo que subyace al argumento del tribunal de apelación italiano que confirmó la sentencia absolutoria de siete hombres acusados de violación grupal. El tribunal de apelación italiano se había referido al color rojo de la ropa interior "mostrada" por la víctima, había mencionado su bisexualidad, su "actitud ambivalente hacia el sexo" y su "vida no lineal".

76 Exigencia establecida por el Comité CEDAW en su Recomendación General N.º 33, cit., § 29.

adecuada para incrementar la comprensión de los efectos negativos de los estereotipos y los sesgos de género, y para estimular su identificación en los sistemas de justicia, especialmente en los casos de violencia contra las mujeres[77].

(i.2) De acuerdo con el marco metodológico que he tomado como referencia, el señalamiento o la identificación del estereotipo va unido a la tarea de hacer explícito el daño que este ocasiona. El tribunal debe, por tanto, examinar si una norma o una práctica está basada en un estereotipo y que alcance tiene. TIMMER y SOSA señalan que, para ello, es necesario que el órgano jurisdiccional lleve a cabo una detallada interpretación del contexto, que no solo sirve para arrojar luz sobre los estereotipos, sino también para comprender hasta qué punto son perjudiciales y para problematizar las experiencias anómalas que ha naturalizado una sociedad[78].

---

77 Un supuesto similar lo encontramos en la STC 115/2024 de 23 de septiembre. En esta sentencia, el Tribunal Constitucional español reconoce una lesión de los derechos fundamentales. Los tribunales inferiores culparon a la madre de no ser proactiva y no facilitar las relaciones paternofiliales. Sin embargo, el TC entiende que ninguna de las resoluciones judiciales impugnadas ha tenido en cuenta que el conflicto respecto de las visitas de la hija común se produjo en un contexto de violencia de género ejercida por el exmarido, y subraya que la mujer no incumplió el régimen de visitas, dado que fue la propia niña, de cuatro años, la que se negó a seguir acudiendo al punto de encuentro familiar para reunirse con el padre. Asimismo, el TC señala que la imposición de esta exigencia a las madres separadas que son víctimas de maltrato machista es alarmantemente frecuente en los juzgados debido a la falta de formación en perspectiva de género de muchos jueces.

78 La decisión que marca un cambio significativo en la jurisprudencia relativamente formalista del TEDH es *D.H. c. Czech Republic* (2007). Los votos disidentes señalaron críticamente el hecho de que el tribunal no llevara a cabo una valoración del contexto social. También puede verse el caso *Alajos Kiis c. Hungary* (2010), §§ 42-44. TIMMER, A (2011). "Toward an Anti-Stereotyping Approach for the European

Como ya se ha señalado, la relación entre estereotipos y discriminación es recursiva, dado que los primeros tienen su origen en una historia de discriminación sufrida por determinados grupos. Por ello, ARENA insiste en la importancia de introducir controles e incorporar al análisis una metodología más exigente que privilegie la información y el examen individual, especialmente en el procedimiento probatorio[79]. El objetivo, sostiene el autor, es impedir que esa historia de discriminación pueda terminar disfrazando los hechos a gusto de quienes mantienen los estereotipos. Esta percepción viene respaldada por razonamientos jurídicos muy extendidos, especialmente en decisiones relativas a la tutela de menores, la violencia sexual sobre las mujeres y la violencia de género, donde el razonamiento judicial está expuesto a estereotipos bajo el ropaje de generalizaciones. En muchas de ellas queda patente que quien juzga ignora el punto de vista y las experiencias de las mujeres e introduce visiones estereotipadas en el razonamiento jurídico que han sido y son claramente perjudiciales para ellas. Por otra parte, los esfuerzos de las perspectivas críticas, especialmente las iusfeministas[80], han contribuido a cuestionar dimensiones centrales del proceso sobre el concepto de verdad, el tipo de pruebas prevalentes, el modelo de víctima, la percepción de algunos hechos que pasan a ser considerados violaciones de derechos de las mujeres o la introducción de nuevas categorías jurídicas

---

Court of Human Rights". *Human Rights Review,* 11(4), p. 722examinar el contexto histórico, dado que si un estereotipo es perjudicial depende en amplia medida del contexto histórico en el que se usa. En el caso *Andrle c. Czech Republic,* en el que se examina el sistema de pensiones en Chequia, el TEDH considera que está basado claramente en el estereotipo del varón proveedor y la mujer ama de casa.

79 ARENA, F. J. (2023). "Estereotipos y hechos en el proceso", cit., p. 239.

80 GUIDONI, E. (2023). "Aproximación a los estereotipos como elementos del razonamiento judicial", cit., p. 3030.

(ii) El segundo paso del esquema metodológico es la impugnación y la refutación de los estereotipos. TIMMER y SOSA[81] subrayan que, a tal efecto, es necesario que el tribunal identifique la conexión de los estereotipos con la discriminación y, sobre todo, con la concreta desigualdad abordada en cada caso. El razonamiento jurídico de los tribunales debería ser capaz de captar que el peligro de los estereotipos estriba en que justifican la discriminación y perpetúan la desigualdad estructural.[82] En otros términos, para aprovechar el potencial que tiene el concepto de estereotipo en el razonamiento judicial, los tribunales deberían reconocer que dan lugar a tratamientos jurídicos que no son justificables[83]. Dado que los estereotipos de género pueden reflejar y reforzar la distribución desigual del poder que, en virtud de la asignación de roles sociales, sitúa a determinados sujetos o clases de sujetos en una posición de subordinación y a otros en una posición de ventaja, es necesario desarticular las razones que se esgrimen para justificar la afectación de los derechos de los primeros a través de un examen estricto de igualdad con el fin de poner en evidencia la discriminación por razón de género[84].

---

81 TIMMER, A. y SOSA, L. (2023). "Los estereotipos en la jurisprudencia del Tribunal Europeo de Derechos Humanos", cit., pp. 92-93.

82 Los estereotipos figuran, como indica Irigoien, entre los mecanismos de discriminación, esto es, entre aquellos elementos de perpetuación del poder que se entrelazan y se adaptan en cada contexto. IRIGOIEN, A. (2024). Interseccionalidad y anti-estereotipación..., cit., p. 155

83 MOREAU, S., The Wrongs of Unequal Treatment", cit., pp. 291-326.

84 CLÉRICO, L. (2018). "Hacia un análisis integral de estereotipos: desafiando la garantía estándar de imparcialidad", cit., p. 74. En relación con la Corte Interamericana, los primeros casos sobre estereotipos de género que resolvió la Corte IDH fueron *González y otras vs. México* (*Campo Algodonero*) (2009) y *Atala Riffo vs Chile* (2012).

La sentencia del caso *Carvalho Pinto de Sousa Morais c. Portugal* (TEDH, 2017)[85] es interesante para nuestro tema y, en cierto modo, ejemplifica los pasos lógicos que he expuesto. Como señala el juez Motoc en su voto concurrente, el TEDH no solo identifica los estereotipos, sino que también se aleja de la concepción tradicional de la igualdad de género y pone de manifiesto las dificultades metodológicas para visibilizar la conexión entre la discriminación y los estereotipos.

En el caso, el TEDH reconoce que el argumento clave que justifica la sentencia estatal de instancia está basado en dos estereotipos: el estereotipo sexual y el de los roles de género asociados a las mujeres (§ 52), circunstancia que, como afirma el TEDH, pone de manifiesto "los prejuicios prevalecientes entre el poder judicial en Portugal" (§ 54). El TEDH declara que los estereotipos forman parte de la conducta discriminatoria y determina que el Estado demandado ha vulnerado el artículo 14 del Convenio Europeo de Derechos Humanos. La sentencia también es importante porque el tribunal cuestiona con rotundidad la justificación "objetiva y razonable" que esgrime el Estado, probablemente debido a la radicalidad con la que utilizó los estereotipos de género y edad. Para el TEDH, el tribunal administrativo portugués recurrió a dos estereotipos para reducir la indemnización de la demandante, que había sufrido una operación ginecológica con graves secuelas para su vida cotidiana: por una parte, un estereotipo relativo a la sexualidad femenina; por otra, un estereotipo que atribuye a la mujer un rol específico. La sentencia declara que el estereotipo "refleja una idea tradicional de la sexualidad femenina como esencialmente vinculada a los fines de la maternidad y, por tanto, ignora su relevancia física y psicológica para la autorrealización de las mujeres como personas" (§ 52). En relación

---

85 TEDH, caso *Carvalho Pinto de Sousa Morais c. Portugal*, sentencia de 25 de octubre de 2017.

con el primer estereotipo, el TEDH cuestiona que el tribunal portugués considerara que "en el momento de la operación la demandante ya tenía más de 50 años y que ya ha tenido dos hijos, es decir, una edad en la que el sexo no es tan importante como en los años de juventud, disminuyendo su importancia con la edad". Con respecto al segundo, pone en entredicho la afirmación de que no era presumible que la demandante necesitara una criada a tiempo completo, ya que "probablemente solo necesitaba cuidar de su marido" (§16).

Como se ve, el TEDH nombra, registra e identifica el estereotipo tanto porque constituye el factor clave de la discriminación como por el efecto perjudicial que comporta. Desde el punto de vista jurídico, la identificación de un estereotipo no solo es útil para dejar constancia de su existencia y etiquetarlo, sino también para reconocer la discriminación que origina. A juicio de TIMMER y SOSA, con este razonamiento el TEDH avanza respecto a lo establecido en *Konstantin Markin c. Rusia*, puesto que se trata de la primera sentencia en la que considera que decidir sobre la base de un estereotipo es el agravio central causado a una de las partes y reconoce que esto, en sí mismo, constituye una violación del artículo 14 del CEDH.

4. REFLEXIÓN FINAL

Del examen precedente se desprende que los estereotipos de género pueden tener graves consecuencias en la capacidad de las mujeres para acceder a la justicia, especialmente en los procesos relativos a la violencia de género y la violencia sexual, aunque no solo en estos, dado que en los órdenes jurisdiccionales laboral y civil también tienen efectos nocivos. Las barreras que originan los estereotipos se nutren de actitudes inerciales, de representaciones sobre las jerarquías sociales y de interpretaciones de determinadas normas jurídicas que deberían superarse. Estos factores pueden impedir el acceso a la justicia entendido en sentido amplio, pero también tienen el potencial para dañar a las mujeres víctimas y supervivientes de la violencia, que experimentan ese primer agravio consistente en ser descritas sobre la base de lo que otro tiene capacidad de imponer. Los estereotipos distorsionan las percepciones, se introducen en los parámetros de lo que se considera un comportamiento adecuado de la mujer y afectan a la credibilidad de sus testimonios y argumentos. Como he señalado, los estereotipos justifican los patrones vigentes de la desigualdad de género, racionalizan la distribución asimétrica del poder entre hombres y mujeres, y naturalizan las representaciones de las jerarquías sociales que contribuyen a preservar la desigualdad estructural entre los sexos. El razonamiento jurídico sobre las premisas normativa y fáctica puede verse comprometido si incurre en interpretaciones erróneas, en pruebas estereotipadas y en la aplicación del derecho defectuosa, y, finalmente, generar efectos indeseables, entre ellos la afectación de la integridad del sistema de justicia, la denegación de la justicia o la revictimimación.

He tratado, en fin, de mostrar algunos de los avances en la desactivación de estos estereotipos en sede judicial. En la medida en que el tribunal nombra, registra, e identifica el estereotipo es posible dar un paso muy significativo no solo para dejar constancia de su existencia, sino también para reconocer la discriminación que origina y, con ello, la posibilidad de incorporar nuevas demandas capaces de capturar experiencias en parte invisibilizadas que habrán de ser comprendidas y abordadas por los operadores jurídicos.

REFERENCIAS BIBLIOGRÁFICAS

ABRAMOVICh, V. (2007). "Acceso a la justicia y nuevas formas de participación en la esfera política". En H. Birgin y B. Kohen (comps.), *Acceso a la justicia como garantía de igualdad. Instituciones, actores y experiencias comparadas.* Biblos, 59-82.

ÁLVAREZ. S. (2018). *La autonomía de las personas. Una capacidad relacional.* CEPC.

ÁLVAREZ, S. (2021). "Algunas discrepancias sobre el concepto de género, la violencia de género y su relevancia para el derecho. Comentarios a Francesca Poggi". *Doxa. Cuadernos de Filosofía del Derecho,* (44), 557-585.

AÑÓN, M. J. (2020). "Transformations in anti-discrimination law: progress against subordination". *Revus – Journal for Constitutional Theory and Philosophy of Law,* (40), 27-43.

AÑÓN, M. J. (2018). "El derecho de acceso como garantía de justicia: perspectivas y alcances". En C. García Pascual (coord.), *Acceso a la justicia y garantía de los derechos en tiempo de crisis.* Tirant Lo Blanch, 19-75.

ARENA, F. J. (2019). "Algunos criterios metodológicos para evaluar la relevancia jurídica de los estereotipos". En V. Riso y S. Pezzano (eds.) y H G. Bouvier y F. J. Arena (dirs.), *Derecho y Control* (II). Ferreyra, 11-45.

ARENA, F. J. (2024). "La pragmática de los estereotipos y el enmascaramiento de la individualidad. Obstáculos para el acceso a la justicia". En J. Ansuátegui y M.C. Barranco (eds.), Cultura jurídica y barreras en el acceso a la justicia. Tirant Lo Blanch, 123-152.

ARENA, F. J. (2023). "Estereotipos normativos y autonomía personal". En F.J. Arena (coord.), *Manual sobre los efectos de los estereotipos en la impartición de justicia.* Suprema Corte de Justicia de la Nación, 179-216.

ARENA, F. J. (2023). "Estereotipos y hechos en el proceso". En F.J. Arena (coord.), *Manual sobre los efectos de los estereotipos en la impartición de justicia.* Suprema Corte de Justicia de la Nación, 217-248.

BARTLETT, K. (1990). "Feminist legal Methods", *Harvard Law Review,* 103, 4.

BERNARDINI, M. G. (2024). «La vulnerabilità nel processo. Oltre il "paradigma della vittima"». En J. Ansuátegui y M.C. Barranco (eds.), *Cultura jurídica y barreras en el acceso a la justicia.* Tirant Lo Blanch, 63-98.

BONORINO, P. (2023). "Cómo hacer visible lo invisible: los estereotipos de género en la argumentación". En M. J. Bravo (dir.) y A. I. Gónzalez Fernández (coord.), *Justicia y género.* Tirant Lo Blanch, 265-293.

CAPELLETTI, M y GARTH, B. (1996). *El acceso a la justicia. La tendencia en el movimiento mundial para hacer efectivos los derechos.* Fondo de Cultura Económica.

CLÉRICO, L. y BÓRQUEZ, N. (2021). "Una vuelta de tuerca al análisis de estereotipo: estereotipo combinado". *Revista Electrónica del Instituto de Investigaciones Ambrosio L. Gioja,* (26), 1-28.

CLÉRICO, L. (2018). "Hacia un análisis integral de estereotipos: desafiando la garantía estándar de imparcialidad". *Revista Derecho del Estado,* (41), 67-96.

CLÉRICO, L. (2017). "Derecho constitucional y derechos humanos: haciendo manejable el análisis de estereotipos". *Derechos en Acción, 5*(5), 216-241.

COOK R. J. Y CUSACK, S. (2010). *Estereotipos de Género. Perspectivas Legales Transnacionales.* Profamilia.

CUSACK, S. (2014). "Gender Stereotyping as a Human Rights Violations". En *Eliminating Judicial Stereotyping.* United Nations Office of the High Commissioner for Human Rights.

DE ASÍS, R. (2024). "Acceso a la justicia, accesibilidad y cultura jurídica". En J. Ansuátegui y M.C. Barranco (eds.), *Cultura jurídica y barreras en el acceso a la justicia.* Tirant Lo Blanch, 17-27.

FANLO, I. (2004). "La prima "porta". Reflessioni sull'accesso alle Corti da parte dei non abbienti". *Materiali per una storia della cultura giuridica,* XXXIV (1), 217-238.

FRICKER, M. (2017). *Injusticia epistémica. El poder y la ética del conocimiento.* Herder.

GHIDONI, E. (2023). "Aproximación a los estereotipos como elementos del razonamiento judicial a través de las presunciones", *Manual sobre los efectos de los estereotipos en la impartición de justicia.* Suprema Corte de Justicia de la Nación, pp. 287-325.

GHIDONI, E. y MORONDO, D. (2022). "El papel de los estereotipos en las formas de la desigualdad compleja: algunos apuntes desde la teoría feminista del derecho antidiscriminatorio". *Discusiones, 28*(1), 37-70.

GARGARELLA, R. (2007). "Protesta social y parcialidad judicial". En H. Birgin y B. Kohen (comps.), *Acceso a la justicia como garantía de igualdad. Instituciones, actores y experiencias comparadas.* Biblos, 109-128.

GIOLO, O. (2024). "Accesso alla giustizia e funzioni degli stereotipi nel paradigma neoliberale". En J. Ansuátegui y M.C. Barranco (eds.), *Cultura jurídica y barreras en el acceso a la justicia.* Tirant Lo Blanch, 97-122.

GLOPPEN, S. (2006). "Courts and Social Transformation: An Analytical Framework". En R. Gargarela, P. Domingo y Th. Roux (eds.), *Courts and Social transformation in New Democracies. An Institutional Voice for the Poor?* Burlington Books, 35-59.

GLOPPEN, S. Y SIEDER, R. (2007) "Courts and the marginalized: comparative perspectives". *International Journal of Constitutional Law, 5*(2), 183-186.

HIERRO SÁNCHEZ PESCADOR, L. (2003). Igualdad, generalidad, razonabilidad y crisis de la ley. *Doxa. Cuadernos de Filosofía del Derecho,* (26), 449-476.

HOLTMAAT, R. (2012). "Article 5 CEDAW". En M. A. Freeman, C. Chinkin, & B. Rudolf (eds.), *The UN Convention on the Elimination of All Forms of Discrimination against Women: a Commentary.* Oxford University Press, 141-167.

IRIGOIEN DOMINGUez, A. (2024). Interseccionalidad y anti-estereotipación como recurso de un Derecho antidiscriminatorio crítico. Especial referenciaal ámbito de la CAPV, Instituto Vasco de Administración Pública.

JUAN, R. (2018). "Calidad de la justicia, gestión de los tribunales y responsabilidades públicas: algunos estándares internacionales y otras buenas prácticas para favorecer el acceso a la justicia". En C. García Pascual (coord.), *Acceso a la justicia y garantía de los derechos en tiempos de crisis.* Tirant Lo Blanch, 77-130.

LEMA, C. (2023). "De la ignorancia del derecho a la injusticia epistémica en el derecho: injusticia testimonial e injusticia hermenéutica como obstáculos para el acceso a la justicia". *Oñati Socio-Legal Series, 13*(3),761-796.

MOREAU, S. R. (2004). "The Wrongs of Unequal Treatment". *University of Toronto Law Journal, 54*(3), 291-326.

PERONI, L. y TIMMER, A. (2017). "Gender Stereotyping in Domestic Violence Cases. An Analysis of the European Court of Human Rights' Jurisprudence". En E. Brems y A. Timmer (eds.), *Stereotypes and Human Rights Law.* Intersentia, 39-66.

POU GIMÉNEZ, F. (2015). "Estereotipos, daño dignitario y patrones sistémicos: la discriminación por edad y género en el mercado laboral y patrones sistémicos". *Discusiones,* 16(1),147-188.

ROCA MARTÍNEZ, J. M. (2014). "Vulnerabilidad y garantías procesales. Respuesta procesal ante la vulnerabilidad". *Justicia: revista de derecho procesal,* (2), 213-286.

SIMÓ, E. (2024). *Estereotipos de género en procesos por violencia sexual.* Tirant lo Blanch.

TARUFFO, M. (2020). *Hacia la decisión justa.* Zela.

TIMMER, A. (2011). "Toward an Anti-Stereotyping Approach for the European Court of Human Rights". *Human Rights Review*, 11(4), pp. 707-738.

TIMMER, A. y SOSA, L. (2023). "Los estereotipos en la jurisprudencia del Tribunal Europeo de Derechos Humanos". En F.J. Arena (coord.), *Manual sobre los efectos de los estereotipos en la impartición de justicia*. Suprema Corte de Justicia de la Nación, 49-110.

TURÉGANO, I. (2024). *Barreras en el acceso a la justicia y desigualdad social*. Dykinson.

Comité para la Eliminación de la Discriminación contra la Mujer (CEDAW)

Ángela González Carreño vs. España, (47/12), CEDAW/C/58/D/47/2012.

Karen Tayag Vertido vs. Filipinas (18/08), CEDAW/C/46/D/18/2008 (2010).

R.P.B. vs. Filipinas (34/11), CEDAW/C/57/D/34/2011.

V. K. vs. Bulgaria (20/08), CEDAW/C/49/D/20/2008.

Tribunal Europeo de Derechos Humanos (TEDH)

Caso, *Carvalho Pinto de Sousa Morais c. Portugal*, Sentencia 25 de octubre de 2017, Asunto 17484/15

Caso *Kostantin Markin c. Rusia*, Sentencia 22 de marzo 2012, Asunto 30078/06

Caso *Andrle c. República Checa*

Caso *Kiyutin c. Rusia*, Sentencia 15 de septiembre de 2011, Asunto 2700/10

Caso *Alajos Kiss c. Hungría*, Sentencia 20 de agosto de 2010, Asunto 38832/06

Caso *D.H. c. República Checa*, Sentencia 13 de noviembre de 2007, Asunto 57325/00

Tribunal Constitucional español

STC 115/2024 de 23 de septiembre

Violencias patriarcales e interseccionalidad. Debates pendientes para la comprensión del tiempo presente[1]

PATRICIA GONZÁLEZ PRADO
Profesora de Filosofía del Derecho
Universidad Autónoma de Barcelona

INTRODUCCIÓN

En este capítulo reflexiono sobre las limitaciones de las definiciones legales de violencia de género, violencias machistas o violencia contra las mujeres para comprender acabadamente

---

1 El presente capítulo nace de la ponencia presentada en la Mesa *Mujeres y acceso a la justicia* del en el Curso de Verano y Extensión Universitaria *Crisis y Retos de la Justicia: Entre la Eficiencia y la Inclusión,* organizado por la Universidad de Castilla La Mancha en el año 2024.

la problemática social que abordan, en particular sus causas estructurales, y para organizar la intervención con la diligencia debida en materia de prevención y reparación integral.

En esta línea indago la potencialidad de la referencia a las violencias patriarcales, a fin de salvar las limitaciones identificadas y enfatizar que estamos ante una problemática que hunde sus raíces en la vigencia de un sistema de organización social patriarcal que se nutre y a la vez alimenta otros sistemas de dominación, de control social, de creación de desigualdades sociales, como son el capitalismo y el colonialismo. Poner sobre relieve esta *gran foto* será clave para comprender la problemática abordada y también las dificultades, obstáculos, contradicciones que condicionan el acceso a la justicia.

La cuestión de las definiciones, que lleva ínsita la de la delimitación del problema social a abordar jurídica y políticamente, requiere aproximarse a un tema siempre complejo y en debate en el ámbito de las teorías feministas y en particular en el de los feminismos jurídicos, la cuestión del sujeto -víctima y agresor- de las violencias de género, machistas, patriarcales.

A partir del análisis de las causas estructurales de estas violencias defiendo la necesidad de apertura del sujeto-víctima hasta comprender a la infancia y adolescencia y personas LGTBI+ que han sufrido violencias sexuales[2]. Sostengo esta necesidad a partir de la comprensión de las violencias sexuales como una forma de violencia vertebradora de la organización patriarcal, y a esta como un sistema de dominación de los hombres -como grupo- sobre las mujeres, pero no solo sobre las mujeres.

---

2 El término LGTBI+ se refiere a las personas lesbianas, gais, transgénero, bisexuales, intersexuales y otras identidades diversas en cuanto a orientación sexual, identidad de género o características sexuales.

La atención a la importancia de las definiciones legales y novedades legislativas conduce una reflexión sobre el impacto de la incorporación de la perspectiva interseccional en leyes como la catalana 5/2008, de 24 de abril, del derecho de las mujeres a erradicar la violencia machista. La aplicación de la perspectiva interseccional es parte de la diligencia debida en la prevención y reparación integral de dichas violencias, pero su comprensión supone importantes retos institucionales, en tanto conduce a la pregunta sobre las causas estructurales de los sistemas de dominación que tienen una constitución recíproca.

Así advierto a lo largo del capítulo que incorporar la perspectiva interseccional no puede reducirse a una técnica o al diseño de un algoritmo eficaz, sino que requiere como precondición identificar que el machismo, la heteronormatividad, el transodio/transfobia, el racismo, el clasismo, el edatismo, el capacitismo, son supremacismos producidos por sistemas de organización social -heteropatriarcado, capitalismo y colonialismo- que estructuran jerarquías, distribuyen recursos y definen qué vidas valen más que otras.

En definitiva, me interesa destacar cuán importante resulta en nuestro tiempo presente, para enfrentar las *Crisis y Retos de la Justicia,* promover una comprensión suficientemente acabada de las problemáticas sociales para las cuáles diseñamos respuestas jurídicas. Dicha falta de comprensión se encuentra a la base de los sesgos, obstáculos, situaciones de violencia institucional que numerosos estudios identifican en el campo de las violencias de género, machistas patriarcales (COOK R. & CUSACK S. 2009, SMART C. 1989, FACIO A. 2005, LARRAURI E. 2018; BODELÓN E. *et al* 2019, ÁVILA D. *et al* 2022). La comprensión no hace referencia a un mero ejercicio racional sino, de manera fundamental, a un posicionamiento epistémico, a una postura crítica desde la cual se conoce, interpreta y valida el conocimiento, desde el reconocimiento que toda producción de saber, también la jurídica, está influida por su contexto social, político e histórico.

1. LIMITACIONES DE LAS DEFINICIONES LEGALES

El marco legislativo internacional, europeo, español y autonómico presenta una disparidad de fórmulas legales para hacer referencia a las violencias que las mujeres sufren de una manera desproporcionada, producto de un supremacismo sexo-genérico que las/nos inferioriza en relación con los hombres. Así las Recomendaciones Generales de la CEDAW hablan de *violencia por razón de género contra la mujer*, el Convenio Consejo de Europa sobre prevención y lucha contra la *violencia contra las mujeres* y la *violencia doméstica* (en adelante Convenio de Estambul, TOL4.356.390), incorpora la referencia a *violencia contra las mujeres por razones de género*. Por su parte, a Ley Orgánica 1/2004, de 28 de diciembre, de medidas de protección integral contra la *violencia de género* (en adelante LO 1/2004, TOL518.787), usa esta terminología, pero de forma reduccionista, para comprender solo el ámbito de la pareja o relación análoga de convivencia, y legislaciones autonómicas como la catalana han preferido hablar de *violencias machistas*.

Estas definiciones tienen en común el reconocimiento de dichas violencias como vulneraciones de los derechos humanos, con origen en desigualdades estructurales entre hombres y mujeres. Abordaré a continuación las limitaciones que encuentro en estas definiciones legales, en tanto considero que obstaculizan, de diferentes maneras, la comprensión y por lo tanto las respuestas jurídico-políticas de prevención y reparación integral.

1.1. La cuestión del sujeto

Las denominaciones legales que hablan de violencia contra las mujeres dan cuenta del reconocimiento jurídico de una problemática social que durante mucho tiempo permaneció oculta, privatizada, invisibilizada, normalizada. El término tiene la potencialidad de desmoronar la idea de "violencia de pareja, violencia conyugal, violencia doméstica, violencia familiar" como conflicto intersubjetivo privado entre iguales.

Señalar que las violencias no son neutrales al género, sino que se explican a partir del mismo significa reconocer que hay formas de violencia estructural, que se nutren de las desigualdades socialmente construidas entre hombres y mujeres, y que a su vez son un mecanismo de sostenimiento de dichas desigualdades. Esta evidencia ha sido recogida por convenios internacionales y regionales en materia de Derechos Humanos[3], por copiosa jurisprudencia internacional[4] y legislaciones de diferentes Estados.

---

3 Como por ejemplo la Convención sobre la Eliminación de Todas las Formas de Discriminación contra la Mujer (CEDAW, 1979), su Protocolo Facultativo (1999 TOL157.248) que habilita denuncias individuales por violencia de género y las Recomendaciones Generales emitidas por su Comité (RG Nº 19 (1992) y RG Nº 35 (2017); la Convención Interamericana para Prevenir, Sancionar y Erradicar la Violencia contra la Mujer (Belém do Pará, 1994); el Estatuto de Roma de la Corte Penal Internacional (1998) que considera la violencia sexual como crimen de lesa humanidad; la Declaración sobre la Eliminación de la Violencia contra la Mujer (ONU, 1993, TOL164.156), que es el primer documento global en definir esta violencia como violación de derechos humanos y el ya referido Convenio de Estambul,(2011) entre otros.

4 Entre los casos de estudio jurisprudencial más importantes por los estándares desarrollados destaco de la Corte Interamericana de Derechos Humanos los casos González y otras ("Campo Algodonero") vs. México (CIDH, 2009); Veliz Franco y otras vs. Guatemala (2014); Rosa Elvira Cely vs. Colombia (2021); MZ vs. El Salvador (2021); Manuela vs. El Salvador (2021); Atenco vs. México (2018) y Espinoza Gonzáles vs. Perú (2014). Por su parte del Tribunal Europeo de Derechos Humanos destacan, entre otros, el Caso Opuz vs. Turquía (TEDH, 2009, TOL2.649.949), Eremia vs. Moldavia (2013 TOL3.730.612); Talpis vs. Italia (2017 TOL9.227.045); Volodina vs. Rusia (2019 TOL9.074.986). Los Comités de diferentes tratados Internacionales también se han pronunciado en este sentido, como el

La re-emergencia de ideologías negacionistas de la violencia de género, patriarcal, y la expansión política y mediática de discursos de ultraderecha que asumen esta ideología, no logran contestar la evidencia del dato, a nivel global las estimaciones de prevalencia de la violencia contra las mujeres, según informe elaborado por la OMS, ONU Mujeres, UNICEF, UNFPA entre otras agencias internacionales (2021) ratifican que 1 de cada 3 mujeres ha sufrido violencia por parte de su pareja (el 27% de las mujeres de 15 a 49 años que han tenido una relación de pareja han sufrido violencia física y/o sexual por parte de su pareja al menos una vez en su vida). Europa está en promedio por debajo de esta media global (13-23%) mientras que regiones como la Latinoamericana, Oceanía o África Subsahariana están por sobre esta media (30-51%)[5].

La Encuesta Europea de Violencia de Género del año 2022 da cuenta que del total de mujeres residentes en España que tienen entre 16 y 74 años y que han tenido pareja alguna vez en su vida, el 28,7% (4.806.054 mujeres) han sido víctimas alguna vez en su vida de algún tipo de violencia en la pareja (psicológica, física -incluyendo amenazas- y/o sexual), el 14,4% han sufrido algún tipo de violencia física (incluyendo amenazas) y/o sexual en sus relaciones de pareja o expareja. Respecto del género de los agresores la referida encuesta europea señala que el 98,1% de las mujeres víctimas de violencia física (incluyendo amenazas) y/o sexual en pareja, lo han sido por parte de un agresor hombre.

Fuera de la pareja también se comprueba la sistematicidad de la violencia contra las mujeres: Del total de mujeres residen-

---

Comité de la CEDAW que condenó a España en el caso conocido como Ángela González Carreño vs. España (2014), o el Comité de Derechos Humanos: que condenó a Perú en el caso Karen Llantoy vs. Perú (2005).

5 Disponible en https://iris.who.int/handle/10665/341337

tes en España que tienen entre 16 y 74 años, se estima que el 20,2% (3.614.235 mujeres) han sido víctimas alguna vez desde los 15 años de algún tipo de violencia fuera de la pareja (física -incluyendo amenazas- y/o sexual). El 13,7% (2.452.771 mujeres) ha sufrido violencia sexual desde los 15 años fuera de la pareja, en algún momento de su vida, y el 12,4% (2.213.167 mujeres) ha sufrido violencia física (incluyendo amenazas) fuera de la pareja, desde los 15 años[6].

El recurso a la violencia contra las mujeres es un dato sistemático y sistémico, es posible reconocer su prevalencia y su arraigo estructural en la sociedad. Es sistemático en tanto la violencia no ocurre de manera aislada, sino que se repite con patrones claros, se comprueba su altísima frecuencia, su regularidad y persistencia, no es algo que pasa solo con algunos hombres violentos, sino que es una práctica recurrente y estructurada. La violencia contra las mujeres es también sistémica en tanto no solo es parte del sistema social, político, económico y cultural, sino que es fundante de la organización social patriarcal (PATEMAN C. 1988). Como apunta Segato (SEGATO R. 2003), la necesidad de recurrir a la violencia es lo que evidencia la artificiosidad de las desigualdades entre hombres y mujeres.

Todo ello justifica adecuadamente el reconocimiento de la especificidad jurídico-político-social de la violencia contra las mujeres, sin embargo, y este es un punto central del presente capítulo, la violencia que se dirige sistemática y sistémicamente contra las mujeres también afecta a otros sujetos, en tanto se trata de violencias patriarcales y el patriarcado no solo oprime mujeres, ni lo hace con todas con la misma intensidad. Quienes agreden mujeres sostenidos en el poder de las desigualdades sexo-genéricas, el sujeto colectivo hombres, también agre-

---

6 Encuesta Europea 2022 disponible en https://violenciagenero.igualdad.gob.es/wp-content/uploads/EEVG_2022.pdf

den alzados en esa jerarquía, a otras subjetividades no mujeres, a niños y adolescentes y a personas LGTBI+.

La denominación violencia contra las mujeres visibiliza las víctimas, y con ello un problema social de escala global, transversal a las creencias, los países, la clase social, las procedencias étnico, raciales. Es valiosa por ello, pero no debe perderse de vista que estas violencias requieren para su comprensión la identificación de un modelo patriarcal de sociedad.

La organización patriarcal de sociedades como las europeas o americanas se establecen a partir de, como mínimo una tríada de supremacismos, el cis-sexo-genérico, de hombres sobre mujeres y de personas cis sobre personas trans e intersexuales, que podemos identificar con el machismo y la transfobia; el heteronormativo, que establece una supremacía de la heterosexualidad sobre otras posibles formas de experimentar la sexualidad, como la homosexualidad, la bisexualidad; y el adultocentrismo en tanto supremacismo de las personas adultas sobre niñas, niños y adolescentes, a quienes se entiende como seres incompletos, incapaces o de menor valor social.

Si el orden social heteropatriarcal no solo violenta mujeres, y además no las/nos violenta a todas de la misma manera ni con la misma fuerza, el sujeto mujeres debe ser ampliado hasta comprender a quiénes están expuestas/os a la violencia por las mismas causas estructurales. Esta línea en parte ha sido adoptada por la legislación internacional y estatal al reconocer que las niñas, niños y adolescentes de una mujer en situación de violencia de género son también víctimas directas de dicha violencia (Ley Orgánica 1/2004), y se ha incorporado expresamente la referencia a violencia vicaria[7].

---

7 La Ley Orgánica 8/2021, de 4 de junio, de protección integral a la infancia y la adolescencia frente a la violencia (TOL8.451.569) incorpora medidas específicas ante la violencia vicaria, también regu-

Sin embargo, es una denominación que resulta excluyente de las violencias contra personas LGTBI+, y también de las violencias sexuales contra niños y adolescentes. A lo largo de este capítulo defiendo la consideración, de ambas situaciones como violencias heteropatriarcales, y la importancia que una adecuada identificación de las causas estructurales de estas violencias tiene tanto en el plano jurídico y de políticas públicas, a fin de organizar con diligencia debida la prevención y la reparación integral, como en el plano teórico-político.

Ello no niega ni desconoce el valor político–estratégico de una denominación propia, como ha sucedido, por ejemplo, con la referencia a *violencias LGTBIfóbicas*, pero pone el acento en la necesidad de comprender las violencias como mecanismos de control, afirmación y distribución del poder social. Esta cuestión reclama preguntarnos a qué órdenes jerárquicos sirven este tipo de violencias y a visibilizar la vigencia de un orden social heteropatriarcal.

Por otra parte, he defendido en otros trabajos que las violencias sexuales contra niñas, niños y adolescentes deben abordarse en todos los casos una forma de violencia basada en el género, de violencia patriarcal, no sólo cuando las sufren niñas sino también cuando las sufren niños (GONZALEZ PRADO P. 2024). La organización patriarcal de nuestras sociedades se estructura sobre la intersección de género y edad, dando lugar a formas de supremacismo doméstico, social e institucional como son el machismo y el adultocentrismo. Si el género es una categoría relacional que nos permite comprender cómo

laciones autonómicas como la Ley catalana 5/2008 (TOL1.289.489), o la Ley gallega 14/2021, de 20 de julio, por la que se modifica la Ley 11/2007, de 27 de julio, para la prevención y el tratamiento integral de la violencia de género (TOL8.525.824) han incorporado expresamente la violencia vicaria como una forma de violencia machista o de violencia de género.

se distribuye el poder social, es importante enfocar el análisis sobre el sujeto dominante. Ello no niega ni desconoce que las víctimas son sustancialmente mujeres, niñas y adolescentes, cis y trans, pero tampoco invisibiliza que niños y adolescentes hombres cis y trans están sistemáticamente expuestos a violencias sexuales por parte de agresores hombres. Gerda Lerner en los años 80' definió al patriarcado como la manifestación e institucionalización del dominio masculino sobre las mujeres y la infancia en la familia y la extensión de ese dominio a la sociedad en general (LERNER G. 1986)

Desbordar el sujeto mujeres como víctima de las violencias por razones de género o violencias patriarcales no es, en absoluto, equivalente a negar el componente género de estas violencias. Es más bien reconducir el análisis al sujeto agresor, que es incontestablemente hombre.

Los feminismos han logrado demostrar desde el análisis jurídico, psicológico, social, sanitario, antropológico, filosófico y político que no hay nada de natural, ni de biológico en las violencias de género, que es la construcción de la masculinidad como dominante y en competición el dato necesario para la comprensión de violencias con multiplicidad de especificidades y complejidades.

Toda definición traza una frontera que dibuja un adentro y un afuera. Todo reconocimiento legislativo produce una serie de exclusiones, la pregunta sobre las limitaciones de los conceptos no desconoce este punto, sino que reflexiona sobre la posible arbitrariedad de las exclusiones producidas. En esta línea considero que la denominación *violencia contra las mujeres* opaca que las causas que explican estas violencias, explican también violencias contra otras, otres, otros sujetos, y que señalarlo lejos de diluir el sujeto de la violencia, el sujeto mujeres, permite comprender de manera más acabada el problema, identificar que el patriarcado se ensaña con las mujeres, no con todas de la misma forma ni con la misma intensidad, y también lo hace con niños, niñas y adolescentes y con personas LGTBI+.

Por ello considero que la referencia a violencias patriarcales permite superar las limitaciones en relación con el sujeto desarrolladas en este apartado. También consigue este objetivo la referencia a violencias por razones de género o basadas en el género, incorporada en instrumentos internacionales como el Convenio de Estambul vigente en el ámbito europeo.

Las diferencias entre estas dos últimas denominaciones tienen que ver con el marcado carácter de denuncia jurídico-política que tiene la referencia a violencias patriarcales, y las resistencias que su mera enunciación levanta en el ámbito jurídico y en las instituciones en general, en tanto implica el reconocimiento de la vigencia de un modelo de organización político, jurídico, económico, social y cultural heteropatriarcal, como productor de tales violencias y, con ello, el quiebre rotundo de la idea de conflicto intersubjetivo, individual. Por otra parte, la referencia a violencias por razón de género o basadas en el género ha logrado instalarse más eficazmente en ámbitos legislativos, convencionales y académicos, por velar de alguna manera, la denuncia al sistema de organización social.

1.2. Las restricciones de los ámbitos comprendidos

En el ámbito internacional la tendencia ha sido a comprender las violencias por razones de género en todas sus formas y en los diferentes ámbitos públicos y privados en que se constatan, así por ejemplo las Recomendaciones Generales de la CEDAW, el Convenio de Estambul, la Convención Interamericana para prevenir, sancionar y erradicar la violencia contra la mujer–*Convención de Belem Do Parà*. Estos instrumentos han previsto reconocimientos específicos para las modalidades de violencia física, sexual y psicológica, que ocurran tanto en el ámbito doméstico como en el comunitario y en el institucional.

Las traducciones a la legislación interna de los diferentes países han recortado y, en algunos pocos casos, ampliado estos límites. Así por ejemplo la LO 1/2004 dejó fuera el ámbito comunitario, laboral e institucional y se centró solo en el ámbito de la pareja o relación análoga. Por ello en el Estado español la terminología violencia de género hace referencia solo a las violencias físicas, psicológicas y sexuales que sufran las mujeres en el ámbito de la pareja o relación análoga, pero no se consideran violencia de género las violencias sexuales contra las mujeres en el ámbito comunitario, o en el ámbito institucional, o en el ámbito laboral o digital.

El Pacto de Estado contra la violencia de género, que organiza la política pública preventiva y de reparación, sí tiene medidas en estos ámbitos, e incluso en la renovación correspondiente al año 2025 ha incluido medidas para intervenir, que implican por tanto reconocimiento, contra las violencias económicas, vicaria y digitales.

Por su parte, las diferentes comunidades autónomas han elaborado leyes propias para organizar la prevención y la reparación. En este sentido la legislación más amplia y elaborada es la catalana, la Ley 5/2008, de 24 de abril, del derecho de las mujeres a erradicar la violencia machista, que reconoce las formas física, sexual, psicológica, obstétrica y contra los derechos sexuales y reproductivos, económica, digital, de segundo orden y vicaria (art. 4) y prevé que dichas formas pueden darse en el ámbito familiar, en el de la pareja, en el comunitario, en el laboral, en el digital, en el educativo, en el de la esfera pública y política y en el institucional.

La previsión de la violencia institucional, que complementó la ya reconocida revictimización o victimización secundaria, se incluyó con el reconocimiento de la responsabilidad disciplinaria y patrimonial a la que puede dar lugar, alzándose de esta manera en una legislación pionera no solo a nivel nacional sino también regional.

1.3. Las contradicciones por una insuficiente apertura del sujeto

Está fuera de dudas en el actual marco legislativo español que cuando las leyes refieren que las mujeres son el sujeto que puede sufrir violencia de género o violencias machistas, ello comprende a todas las mujeres, de cualquier edad, sean mujeres trans o cis. Las insuficiencias de este sujeto aparecen cuando, como en el caso catalán, se reconoce, por ejemplo, que las violencias obstétricas son una forma de violencia machista, ya que no solo las mujeres están expuestas a ellas, sino también los hombres trans y personas no binarias, queer, con capacidad de gestar.

Reconocer esta necesidad de abrir el sujeto de las violencias machistas, de género, patriarcales, tampoco significa afirmar la neutralidad al género de la violencia obstétrica. Por el contrario, significa complejizar el análisis hasta conseguir advertir que son las relaciones de poder que afirman, los controles que habilitan, la hegemonía que construyen aquello que es clave en la definición de estas violencias.

El ejemplo dado tiene la máxima relevancia, en tanto no solo el sujeto que sufre las violencias obstétricas desborda el sujeto mujer, sino también el que ejerce dichas violencias, desborda el sujeto hombre. La violencia machista, por razones de género, patriarcal ejercida desde ámbitos institucionales, como por ejemplo el de la ginecología y la obstetricia, verifica que hay mujeres ejerciendo dicha violencia patriarcal.

Las preguntas que debemos hacernos entonces han de permitir entender que los controles que habilitan estas violencias constituyen el componente patriarcal de las mismas. La expropiación de los cuerpos de las mujeres y personas con capacidad de gestar ha sido y es una práctica patriarcal en el sentido de afirmar la dominación masculina, el control heterónomo sobre nuestros cuerpos nuestras vidas, sea para negar los abortos voluntariamente decididos, para imponer abortos, esterilizaciones, mutilaciones forzosas, para impedir acceso a métodos anticonceptivos, para imponer una visión medicalizada del parto entre otras muchas prácticas que configuran la violencia obstétrica.

Entonces de ninguna manera podemos conceder que la apertura del sujeto equivalga a afirmar la neutralidad de género de estas violencias. Por el contrario, nos lleva a profundizar el análisis de las relaciones de poder estructurales, sus intersecciones, y a advertir también la forma en la que las subalternas, los grupos dominados muchas veces encarnan y defienden los intereses de los grupos dominantes, precisamente porque la dominación tiene que ver con imponer una visión del mundo. En el análisis de las violencias por razones de género, patriarcales, hemos de hacernos una y otra vez las preguntas sobre el poder y sus tramas.

La necesidad de visibilizar las violencias normalizadas en la vida, por parte de quienes como colectivo ejercen la dominación, acumulan el poder material, simbólico, político, jurídico, social, bélico, hizo necesario articular el sujeto político mujeres, un sujeto complejo, heterogéneo por la forma en que se entrecruza con otras subjetividades políticas que también evidencian desigualdades estructurales. Dicha complejidad requiere superar la exclusividad. Hay violencias estructurales patriarcales que afectan a infancias, adolescencias, a personas LGTBI+.

1.4. Las referencias a las causas estructurales

La denominación *violencia contra las mujeres* ha tenido la potencialidad de hacer visible un fenómeno de violencia estructural sobre un sujeto determinado, las mujeres. Recae como hemos visto, de maneras específicas, según el entrecruzamiento con otras categorías productoras de desigualdades, pero sobre todas sistemáticamente. Si se es mujer no se escapa a esta violencia, porque se expresa material y simbólicamente a través del supremacismo masculino. Si el mundo es construido de manera dicotómica, antagónica y jerarquizada, y ser hombre y mujer es parte de esa lectura cartesiana del mundo, ser mujer conlleva la exposición a esa violencia, como ser una persona racializada significa estar expuesta a la violencia racista, o ser niño o niña, a la violencia adultocéntrica. Claro está, no siempre de la misma manera ni con la misma intensidad.

El problema de la definición violencia contra las mujeres es que no hace inmediatamente evidente sus causas estructurales ¿Qué es ser mujeres? ¿Cómo se ha construido el ser mujeres como inferioridad? La organización patriarcal de las sociedades nos permite en cambio comprender este fenómeno, y también entender que la supremacía masculina que establece y organiza un sistema social patriarcal no solo violenta mujeres, sino también infancias, adolescencias, subjetividades construidas como la otredad en relación con la masculinidad hegemónica, en este sentido las personas LGTBI+.

Por otra parte, la referencia a *violencia de género o por razón de género*, ha tenido el mérito (no en el Estado español que la ha usado en sentido reduccionista como sinónimo de violencia contra las mujeres en el ámbito de la pareja) de señalar que la construcción social del género es violencia, que el sistema sexo-género-sexualidad ha servido para normalizar desigualdades sociales biologizándolas, y ha conseguido explicar sólidamente que el sujeto dominante no es solo hombre, sino que es un hombre heterosexual que ejerce dominación sobre las mujeres y las personas LGTBI+.

Sin embargo, *violencia de género o por razón de género* resulta una denominación opaca en la referencia a las causas estructurales y a este problema se suma el de las traducciones del inglés (*gender*) al castellano (*género*) que no son igualmente autoevidentes. Tal opacidad posiblemente haya contribuido a su aceptación, por parecer un concepto menos político, menos vinculado a los feminismos, menos reivindicativo que el de violencias patriarcales.

Otro de los problemas de las traducciones jurídicas es que se ha utilizado *género* como sinónimo de mujeres, produciendo las exclusiones de otras subjetividades subalternizadas por el sistema sexo género-sexualidad, como ya he mencionado, la de las personas LGTBI+.

Por su parte cuando se habla de *violencias patriarcales* se encuentra una remisión inmediata a las causas estructurales de dichas violencias, la organización patriarcal de nuestras sociedades. La noción de patriarcado ha sido trabajada extensamente desde las teorías feministas (MILLETT K. 1970; FIRESTONE S. 1970, PATEMAN C.; LERNER G. 1986), como también sus vínculos con el sistema capitalista (FEDERICI S., 2004; DELPHY C. 1970), y el entronque de patriarcado, capitalismo y colonialismo (SEGATO R. 2003, HILL COLLINS P. 1990; DAVIS A. 1981; hooks b. 2000). Estas autoras tienen en común hacer referencia al patriarcado como un sistema de dominación masculina estructurado política, social, cultural, simbólica y económicamente. Una matriz de dominación que atraviesa todas las esferas de la vida, oprime y explota a las mujeres, pero no solo a las mujeres y no a todas de la misma forma. El patriarcado intersecciona y se retroalimenta con otros sistemas de dominación, como son el capitalismo, el colonialismo.

Señalar la existencia de un sistema de poder permite superar la idea de jerarquía individual, para identificar una estructura social arraigada, en la cual la socialización de género y la heterosexualidad obligatoria sirven a su reproducción como norma política. Segato señala que es sobre la base patriarcal que se construye el andamiaje jerárquico que organiza la sociedad, y por eso mismo ese sustrato es el más difícil de visibilizar y encuadrar en cualquier lucha –incluyendo la que se da en el campo jurídico– para su transformación.

La contundencia y claridad de la referencia a *violencias patriarcales* es causa también de las resistencias que su incorporación en el lenguaje jurídico presenta. Si, como señala Segato es *posible afirmar, a partir de las evidencias, que la manutención del patriarcado es una cuestión de Estado y, de la misma forma, que preservar la capacidad letal de los hombres y garantizar que la violencia que comenten permanezca impune es cuestión de Estado...*" (SEGATO R. 2016) la demanda social y feminista de despatriarcalización de las instituciones significa ir, en parte, contra sí mismas, sobre su origen, sobre sus prácticas. Las violencias patriarcales no solo nos hablan de agresores y víctimas, nos hablan de los modos de organización de la vida, la sociedad, el derecho, la familia, las instituciones, el Estado, la sexualidad, el trabajo, la producción, la reproducción, la explotación, la dominación.

Así la categoría violencias patriarcales logra superar los enfoques reduccionistas antes señalados en relación con la cuestión del sujeto, sin negar las prevalencias victimológicas existentes. Consigue también comprender la forma en que se anudan sistemas de dominación y exclusión social.

Las dificultades que enfrenta el concepto tienen que ver con las resistencias institucionales al uso del término. En esta línea Cataluña ha optado por una decisión a medio camino, ni la opacidad del término *género,* ni la contundencia de *violencias patriarcales.* La ley catalana 5/2008 hace referencia al derecho de las mujeres a erradicar la violencia machista.

El machismo es una forma de supremacismo, un sistema de creencias, actitudes y prácticas que promueven la superioridad de los hombres, en cuanto grupo sobre las mujeres, también como colectivo. Si bien machismo se relaciona con la palabra macho, que hace referencia al sexo y no al género, lo cierto es el machismo no se explica por la biología sino por la ideología, en tanto la supremacía que promueve es de género, de hombres sobre mujeres y se sustenta en estereotipos, roles y mandatos de género. Se distingue así del patriarcado que es una estructura sistémica de dominación masculina. Se trata de conceptos relacionados, pero no sinónimos, como explica Marcela Lagarde el machismo es la ideología que justifica la dominación masculina mediante la exaltación de lo 'viril' y la subordinación de lo femenino, naturalizando roles desiguales en lo social, sexual, económico y político (LAGARDE M., 1990). El machismo promueve la misoginia, en tanto forma de supremacismo expresa un desprecio hacia las mujeres, sus capacidades y autonomía, y justifica de esta manera la división sexual del trabajo, el control sobre sus cuerpos, sexualidad y capacidad reproductiva.

Estas diferencias entre machismo y patriarcado se desdibujan de alguna manera en la definición de violencia machista que hace la ley catalana, que señala que las causas estructurales de las mismas están en la *discriminación y la situación de desigualdad en el marco de un sistema de relaciones de poder de los hombres sobre las mujeres* (artículo 3.a de la Ley catalana 5/2008, de 24 de abril, del derecho de las mujeres a una vida libre de violencia machista). Esta definición se relaciona con la de *violencia sexista* o *sexist violence* en el mundo anglosajón.

El punto en el que la referencia a violencias machistas o violencias sexistas es reduccionista para explicar la problemática social se revela en la pregunta sobre el sujeto de las violencias machistas, que he ido formulando a lo largo del presente trabajo, los diferentes sistemas patriarcales desarrollados a lo largo de la historia, desde el patriarcado de la antigua Roma, el patriarcado colonial, el moderno o el actual han afirmado la subordinación de las mujeres de manera sistemática, pero nunca solo de ellas/nosotras, sino también de las infancias -adolescencias y de otros hombres construidos en diferentes momentos históricos como sujetos subalternos, los jóvenes, los sin propiedades, los esclavos, las personas LGTBI+.

El patriarcado se define a partir del machismo y el adultocentrismo, y se retroalimenta de otros sistemas de ordenación social, política, económica. Necesitamos de definiciones específicas para poder organizar medidas eficaces de prevención y reparación, pero también necesitamos de definiciones complejas que permitan comprender la actual construcción de hegemonía.

La preocupación jurídico-política por la forma en la que definimos las violencias patriarcales que expresa este capítulo tiene que ver, por una parte, con una preocupación por ensanchar los márgenes para dimensionar con mayor especificidad las y los sujetos sometidos a la dominación patriarcal, y por otra, para destacar la importancia de teorías como las de la interseccionalidad o la del entronque entre patriarcado, capitalismo y colonialismo, para explicar las violencias estructurales del tiempo presente y la necesidad de construir respuestas integrales a las mismas.

2. LA INTERSECCIONALIDAD COMO PERSPECTIVA Y COMO CATEGORÍA LEGAL

El concepto de interseccionalidad fue acuñado a partir de la praxis judicial anglosajona por la jurista y teórica feminista Kimberlee Crenshaw (1989), si bien el debate sobre la interrelación de categorías productoras de desigualdades sociales, opresión, discriminación, ya contaba con precedentes en los feminismos marxistas, decoloniales, negros, lesbianos, antirracistas. El enfoque interseccional viene a señalar que las categorías sociales que producen opresiones, discriminaciones estructurales tienen una constitución recíproca y producen específicas vulneraciones de derechos según el contexto en el que se conjugan. El conocido caso de denuncia por discriminación ante la General Motors, promovido por Crenshaw, dejó al desnudo no solo que las mujeres negras sufrían una discriminación específica por el entrecruzamiento de género y raza, sino también la forma en la que ello era invisible para el ámbito judicial y constituía por ello una barrera en el acceso a la justicia.

La interseccionalidad ha generado amplios debates en el campo de las ciencias sociales, en tanto se ha abordado como un concepto, una perspectiva de análisis, un enfoque, una teoría sobre las desigualdades. En tanto categoría de análisis funciona como una herramienta analítica que permite examinar cómo diferentes ejes de desigualdad (como el género, la raza, la clase, la sexualidad, la edad) se entrecruzan y producen experiencias específicas de opresión o privilegio. Como perspectiva teórica constituye un marco interpretativo que influye en cómo entendemos las estructuras sociales, ofrece un lente crítico para estudiar la desigualdad.

Crenshaw ha señalado que la interseccionalidad es un concepto contextual y práctico para analizar omisiones jurídicas y desigualdades concretas. Esta idea ha tenido recepción legislativa en leyes como la catalana en materia de violencias machistas, que la ha definido como la "*... concurrencia de la violencia machista con otros ejes de discriminación, como el origen, el color de la piel, el fenotipo, la etnia, la religión, la situación administrativa, la edad, la clase social, la precariedad económica, la diversidad funcional o psíquica, las adicciones, el estado serológico, la privación de libertad o la diversidad sexual y de género, que hace que impacten de manera agraviada y diferenciada. La interacción de estas discriminaciones tiene que ser tenida en cuenta en la hora de abordar la violencia machista* (art.3.k)...".

En este sentido es importante señalar que la interseccionalidad no es equivalente a la discriminación múltiple, la interseccionalidad nos habla tanto de la opresión como del privilegio, todas las personas estamos categorizadas en base al género, la edad, el color de piel, la procedencia étnica, nacional, la clase social, o sea categorías que distribuyen el poder y el reconocimiento social, político, jurídico. La interseccionalidad es una llamada permanente a mirar cómo operan en cada contexto concreto, y ello la hace una herramienta clave en el ámbito jurídico para la aplicación del derecho, para establecer el contexto, para valorar los hechos y el derecho. La interseccionalidad exige al derecho la deconstrucción de la pretensión de abstracción del sujeto del derecho.

En esta línea las Recomendaciones Generales del Comité de la Cedaw, (entre ellas la nº 28, 33 y 35) señalan que la violencia contra las mujeres es uno de los medios sociales, políticos y económicos fundamentales a través de los cuales se perpetúa la posición subordinada de las mujeres respecto a los hombres y sus roles estereotipados en la sociedad. También han señalado que la discriminación contra las mujeres está inseparablemente vinculada a otros factores que afectan su vida. El Comité, en su jurisprudencia, ha destacado que estos factores incluyen el origen étnico o la raza, la condición de minoría o indígena, el color de la piel, la situación socioeconómica, el idioma, la religión o las creencias, la opinión política, el origen nacional, el estado civil, la maternidad, la edad, la procedencia urbana o rural, el estado de salud, la discapacidad, los derechos de propiedad, la condición de lesbiana, bisexual, transgénero o intersexual, el analfabetismo, la solicitud de asilo, la condición de refugiada, desplazada interna o apátrida, el estatus migratorio, la condición de cabeza de familia, la convivencia con el VIH/SIDA, la privación de libertad y la prostitución, así como el tráfico de mujeres, las situaciones de conflicto armado, la lejanía geográfica y la estigmatización de las mujeres que luchan por sus derechos, en particular las defensoras de los derechos humanos.

La comprensión de las desigualdades sociales estructurales deviene así en una pre-condición para la intervención institucional con perspectiva de derechos, feminista e interseccional, tres perspectivas que forman parte de los mandatos legislativos vigentes en el Estado español.

Pero tal comprensión resulta un reto para las instituciones porque implica una profunda reflexión sobre el poder, sobre los procesos de constitución de los Estados, sus instituciones y las desigualdades estructurales sobre las que se han alzado. Por ello la interseccionalidad no hace referencia a un mero reto técnico, -cómo incorporar esta perspectiva en la intervención institucional-, sino que requiere identificar qué papel juegan las desigualdades estructurales que atraviesan a sujetos e instituciones en las diferentes interacciones sociales. Ello demanda huir tanto de determinismos como de las ficciones de la igualdad formal.

Trabajar desde una perspectiva interseccional requiere la identificación y la comprensión, por parte de quienes dan cuerpo a las instituciones del Estado, de que intervienen en un escenario social que organiza la dominación patriarcal, clasista, racista y colonial, o sea en un sistema que distribuye el poder en base a categorías artificiosas y arbitrarías como el sexo-género, la edad, el color de la piel, la clase social entre otras. Sin esta comprensión resulta extremadamente difícil advertir cómo las desigualdades operan en un momento y hechos determinados. Si el punto de partida es el de la igualdad formal, dicha ficción sesga la intervención institucional. Este tipo de sesgos son los que han valido condenas internacionales al Estado español, como la emitida por el Comité de la CEDAW en el caso conocido como Ángela Gonzalez Carreño vs España[8].

8 Los hechos del caso señalan que Ángela Gonzalez hizo más de 30 denuncias por violencia y amenazas del marido, incluyendo amenazas de secuestrar a la hija común, entre 1999 y 2001, solo obtuvo 1 condena, por vejaciones (multa 45€). En enero de 2001 otorgaron un régimen provisional de visitas vigiladas (servicios sociales) y se pasó en mayo 2002 a un régimen de visitas no vigilades por el simple paso del tiempo. Informes sociales señalan que el padre pregunta sistemáticamente a la niña por la nueva pareja de la madre. Abril 2003: el mismo día de audiencia por el uso de la vivienda familiar (amenazas), la mujer lleva a la niña a los servicios sociales, para la visita con el padre. Dos horas más tarde, no ha vuelto: el padre ha

En dicha oportunidad dijo en concreto: "...*El Comité observa que durante el tiempo en que se aplicó el régimen de visitas establecido judicialmente tanto las autoridades judiciales como los servicios sociales y los expertos psicólogos tuvieron como principal objetivo normalizar las relaciones entre padre e hija, a pesar de las reservas emitidas por estos dos servicios sobre el comportamiento de F.R.C. Las decisiones pertinentes no traslucen un interés por parte de esas autoridades de evaluar en todos sus aspectos los beneficios o perjuicios para la menor del régimen impuesto. También se observa que la decisión mediante la cual se pasó a un régimen de visitas no vigiladas fue adoptada sin previa audición de la autora y su hija, y que el continuo impago por parte de F.R.C. de la pensión de alimentos no fue tenido en consideración en este marco.*

Todos estos elementos reflejan un patrón de actuación que obedece a una concepción estereotipada del derecho de visita basado en la igualdad formal que, en el presente caso, otorgó claras ventajas al padre a pesar de su conducta abusiva y minimizó la situación de madre e hija como víctimas de violencia, colocándoles en una situación de vulnerabilidad. A este respecto, el Comité recuerda que en asuntos relativos a la custodia de los hijos y los derechos de visita el interés superior del niño debe ser una consideración esencial, y que cuando las autoridades nacionales adoptan decisiones al respecto deben tomar en cuenta la existencia de un contexto de violencia doméstica...

... En el presente caso, el Comité considera que las autoridades del Estado, al decidir el establecimiento de un régimen de visitas no vigilado

---

matado a la niña y se ha suicidado. Abril 2004: la madre presenta una reclamación al Ministerio de Justicia por responsabilidad patrimonial del Estado, por negligencia de autoridades administrativas y judiciales. Nov. 2005: Min. Justicia rechaza la reclamación (reposición). Junio 2007: Contencioso–administrativo ante la Audiencia Nacional. Rechazado en diciembre 2008. Casación ante el TS, desestimada en octubre de 2010. Nov. 2010: Amparo ante el TC (derecho a un recurso efectivo, a la seguridad, la vida e integridad física y moral, etc.), rechazado en abril 2011, por no presentar relevancia constitucional.

aplicaron nociones estereotipadas y, por lo tanto, discriminatorias en un contexto de violencia doméstica, y fallaron en su obligación de ejercer la debida vigilancia, incumpliendo sus obligaciones en relación con los artículos 2 a), d), e) y f); 5 a) y 16, párrafo 1 d) de la Convención".

La consideración de la perspectiva interseccional fue reclamada a España por el Tribunal Europeo de Derechos Humanos en la sentencia de 25 de julio 2012, B. S. C. ESPAÑA, 47159/08 (TOL9.063.438), en el que condenó a España por violencia discriminatoria contra una mujer negra[9]. La sentencia reconoció que los tribunales españoles no tomaron en cuenta *la vulnerabilidad inherente a su situación de mujer africana, ni su estatus social, en un contexto en donde la apariencia física se utiliza como*

---

9 En 2005, Beauty Solomon, una mujer negra, nigeriana, residente en España, fue agredida en dos ocasiones diferentes por agentes de la policía nacional en Palma de Mallorca. Con la excusa de realizar controles de identidad, los agentes se acercaron a ella mientras estaba parada en la vía pública. Había más mujeres en la zona, pero ella era la única negra, como bien se lo hicieron saber mientras la golpeaban con la porra y le gritaban "puta negra". Beauty presentó dos denuncias ante los juzgados españoles que ignoraron sus reclamos. Los tribunales se limitaron a pedir un informe al jefe de la Policía, superior jerárquico de los policías denunciados, y negaron la solicitud hecha por Beauty de realizar una rueda de reconocimiento. Los jueces afirmaron que ella no sería capaz de reconocer a sus agresores. El Juzgado de Instrucción nº 9 de Palma de Mallorca cerró el caso con una sentencia en donde justificaba la actuación policial respecto de Beauty afirmando que los agentes sólo estaban cumpliendo con su deber. El 24 de julio de 2012, en una sentencia paradigmática, el TEDH condena a España por violar el derecho de Beauty Solomon a no sufrir tratos inhumanos y degradantes y su derecho a no ser discriminada, al no haber conducido una investigación seria y efectiva de las denuncias presentadas por Beauty. El Tribunal además afirmó que el Estado español estaba obligado a tomar todas las medidas necesarias para desenmascarar cualquier motivación racista y para establecer si el odio o el prejuicio étnico jugaron algún papel en la actuación policial.

criterio para justificar las acciones de la policía en la supuesta defensa de la "seguridad pública".

Ciertamente la fórmula del Tribunal Europeo es confusa cuando habla de *no tomar en cuenta la vulnerabilidad inherente a su situación de mujer africana,* ya que sufrir una desigualdad social no es equivalente a tener una vulnerabilidad inherente, no hay nada esencial en el ser mujer y africana que las haga vulnerables. Pero sí es la forma en la que opera social e institucionalmente el machismo y el racismo, lo que supone un riesgo para quienes están expuestas a la discriminación y la violencia por su género, el color de su piel, su fenotipo, su procedencia étnico-racial.

El Tribunal Europeo de Derechos Humanos explicitó que no se tuvo en cuenta *su estatus social, en un contexto en donde la apariencia física se utiliza como criterio para justificar las acciones de la policía en la supuesta defensa de la "seguridad pública*". El mensaje de la sentencia B. S. C. ESPAÑA es claro, la discriminación está prohibida de forma absoluta y como tal, cuando un Estado recibe una denuncia de que sus autoridades han actuado de forma discriminatoria está obligado a investigar y sancionar a sus responsables, enviando un mensaje de no legitimidad y no tolerancia. El Tribunal condenó a España a pagar una indemnización de 30.000 euros a B.S. por daños no pecuniarios. Esta es una de las indemnizaciones más altas concedidas por el Tribunal Europeo en un caso de violencia policial y discriminación.

En ambas condenas es posible apreciar que aquello que vulneró la debida diligencia en la investigación tuvo que ver con falta de perspectiva de género e interseccional, y se comprobó por la presencia de sesgos de género e interseccionales y visiones estereotipadas, encubiertas por la idea de una falsa neutralidad u objetividad. Por ello es la incorporación de estos enfoques es parte de la diligencia debida en materia de prevención y reparación integral de violencias patriarcales, de género, machistas. El acceso a la justicia, la eficacia de las medidas jurídico-políticas requiere abordajes imparciales, y estos solo son posible erradicando sesgos, prejuicios, falsas creencias, ideas estereotipadas de las violencias, las víctimas y los agresores.

3. EL ENTRONQUE DE PATRIARCADO, CAPITALISMO, COLONIALISMO

El entronque entre patriarcado, capitalismo y colonialismo es un marco teórico clave para entender cómo estos sistemas se refuerzan mutuamente, creando estructuras, sistemas de dominación, hegemonía de sexo-género, clase y raza. El concepto proviene de los feminismos decoloniales, el marxismo crítico y los estudios poscoloniales y permite entender acabadamente el tiempo presente, en el que la dominación patriarcal se ha visto reforzada por el proceso de acumulación capitalista y por una *colonialidad permanente*[10]. El racismo, tal como lo conocemos es

[10] La idea de una *colonialidad permanente* hace referencia a la persistencia de estructuras de dominación, explotación y jerarquías sociales establecidas durante el colonialismo, incluso después de la independencia formal de las colonias. A diferencia del *colonialismo* (que se refiere a la ocupación política y militar directa), la *colonialidad* alude a un patrón de poder más profundo que continúa reproduciéndose en la economía, la cultura, el conocimiento, el derecho, la política y las relaciones sociales en las sociedades poscoloniales. Esta *colonialidad permanente* está compuesta por una *colonialidad del poder, del saber y del ser*. La *colonialidad del poder,* concepto desarrollado por Aníbal Quijano, se refiere a la continuidad de jerarquías raciales y étnicas que privilegian a lo "europeo" o "blanco" sobre lo indígena, negro o mestizo. En este sentido el capitalismo global mantiene divisiones coloniales de trabajo y riqueza. La c*olonialidad del saber* que establece una hegemonía del conocimiento occidental, y la *colonialidad del ser* que da cuenta de mecanismos deshumanizantes de ciertos grupos

producto del colonialismo y las formas de esclavitud que impuso. Autoras como María Lugones quien acuñó el concepto de *sistema moderno/colonial de género*, han demostrado cómo el colonialismo también impuso un binarismo de género eurocéntrico (LUGONES M. 2011).

Las contribuciones teóricas que identifican el entronque entre patriarcado, capitalismo y colonialismo como el sistema de relaciones de poder que produce diferentes expresiones de violencias estructurales, como las patriarcales, las racistas, las de clase, dialogan con las contribuciones teóricas de la interseccionalidad y reclaman tener en cuenta la forma en la que están imbricadas y se interrelacionan unas y otras formas de dominación.

Es así como ambas perspectivas comparten una visión sistémica de las violencias estructurales, no analizan opresiones aisladas, sino cómo se refuerzan mutuamente. En esta línea rechazan explicaciones únicas para la comprensión de las desigualdades sociales, como las que han pretendido algunas expresiones del marxismo, o de los llamados feminismos blancos o liberales.

Una diferencia entre el enfoque interseccional y la idea del entronque de patriarcado, capitalismo, colonialismo está en que el primero se centra en experiencias individuales y grupales, mientras que la segunda profundiza el análisis histórico-político crítico. Las teóricas decoloniales y marxistas críticas ampliaron la interseccionalidad para incluir la historicidad, visibilizar cómo el colonialismo creó jerarquías raciales que el capitalismo explota (QUIJANO A. 1999, LUGONES M. 2011, SEGATO R., ESPINOSA-MIÑOSO Y. 2016, PAREDES J. 2010, GUZMÁN A. 2014), enfoques de la economía política

---

sociales, como pueblos indígenas o personas afrodescendientes, a través del racismo y la violencia.

como el de Silvia Federici, al destacar la relación entre trabajo reproductivo no pagado y explotación capitalista, y los análisis sobre la globalización como parte de la colonialidad permanente, la continuidad de relaciones de base colonial entre el Sur-Norte Globales. La interseccionalidad en tanto herramienta analítica para entender experiencias concretas, y el marco patriarcado-capitalismo-colonialismo como teoría crítica sobre los sistemas de poder permiten identificar el impacto de las opresiones en escala individual y explicar por qué esos sistemas existen.

4. LA COMPRENSIÓN DE LAS VIOLENCIAS PATRIARCALES EN LA INTERVENCIÓN INSTITUCIONAL. UNA CUESTIÓN DE DILIGENCIA DEBIDA

La debida diligencia es un estándar que se ha desarrollado desde el ámbito jurisprudencial por los Tribunales y Comités internacionales y regionales de Derechos Humanos (como la Corte Interamericana de Derechos Humanos, el Tribunal Europeo de Derechos Humanos, el Comité para la Eliminación de la Discriminación contra la Mujer (CEDAW), el Comité de Derechos del Niño, el Comité para la Eliminación de la Discriminación Racial, entre otros), para enfatizar la responsabilidad de los Estados en tanto garantes de estos derechos. Dicho rol de garante requiere *acceso efectivo* a la justicia y a los derechos reconocidos.

El *acceso efectivo* ha de tener imprescindiblemente en cuenta las opresiones, situaciones de discriminación y desigualdades estructurales, para poder realizarse, tanto porque tratar formalmente igual a quienes están desigualmente situados/as reproduce desigualdades, como porque las discriminaciones sexo-genéricas o racistas, entre otras, explican su vigencia por su arraigo en las instituciones sociales, jurídicas y políticas, sea por la reproducción de prejuicios, estereotipos, falsas creencias que las afirman, o por la inacción que las legitima.

La ya citada legislación autonómica catalana en materia de violencias machistas incorporó en una importante modificación realizada en el año 2020 el estándar de diligencia debida, al que definió como "*...la obligación de los poderes públicos de adoptar medidas legislativas y de cualquier otro orden para actuar con la agilidad y eficiencia necesarias y asegurarse que las autoridades, el personal, los agentes, las entidades públicas y los otros actores que actúan en nombre de estos poderes públicos se comportarán de acuerdo con esta obligación, en orden a prevenir, investigar, perseguir, castigar y reparar adecuadamente los actos de violencia machista y proteger las víctimas...*" (art. 3.h).

La debida diligencia también fue introducida como estándar de obligado cumplimiento para los Estados por el Convenio del Consejo de Europa sobre prevención y lucha contra la violencia contra las mujeres y la violencia doméstica (2011), más conocido como Convenio de Estambul, que entró en vigor para España el año 2015.

En el ámbito latinoamericano ya en pronunciamiento al caso "*Velásquez Rodríguez vs. Honduras*" en el año 1988[11], la Corte IDH distinguió entre la obligación de respetar los derechos humanos, que suele traducirse en la función de abstención, limitación al poder estatal, de la obligación de garantizar derechos. En este sentido comenzó a definir medidas que permitieran concretar, asegurar jurídicamente el libre y pleno ejercicio de los derechos humanos. En esta línea este Tribunal regional ha ido perfilando a lo largo de su jurisprudencia en qué consisten las obligaciones de prevención, investigación, sanción y reparación. A partir de ello ha desarrollado la responsabilidad

---

11 Corte IDH, *Caso Velásquez Rodríguez vs. Honduras* (Fondo), 29 de julio de 1988, párr. 165

directa e indirecta de los Estados, esta última vinculada a omisiones de debida diligencia.

Huelga aclarar entonces que el estándar de debida diligencia no es en sí una nueva obligación, sino que cualifica y concreta cómo tienen que cumplirse las obligaciones legales para garantizar el acceso efectivo a los derechos. Se constituye de esta manera en un marco de evaluación del cumplimiento eficaz de la prevención y reparación de las violencias machistas (SERRA L. 2022).

Pero, como explica Laia Serra, para que la debida diligencia pueda funcionar de esta manera, ha de haber sido concretado, legislativa, política y jurisprudencialmente en qué consiste el cumplimiento eficaz de los deberes de prevenir, investigar, sancionar y reparar integralmente las violencias machistas, las violencias patriarcales, y, por descontado, debe existir un marco común de comprensión del fenómeno, sobre qué son y cuáles son las causas estructurales de dichas violencias.

Son estas premisas fundamentales para definir las pautas de intervención ante el cualquier tipo de fenómeno o problema que se valga del pensamiento científico para su resolución. Una errónea comprensión de un problema social nos portará a un abordaje también equivocado, por ello el interés del presente capítulo en reflexionar sobre las limitaciones de las diferentes definiciones legales de las violencias de género, patriarcales, machistas, contra las mujeres, y también el interés en ampliar los límites de dichas definiciones, asumiendo que toda definición produce márgenes y exclusiones, a partir del análisis de las causas estructurales. Considero dicha tarea un ejercicio de diligencia debida en materia de prevención y reparación.

Un claro ejemplo de aplicación de la diligencia debida en orden de ampliar los límites de las definiciones legales se encuentra en el Protocolo Marco para una intervención con la diligencia debida en situaciones de violencias machistas (2022) aprobado por Acuerdo de Gobierno de la Generalitat de Catalunya. Si bien la ley catalana 5/2008 del derecho de las mujeres a erradicar las violencias machistas señala que son las mujeres quienes pueden sufrir tales violencias, de cualquier edad y con mención expresa a la inclusión de las mujeres trans y a hijos e hijas de mujeres en situación de violencia machista, el referido Protocolo Marco va más allá. Desborda la definición legal integrándola con el Convenio Internacional de Derechos del Niño, en particular a la luz del interés superior de niñas, niños y adolescentes y señala: *Poner los derechos y las necesidades de niñas, niños y adolescentes en el centro también quiere decir garantizar el respeto a su autonomía progresiva y entender, por ejemplo, en relación a las violencias sexuales, que tienen que ser abordadas como formas de violencia machista, tanto las que sufren niñas, niños y adolescentes en el ámbito familiar como en el ámbito comunitario (Protocolo Marco, 2022:15).*

Integrar a los niños como sujetos de las violencias machistas y entender que las violencias sexuales han de ser abordadas en la prevención y en la reparación a partir de su reconocimiento como formas de violencias machistas, no sólo cuando la sufren niñas sino también cuando las sufren niños y adolescentes responde a una más acabada comprensión del fenómeno de las violencias sexuales contra personas menores de edad como expresiones de violencia patriarcal.

Supone también comprender que configura un agravio comparativo desconocer que las violencias sexuales que sufren niños son violencias machistas, en tanto se explican también a partir del uso de la violencia sexual como ejercicio de poder patriarcal, de un poder que se articula en el entrecruzamiento de machismo y adultocentrismo, que construye una cultura de la violación en la que ésta es parte del mandato de masculinidad dominante: se es hombre en tanto se puede disponer de los cuerpos de otros seres humanos, tal disposición es, de manera privilegiada, disposición sexual, pero no solo ni exclusivamente. Este mandato de violación alcanza al ámbito privado y al público, se comprueba en las casas y en las instituciones.

Intervenir con diligencia debida ante las violencias sexuales contra la infancia exige una comprensión de las mismas basada en la evidencia. Los datos demuestran claramente que, si bien las niñas sufren más violencia sexual que los niños, estos también están expuestos sistemáticamente a tal violencia, en ambos casos los agresores son hombres adultos en una abrumadora mayoría. Aquí es donde radica el carácter patriarcal, machista, de género de las violencias sexuales contra las infancias.

El Consejo de Europa estima que, en Europa, uno/a de cada cinco niñas/os es víctima de alguna forma de violencia sexual[12]. Una investigación realizada por Save the Children en 2023 da cuenta que en 2022 se interpusieron en España 18.731 denuncias por violencia sexual, de las cuales casi la mitad (un 45%) tenía como víctima a una persona menor de 18 años. De estas denuncias, el 82% eran niñas o adolescentes. En cuanto a los agresores, los datos de delitos sexuales cometidos tanto por personas adultas como por personas entre los 14 y los 17 años (edades en las cuales ya hay responsabilidad penal) reflejan que en el 97% de los casos el agresor es un hombre.

El estudio realizado por la Asociación Mujeres Juristas Themis en el año 2020, arriba a análogos resultados. Este análisis que revisó 400 sentencias dictadas en primera instancia por las Audiencias Provinciales entre 2010 -2019 y 155 recursos en los que las Audiencias Provinciales, los Tribunales Superiores de Justicia o el Tribunal Supremo revisan sentencias dictadas por los Juzgados de lo Penal o Juzgados de Menores, da cuenta que el 98% de los agresores son hombres y que el 74,73% de ellos forman parte del ámbito familiar o del entorno de la víctima. En relación con esto, se muestra también que en un 64,11% de los casos la violencia sexual no se reduce a un solo episodio,

---

12 Consejo de Europa: Campaña «One in Five» («Uno/a de cada cinco») disponible en https://www.coe.int/en/web/children/underwear-rule

sino que se repiten en más de una ocasión o se produce de forma continuada. El domicilio de la víctima es precisamente el lugar en el que con mayor frecuencia se produce la agresión (en el 33,54% de los casos), seguido por el del agresor (31,47%). El 72,08% de las víctimas son niñas, proporción que aumenta progresivamente cuanto más se acercan a la mayoría de edad. En cuanto a la tipología del delito, se aprecia una clara diferencia entre los perpetrados a niñas (el 97,9% se trata de agresiones sexuales y un 2,1% corresponde a prostitución, corrupción de menores y pornografía) o a niños (los porcentajes se equilibran a 53,16% y 47,84% respectivamente).

Perfilar con mayor complejidad los mecanismos que las violencias estructurales, como las patriarcales o las racistas ponen en marcha en orden de distribuir social y desigualmente el poder, de crear grupos oprimidos, discriminados, subalternos, permite mejorar la comprensión de dichas problemáticas sociales y contribuye a su redefinición. De esta forma el estándar de diligencia debida, en tanto requiere una respuesta eficaz tanto en materia de prevención como de reparación integral, acompaña y fundamenta la necesidad de reconceptualización de las violencias de género o violencias machistas como violencias patriarcales.

5. CONCLUSIONES

La preocupación jurídico-política por la forma en la que definimos las violencias patriarcales que expresa este capítulo se propone ensanchar los márgenes para dimensionar con mayor especificidad las y los sujetos sometidos a la dominación patriarcal. Para ello resultan valiosas teorías como las de la interseccionalidad o la del entronque entre patriarcado, capitalismo y colonialismo, en tanto permiten explicar las violencias estructurales del tiempo presente y la necesidad de construir respuestas integrales a las mismas.

El análisis propuesto pone de manifiesto limitaciones de las definiciones legales actuales sobre violencia de género, violencia contra las mujeres o violencia machista. Dichas limitaciones dificultan la comprensión del fenómeno, y se centran, por una parte, en un reduccionismo del sujeto-víctima, centrado casi exclusivamente en el sujeto mujeres, que reconoce solo parcialmente a las infancias, adolescencias y que deja fuera a personas LGTBI+. También he destacado las limitaciones en relación con los ámbitos comprendidos y una cierta opacidad en la referencia a las causas estructurales.

A lo largo del capítulo defiendo también que la incorporación de estos enfoques es parte de la diligencia debida en materia de prevención y reparación integral de violencias patriarcales, de género, machistas. El acceso a la justicia, la eficacia de las medidas jurídico-políticas requiere abordajes imparciales, la imparcialidad exige erradicar la presencia de sesgos, prejuicios, falsas creencias, ideas estereotipadas de las violencias, las víctimas y los agresores.

En esta línea, la herramienta analítica y mandato jurídico de la interseccionalidad despliega su potencial y significa a la vez importantes retos institucionales. Estos retos requieren, desde mi punto de vista, profundizar los análisis sobre desigualdades estructurales. La propuesta teórica del entronque patriarcado-capitalismo-colonialismo ofrece un análisis sistémico y sistemático. En definitiva, el derecho y las políticas públicas han de nutrirse del análisis radical de las violencias patriarcales en el sentido de ir a las raíces de la problemática, y huir de las tecnocracias de género, que no promueven cambios estructurales. Ello requiere de una tensión y cuestionamientos constantes, desde la reflexión académica, desde la investigación y también desde los movimientos sociales. En tiempo de retrocesos de derechos los feminismos jurídicos han de profundizar su capacidad crítica.

REFERENCIAS BIBLIOGRÁFICAS

Alemany A., Fernández L., y Marín B. (Asociación de Mujeres Juristas Themis) (2020) *La respuesta judicial a la violencia sexual que sufren los niños y las niñas,* recuperado 12/12/2024 de https://violenciagenero.igualdad.gob.es/wp-content/uploads/respuestajudicial.pdf

Ávila D., Franzé A., Peñaranda M., González Prado P. (2022) Violencia institucional contra las madres y la infancia. Aplicación del falso síndrome de alienación parental en España, Ministerio de Igualdad, Gobierno de España, recuperado 12/12/2024 de https://violenciagenero.igualdad.gob.es/wp-content/uploads/Violencia_institucional_madres_infancia_SAP.pdf

Bodelón E. (2015). "Violencia institucional y violencia de género". *Anales De La Cátedra Francisco Suárez,* (48), 131–155. https://doi.org/10.30827/acfs.v48i0.2783

Bodelón E., Barcons M, Gonzalez Prado P., *et al.* (2019). "Órdenes de protección y derechos de las mujeres que han sufrido violencia de género: obstáculos para una efectiva protección", Institut Català de les Dones, recuperado 02/01/2025 de https://dones.gencat.cat/web/.content/03_ambits/docs/cdoc_publicacions_ordenes_proteccion.pdf

Brownmiller S. (1975). *Against our will: Men, women and rape.* Ballantine Books.

Crenshaw K. (1989), *Demarginalizing the intersection of Race and Sex: A Black Feminist Critique of Antidiscrimination Doctrine, Feminist Theory and Antiracist Politics.* University of Chicago Legal Forum.

Cook R. & Cusack S. (2009) *Estereotipos de género. Perspectivas Legales Transnacionales,* University of Pennsylvania Press. Recuperado 03/03/2025 de https://www.clacaidigital.info/bitstream/handle/123456789/1939/estereotipos-de-genero.pdf?sequence=1&isAllowed=y

Espinosa Miñoso Y. (2016) De por qué es necesario un feminismo descolonial: diferenciación, dominación co-constitutiva de la modernidad occidental y el fin de la política de identidad en Revista Solar, Año 12, Volumen 12, Número 1, Lima.

Facio, A., & Fries, L. (2005). Feminismo, género y patriarcado. Academia. Revista Sobre Enseñanza Del Derecho, (6), 259–294. Recuperado a partir de http://revistas.derecho.uba.ar/index.php/academia/article/view/900

González Prado P. (2022), "Las violencias sexuales contra niñas, niños y adolescentes como situaciones de violencias machistas", en *Revista Idees* (59) *Violencias machistas y políticas públicas: construyendo respuestas feministas e interseccionales,* disponible en https://revistaidees.cat/es/las-violencias-sexuales-contra-ninas-ninos-y-adolescentes-como-situaciones-de-violencias-machistas/

González Prado P. (2024). "La diligencia debida en las políticas de prevención y reparación de las violencias machistas en Cataluña". Revista *Derecho y género,* 1, 29–55. https://doi.org/10.5565/rev/derechoygenero.13

Lagarde M. (1990-2011) *Los cautiverios de las mujeres: Madresposas, monjas, putas, presas y locas,* Editorial Horas y Horas, Madrid.

Larrauri E. (2018) *Criminología crítica y violencia de género. Estructuras y Procesos. Derecho.* Editorial Trotta, España.

Lerner G. (1986-2022). *La creación del patriarcado,* Editorial Katakrak

Lugones M. (2011). "Hacia un feminismo descolonial". *La Manzana De La Discordia,* 6 (2), 105–117 https://doi.org/10.25100/lamanzanadeladiscordia.v6i2.1504

MacKinnon C. (1979). *Sexual harassment of working women: A case of sex discrimination,* 19ª ed. Yale University Press.

Paredes J. (2010). *Hilando fino desde el feminismo comunitario* Editorial El Rebozo México.

Paredes J. & Guzmán Adriana. *El tejido de la rebeldía ¿Qué es el feminismo comunitario?* (2014) Editorial Mujeres Creando.

Pateman C. (1988-2019). *El contrato sexual.* (Traducción María Luisa Femenías), Ménades.

Quijano A. (1999). *Colonialidad del poder, cultura y conocimiento en américa latina.* Dispositio, 24(51), 137–148. http://www.jstor.org/stable/41491587

Save the Children (2024) *Silenciadas, un análisis sobre agresiones sexuales en la adolescencia,* recuperado el 10/02/2025 de https://www.savethechildren.es/sites/default/files/2024-03/Silenciadas_stc.pdf?_gl=1*1pquovz*_up*MQ..*_ga*MTYxMzM0MTE1Ny4xNzQ1NDcwNjc1*_ga_7HK32SMG8P*MTc0NTQ3MDY3NC4xLjEuMTc0NTQ3MDY3NC4wLjAuMTAyOTYwMDIx

Serra Perelló L. (2022) "El reconocimiento de las violencias institucionales: una nueva herramienta para exigir los derechos de las mujeres", en *Monográfico Revista Idees* (59), *Violencias machistas y políticas públicas: construyendo respuestas feministas e interseccionales* disponible en https://revistaidees.cat/es/el-reconocimiento-de-las-violencias-institucionales-una-nueva-herramienta-para-exigir-los-derechos-de-las-mujeres/

Segato, Rita Laura (2003). Las estructuras elementales de la violencia: contrato y estatus en la etiología de la violencia. Editora Vozes.

Segato Rita Laura (2016). La guerra contra las mujeres. Editorial Traficantes de Sueños.

Smart C. (1989). *Feminism and the Power of Law,* Routledge.

United Nations Children's Fund (2024). When numbers demand action: Confronting the global scale of sexual violence against children. UNICEF. https://data.unicef.org/topic/child-protection/violence/sexual-violence/

World Health Organization. (2021). Violence against women prevalence estimates, 2018: global, regional and national prevalence estimates for intimate partner violence against women and global and regional prevalence estimates for non-partner sexual violence against women. World Health Organization. https://iris.who.int/handle/10665/341337

PARTE 3.

MECANISMOS DE INCLUSION PROCESAL PARA LA GARANTÍA DEL ACCESO A LA JUSTICIA

Preconstituir la prueba para proteger a personas vulnerables: los costes del paternalismo probatorio

MERCEDES FERNÁNDEZ LÓPEZ
Universidad de Alicante

1. ALGUNAS IDEAS INTRODUCTORIAS

1.1. La vulnerabilidad como objeto de protección procesal

En los últimos años, particularmente desde la concreción de los objetivos de desarrollo sostenible (ODS) previstos en la Agenda 2030 de la ONU y, en particular, en línea con lo previsto en el ODS 16 de la Agenda, se está prestando una especial atención al establecimiento de mecanismos de inclusión procesal que favorezcan el acceso a la Justicia de todos los colectivos para la defensa de sus derechos y, entre ellos, de los que se encuentran en situación de vulnerabilidad.

A escasos cinco años del momento en el que será preciso hacer un balance de la eficacia de tales medidas, se multiplican las reformas orientadas a promover el acceso y participación en la Justicia de todos los ciudadanos en condiciones de igualdad, lo que hace especialmente oportuno realizar un análisis comparado de las principales líneas de reforma emprendidas. Tal análisis tiene como presupuesto el estudio del fundamento común que subyace a tales reformas con la finalidad de encontrar los puntos de conexión que permitan, de futuro, valorar la adecuación, oportunidad y suficiencia de las medidas de compensación con las que se pretende garantizar el acceso a la Justicia y la participación en el proceso de personas "vulnerables" y "especialmente vulnerables". Por ello, este trabajo tiene el propósito de poner de manifiesto las distintas situaciones que requieren la adopción de medidas especiales de protección y la necesidad de hacer un examen de la proporcionalidad de las mismas en cada caso a la luz de las causas que las justifican y de las exigencias del debido proceso, con las que, en ocasiones, pueden entrar en conflicto cuando el legislador o los tribunales tratan de satisfacer fines alternativos al proceso que pueden poner en riesgo los que esencialmente lo legitiman y justifican su razón de ser. En particular, me detendré en las consecuencias de sustraer al tribunal enjuiciador y a la defensa en el acto de juicio el examen directo del testigo en situación de vulnerabilidad sin realizar un ajustado análisis de las circunstancias concurrentes.

Son muchos los textos internacionales que tratan de dotar de un marco jurídico de protección específico a la vulnerabilidad. Sin ánimo exhaustivo, entre todos ellos destacan la Convención de Naciones Unidas sobre los derechos del niño (1989); la Convención de Naciones Unidas sobre la eliminación de todas las formas de discriminación contra la mujer (1979); la Convención sobre los derechos de las personas con discapacidad (2006), las Reglas de Brasilia sobre acceso a la justicia de personas en condición de vulnerabilidad de la XIV

Cumbre judicial iberoamericana (2008) o la Convención Interamericana sobre la protección de los derechos humanos de las personas mayores (2015). En el ámbito procesal, sin embargo, la preocupación del legislador por la protección de las personas vulnerables, especialmente puesta de manifiesto en los últimos años, no ha venido acompañada del mantenimiento de un concepto unívoco de *vulnerabilidad*[1]. Para Agüero San Juan y Gallardo Fajardo[2], en términos generales, se puede considerar que con este término se alude a las particulares circunstancias personales, económicas o sociales de una persona o colectivo que justifican la adopción de medidas especiales de protección en un determinado ámbito para salvar las dificultades que tales circunstancias entrañan, por cuanto los sujetos vulnerables se encuentran expuestos a un mayor riesgo de sufrir un daño, mientras que cuando se alude a la *especial vulnerabilidad*, generalmente se pretende dar cuenta de la concurrencia en una misma persona o colectivo de personas de diversas circunstancias o de una de ellas que implique un especial grado de dificultad y, por ello, se considera que son acreedoras de un estatuto de protección reforzado respecto de quien no presenta ninguna de tales condiciones o las presenta en menor grado de afectación y, por tanto, respecto de la que cuenta con un menor riesgo de ser dañada.

En cualquier caso, sí parece existir consenso sobre la necesidad de adoptar medidas procesales de protección que mitiguen las dificultades que presentan determinados colectivos al intervenir en un proceso judicial, de modo que se garantice su acceso y participación en la Justicia.

En el ámbito penal (aunque también en algunas materias civiles, como en los procesos de familia), además de las medidas procesales específicamente orientadas a tal fin, se iden-

---

1 DURÁN SILVA, Carmen (2024), p. 167.

2 AGÜERO SAN JUAN y GALLARDO FAJARDO (2024), p. 89.

tifican fácilmente otras que persiguen minimizar el efecto nocivo que puede suponer el paso por el proceso de quienes ostentan la condición procesal de víctimas. Ello nos permite dar cuenta de una cuestión importante: la idea de vulnerabilidad es marcadamente contextual. Esto es, una misma persona puede ser vulnerable en un contexto o situación determinada y no en otro; u ostentar un grado de vulnerabilidad distinto en atención al escenario en el que se desenvuelva. Por ejemplo, un consumidor puede ser vulnerable al suscribir un contrato bancario, pero no serlo en el ámbito procesal al actuar como parte demandante que ejercita una pretensión de nulidad en relación con tal contrato; o ser vulnerable en un proceso penal pero no en un proceso civil. De ahí, por ejemplo, que la Ley 4/2015, de 27 de abril, del Estatuto jurídico de la víctima, establezca en su art. 23 la necesidad de hacer una evaluación individual de cada persona a los efectos de estipular qué medidas, de las establecidas en los artículos 25 y 26 de dicho Estatuto, son necesarias para su protección. Parece que la LECrim se hace eco de ello y, en su art. 449 ter, prevé que la preconstitución de la declaración testifical de una persona con discapacidad únicamente tenga lugar cuando ostente la condición de persona "necesitada de especial protección" y, por tanto, no en todos los casos en los que presente algún grado de discapacidad que no conlleve situación de vulnerabilidad, lo que requiere una valoración en cada caso. Tal valoración requiere tomar en consideración, entre otras circunstancias, la gravedad del delito y sus efectos sobre quienes se consideren víctimas, un elemento que, como otros, va a presentar importantes diferencias en atención a las particularidades del caso. Igualmente, es preciso tener en cuenta que la vulnerabilidad en el contexto penal puede plantear especiales dificultades frente a las que justifican la adopción de medidas en el contexto del proceso civil y muy diversas respecto de las que sean necesarias en el orden laboral o contencioso-administrativo.

Las situaciones o características indicativas de vulnerabilidad que pueden dar lugar a la aplicación de medidas procesales de compensación respecto de un grupo o colectivo pueden ser de diversa naturaleza. Por ejemplo, si atendemos a las circunstancias físicas, psicológicas, sensoriales o a la edad del sujeto, los niños y adolescentes, las personas con discapacidad (intelectual, física o sensorial), las que presentan alguna enfermedad crónica o permanente y las personas mayores constituyen un primer grupo de sujetos necesitados de protección3. En este sentido, el art. 7 bis de la LEC entiende que, con carácter general, las personas mayores de 65 años pueden presentar algún grado de vulnerabilidad, mientras que los mayores de 80 años deben ser considerados vulnerables en todo caso, lo que supone la necesidad de realizar adaptaciones para garantizar su intervención procesal en condiciones de igualdad (de manera automática, tanto a instancia de parte como de oficio).

En atención a su situación económica o social, el grupo de personas vulnerables quedaría integrado por quienes se encuentran en condiciones de pobreza. Y, por último, en los casos en los que una persona ha sido víctima de un delito y presenta algún otro factor de vulnerabilidad, integra un grupo que puede ser objeto de un tratamiento procesal diferenciado y privilegiado que compense su condición de persona especialmente vulnerable.

1.2. Tipología de las medidas de protección procesal de personas vulnerables

Como es sabido, el catálogo de medidas que pueden adoptarse para compensar las condiciones mencionadas es amplio y en ningún caso puede ser cerrado, por cuanto es preciso que permitan a la persona vulnerable acceder al proceso y desenvolverse en él con conocimiento del significado y alcance de las actuaciones que se pueden desarrollar y de sus consecuencias.

Al respecto, deben distinguirse las medidas o adaptaciones que únicamente persiguen garantizar a todas las personas el acceso al proceso y la participación en él en condiciones de igualdad, por un lado, y, por otro, las medidas procesales dirigidas a minimizar el impacto sobre la esfera emocional del paso necesario por un proceso de quien ostenta la condición procesal de víctima. Entre las primeras se encuentran todas aquellas dirigidas a dar soporte a cualquier persona –con independencia de que sea parte o tercero— que, por razón de sus especiales características, necesite de la prestación de apoyos o adaptaciones para intervenir eficazmente en el procedimiento (es el caso de las medidas previstas, por ejemplo, en el art. 7 bis LEC o, en términos muy similares, en el art. 109 LECrim). No son estas, sin embargo, las que generalmente plantean problemas de colisión con garantías constitucionales, sino las que se establecen con el objetivo de proteger a determinadas personas frente al perjuicio emocional que puede suponer ostentar la condición procesal de víctima o de testigo de un hecho delictivo grave.

Así, medidas como la designación de un facilitador procesal que auxilie a la parte a comprender las actuaciones procesales, la declaración de menores y personas con discapacidad mediante cámara Gesell o la prestación de apoyo psicológico durante el procedimiento permiten satisfacer, sin riesgo alguno para el derecho de defensa del resto de partes, las necesidades específicas que puedan apreciarse respecto de un determinado sujeto. No sucede lo mismo, sin embargo, con la preconstitución del testimonio acordada de forma automática para sortear la necesidad de que el declarante tenga que comparecer ante el tribunal de enjuiciamiento y reiterar su declaración en presencia de todas las partes. En efecto, esta medida supone una evidente restricción del principio de contradicción, toda vez que limita o incluso excluye la posibilidad de que el declarante sea examinado en el acto del juicio oral, lo que no siempre va a estar justificado, aunque el propio legislador así lo exija. Es la fórmula por la que se ha optado en el art. 449 ter LECrim al regular la declaración de menores con edad inferior a catorce años y personas con discapacidad necesitadas de especial protección, puesto que, con la salvedad de supuestos sumamente excepcionales (y motivados en cada caso por el tribunal de enjuiciamiento) previstos en el art. 703 bis LECrim, no podrán ser examinados en el acto de juicio oral.

2. INVESTIGACIÓN Y PRUEBA: UNA FRONTERA CASI INEXISTENTE

Que la sentencia penal debe nutrirse de la prueba practicada en el juicio oral no es sólo un mandato que se colige del art. 120.2 de la Constitución, que proclama la oralidad de las actuaciones, sino fundamentalmente una garantía epistémica de la corrección del resultado del proceso. Sólo cuando la persona acusada accede al acto de juicio oral con plena información respecto de las actuaciones que se han desarrollado en la fase de investigación y con la posibilidad de someter a contradicción el conjunto de lo actuado cabe confiar en que la decisión judicial desplace su inicial estatus de inocencia. De ahí que el principio de contradicción se traslade a la fase de instrucción, pero, fundamentalmente, que las actuaciones desarrolladas en ella deban incorporarse al juicio oral para que puedan fundamentar un pronunciamiento condenatorio a los efectos de posibilitar su sometimiento a la valoración cruzada y crítica de las partes[3].

Estas ideas básicas conforman los presupuestos fundamentales en los que se asienta el enjuiciamiento penal en un marco

---

3 De ello me he ocupado recientemente con detalle en FERNÁNDEZ LÓPEZ, Mercedes, *El control judicial de la acusación,* Tirant lo Blanch, Valencia, 2025.

constitucional. No resulta difícil entender, por tanto, que las excepciones deban limitarse a unos escasos supuestos tasados y sometidos a importantes restricciones, y ello en la medida en que tales casos contribuyen a desdibujar la centralidad del juicio oral y sobredimensionan la trascendencia de la fase de investigación, dado que se revisten de valor probatorio actuaciones ajenas al acto de juicio al incorporarlas al mismo de acuerdo con ciertas formalidades.

No cabe duda de que la eficacia de la investigación, cada vez más compleja y especializada, es el fundamento que subyace a un relevante grupo de estas diligencias que acaban alcanzando valor probatorio mediante su formal introducción en el juicio oral dándolas por reproducidas. Es indiscutible que así sucede con las que cuentan con carácter irrepetible. En tales casos, su práctica en la instrucción con unas mínimas garantías, como es la presencia de una autoridad judicial (plenamente ajena al enjuiciamiento), permite las más de las veces, junto a razones de urgencia y al complimiento de unas mínimas condiciones de contradicción y defensa, que alcancen valor de pruebas de cargo aptas para fundamentar una sentencia de condena siempre que sean incorporadas al acto de juicio oral mediante su reproducción o lectura, completando así formalmente la garantía de contradicción en el juicio (art. 730.1 LECrim).

Sin embargo, asistimos cada vez con mayor frecuencia al reconocimiento de nuevas excepciones a la práctica de la prueba en el acto de juicio oral que poco tienen que ver con el contenido clásico del principio de irrepetibilidad y que han contribuido a desdibujar la tradicional y necesaria distinción entre fase de investigación y fase de prueba por, al menos, dos razones. La primera, porque se ha ido ensanchando cada vez más el significado procesal de *irrepetibilidad* para dar cabida a nuevos y variados supuestos. En muchos casos, amparados en el riesgo de pérdida de fiabilidad del testimonio por el transcurso del tiempo o en el riesgo relativo a la imposibilidad de localizar al testigo para recibirle declaración en el acto de juicio en casos de delitos sexuales o de trata de seres humanos con fines de explotación sexual cuando la víctima no cuenta con residencia en el país, aun cuando su declaración en el juicio oral pueda llevarse a través de videoconferencia o sistemas de comunicación bidireccional, como es el caso de la plataforma *Webex*, utilizada diariamente por los tribunales.

La segunda razón por la estamos asistiendo a una preocupante confusión entre la fase de investigación y el acto de juicio oral estriba en las posibilidades que ofrece la anticipación probatoria como herramienta para luchar contra la victimización secundaria, un efecto que bien podríamos acuñar como *paternalismo probatorio*[4]. Muestra de ello es que la reforma de la LECrim operada en 2021 por la que se establece la preconstitución del testimonio de menores y personas con discapacidad alude directamente a esta finalidad como principal causa de la iniciativa legislativa, unida a la protección de estas personas, especialmente vulnerables, aun en el caso de que no reúnan la condición de víctimas del delito, sino de meros testigos ajenos a los hechos. No es la primera modificación procesal emprendida en tal sentido. Las sucesivas reformas del art. 707 LECrim han ido ampliando el alcance de la protección de menores de edad y personas con discapacidad a la hora de prestar declaración[5]. Paralelamente a la evolución de la LECrim, la juris-

---

4 Entendiendo por *paternalismo* todo acto de poder que se realiza para evitar que un tercero sufra un daño. Cuando ese tercero es un menor o una persona adulta con discapacidad se suele hablar de *paternalismo blando,* dado que tiende a tratarse como un caso de paternalismo justificado por la vulnerabilidad del sujeto al que se dirige. Tomo estas ideas de ALEMANY GARCÍA, Macario, "Paternalismo", *Eunomía. Revista en Cultura de la Legalidad,* núm. 12, abril-septiembre 2017, pp. 201 y ss. Disponible en https://doi.org/10.20318/eunomia.2017.3652

5 La LO 14/1999, de 9 de junio introdujo la posibilidad de evitar la confrontación visual del declarante con el acusado mediante resolu-

prudencia –sustentándose en un débil fundamento legal— fue admitiendo la posibilidad de que los menores (especialmente los de corta edad) declarasen únicamente en instrucción y con la asistencia de expertos, siempre al amparo de una resolución judicial motivada (generalmente previo informe pericial que estimase precisa tal anticipación para evitar daños psicológicos derivados de su exposición al proceso y al acto de juicio oral)[6]. Así, en la STS 19/2013, de 9 de enero[7] se declaró que los arts. 433, 455, 707, 731 bis, 777.2 y 797.2 LECrim[8] ofrecían suficien-

---

ción judicial motivada y previo informe pericial; la LO 8/2006, de 4 de diciembre, impidió tal confrontación visual con carácter general y, por tanto, suprimió la necesidad de informe pericial y resolución motivada; la Ley 4/2015, de 27 de abril volvió a reformar el precepto, esta vez para ampliar su eficacia a las personas con discapacidad y, en general, a toda víctima de delito cuando se estime necesario acordar tal medida de protección. Prevé, además, la posibilidad de que el testimonio se preste mediante videoconferencia o sistema similar que impida tal confrontación (en consonancia con lo previsto en el art. 731 bis LECrim). Por último, la reforma operada por la LO 8/2021, de 4 de junio, mantuvo el contenido sustancial del precepto, pero incorporó como novedad el carácter excepcional de la declaración en juicio de menores y personas con discapacidad, tal y como se desprende del art. 703 bis LECrim.

6 Sobre ello se pronuncian, entre otras, las SSTS 96/2009, de 10 de marzo (TOL1.494.514), 743/2010, de 17 de junio (TOL1.919.138), 593/2012, de 17 de julio (TOL2.598.172), 19/2013, de 9 de enero (TOL3.007.662) y, más recientemente, la STS 153/2022, de 22 de febrero (TOL8.820.386).

7 Haciéndose eco de la STC 174/2011, de 7 de noviembre (TOL2.288.703), a la que se remite casi literalmente.

8 Los arts. 777.2 y 797.2 LECrim, ambos con idéntico contenido pero aplicable el primero a las diligencias previas del procedimiento abreviado y el segundo a las diligencias urgentes de los juicios rápidos, prevén la posibilidad de preconstituir una prueba testifical cuando razonablemente quepa pronosticar que no se podrá practicar en el acto de juicio o que provocará su suspensión.

te cobertura legal para acordar la práctica de la exploración de menores como prueba preconstituida.

Pero, aunque la anticipación de la exploración de menores y personas con discapacidad responde fundamentalmente a la necesidad de limitar su exposición al proceso y de evitarles rememorar experiencias traumáticas, presenta también una dimensión epistémica que no debemos pasar por alto, dado que permite preservar la integridad del testimonio frente al transcurso del tiempo entre los hechos y la celebración del juicio oral[9]. Sin embargo, los términos absolutos en los que se

---

9 Se hace eco de ello ARANGÜENA FANEGO, Coral, "Declaración de personas vulnerables y preconstitución de la prueba en el proceso penal", *Revista Brasileira de Direito Processual Penal*, Porto Alegre, v. 8, núm. 3, sept.-dic. 2022, p. 1109. Así lo expresa también el propio Preámbulo de la Ley Orgánica 8/2021, de 4 de junio, de protección integral a la infancia y la adolescencia frente a la violencia, a la que nos venimos refiriendo: "(L)a prueba preconstituida es un instrumento adecuado para evitar la victimización secundaria, particularmente eficaz cuando las víctimas son personas menores de edad o personas con discapacidad necesitadas de especial protección. Atendiendo a su especial vulnerabilidad se establece su obligatoriedad cuando el testigo sea una persona menor de catorce años o una persona con discapacidad necesitada de especial protección. En estos supuestos la autoridad judicial, practicada la prueba preconstituida, solo podrá acordar motivadamente su declaración en el acto del juicio oral, cuando, interesada por una de las partes, se considere necesario. Por tanto, se convierte en excepcional la declaración en juicio de los menores de catorce años o de las personas con discapacidad necesitadas de especial protección, estableciéndose como norma general la práctica de la prueba preconstituida en fase de instrucción y su reproducción en el acto del juicio evitando que el lapso temporal entre la primera declaración y la fecha de juicio oral afecten a la calidad del relato, así como la victimización secundaria de víctimas especialmente vulnerables".
Un atinado análisis crítico de la anticipación probatoria como mecanismo supuestamente infalible para evitar la revictimización pue-

regula la preconstitución en la LECrim plantea un escenario en el que se desdibuja ese fundamento epistémico en favor de razones puramente tuitivas, no siempre justificadas y que ponen en riesgo la calidad de la decisión judicial sobre los hechos como consecuencia de la evidente limitación que supone para el principio de contradicción.

Y es que, aunque hace unos años se hacía una lectura muy restrictiva de los supuestos de anticipación probatoria, en la práctica se ha ido imponiendo un uso cada vez más extendido al amparo de la protección de víctimas especialmente vulnerables. No es esa, pues, la principal novedad que introdujo la reforma procesal de 2021, que en este punto se limitó a incorporar a la LECrim lo que venía siendo una práctica generalizada, sino el carácter automático con el que se dispone respecto de menores de catorce años y personas con discapacidad y, sobre todo, la excepcionalidad con la que prevé su concurrencia al acto del juicio oral. En efecto, la reforma partió de considerar que los menores de catorce años y las personas con discapacidad son especialmente vulnerables en todos los casos y no deben ser sometidos a múltiples exploraciones, puesto que ello les expone a un alto riesgo de revictimización. No cabe duda de que la protección de niños y adolescentes y de personas con discapacidad frente a los efectos perniciosos de su participación en el proceso es uno de los retos de la Administración de Justicia[10], como también lo está que la práctica de la prueba en el juicio oral no garantiza, por sí sola, la corrección de la

---

de verse en VÁZQUEZ ROJAS, Carmen, "La conformación del conjunto de elementos de juicio: la práctica de la prueba pericial y de la prueba testifical", en FERRER BELTRÁN, Jordi (Coord.), *Manual de razonamiento probatorio*, Suprema Corte de Justicia de la Nación, México, 2022, p. 278.

10 Y sobre esa idea giran las disposiciones de textos supranacionales como la Convención de las Naciones Unidas de 20 noviembre de 1989, sobre los Derechos del Niño y la Decisión Marco del Consejo

decisión judicial, en la medida en que, de acuerdo con la praxis de los tribunales, la línea divisoria entre actos de investigación y actos de prueba se encuentra muy desdibujada, hasta el punto de que si se intentara separar con rigor unos y otros, el sistema procesal colapsaría. Por ello, algunos casos en los que se produce un verdadero y grave riesgo de pérdida de material probatorio o de revictimización justifican sobradamente la alteración de las reglas del juego, pero este reconocimiento no puede suponer una carta blanca para eludir las garantías del juicio oral ante cualquier contratiempo para practicar la prueba testifical, o que la persecución de otros fines (como sucede en los casos de declaraciones prestadas por menores y personas con discapacidad) pueda anteponerse a cualquier otro tipo de consideración y, con carácter general, a la esencial garantía de interrogar a los testigos de cargo sin atender para ello a criterios como la necesidad y la proporcionalidad. En definitiva, lo que resulta un reto para la Administración de Justicia no puede anteponerse a uno de los fines esenciales del proceso, la averiguación de la verdad como medio necesario para decidir sobre la aplicación de la ley penal al caso concreto. Hacer de la excepción una regla trae como consecuencia vaciar de contenido sustancial el principio de contradicción desde el momento en que las condiciones en las que se lleva a cabo la declaración preconstituida van a provocar un inevitable sacrificio respecto del rendimiento que la prueba tendría si se practicase en el acto de juicio, especialmente desde la perspectiva de la defensa.

---

de la Unión Europea, de 15 de marzo de 2001, relativa al estatuto de la víctima en el proceso penal.

3. GENERALIDADES SOBRE EL SISTEMA DE PRECONSTITUCIÓN PROBATORIA RESULTANTE DE LA REFORMA DE LA LECRIM DE 2021

El nuevo sistema de preconstitución de la prueba testifical resultante de la reforma de 2021 dista mucho, por las razones ya comentadas, de parecerse al restrictivo sistema que se articulaba inicialmente en el art. 448 LECrim, que, precisamente por su rigidez, fue objeto de una interpretación flexible por la jurisprudencia. Este precepto recoge las situaciones en las que, como regla general, cabe acudir a la práctica de la prueba testifical en fase de instrucción y, en particular, contempla únicamente dos supuestos en los que se autoriza: (i) cuando se prevea que el testigo no podrá comparecer en el juicio oral por ausentarse del territorio nacional o (ii) cuando se encuentre en riesgo de muerte, incapacidad física o intelectual. Se trata de las dos situaciones en las que tradicionalmente se ha amparado toda decisión de excepcionar la práctica de la prueba en el órgano de enjuiciamiento, en la medida en que se circunscriben al riesgo de perder el testimonio por dificultarse la localización del testigo o al riesgo de pérdida motivada por razones de salud que le impidan declarar o que afecten a la fiabilidad o integridad de su testimonio[11].

---

[11] Sobre la esencial distinción, a efectos de valoración de la prueba, entre la credibilidad del declarante y la fiabilidad de su declaración, véase GONZÁLEZ COULÓN, María de los Ángeles, "Una increíble, aunque verosímil historia de las palabras: fiabilidad, credibilidad y testimonios", *Revista De Derecho (Valdivia), 36*(2), 187-204. Recuperado a partir de https://revistaderechovaldivia.cl/index.php/revde/article/view/1793

En tales casos, la LECrim[12] autoriza la celebración inmediata del interrogatorio (por tanto, en el estado en el que se halle la causa, incluso aunque esta acabe de incoarse), siempre que se garantice la debida contradicción, para lo que será preciso que se encuentren correctamente citadas las partes personadas (cuestión que, sin duda, quedará sometida a la situación de cada caso y al momento procesal en el que deba practicarse el interrogatorio). De considerarse preciso, el art. 448 LECrim faculta al instructor a examinar nuevamente al testigo en el plazo de veinticuatro horas, permitiendo que todos los intervinientes formulen las repreguntas que sean pertinentes (lo que difiere de su práctica como mera diligencia de investigación, caso en el que no se garantiza la intervención de las partes, puesto que el juez de instrucción es quien dirige el interrogatorio y tampoco las partes son necesariamente citadas a su práctica, o incluso la diligencia se desarrolla antes de que se encuentren personadas).

Aun cuando se prevé con carácter excepcional, se aprecian ya dos importantes diferencias que alejan la práctica del interrogatorio realizado en instrucción respecto del que tendría lugar en el acto del juicio oral. La primera es la relativa a la citación de las partes que se encuentran personadas, cuyo número y condición dependerá en cada caso, entre otros factores, de lo avanzado de la investigación, de modo tal que, de no reiterarse el interrogatorio en el juicio oral (que sólo se prevé de manera excepcional en el art. 703 bis LECrim), quienes no estuvieran personados como acusación o no hubieran adquirido todavía la condición de investigados, se verán irremediable y definitivamente privados del derecho a interrogar al testigo. La segunda se refiere al modo en el que se desarrolla el interrogatorio que se celebra en instrucción, puesto que es el instructor quien lo dirige, lo que dista mucho

---

[12] Arts. 448 (procedimiento ordinario por delitos graves) y 777.2 LECrim (procedimiento abreviado).

del que tiene lugar en el juicio oral, en el que son las partes las que asumen el protagonismo de las preguntas que se dirigen al testigo[13] y sólo en casos excepcionales el juez o tribunal formulará preguntas aclaratorias o complementarias. Un método inquisitivo el primero –que se atempera al permitir que las partes personadas asistan y formulen preguntas— frente a un método puramente contradictorio, como es el que tiene lugar en el juicio oral[14], en un momento procesal más o menos prematuro y con la posible inasistencia de posibles ofendidos o futuros investigados que, sin duda, da cuenta de las importantes diferencias que plantea llevar a cabo el interrogatorio de una manera u otra.

Aunque se permite realizar el interrogatorio del testigo en peligro de muerte inminente sin presencia del letrado de la defensa (art. 449 LECrim), lo cierto es que se trata de una mera diligencia de investigación que no debemos confundir con los supuestos de práctica preconstituida que establece el art. 448 LECrim, por cuanto su incorporación como prueba requerirá la lectura en el acto de juicio al amparo del art. 730.1 LECrim, mientras que las declaraciones practicadas al amparo del art. 449 ter como pruebas preconstituidas podrán reproducirse a instancia de cualquiera de las partes, pero sin que tal reproducción sea precisa para que cuenten con valor probatorio si

---

13 Resulta cuestionable además que la limitación que establece el art. 708 LECrim respecto de las preguntas que se pueden dirigir al testigo sea extrapolable a la fase de instrucción, máxime cuando la práctica del interrogatorio ha podido acordarse de oficio. Se trata de una restricción al principio de contradicción que parece operar únicamente en el acto de juicio, pero que difícilmente puede llevarse a fase de investigación.

14 Con la mencionada limitación del art. 708 LECrim, sólo sorteable cuando ambas partes propongan como prueba el interrogatorio del mismo testigo.

su práctica se ajustó a las exigencias del art. 449 bis LECrim[15]. Mientras en el primer caso existe un déficit de contradicción en la práctica de la diligencia al no realizarse en presencia de la defensa, en el segundo caso nos encontramos ante un verdadero acto de prueba (cuya admisión, lógicamente, habrá que solicitar al órgano de enjuiciamiento), sujeto a contradicción y, por tanto, sin que se precise su reproducción, salvo que sea interesada por alguna de las partes.

4. LA PRECONSTITUCIÓN DE LA EXPLORACIÓN DE MENORES Y PERSONAS CON DISCAPACIDAD

La reforma de la LECrim de 2021, con el anunciado objetivo de proporcionar una protección integral a menores y personas con discapacidad, entre otros ámbitos, en el judicial, instauró la preconstitución de sus declaraciones con carácter absoluto. La nueva regulación prescindió, por tanto, de las circunstancias particulares del caso que se precisan para acordar la preconstitución de cualquier otra prueba testifical y optó por un sistema rígido de preconstitución. En particular, el art. 449 ter[16] LECrim establece que se practicará la prueba testifical de forma preconstituida en todo caso cuando se den dos condiciones conjuntamente[17]: (a) que quien deba declarar sea una persona menor de catorce años o con disca-

15 Sobre los aspectos prácticos del uso de la cámara Gesell desde la perspectiva de la psicología forense, véase HERNÁNDEZ SÁNCHEZ, José Antonio, "La cámara Gesell con menores víctimas del delito; secuelas y credibilidad del testimonio", *Cuadernos digitales de formación*, Consejo General del Podel Judicial, núm. 15, 2021, pp. 5 y ss.

16 Precepto aplicable al sumario. Para las diligencias previas, el art. 777.3 LECrim recoge idéntica disposición.

17 Con la salvedad de los procedimientos para el enjuiciamiento por delito leve, en los que se deja a la discrecionalidad judicial la posibi-

pacidad necesitada de especial protección y (b) que el procedimiento tenga por objeto la investigación de un delito de homicidio, lesiones, contra la libertad, contra la integridad moral, trata de seres humanos, contra la libertad e indemnidad sexuales, contra la intimidad, contra las relaciones familiares, relativos al ejercicio de derechos fundamentales y libertades públicas, de organizaciones y grupos criminales y terroristas y de terrorismo. En estas circunstancias, la prueba se practicará, dice el precepto, "en todo caso", como prueba preconstituida, y siempre de acuerdo con el procedimiento que establece el art. 449 bis LECrim.

Puesto que el legislador ha optado por un criterio puramente cronológico para establecer la obligatoriedad de la preconstitución de la testifical, cuando se trate de declarantes que se encuentren entre los catorce y los dieciocho años se aplicará el régimen general establecido en el art. 448 LECrim (atemperado, como se ha señalado, por la posibilidad de acordar motivadamente la preconstitución de su exploración, a la inversa de lo que sucede con quienes no alcancen los catorce años o tengan algún grado de discapacidad). Una decisión que resulta muy cuestionable, toda vez que no permite tomar en consideración las circunstancias de cada caso (tales como la condición de víctima o tercero, la madurez del menor o la gravedad de los hechos enjuiciados). Sería aconsejable que, como ya se venía haciendo en la práctica, generalmente con apoyo en informes periciales, quedara en manos del instructor la posibilidad de preconstituir la prueba, de modo que el sistema resultara más flexible y respetuoso con las circunstancias del declarante y de su relación con la causa en la que presta declaración.

A ello se une que la regulación es muy confusa en lo que se refiere a las personas con discapacidad. En unas ocasiones se

---

lidad de acordar las medidas especiales para la práctica de la prueba preconstituida.

refiere a personas con discapacidad necesitadas de especial protección y en otras se limita a referirse a personas con discapacidad, sin aclarar si se trata de conceptos sinónimos o si las medidas previstas únicamente son aplicables en favor de quienes sean especialmente vulnerables en atención a lo previsto en el art. 25 CP, no extensible a todas las personas con discapacidad[18].

En cuanto al procedimiento para la preconstitución, el art. 449 bis LECrim pretende imprimir al acto probatorio la mayor contradicción posible y, por ello, se posibilita la asistencia de la persona investigada (que deberá ser citada de encontrarse ya identificada y en conocido paradero), pero sin que su incomparecencia provoque la suspensión de la exploración del testigo. Deberá asistir el letrado del encausado, ya sea el designado por este, ya sea uno designado de oficio cuando el primero no comparezca sin causa justificada o cuando concurran razones de urgencia para la práctica de la prueba. Las previsiones del precepto persiguen proporcionar una adecuada intervención a la defensa en el interrogatorio, pero en combinación con otros factores, como la protección del declarante o la urgencia

---

18 La reforma no estableció regla alguna para determinar qué tipo ni grado de discapacidad se precisa para preconstituir obligatoriamente la exploración, ni si resulta de aplicación la definición del art. 25 CP: "A los efectos de este Código se considera incapaz a toda persona, haya sido o no declarada su incapacitación, que padezca una enfermedad de carácter persistente que le impida gobernar su persona o bienes por sí misma". En parecido sentido, ARANGÜENA FANEGO, Coral, "Declaración de personas vulnerables…", cit., p. 1120. La aplicación de este concepto genérico pareciera requerir un informe pericial si tal discapacidad no ha sido valorada previamente en el ámbito judicial o en el administrativo. Destaca la oportunidad de un informe pericial SÁNCHEZ MELGAR, Julián, "Prueba preconstituida en las declaraciones de los menores y discapacitados, tras la LO 8/2021", *La Ley Derecho de familia*, núm. 32, cuarto trimestre de 2021, apdo. VIII.

del acto (sin que se ofrezcan las claves para concluir si por "urgencia" deben entenderse únicamente las mismas situaciones que permiten la preconstitución en el resto de casos, que el art. 449 LECrim circunscribe al riesgo de muerte del testigo, en cuyo caso incluso se puede prescindir de la presencia del letrado de la defensa).

Asimismo, el art. 449 bis LECrim prevé el registro de la exploración en soporte apto para la grabación de la imagen y el sonido, siendo responsable el Letrado de la Administración de Justicia de comprobar la calidad de la grabación a los efectos de que pueda ser reproducida en el acto de juicio oral y valorada por el tribunal de enjuiciamiento. A la grabación se acompañará un acta sucinta con la identificación y la firma de todos los intervinientes en el acto.

Particulares prevenciones se estipulan para la práctica de la exploración de los menores de catorce años en el art. 449 ter y, entre ellas, destaca la posible intervención, si así lo acuerda el instructor, de un equipo psicosocial y la realización de tal exploración a través de expertos a los que se podrá requerir la realización de un informe sobre el desarrollo de la diligencia y sobre su resultado.

Practicada la exploración con las prevenciones mencionadas, el art. 703 bis LECrim establece como regla general que el testigo no volverá a declarar, puesto que la grabación de dicha exploración cuenta con valor probatorio, quedando el testigo exento de acudir a declarar nuevamente, salvo que sea interesado por alguna de las partes y el juez o tribunal de enjuiciamiento lo estime necesario mediante resolución motivada. En tal caso, de ser necesario que realice una nueva declaración en el acto de juicio, el testigo con discapacidad[19] será provisto

---

19 Nada se dice respecto de la necesidad de que se trate de personas especialmente vulnerables o con especiales necesidades de protec-

de todos los apoyos de accesibilidad que fueran precisos (que, aunque nada se diga, deberán ser acordados por el tribunal en el auto por el que se establezca su obligación de comparecer y declarar)[20].

Es necesario aclarar que, tratándose de una prueba practicada de manera preconstituida y, por tanto, con las garantías propias del juicio oral (con importantes adaptaciones), no es preciso que la grabación de la exploración realizada en instrucción se reproduzca en el acto de juicio, puesto que la contradicción ya se garantizó en el momento de su práctica. A diferencia de lo que sucede cuando se trata de meras diligencias de investigación, que sí deben ser reproducidas en todo caso para que alcancen valor probatorio como medio para suplir la ausencia de contradicción en su práctica, en el caso de la prueba preconstituida, la reproducción de la exploración cobra sentido cuando el testigo es citado a declarar al acto de juicio (en los casos del art. 703 bis LECrim), cuando las partes lo interesen para contrastar la exploración preconstituida con la declaración de otro testigo o si un perito va a ser interrogado sobre las circunstancias del declarante menor de edad o con discapacidad cuando haya evacuado informe previo sobre

---

ción, a diferencia de lo previsto en el art. 449 ter LECrim, por lo que se entiende que tales medidas de accesibilidad deberán acordarse en todo caso, a pesar de que desde 2021 ya no se produce la tradicional incapacitación judicial, sino que todas las personas conservan el ejercicio de sus derechos y caso a caso hay que determinar qué medidas de apoyo se precisan para permitir el libre ejercicio de la capacidad jurídica.

20 Las medidas de accesibilidad son las que se estipulan en el art. 109 LECrim tras la reforma operada por el Real Decreto-Ley 6/2023, de 20 de diciembre, que lleva a la LECrim las que en 2021 se estipularon en el art. 7 bis apartado 2º de la Ley de Enjuiciamiento Civil.

ello[21]. En el resto de supuestos, como sucede con la prueba documental, resulta suficiente dar por reproducida la grabación, que, al obrar en autos y haber estado durante el procedimiento a disposición de las partes, no es necesario visionar en el acto de juicio.

Otro de los aspectos destacables de la preconstitución de la testifical de menores o personas con discapacidad es la relativa a la posible dispensa del deber de declarar en atención a los lazos familiares que el declarante mantenga con la persona acusada. También esta cuestión fue objeto de una profunda revisión por parte de la LO 8/2021, de 4 de junio, que llevó a la LECrim la doctrina contenida en la STS 389/2020, de 10 de julio, del Pleno (TOL8.030.719), sobre los supuestos en los que puede ejercitarse la dispensa a partir de una interpretación muy restrictiva de la misma. En dicha reforma[22] se incorporaron al art. 416.1

---

21 Y ello aunque el art. 449 bis LECrim, en su último párrafo, parezca requerir dicha reproducción para que la prueba pueda ser valorada.

22 Que modificó también el art. 261 LECrim para incorporar un segundo párrafo:
"Tampoco estarán obligados a denunciar:
1.º Quien sea cónyuge del delincuente no separado legalmente o de hecho o la persona que conviva con él en análoga relación de afectividad.
2.º Quienes sean ascendientes y descendientes del delincuente y sus parientes colaterales hasta el segundo grado inclusive.
Esta disposición no será aplicable cuando se trate de un delito contra la vida, de un delito de homicidio, de un delito de lesiones de los artículos 149 y 150 del Código Penal, de un delito de maltrato habitual previsto en el artículo 173.2 del Código Penal, de un delito contra la libertad o contra la libertad e indemnidad sexual o de un delito de trata de seres humanos y la víctima del delito sea una persona menor de edad o una persona con discapacidad necesitada de especial protección".
Similar disposición se establece en el art. 416 LECrim, que establece la obligatoriedad de declarar de testigos mayores de edad cuando (i) el testigo tenga atribuida la representación legal o guarda de he-

LECrim tres disposiciones (numerales 3º, 4º y 5º) que afectan a las personas menores de edad y con discapacidad, puesto que se les priva de acogerse a la dispensa del deber de declarar en los casos en los que (i) por razón de su edad o discapacidad, no puedan entender el sentido y las consecuencias de acogerse a la dispensa; (ii) cuando estén o hayan estado personados en el procedimiento como acusación particular o (iii) cuando, habiendo sido previamente informados de la posibilidad de acogerse a ella, hayan declarado en alguna ocasión anterior.

No cabe duda de las dificultades que plantea la regulación de la dispensa respecto de la posibilidad de aplicarla a menores y personas con discapacidad, por cuanto requiere analizar caso a caso la oportunidad de ofrecer tal exención, e incluso el art. 416 LECrim establece la posibilidad de que el juzgador que vaya a realizar la exploración recabe el auxilio de peritos que le informen acerca de la capacidad del declarante de entender el alcance de la dispensa. Al respecto, el Tribunal Supremo ha declarado que cabe presumir que, entre los doce y los catorce años, el menor cuenta con madurez suficiente para entender el sentido de la dispensa, pero sin que ello exima de la necesidad de hacer ciertas comprobaciones[23]. En particular, las siguientes[24]: edad del declarante, capacidad de pensamiento libre, fundado e independiente, su condición de víctima, testigo directo o indirecto, naturaleza pública o privada de la infracción, vínculo del declarante con la persona acusada, repercusión de su declaración en las futuras relaciones familiares, repercusión de los hechos en el menor y gravedad de los

---

cho de la víctima menor de edad o con discapacidad o (ii) cuando se trate de un delito grave y la víctima sea una persona menor de edad o una persona con discapacidad, aunque no tenga atribuida su representación o guarda de hecho.

23 STS 329/2021, 22 de abril (TOL8.409.600).

24 Que a título ejemplificativo se mencionan en la STS 225/2020, de 25 de mayo (TOL7.968.771).

mismos, conocimiento de la repercusión procesal de su decisión de declarar, fase procesal en la que declara y consecuencias del uso de la dispensa en esa fase. En definitiva, se trata de criterios orientativos para evaluar la necesidad de informar al menor o a la persona con discapacidad de la posibilidad de no declarar. Tales criterios permiten valorar si el declarante se encuentra en disposición de ponderar las circunstancias del caso y las consecuencias que sobre sus relaciones familiares tendría su declaración contra la persona acusada. Este punto es extremadamente importante, puesto que la privación del derecho a no declarar (de carácter personalísimo, que no puede ejercitar, por tanto, quien ostente la representación legal o la guarda de hecho), supondría la imposibilidad de valorar el testimonio como prueba de cargo. No se trata de un supuesto de prueba ilícita, pero sí de una irregularidad procesal grave que provoca la invalidez de la declaración.

Tales dificultades se suman a las propias de la preconstitución de la prueba, pero no es el objetivo de estas páginas profundizar en ellas, sino mostrar la especial restricción a la que se somete el principio de contradicción cuando la prueba testifical se practica exclusivamente en la fase de instrucción, y, en mayor medida, cuando se estima que el testigo puede acogerse a su derecho a no declarar. Particularmente, en los casos en los que ha declarado en una ocasión anterior sin ser informado de la dispensa por razón de su edad y es citado al acto de juicio oral (en virtud de lo previsto en el art. 703 bis LECrim), momento en el que puede ya contar con madurez suficiente para decidir si se acogerse a la dispensa.

5. LOS COSTES DEL PATERNALISMO PROBATORIO

Las medidas probatorias adoptadas para proteger a menores y personas con discapacidad merecen una desigual valoración. El legislador parte de considerar que se trata en todo caso de testigos especialmente vulnerables, dado que su desarrollo puede resultar gravemente afectado tanto por el delito como por las sucesivas actuaciones procesales posteriores a las que sean sometidos y en las que se les haga revivir hechos y situaciones cuya impronta puede dificultar –o incluso imposibilitar— superar experiencias traumáticas. Esta sola idea obliga a transitar entre las garantías probatorias necesarias para asegurar un conocimiento fehaciente de los hechos y la protección de las víctimas, cuyo paso por el proceso puede ahondar en la victimización y acrecentar el daño provocado por el delito. Como certeramente ha señalado Hernández García, "una de las claves más importantes del sistema de protección, muy en particular de las víctimas especialmente vulnerables e hipervulnerables, es que los procesos de investigación resulten eficaces. El TEDH ha construido una sólida jurisprudencia en la que identifica específicas y muy exigibles obligaciones positivas de los Estados tendentes a dotar de eficacia a las investigaciones que puedan abrirse para la averiguación de determinados delitos. El hecho de no investigar adecuadamente o de no proporcionar una respuesta judicial a las denuncias de violencia o abuso contra niños u otras personas vulnerables, como las personas con discapacidad intelectual, favorece la impunidad" [25].

El mencionado tránsito requiere ponderar ambos extremos para no sacrificar por sistema el principio de contradicción, especialmente en los casos fronterizos, a los que la ley, por su

---

[25] Entre las medidas necesarias para garantizar la eficacia de la investigación, el TEDH ha incluido la necesidad de acelerar la obtención de la información para evitar su pérdida y el desarrollo de factores de revictimización. La STEDH de 19 de marzo de 2019, caso E. B. contra Rumanía (TOL7.108.298), se refiere a las distintas medidas que pueden adoptarse. HERNÁNDEZ GARCÍA, Javier, "Niños y niñas con discapacidad, victimización y proceso penal: algunas reflexiones", *Cuadernos digitales de formación, Consejo General del Poder Judicial*, núm. 33, 2019, p. 12.

carácter general, muchas veces no puede dar certera respuesta. Los rígidos márgenes establecidos por la LECrim –que atienden únicamente a la edad del declarante y al tipo de delito—, no permiten valorar la gravedad de los hechos, su condición de testigo o víctima ni sus circunstancias particulares para decantarse por la preconstitución o por permitir su declaración en el acto de juicio oral. Es indudable, además, que no se justifica ofrecer el mismo grado de protección a quien ha podido ser víctima de un delito grave que a quien es mero testigo, incluso indirecto o de referencia, razón por la que un sistema flexible permite dar una respuesta más adaptada a las circunstancias del caso. Asimismo, el sistema instaurado por la LECrim guarda silencio sobre un buen número de situaciones que pueden plantearse. Por ejemplo, no resuelve cómo proceder cuando, todavía en fase de investigación, quien ya ha declarado debe volver a hacerlo porque aparecen hechos nuevos, porque así lo solicita motivadamente alguna de las partes o porque su declaración no quedó correctamente registrada y es inutilizable pero el declarante ya ha alcanzado los catorce años o ha variado su grado de discapacidad. De acuerdo con lo previsto en el art. 449 ter LECrim, ya no nos encontraríamos ante un supuesto que justifique la preconstitución, lo que motivaría que se le tomara declaración como diligencia de investigación y meses o años después fuera citado nuevamente a declarar en el acto de juicio.

Sin embargo, no todas las valoraciones que merece esta suerte de *paternalismo probatorio* hacia las personas vulnerables son negativas. La psicología del testimonio ha mostrado la mayor fiabilidad del testimonio cuanto más cercano sea al acaecimiento de los hechos y cuantas menos ocasiones se someta a interrogatorio al declarante[26]. Ello es especialmente significativo

---

[26] Sobre la influencia de la repetición de las exploraciones sobre la sugestión puede verse también el interesante estudio de PELÁEZ, Miriam, PÉREZ-MATA, Nieves y DIGES, Margarita, “La Influencia

cuando se trata de menores o persona con discapacidad, toda vez que, en tales casos, sus recuerdos son particularmente volátiles. Por eso es preciso también que, valorando sus circunstancias, más allá del mero criterio cronológico al que se acoge la norma, pueda realizarse la exploración a través de expertos en psicología del testimonio (y no todos los psicólogos que participan en la exploración lo son), de modo que se minimicen los riesgos de generar falsos recuerdos adulterando el resultado de la exploración con preguntas sugestivas o no adecuadas a su grado de madurez y comprensión[27]. Desde el punto de vista

---

de la repetición de entrevistas en la memoria y aceptación de la sugestión: efectos del conocimiento previo", en *Investigación comprometida para la transformación social: actas del XIX Congreso Internacional de Investigación Educativa,* Coord. por MARTÍNEZ GARRIDO, Cynthia y MURILLO TORRECILLA, Francisco Javier, Vol. 1, 2019. P. 326 y ss. Para un tratamiento en profundidad del tema, véase DIGES, Margarita y LOFTUS, Elizabeth F. *Los falsos recuerdos: sugestión y memoria.* Paidós, 1997 y DIGES, Margarita, *Testigos, sospechosos y recuerdos falsos,* Trotta, 2016, pp. 145 y ss.

27 Sobre la sugestionabilidad de los niños se han realizado muchos estudios. Al respecto, Giuliana MAZZONI concluye que "los niños son más sugestionables que los adultos. Son más propensos a recordar las informaciones falsas que se les han ido presentando, y más aún si quien les formula las preguntas está revestido para ellos de una cierta autoridad. Los niños son más sugestionables si la pregunta les viene de un adulto (...). Sabemos que en los casos de sospecha de abuso sexual, las preguntas siempre las hacen los mayores, investidos ante los niños como figuras de autoridad, o al menos, así los ven los pequeños. Querría recordar que, si bien es cierto que un adulto es percibido como figura de autoridad, y tanto más cuanto más ejerce de «adulto», también la persona adulta que se relaciona con el niño a través del juego es percibida como tal. La variable «autoridad», con el riesgo que implica de mayor capacidad de sugestionar, no disminuye en el caso de entrevistas o interrogatorios con niños, ni siquiera cuando se intenta eliminar esta diferencia mediante el juego. Por esta razón, algunos expertos en entrevistas con niños de quienes se sospecha que han sido víctimas de abuso, aconsejan com-

epistémico, y aunque se produzca una clara reducción de la contradicción al limitarse las posibilidades de interrogar al testigo en el juicio oral, se favorece la integridad y fiabilidad del relato, siempre que no se produzcan repetidos interrogatorios por parte de familiares, allegados, policía o psicólogos que realicen algún tipo de intervención terapéutica antes de la incoación de las actuaciones o en el curso de las mismas.

En cualquier caso, el principal problema de la exploración realizada en la fase de investigación radica en la imposibilidad de reproducir con exactitud las condiciones de contradicción que pueden alcanzarse en el acto de juicio, dado que queda seriamente condicionado el contenido del interrogatorio, que puede variar sustancialmente en función de la información disponible en el momento procesal en el que se realice. Por ello, tan desafortunado es un sistema rígido que no permita la preconstitución como el que la establece con carácter general y sin excepción, por lo que es preferible un sistema abierto que permita acordarla de manera motivada y, junto a ello, que prevea los supuestos en los que sea preciso que el testigo declare nuevamente en la fase de investigación y/o en el acto de juicio oral.

En atención a las anteriores consideraciones, un sistema aceptable de preconstitución probatoria debería ser respetuoso con, al menos, las siguientes tres ideas:

En primer lugar, es conveniente que, además de tomar en cuenta la condición de especial vulnerabilidad del menor o

---

portarse de manera honesta con ellos, de adulto a niño, declarando el motivo del encuentro y formulando simplemente las preguntas de un modo correcto para no inducir al niño a dar respuestas complacientes, o de manera que no sugieran informaciones añadidas, probablemente falsas. Hay que utilizar en estos casos un lenguaje comprensible para el niño pero no intentando nunca hacerse pasar por lo que no se es". MAZZONI, Giuliana, *¿Se puede creer a un testigo? El testimonio y las trampas de la memoria*, Trotta, 2010, p. 90.

persona con discapacidad, se atienda a las características del declarante, y a las circunstancias del hecho, especialmente a su gravedad. Como ya se ha señalado, resulta más que cuestionable que un criterio meramente basado en la edad pueda ofrecer un escenario adecuado, dado que no permite atender a las necesidades de tutela específicas de cada sujeto. Asimismo, es preciso valorar si se trata de un testigo (directo o indirecto) o de una posible víctima del delito y, en este segundo caso, ponderar también el impacto que tendría su declaración como diligencia de investigación y como prueba en el acto de juicio oral, de modo que sólo cuando las circunstancias del caso lo requieran, se acuerde la preconstitución y la limitación de las garantías procesales que la misma supone.

En segundo lugar, es deseable que se eviten exploraciones previas a la practicada en sede judicial (como sucede, por ejemplo, con la practicada por la policía, que puede sustituirse por la denuncia de la persona que tenga a su cargo al menor o persona con discapacidad o que haya tenido conocimiento de los hechos). Pero si el declarante ha sido sometido a alguna exploración previa al proceso (como a menudo sucede, cuando se encuentra en tratamiento psicológico), no sólo debe aportarse el informe del experto que la haya llevado a cabo, sino también la transcripción o grabación de las entrevistas realizadas, pues resulta esencial su conocimiento para saber en qué medida ha podido ser afectada la capacidad de recordar los hechos mediante la inducción involuntaria de falsos recuerdos y, por tanto, para reforzar la valoración que merezca la exploración. Sobre este punto sería precisa una regulación específica que estableciera como protocolo la necesidad de registrar el desarrollo de las entrevistas, de manera que pueda evaluarse, cuando sea posible, la credibilidad del declarante[28]. Debe ex-

---

[28] Tal evaluación únicamente resulta fiable cuando se trata de menores de muy corta edad y personas con discapacidad. Específicamente,

tenderse, asimismo, la práctica de solicitar tales entrevistas. El art. 336.5 de la Ley de Enjuiciamiento Civil (aplicable supletoriamente al proceso penal) ofrece cobertura legal a la defensa para solicitar el acceso a tales entrevistas cuando la acusación se articula en torno al resultado de exploraciones realizadas por psicólogos clínicos, cuando se realizan como diligencia de investigación pericial o en el marco de otro procedimiento en curso o ya finalizado (por ejemplo, en un procedimiento civil de familia).

Por último, la posibilidad de reproducir en el juicio oral la grabación no debería excluir con carácter general que se acuerde la declaración en dicho acto–con todas las medidas de apoyo que precise— y, a ser posible, también a través de expertos si las circunstancias lo requieren[29]. Asimismo, es necesario prever la posibilidad de acordar un nuevo interrogatorio en la fase de investigación cuando los hechos hayan podido variar o se hayan ampliado (por ejemplo, por la aparición de nuevas víctimas, la declaración prestada posteriormente por otros testigos o la realización de ulteriores diligencias de investigación).

En definitiva, aunque se acepten los aspectos positivos de las medidas comentadas, por cuanto mitigan el efecto pernicioso del paso de menores y personas con discapacidad por

---

en el ámbito de los delitos sexuales, cuando no han tenido contactos previos con contenidos de carácter sexual, lo que cada vez resulta más complejo como consecuencia del temprano acceso a tales contenidos a través de internet.

29 Entre los casos posibles, se ha destacado la posibilidad de que la exploración en instrucción se haya realizado de manera sustancialmente distinta a cómo se realizaría en el acto de juicio oral, dado que el instructor actúa, como regla general, de forma más inquisitiva que el tribunal de enjuiciamiento. SÁNCHEZ MELGAR, Julián, "Prueba preconstituida en las declaraciones...", cit., apdo. XXVII.

un proceso penal que puede resultar sumamente gravoso[30], lo cierto es que, aplicadas con carácter general y con independencia de las circunstancias de cada caso, pueden acabar provocando más distorsiones que otra cosa. El propio Tribunal Supremo recientemente ha declarado que, con anterioridad a la reforma, "nuestra jurisprudencia no avalaba el desplazamiento caprichoso del principio de contradicción ni del derecho de defensa por el simple hecho de que la víctima fuera menor de edad"[31], situación que con la reforma ha variado sustancialmente, y no sólo respecto de víctimas, sino de cualquier testigo que deba declarar en relación con los delitos previstos en el art. 449 ter LECrim.

Es necesario destacar también que otro tanto sucede con la limitación del alcance de la dispensa del deber de declarar, otra medida con claro fundamento tuitivo. Hace unos años, Javier HERNÁNDEZ GARCÍA reflexionaba sobre la discutida oportunidad de reducir su aplicación. Aunque se refería al uso de la dispensa en relación con las víctimas de violencia de género, sus palabras dan buena cuenta de la idea que subyace a estas páginas: "Es cierto que el Estado puede y debe proteger a las personas victimizadas, sobre todo cuando el proceso

---

30 Y por ello ha recibido el beneplácito tanto del TEDH como del Tribunal Constitucional español, que han considerado causa legítima de la excepción a la práctica de la prueba en el juicio oral la protección de víctimas especialmente vulnerables siempre que se adopten las medidas necesarias para garantizar que el acusado tenga la oportunidad de interrogar al testigo en cualquiera de las fases procesales, contrarrestando así los déficits que para el derecho de defensa supone tal protección. Sobre ello es especialmente interesante la STEDH de 28 de septiembre de 2010, caso A. S. contra Finlandia (TOL2.647.946), a la que se remiten, entre otras, la STC 174/2011, de 7 de noviembre (TOL2.288.703) y la STS 853/2022, de 27 de octubre (TOL9.292.890).

31 STS 153/2022, de 22 de febrero (TOL8.820.386).

de victimización ha generado una situación de menoscabo moral y social de la autonomía personal, pero ni siempre mediante sanciones penales excesivas ni prescindiendo de las reales circunstancias del proceso de victimización"[32]. La ponderación de las circunstancias presentes en cada caso resulta, sin duda, ineludible.

Es incontrovertido que algunas medidas de protección causan un impacto relevante sobre los derechos de las partes y las garantías procesales, particularmente sobre el derecho de defensa, el principio de inmediación e incluso el principio de publicidad (es el caso de las pruebas preconstituidas y de las declaraciones celebradas a puerta cerrada). De ahí que deba evitarse toda suerte de automatismo en su adopción y que sea necesario que el órgano jurisdiccional pondere las circunstancias en presencia y se pongan de manifiesto las posibles infracciones o limitaciones injustificadas del derecho de defensa por parte de quien asuma la asistencia técnica de la persona acusada[33]. Se trata, en definitiva, de evitar que el acto de juicio oral quede vacío de contenido (cuando la declaración sea la principal prueba de cargo) en casos en los que la medida no supere una elemental ponderación –de conformidad con el principio de proporcionalidad— entre la necesidad de protección del declarante, los efectos de su nueva declaración en el acto del juicio oral y la restricción que suponga tal medida sobre el derecho de defensa porque el acusado no haya tenido una oportunidad efectiva de interrogar al testigo (por tal oportunidad entiendo la de cuestionar su declaración sobre

---

[32] HERNÁNDEZ GARCÍA, Javier, "La facultad de abstención del deber de declarar por vínculos personales con la persona acusada", *Estudios de Derecho Judicial*, núm. 139, 2007, p. 28.

[33] Destaca su importancia RICHART GONZÁLEZ, MANUEL, "Criterios legales y jurisprudenciales para la declaración de los menores víctimas en el proceso penal", *La Ley Probática*, núm. 13, tercer trimestre de 2023, apdo. 3.

todos los hechos sobre los que versa el enjuiciamiento)[34]. No debe olvidarse que la nueva declaración prestada en el acto del juicio oral (o antes o después del juicio oral, pero en todo caso ante el órgano de enjuiciamiento y en fecha próxima al propio juicio) puede estar rodeada de tantas medidas de protección y adaptaciones como se consideren necesarias para limitar efectos nocivos sobre el declarante. Por ejemplo, evitando el contacto visual con la persona acusada, declarando mediante videoconferencia o acordando la exploración –incluso la practicada en juicio oral— a través de cámara Gesell o similar[35]. Resulta manifiestamente desproporcionado un sistema que, como sucede con el español, priva a la defensa, por defecto, del interrogatorio del testigo o denunciante en el juicio oral

---

[34] Sin olvidar que sería exigible en estos casos, en atención a la doctrina del TEDH, la existencia de medidas de compensación tales como la existencia de otros elementos probatorios que corroboren la declaración causante del déficit de contradicción.

[35] Sobre las cámaras Gesell y el modelo Barnahus véase LUACES GUTIÉRREZ, Ana Isabel, "La prueba preconstituida en menores de edad tras la LO 8/2021: especial referencia a la utilización de Cámaras Gesell como instrumento para evitar la victimización secundaria", *La Ley Derecho de Familia,* núm. 34, abril-junio 2022. Sobre su posible implantación en el ámbito del proceso civil puede verse el interesante trabajo de LÓPEZ MARCHENA, MIGUEL ÁNGEL, "Una exégesis sobre la exploración del/la menor en el proceso civil desde la perspectiva de la contradicción efectiva. Fundamentos para una regulación asimilada a la del proceso penal", *La Ley Derecho de familia,* núm. 43, tercer trimestre de 2024. Por último, cabe mencionar un aspecto en el que no se suele reparar, y es el relativo a las dificultades que estos nuevos modelos de interrogatorio a través de expertos presentan para realizar un efectivo control judicial de las preguntas que se dirigen al menor. Sobre ello ha escrito recientemente ÁLVAREZ SUÁREZ, Laura, "El control judicial del interrogatorio de testigos menores de edad: difícil equilibrio entre la legalidad y la vulnerabilidad", *La Ley Probática,* núm. 19, primer trimestre de 2025.

cuando, mediante estas medidas puedan mitigarse en gran parte los efectos perniciosos que su nueva declaración pueda provocarle.

REFERENCIAS BIBLIOGRÁFICAS

AGÜERO SAN JUAN, Claudio y GALLARDO FAJARDO, Allan, "Tres concepciones sobre la vulnerabilidad", *Revista de Derecho de la Universidad Católica de la Santísima Concepción*, núm. 45, 2024.

ALCÁCER GUIRAO, Rafael, "La devaluación del derecho a la contradicción en la jurisprudencia del TEDH", *Indret. Revista para el análisis del Derecho*, 2013, núm. 4.

ALEMANY GARCÍA, Macario, "Paternalismo", *Eunomía. Revista en Cultura de la Legalidad*, núm. 12, abril-septiembre 2017. Disponible en https://doi.org/10.20318/eunomia.2017.3652

ÁLVAREZ SUÁREZ, Laura, "El control judicial del interrogatorio de testigos menores de edad: difícil equilibrio entre la legalidad y la vulnerabilidad", *La Ley Probática*, núm. 19, primer trimestre de 2025.

ARANGÜENA FANEGO, Coral, "Declaración de personas vulnerables y preconstitución de la prueba en el proceso penal", *Revista Brasileira de Direito Processual Penal*, Porto Alegre, v. 8, núm. 3, sept.-dic. 2022.

DURÁN SILVA, Carmen, "La declaración de las víctimas vulnerables en el proceso penal: protección y garantías", *Revista de Victimología*, núm. 18, 2024.

FERNÁNDEZ LÓPEZ, Mercedes, *El control judicial de la acusación*, Tirant lo Blanch, Valencia, 2025.

DIGES, Margarita, *Los falsos recuerdos: sugestión y memoria*, Paidós Ibérica, Barcelona, 1997.

DIGES, Margarita, Testigos, sospechosos y recuerdos falsos, Trotta, Madrid, 2016.

GONZÁLEZ COULÓN, María de los Ángeles. "Una increíble, aunque verosímil historia de las palabras: fiabilidad, credibilidad y testimonios", *Revista de Derecho (Valdivia)*, 2023, vol. 36, núm. 2.

HERNÁNDEZ GARCÍA, Javier, "Niños y niñas con discapacidad, victimización y proceso penal: algunas reflexiones", *Diario La Ley*, 2019, núm. 33.

HERNÁNDEZ GARCÍA, Javier, "La facultad de abstención del deber de declarar por vínculos personales con la persona acusada", *Estudios de Derecho Judicial*, 2007, núm. 139.

HERNÁNDEZ SÁNCHEZ, José Antonio, "La cámara Gesell con menores víctimas del delito; secuelas y credibilidad del testimonio", *Cuadernos digitales de formación*, Consejo General del Poder Judicial. 2021, núm. 15.

LÓPEZ MARCHENA, MIGUEL ÁNGEL, "Una exégesis sobre la exploración del/la menor en el proceso civil desde la perspectiva de la contradicción efectiva. Fundamentos para una regulación asimilada a la del proceso penal", *La Ley Derecho de familia*, núm. 43, tercer trimestre de 2024.

LUACES GUTIÉRREZ, Ana Isabel, "La prueba preconstituida en menores de edad tras la LO 8/2021: especial referencia a la utilización de Cámaras Gesell como instrumento para evitar la victimización secundaria", *La Ley Derecho de Familia*, núm. 34, abril-junio 2022.

MAZZONI, Giuliana, *¿Se puede creer a un testigo? El testimonio y las trampas de la memoria*, Trotta, Madrid, 2010.

PELÁEZ, Miriam, PÉREZ-MATA, Nieves y DIGES, Margarita, "La Influencia de la repetición de entrevistas en la memoria y aceptación de la sugestión: efectos del conocimiento previo", en M. Garrido, C. Murillo y F. J. Torrecilla (Coord.), *Investigación comprometida para la transformación social: actas del XIX Congreso Internacional de Investigación Educativa*, Vol. 1, 2019.

RICHART GONZÁLEZ, MANUEL, "Criterios legales y jurisprudenciales para la declaración de los menores víctimas en el proceso penal", *La Ley Probática*, núm. 13, tercer trimestre de 2023

SÁNCHEZ MELGAR, Julián, "Prueba preconstituida en las declaraciones de los menores y discapacitados, tras la LO 8/2021", *La Ley Derecho de familia*, núm. 32, cuarto trimestre de 2021.

VÁZQUEZ ROJAS, Carmen, "La conformación del conjunto de elementos de juicio: la práctica de la prueba pericial y de la prueba testifical", en FERRER BELTRÁN, Jordi (Coord.), *Manual de razonamiento probatorio*, Suprema Corte de Justicia de la Nación, México, 2022.

Vulnerabilidad y justicia material: la utilidad del recurso de revisión penal[1]

DR. GABRIEL CARO HERRERO
Personal contratado postdoctoral. Área de Derecho Procesal[2].
Universidad de Castilla-La Mancha

SUMARIO: Introducción. 1. Eficiencia en el Servicio Público de Justicia y vulnerabilidad. 2. La revisión penal y la búsqueda de la verdad material, 3. El carácter sobrevenido del elemento de prueba. 4. Adaptación del elemento sobrevenido del Art. 954.1.d) LECRIM en contextos de vulnerabilidad: 4.1.Primera aproximación: personas migrantes y delitos contra la seguridad vial, 4.2. Revisión por circunstancias de vulnerabilidad provocadas por padecimientos de tipo psiquiátrico o drogodependencia, 4.3. La revisión de sentencias condenatorias contra menores de edad juzgados como adultos, 4.4. Particular atención a las sentencias de conformidad. 5. Síntesis y reflexiones finales. Referencias bibliográficas.

---

1 Ya realizamos anteriormente un trabajo sobre el recurso de revisión penal, que sirve como antecedente a este. El trabajo es el siguiente: ''El recurso de revisión penal por elementos de hecho o de prueba sobrevenidos (art. 954.1.d LECRIM): fundamentos e idoneidad de los medios de prueba." En PEREIRA PUIGVERT, S. (coord.): *Prueba, tiempo y espacio,* ed. Aranzadi, (COLECCIÓN PROBATICIUS). Derecho Procesal y Derecho Probatorio, 2025. Ese trabajo quedó enfocado al estudio de aspectos troncales de la revisión penal: la adecuación y valoración de cada uno de los medios de prueba para fundar este recurso, además de sus características generales, y la presunción de inocencia como valor sustentante del mecanismo. Con este trabajo, lo que pretendemos es centrar la atención en un aspecto más específico: cómo la revisión sirve para resolver y reparar las situaciones en que personas en situación de vulnerabilidad han sido condenadas en el orden penal sin haberse tenido en cuenta otros elementos sustentantes.

2 Trabajo realizado en calidad de personal contratado postdoctoral de la Universidad de Castilla-La Mancha dentro del programa de contratos relacionados con su Plan Propio de I+D.

INTRODUCCIÓN

La rectificación es de sabios. Un proceso penal democrático y garantista tiene que conservar, por pequeña o reducida que sea, la salvaguarda de que podrá enmendarse la condena cuando los elementos que la sustentaron se resquebrajan con posterioridad a la terminación del proceso. Más aún para toda vez en que se presente como absolutamente necesario corregir una injusticia palmaria. De entre todas las combinaciones posibles, nuestra atención está particularmente dirigida a aquellas situaciones en que personas en situación de vulnerabilidad fueron condenadas sin que se tuviera en cuenta en el proceso ni su mermada capacidad de autodefensa ni los elementos de hecho que hubieran podido servir para minorar la condena, o directamente quedar exentos de responsabilidad criminal. Elementos fácticos que, por desconocimiento de estos encausados y por la ineficacia de los operadores jurídicos intervinientes en el proceso, jamás fueron alegados o introducidos.

Todo ello, además, el contexto de creciente preocupación por alcanzar la eficiencia en el proceso: precisión, celeridad, agilidad y menor coste en el Servicio Público de Justicia. No obstante, conviene recordar que el <<verdadero proceso que queremos>> es aquel que no deja a nadie detrás.

El presente trabajo tiene por objeto analizar cómo el recurso de revisión penal planteado a través del cauce del art. 954.1.d) LECRIM puede servir como vía o instrumento de reparación para aquellas personas vulnerables que, en el seno del proceso penal, no contaron con los ajustes apropiados para poder desplegar su capacidad defensiva correctamente, de la misma forma en que tales hechos favorecedores no fueron jamás indagados por los restantes operadores: Ministerio Fiscal, Policía Judicial u órgano judicial.

1. EFICIENCIA EN EL SERVICIO PÚBLICO DE JUSTICIA Y VULNERABILIDAD

El contexto de evolución legislativa en que nos desenvolvemos obliga a la doctrina procesal a observar el reciente proceso de transición y transformación de la Administración de Justicia en España. El legislador ha mostrado su intención y desempeño para que el gran objetivo marcado para este Siglo XXI en materia procesal sea conseguir que el ahora tan nombrado Servicio Público de Justicia sea eficiente.

Los diversos problemas que azotan a nuestro sistema de justicia han sido los que nos han conducido a este punto. Problemas de carácter coyuntural, como crisis la económica de 2008 y la crisis sanitaria posterior al COVID-19 han terminado por lastrar enormemente su capacidad de respuesta y satisfacción a los ciudadanos de un modo ágil y eficaz. Pero también problemas estructurales, cronificados en el tiempo, han causado tal efecto, como la excesiva litigiosidad, la ineficiente asignación y utilización de recursos o el uso inadecuado y desmesurado del proceso por parte de los ciudadanos como vía para la solución de controversias, según expresó desde el primer momento el legislador en el preámbulo del Proyecto de Ley de Medidas de Eficiencia Procesal. Aprovechando el contexto postpandemia, el legislador ha enmarcado y conectado con el Plan de Recuperación, Transformación y Resiliencia y el Plan de la UE *Next Generation* el objetivo de buscar una alternativa a la tutela judicial tradicional[3].

---

3 CASTILLEJO MANZANARES, R.: ''Los métodos adecuados de solución de conflictos según el proyecto de eficiencia procesal." En DÍAZ PITA, Mª, P.: Horizonte justicia 2030. Reflexiones críticas sobre los proyectos de eficiencia del Servicio Público de Justicia." Tecnos, 2022, Madrid, p.149.

En el marco del amplio y heterogéneo <<Plan Justicia 2030>> se pretende transformar nuestro sistema procesal para dotarlo de mayores cotas de eficacia y agilidad, de mayor celeridad a la hora de resolver los conflictos litigiosos a un menor coste, para superar el ya cronificado retraso de nuestros tribunales y su saturación, bajo la constante de tratar de hacer efectivo el principio de economía procesal en su acepción más amplia[4].

No obstante, como en todo proyecto a gran escala, debe guardarse un cierto equilibrio entre todos los intereses que entran en juego, particularmente ahora que nos referimos al ámbito del proceso. La tendencia en la búsqueda de la eficiencia no puede tornarse en un <<obstinado y compulsivo *eficientismo* procesal>> que trastoque verdaderos valores troncales del proceso[5]. La eficiencia procesal no puede ser entendida como la sola reducción de recursos en pro de una supuesta armonía coste-beneficio, pues se ha de mantener, ante todo, la eficacia del proceso. La transformación hacia un proceso eficiente no es tarea sencilla: debe alcanzarse un delicado y difícil equilibrio entre conseguir dar una respuesta ágil y adecuada para el ciudadano en relación al coste económico que puede conllevar y las garantías de los derechos de los litigantes, para lo que resulta exigible el empleo de una gran prudencia en orden de acometer medidas, pues la búsqueda de una actividad procesal excesiva unida a una férrea prevalencia absoluta de las garantías procesales de los justiciables pueden terminar por lastrar a

---

4 PÉREZ MARÍN, M.A.: ''La protección de los derechos de los consumidores a través del pleito testigo o la ilusión del legislador." *Revista General de Derecho Procesal*, núm. 60, 2023, p.11

5 En palabras de LORCA NAVARRETE, A.Mª: '' El elogio del eficientismo procesal del servicio privado de justicia en el Anteproyecto de Ley de Medidas de Eficiencia Procesal del Servicio Público de Justicia.", *Revista de Derecho Procesal y Arbitraje*, núm.2, 2021,pp.162 y 163.

la Administración de Justicia al convertirla en una institución inoperante y de ineficaz respuesta a sus ciudadanos[6].

Muchas críticas pueden elaborarse en lo relativo a la búsqueda de la eficiencia procesal, sin embargo, podemos estar de acuerdo en que esta no puede alcanzarse sacrificando los intereses más esenciales de los colectivos vulnerables. No tratamos de afirmar que así haya sucedido con los distintos proyectos de ley en materia de eficiencia aplicables al servicio público de justicia que han sido elaborados y aplicados paulatinamente a través de los RR.DD. 5/2023 y 6/2023 y la reciente Ley Orgánica 1/2025. Estos instrumentos, aunque con cierta timidez, han incluido medidas de ajuste al respecto. Por ejemplo, para personas con discapacidad, el RD 6/2023 en sus medidas de reforma ha reforzado los ajustes y apoyos que han de recibir las víctimas en tal situación (art. 109 LECRIM) y las partes con tales condiciones en el proceso civil (Art. 7 bis LEC), las declaraciones telemáticas de víctimas vulnerables, menores, discapacitados o personas en situación de trata, para intervenir desde los lugares donde se encuentren recibiendo oficialmente asistencia, atención, asesoramiento o protección (art.258.*bis*.3 LECRIM). También para el proceso civil (Art. 137 bis LEC), se consagra la garantía general de que se prestará especial atención a las personas mayores o personas con algún tipo de discapacidad desde la Administración de Justicia para que puedan relacionarse con ésta por medios telemáticos en condiciones de igualdad (Disposición adicional 2ª RD 6/2023), etc.

Además, por citar otro ejemplo, la Ley Orgánica 1/2025 ha introducido una importante modificación en la LECRIM, en el

6 HERMOSILLA SIERRA, M.J.:"El Anteproyecto de Ley de Eficiencia Procesal sobre el proceso civil: opiniones desde el foro." En DÍAZ PITA, Mª, P.: Horizonte justicia 2030. Reflexiones críticas sobre los proyectos de eficiencia del Servicio Público de Justicia. Tecnos, 2022, Madrid, p.271.

art. 787 ter, sobre la comparecencia previa en el proceso penal para los actos de conformidad, en que se tendrá en cuenta la situación de vulnerabilidad de la víctima o perjudicados.

No sería en absoluto un logro alcanzar un proceso más rápido, preciso, digital y de menor coste para las arcas públicas si, en contrapartida, aplicásemos una justicia que no tiene en cuenta las particularidades y ajustes que precisan aquellas personas que se encuentran en situación de vulnerabilidad por distintos condicionantes. El Objetivo núm. 16 de desarrollo sostenible en el marcio de la Agenda 2030, como parámetro de referencia, marca el propósito de crear y promover sociedades pacíficas e inclusivas para el desarrollo sostenible, facilitar el acceso a la justicia para todos y crear instituciones eficaces, responsables e inclusivas a todos los niveles.

Por contextualizar temáticamente, debemos tener en cuenta que la jurisprudencia reciente del TEDH vincula la vulnerabilidad con el contexto social, cultural, histórico e institucional que determina un riesgo o sobreexposición al daño o mayor probabilidad de sufrir una vulneración de derechos, fruto de una relación compleja entre estructuras sociales y las situaciones individuales específicas que las generan[7]. La idea de vulnerabilidad se relaciona con la de integración, igualdad y solidaridad, como una debilidad <<añadida>>, creada por la propia sociedad fruto de defectos estructurales de nuestra colectividad[8].

---

7 LA BARBERA, M.C.:" La vulnerabilidad como categoría, en construcción en la jurisprudencia del Tribunal Europeo de Derechos Humanos: límites y potencialidad." *Revista de Derecho Comunitario Europeo*, núm.62, 2019, pp. 244-246.

8 FERNÁNDEZ VILLAZÓN, L.A.: '' Grupos vulnerables: Apuntes para un concepto jurídico-social." *Revista de Derecho del Trabajo y de la Seguridad Social*, núm.404, 2016, pp.113-115.

Por tanto, cuando nos referimos al grupo vulnerable nos dirigimos a aquellos individuos que presentan un conjunto de factores sociales e institucionales comunes que definen su condición social en base a estructuras colectivas —género, raza, posición económica, (dis)capacidad, orientación sexual, edad, origen nacional, religión— que constriñen su margen de acción y reacción individual y les exponen a sufrir distintos perjuicios en sus derechos e intereses[9].

Cuando hablamos de colectivos vulnerables, nos referimos a aquellos grupos humanos, a ese conjunto de personas con circunstancias comunes, que se encuentran ante dificultades sociales, económicas y jurídicas que impiden el adecuado desarrollo de su personalidad, quedando en riesgo su dignidad como seres humanos, por la cantidad de obstáculos específicos que impiden su pleno ejercicio de los derechos más básicos[10].

En un ámbito más cercano al proceso, según consagró la Cumbre Judicial Iberoamericana en las Reglas Básicas de Acceso a la Justicia de las Personas Vulnerables (art.1 sección 2ª), se consideran en condición de vulnerabilidad aquellas personas que, por razón de su edad, género, estado físico o mental, o por circunstancias sociales, económicas, étnicas y/o culturales, encuentran especiales dificultades para ejercitar con plenitud ante el sistema de justicia los derechos reconocidos por el ordenamiento jurídico[11].

Como argumento de refuerzo, no podemos dejar de mencionar que, ante determinadas situaciones de vulnerabilidad

---

9 Vid. LA BARBERA, M.C.:" La vulnerabilidad como categoría..." pp. 244-246.

10 FERNÁNDEZ VILLAZÓN, L.A.: '' Grupos vulnerables...", pp.113-115.

11 Como bien trae a colación CANO FERNÁNDEZ, S.: '' El derecho de defensa de las personas en situación de vulnerabilidad." *Revista Internacional Consinter*, 2024, vol. 10, núm.18,p.501.

que dificulten el ejercicio de los derechos de defensa de la persona investigada o acusada, la Convención de Derechos de Personas con Discapacidad de 2006 obliga a activar todos aquellos ajustes razonables de procedimiento que resulten necesarios para compensar dicho déficit, pues el artículo 13 del citado texto impone, como obligación de resultado, que se faciliten instrumentos que garanticen efectivamente su defensa en el procedimiento[12]. Hay que tener en cuenta que la vulnerabilidad de aquellos que componen un determinado grupo está referida a la circunstancia de que sus intereses o bienes jurídicos están siendo vulnerados de forma sistémica, o están en riesgo de estarlo, por lo que es necesario que esa especial situación de desprotección sea corregida con mecanismos específicos[13]. Y el proceso no puede ser una excepción o espacio carente de cobertura.

Dentro de lo que supone la importancia de proteger los intereses y derechos de los individuos pertenecientes a grupos vulnerables, el contexto del camino hacia la eficiencia y las particulares implicaciones que todo ello puede tener en el proceso penal, nuestro estudio ahora se circunscribe a un ámbito más concreto. Nuestro objetivo descansa en analizar la manera en que el recurso de revisión planteado, por razón de elementos de hecho o de prueba sobrevenidos ex art. 954.1.d) LECRIM, contra la sentencia condenatoria firme termina por ser un instrumento útil para corregir aquellas situaciones de injusticia patente en que un sujeto, con una determinada situación de vulnerabilidad, no contó en el proceso penal con los debidos medios y ajustes precisos que resultaban necesarios para su correcta defensa en el mismo. Son situaciones concretas en que el sujeto inculpado no pudo hacer introducir ni acreditar de-

---

12 STS 963/2022, de 15 de diciembre (TOL 9.356.664).

13 FERNÁNDEZ VILLAZÓN, L.A.: '' Grupos vulnerables...", pp. 114 y 115.

terminados hechos y circunstancias que bien podrían haber supuesto una sentencia absolutoria o menos grave.

No escasean en la práctica jurisprudencial de la Sala II sentencias de revisión que estiman recursos en que se pone de manifiesto que una persona en situación de vulnerabilidad ha quedado desamparada en el ejercicio de su derecho de defensa bien por su asistencia letrada o bien por el resto de los operadores jurídicos, lo que le impidió aportar o alegar aquello que, pudiendo haberle brindado en su momento un resultado favorable, ahora en revisión esgrime. Veremos cómo la revisión canalizada a través del motivo del art. 954.1.d) LECRIM ha servido de remedio idóneo para hacer valer hechos o elementos de prueba que, habiendo sido decisivos en el proceso para la parte acusada, no fueron introducidos debido, en ocasiones, a calamitosos escenarios de apoyo y defensa.

2. LA REVISIÓN PENAL Y LA BÚSQUEDA DE LA VERDAD MATERIAL.

La revisión es, ante todo, una acción impugnativa autónoma que ha de plantearse sólo por los motivos tasados del art. 954 LECRIM y que tiene por objeto reforzar el valor constitucional de la justicia (art.1.1CE) para, en último lugar, y cuando corresponda, restablecer el derecho a la libertad del penado inocente anulando aquella sentencia condenatoria por incurrir en patente injusticia[14]. Nuestra atención se centrará en el motivo del art. 954. 1.d) LECRIM que permite anular una sentencia condenatoria firme en favor del penado por el co-

---

14 GIMENO SENDRA, V.: *Manual de Derecho Procesal Penal*, Ediciones Jurídicas Castillo de Luna, 2017, Madrid, p.652. Para profundizar en sus elementos troncales vid. VICENTE BALLESTEROS, T.: *El proceso de revisión penal*, ed. Bosch, Barcelona, pp. 23 y ss.

nocimiento sobrevenido de elementos de hecho o de prueba que jamás constaron en la causa y, por ende, nunca pudieron haber sido objeto de prueba o propuestos y admitidos para su práctica.

Tiene sentido que pongamos la piedra angular de esta cuestión en la búsqueda y tutela de la verdad material, entendida, sencillamente, como el conjunto de hechos que sucedieron en la realidad y que, en función del resultado de la actividad probatoria desplegada en el seno proceso penal y su valoración por el juzgador, podrá coincidir o no con la denominada verdad formal, o mejor dicho, con el relato fijado de hechos probados de la sentencia[15].

Todo proceso penal se encuentra orientado a tratar de encontrar la verdad material, o al menos, obtener un relato fáctico sobre el que aplicar el Derecho positivo. Por su parte, el recurso de revisión se apoya en la posibilidad de que ciertos hechos o elementos de prueba preexistentes, pero desconocidos por el tribunal durante el proceso, pueden servir para anular una sentencia firme y, en su caso, suprimir la declaración de culpabilidad haciendo que prevalezca, sobre el relato petrificado en la sentencia firme, la auténtica verdad y la justicia material sobre la formal[16].

Para resolver el conflicto entre justicia material y seguridad jurídica, la revisión alza la justicia material por encima de la vigencia de la seguridad jurídica sólo en aquellos concretos y específicos supuestos previstos en el art. 954 LECRIM[17]. Ha de

---

15 En este sentido, es de obligatoria consulta la obra de CARNELUTTI, F.: *La prueba civil*, ed. Olejnik, edición de 2018.

16 MARTÍNEZ ARRIETA, A. y ENCINAR DEL POZO, A.: *El recurso de casación y revisión penal. La función de unificación de la jurisprudencia*, ed. Tirant lo Blanch, 2022, Valencia, p.622.

17 MARTÍNEZ ARRIETA, A.: *Recurso de revisión y casación penal: control de la presunción de inocencia*, ed. Tirant lo Blanch, Valencia, 2011, p.

tenerse en cuenta que la justicia material defendida en revisión, como manifestación del valor superior Justicia consagrado en el art. 1 CE, es la antítesis a la petrificación formalista de nuestro ordenamiento jurídico y puede entrar en pugna con la supervivencia de la verdad formal que da asiento a la seguridad jurídica del art. 9 CE, que impediría volver sobre un hecho sobre el que recae el efecto de la cosa juzgada[18].

Es importante saber que, en ningún caso, puede utilizarse la revisión como un recurso devolutivo que permita un *novum iudicium*, la puerta abierta para rediseñar estrategias de defensa o activar aquellas que no se consideró procedente utilizar en el proceso finalizado por sentencia firme[19].

3. EL CARÁCTER SOBREVENIDO DEL ELEMENTO DE PRUEBA

Con la reforma de la Ley 41/2015, el legislador ha sustituido el presupuesto de la novedad que mencionaba el art. 954.4 LECRIM, ahora art. 954.1.d), por el del carácter <<sobrevenido>> del material fáctico-probatorio. Deja de ser determinante si el hecho o elemento de prueba era preexistente al proceso penal y la condena, para tomar todo el peso de relevancia el conocimiento que se hubiera podido tener de ese medio de prueba durante el proceso[20].

Es por tanto el desconocimiento sobre el elemento de prueba lo que debe colmar la exigencia de que ese medio no hubiera podido introducirse en el proceso con anterioridad, con-

---

323.

18 MARTÍNEZ ARRIETA, A.: ''Recurso de revisión y casación penal…", p.323.

19 STS 548/2022, de 2 de junio (TOL 9.009.624).

20 STS 368/2019, de 19 de julio de 2019 (TOL 7.433.836)

cretamente antes de la celebración del juicio oral, debiendo justificarse por el penado la razón concreta que debe hacer excusable la falta de aportación en el momento procesal oportuno[21]. Más concretamente, esta justificación que debe introducir el demandante recae sobre la imposibilidad de haber podido indagar la circunstancia que ahora se introduce y, en su caso, la tardía toma de conocimiento[22].

En términos generales, no resulta tan relevante la preexistencia o novedad del medio de prueba o elemento fáctico respecto al proceso penal, sino si pudo, y debió, ser aportado al proceso[23]. Aunque ahora veremos la flexibilidad y amplitud con la que el Tribunal ha observado la parte sobrevenida del hecho o medio de prueba, sobre la base de la explicación del recurrente acerca de por qué no aportó ese medio de prueba durante el proceso. En especial para las personas vulnerables.

Ya hemos dado anteriormente un apunte sobre el que pivotar el análisis en este punto: determinadas circunstancias personales de los sujetos encausados, que se corresponden con elementos de vulnerabilidad, impiden que puedan ser conscientes de la dimensión del proceso penal y la importancia de aportar según qué medios de prueba para su defensa. Toda vez que se produzca una condena, y no exista paralelamente una adecuada defensa letrada que corrija estos déficits, se habrá producido una injusticia palmaria que en revisión habrá de discutirse. Lo mismo cabe mencionar para aquellos casos en que se produzca la condena sin que desde los operadores jurídicos intervinientes en el proceso se haya indagado lo suficiente para detectar esos déficits.

---

21 STS 239/2022, de 16 de marzo (TOL 8.881.203).

22 ATS de 8 de febrero de 2019 (TOL 7.065.577).

23 STS 14/2021, de 14 de enero (TOL 8.280.410).

La interpretación del desconocimiento respecto al elemento de hecho o de prueba presenta algunas aristas o variaciones tendentes a la flexibilidad que merece la pena examinar. Inicialmente, podríamos pensar que ese desconocimiento recae en exclusiva en la esfera del sujeto, para dar sentido o explicación a por qué no se aportó el medio de prueba que ahora se esgrime en revisión. Sin embargo, el Tribunal Supremo también ha reorientado el sentido del desconocimiento sobre el hecho o el medio de prueba hacia el órgano judicial, es decir, que sea suficiente para la superar la exigencia de lo <<sobrevenido>> que el órgano judicial sentenciador, en concreto, no conociera de ese hecho o prueba[24]. Como bien señala el ATS de 21 de noviembre (TOL.9.803.276*):<< El termino sobrevenido indica que debe tratarse de un instrumento de acreditación no conocido con anterioridad por el órgano de enjuiciamiento definitivo, es decir, tiene que incorporarse al proceso con posterioridad a la firmeza de la sentencia, pues no es una revaloración de la prueba.>>*[25]

La Sala II ha venido interpretando, mucho antes incluso de la reforma del año 2015, que bastará para que un hecho sea admitido en revisión con que no hubiera figurado en la causa, que no hubiera sido tenido en cuenta por el juzgador, sin que sea del todo preciso que el condenado los desconociera durante el transcurso de la causa. Basta con que no hayan sido alegados o producidos ante el Tribunal sentenciador ni descubiertos por la investigación judicial practicada de oficio, sin

---

[24] Expresamente STS 365/2023, de 18 de mayo, (TOL 9.594.881). En un sentido similar, STS 655/2021, de 27 de julio (TOL 8.540.286.). Cfr. STS 424/2023, de 1 de junio (TOL 9.607.302), que se refiere a la información desconocida por el penado.

[25] Mismo sentido la STS 368/2019, de 19 de julio (TOL 7.433.836.) :*<<Lo relevante en la nueva redacción es que los hechos o elementos de prueba "de haber sido aportados, hubieran determinado la absolución o una condena menos grave lo que supone que sea sobrevenido al tribunal, pues no forma parte de la causa.>>*

que, por consiguiente, se repute sobrevenido el hecho o medio de prueba que, habiéndose puesto de manifiesto durante el proceso, el órgano, en uso de la facultad de soberana apreciación, no le concedió valor alguno[26].

Aunque lo decisivo es que esos elementos de hecho y de prueba no hubieran sido aportados a la causa[27], y por tanto desconocidos para el órgano judicial, es razonable exigir, con menor escala de rigidez, una cierta carga argumentativa a los demandantes sobre su ignorancia respecto de esos hechos o elementos de prueba, pues resulta importante evitar que de manera constante se reabra el problema probatorio de las distintas causas penales aportando medios probatorios entonces no utilizados sin ninguna razón[28].

Es cierto que la Sala II no ha seguido estándares rígidos a la hora de valorar el cumplimiento de la carga de justificar el carácter sobrevenido del medio de prueba, más bien ha dejado todo al criterio abierto de argumentar de manera suficiente <<causas que resulten de razonable apreciación>> para no haber aportado ese elemento en el proceso[29]. Esa carga argumentativa parece concretarse en la obligación de explicar los motivos, o al menos describir las razones, por las cuales, pretendidamente, dicha prueba no pudo ser propuesta y practicada oportunamente en el acto del juicio oral[30].

Como efecto positivo de lo descrito, trasladar al órgano judicial, y no exclusivamente al acusado/penado, el desconoci-

---

26 Por todas, SSTS 736/2012, de 2 de octubre (TOL 2.721.918), de 25 de febrero de 1985 (TOL 2.314.192), 164/1996, de 26 de marzo (TOL 5.135.209).

27 Como bien señala el ATS de 21 de marzo de 2024 (TOL 9.965.917).

28 STS 85/2020, de 27 de febrero (TOL 7.805.667).

29 STS 963/2022, de 15 de diciembre (TOL 9.356.664).

30 ATS de 25 de enero de 2024 (TOL 9.872.955).

miento debe provocar como a renglón seguido veremos, que una mayor amplitud de situaciones tenga cabida dentro del art. 954.1.d) LECRIM. En otras palabras, el recurrente no se verá perjudicado por su <<desatino procesal>>, pues al no haber introducido o alegado el hecho en el proceso, podrá abrir la revisión siempre que ese hecho no haya formado parte del debate procesal y al pedir la autorización justifique su no introducción por <<causas de razonable apreciación>>. El recurrente debe <<explicar>> las razones por las que no se aportaron esos medios fácticos y probatorios decisivos[31], que es algo distinto a demostrar o acreditar. De tal forma que, en sentido contrario, cuando el hecho o medio de prueba pudiera razonablemente ser conocido por el sujeto, pero este no ofrezca una explicación razonable sobre su no introducción o utilización en el proceso, se considerará que existe una aportación injustificada o abusiva que desencadenará, en alta probabilidad, la denegación del permiso para interponer la revisión[32].

En unión a lo anterior, por parte del Tribunal Supremo, se ha asentado, al menos mayoritariamente, una interpretación del desconocimiento en sentido amplio, referente a aquellos hechos de indiscutible y evidente relevancia probatoria que deberían haber sido aportados pero que el sujeto no recordaba a tiempo del proceso penal para introducirlo. No es extraño encontrar algún caso en que el TS ha reconducido o sustituido

---

31 Así lo establece, introduciendo el verbo <<explicar>> en lugar de <<demostrar>>, la STS 963/2022, de 15 de diciembre (TOL 9.356.664).
A modo de ejemplo, podemos observar la reproducción que la STS 548/2022, de 2 de junio (TOL 9.009.624), hace de la argumentación del recurrente explicando por qué no aportó ciertos hechos patológicos y su prueba en el proceso, a fin de pretender una eximente o atenuante.

32 Es el caso de los AATS de 9 de julio de 2024 (TOL10.105.666) Y 25 de junio de 2024 (TOL 10.081.436).

el desconocimiento como elemento significativo del elemento fáctico sobrevenido al terreno de la reminiscencia o del recuerdo. Se trata de circunstancias que, habiendo sido vividas por el sujeto inculpado, determinan por sí mismas la ausencia de participación en el hecho delictivo, pero no pudieron ser aportadas por haber sido recordadas por el sujeto con posterioridad a la sentencia de condena. Por ejemplo, se trata del caso de la STS 535/2022, de 30 de mayo (TOL 9.001.596), en que la solicitante de revisión acredito de manera bastante que no pudo cometer el delito por el que fue condenada debido a que se encontraba detenida ese día, circunstancia que <<averiguó>> con posterioridad a la sentencia firme.

4. ADAPTACIÓN DEL ELEMENTO SOBREVENIDO DEL ART. 954.1.D) LECRIM EN CONTEXTOS DE VULNERABILIDAD.

La flexibilidad en la interpretación del elemento sobrevenido que ha seguido la Sala II tiene un reflejo innegable en los procesos de revisión que se instan para acreditar circunstancias de vulnerabilidad que bien hubieran podido suponer una circunstancia excluyente, eximente o atenuante de su responsabilidad penal y, por distintas circunstancias, no se hicieron valer en el proceso penal. También cuando por circunstancias de aparente vulnerabilidad, en comunión con una asistencia letrada defectuosa, no han podido introducirse datos que hubieran, directamente, servido para desvirtuar la tipicidad de la conducta.

4.1. Primera aproximación: personas migrantes y delitos contra la seguridad vial

Dentro de la extensión de la revisión para las personas vulnerables en lo referente al espectro de lo desconocido, es importante traer como primera aproximación ejemplos de la interpretación flexible que se ha seguido para las personas migrantes o extranjeras en España para condenas por delitos contra la seguridad vial en su modalidad de conducción sin la debida licencia (art. 384 CP). Esta extensión no ha quedado en estos casos circunscrita sólo al conocimiento de la existencia del hecho o su medio de prueba, sino a sus implicaciones jurídicas, como indica la STS 335/2016, de 21 de abril (TOL 5.699.154): <<*(...)El acusado lógicamente conocía que estaba en posesión de un permiso de conducir expedido por la República Dominicana. Es por ello, que, a fin de justificar la concurrencia del elemento cronológico, el promovente argumenta que cuando fue detenido e interrogado en el año 2011, desconocía que para evidenciar su inocencia bastaba con un permiso extranjero, creyendo que tenía que ser en todo caso un permiso español, del que carecía puesto que aún no había tramitado el canje, siendo ésta la razón por la que no dijo nada y se conformó con los hechos y la pena solicitada por el Fiscal*>>. En el caso de autos señalado, se estimó la revisión interpuesta por un ciudadano dominicano que había sido condenado por un delito contra la seguridad del tráfico por conducir sin carné, a pesar de que, en el momento de los hechos, tal como resultó acreditado en revisión, estaba en posesión de la licencia dominicana. El sujeto conocía que tenía el permiso dominicano, pero desconocía que este hecho, con su respectiva prueba, pudiera tener relevancia para su absolución. A pesar de parecer claro que el sujeto conocía la existencia de ese documento, el Supremo estima la revisión y no encuentra óbice alguno en que, naturalmente, debió haberse aportado durante el proceso penal.

Puede parecer baladí o anecdótico el supuesto que hemos citado, sin embargo, las revisiones que plantean las personas migrantes por este motivo, y terminan estimadas, abundan por docenas en el haber de la Sala II[33]. De hecho, es el supuesto

---

[33] Véase al respecto, sólo como ejemplo, las SSTS 335/2016, de 21 de abril (TOL 5.699.154) 424/2023, de 1 de junio (TOL 9.607.302),

de hecho que, en líneas generales, más se estima en revisiones. Revisiones que, además, en no pocos casos anulan sentencias de conformidad. Es menester, por tanto, mencionar la desatención que parece rondar en muchos de estos asuntos por parte de los abogados, pues una sola consulta previa a su defendido acerca de si contaba con el debido permiso de conducción en su país habría servido para que el proceso hubiera concluido con un resultado bien diferente. No logramos encontrar explicación a por qué tantos casos idénticos en esta materia se terminan estimando en revisión. Nos referimos a decenas de casos en que individuos extranjeros, con pleno conocimiento de la posesión del permiso habilitante de conducir en sus países, se conforman como culpables del delito de conducir sin poseer la pertinente licencia. Por mucho que se trate de un delito bagatela, nos preocupa que la celeridad al enjuiciar este tipo de hechos termine por provocar que se pasen por alto aspectos tan esenciales.

No obstante, en otras muestras de jurisprudencia recientes respecto de otros delitos no cometidos por extranjeros ni por ningún otro sujeto encuadrado en colectivo vulnerable, se señala que ciertos medios de prueba que debieran haber sido aportados y no lo fueron han de quedar fuera del recurso de revisión, por el presumible conocimiento del recurrente. A saber, la STS 14/2021, de 14 de enero (TOL 8.280.410), sobre un delito de apropiación indebida, cuando se pretendió incorporar a revisión un documento que podría ser acreditativo del cumplimiento tardío de la obligación contractual: << *En todo caso, la efectiva trasmisión del vehículo, de manera extemporánea, no es el documento nuevo o nuevo elemento de prueba que acredita la inocencia del acusado, hoy condenado, en el hecho, pues la realidad que en el mismo se refleja era preexistente a la sentencia condenatoria y pudo,*

353/2021, de 29 de abril (TOL 8.422.750) y 703/2021, de 16 de septiembre (TOL 8.594.471).

y debió ser aportado en el enjuiciamiento. (...) En el caso, la parte que interesa la revisión, fue condenado como autor de un delito de apropiación indebida. La documentación que refleja un efectivo cumplimiento de la obligación, pudo haber sido aportada en el juicio, quizás no a través del documento, aunque sí la realidad que en el mismo se refleja.>>

Esta diferencia de criterios a la hora de estimar la revisión, en un caso el carnet de conducir de un extranjero (excluyente de toda responsabilidad criminal con respecto del delito por el que fue condenado) y en otro el documento de cumplimiento de la obligación que excluiría la apropiación puede explicarse desde la óptica de la vulnerabilidad. Podemos inferir, de uno u otro caso, por chocante que resulte, que la condición particular del sujeto, extranjero y sin ningún tipo de dominio del ordenamiento español, además de lo que parece una asistencia letrada deficiente, es lo que habilita ese trato diferenciado en revisión.

4.2. Revisión por circunstancias de vulnerabilidad provocadas por padecimientos de tipo psiquiátrico o drogodependencia

El verdadero núcleo de la flexibilidad en la interpretación del desconocimiento sobre el hecho y el medio de prueba se puede apreciar en las situaciones en que procede aplicar una circunstancia modificativa de la responsabilidad criminal o eximente a persona por condiciones de vulnerabilidad referentes al aspecto psiquiátrico o de dependencia a las drogas alegadas en revisión vía art. 954.1.d) LECRIM. En estos casos se da la particularidad de que la circunstancia de vulnerabilidad que le impide su capacidad plena de autodefensa es la misma circunstancia que le serviría para obtener una circunstancia eximente o atenuante de su responsabilidad criminal. Algo casi paradójico que ahora podremos comprobar.

Esta muestra de demandas de revisión que ahora expondremos posee un factor denominador común: un sujeto que, además de haber sido condenado en firme por un delito, al momento de cometerlo presentaba alguna comorbilidad de tipo, generalmente, psiquiátrico.

Nos referimos a situaciones en que el acusado al momento de cometer el delito padecía algún tipo de discapacidad intelectual, alteración psíquica casi cronificada, o incluso se encontraba una situación de gran dependencia a las drogas. Circunstancias las señaladas que jamás son introducidas en el proceso y se descubren después por terceros, generalmente personas de su entorno o entidades que asumen su cuidado con posterioridad a la condena[34]. Se trata de elementos de hecho relevantes que, por tanto, jamás figuraron en el proceso penal. En caso de que se hubieran alegado en el proceso, no podrían si quiera haberse autorizado las distintas revisiones planteadas por la vía del art. 954.1.d) LECRIM, pues si las alegaciones fácticas recaídas sobre tales extremos de comorbilidad hubieran formado parte de la causa y sido objeto de prueba, pero el órgano no las hubiera considerado acreditadas, estaríamos hablando de un elemento de juicio no sobrevenido que impediría abrir la revisión[35]. Si sobre las circunstancias que ahora sirven para fundar la revisión ya se practicó prueba, o fueron objeto del debate procesal entre las partes, no podrá utilizarse tal mecanismo rescisorio.

En la mayor parte de este tipo de situaciones, es razonable pensar que el sujeto conocía de sus diversas condiciones o padecimientos concurrentes al realizar la acción delictiva, además de cuando se sustanció el proceso penal y posterior

---

34 Véase este denominador común, por ejemplo, en las SSTS 338/2022, de 31 de marzo (TOL 8.909.076) y 515/2022, de 26 de mayo (TOL 9.002.767).

35 Como sucede y así deniega la revisión la Sala II en los autos de 6 de mayo de 2024 (TOL 10.034.658) y de 25 de enero de 2024 (TOL 9.872.955).

enjuiciamiento que terminó en condena. Si realizásemos una interpretación estricta del término <<sobrevenido>> que introduce el art. 954.1.d) LECRIM, es decir, en el sentido de que el desconocimiento sobre el hecho o prueba debe recaer sobre el acusado/penado, y no sobre el órgano judicial, se produciría como resultado la desestimación de la práctica totalidad de estas revisiones. Es difícil justificar que uno mismo no conoce, con mayor o menor exactitud, una situación propia de adicción a drogas o de larga trayectoria de tratamiento psiquiátrico por distintas patologías. Sin embargo, lo razonable y determinante a efectos del proceso penal no resulta ser que el propio sujeto acusado tenga clara conciencia de su enfermedad, sino que la conozcan aquellos sujetos que deben velar porque esa información se traslade y acredite en el proceso.

En el sentido que apuntamos, la interpretación del Tribunal Supremo para dar cobertura en revisión a las situaciones de vulnerabilidad descritas gira en torno al necesario acompañamiento o apoyo al encausado vulnerable de los operadores jurídicos para poder transitar del hecho a la prueba. En palabras de la Sala II, del <<dato asistencial o clínico>> al hecho introducido y acreditado en el proceso hay un largo trecho que las personas no siempre pueden recorrer solas[36].

---

36 En este sentido, conviene advertir lo que enuncia, con precisión, la STS 963/2022, de 15 de diciembre (TOL 9.9356.664): << *No cabe duda que, el Sr. Daniel, siendo sujeto pasivo de las intervenciones psicológicas y clínicas documentadas, tuvo que conocer de su existencia. Pero ello no se traduce de forma necesaria en que, situacionalmente, estuviera en condiciones para conocer, también, la procedencia y la oportunidad de aportar los correspondientes informes como medios de prueba al proceso que concluyó con la sentencia de 26 de enero de 2021. Del "dato clínico o asistencial" al "elemento de prueba" al que se refiere el artículo 954.1 d) LECrim hay en ocasiones un largo trecho que la persona acusada, en muchos casos, no puede recorrer sola.*>>

El Tribunal, en un claro ejercicio de búsqueda de la prevalencia de la justicia material, establece una línea argumental alternativa que profundiza más allá del simple desconocimiento del órgano judicial y de que no se hubiera conocido en toda la causa información o dato alguno al respecto.

El argumento que más predomina en estas resoluciones es que el sistema procesal, en su conjunto, con todos los actores que participan en el sistema de justicia penal, no consiguió adaptarse correctamente al particular contexto personal y procesal de estas personas[37]. Vamos a desgranar los argumentos que en su jurisprudencia la Sala II ha utilizado para estimar recursos de revisión planteados por personas inclusas en alguna de las situaciones descritas.

Desde la Sala II se vierte especial hincapié en recordar, como piedra angular para estimar estas revisiones, el estatuto constitucional reforzado y diferenciado que rige para las personas encausadas en procesos penales[38]. En muy resumidas palabras, aunque el proceso penal también responda a la tipología general del proceso de partes ello no significa, recuerda la Sala, que todas ellas gocen de los mismos derechos, niveles de protección y cargas, pues, particularmente, el acusado ha de contar con los suficientes factores compensatorios de su mermada capacidad de autodefensa derivada de su especial vulnerabilidad[39].

La regla 4ª de la Recomendación de la Comisión Europea de 27 de noviembre de 2013, relativa a las garantías procesales para las personas vulnerables sospechosas o acusadas en el proceso penal, establece que las autoridades concernidas asumen el deber de identificar y reconocer la situación de disca-

---

37 STS 548/2022, de 2 de junio (TOL 9.009.624).

38 Vid. STC 112/2015, de 8 de junio (TOL 5.426.301).

39 STS 848/2023, de 16 de noviembre (TOL 9.789.137).

pacidad o vulnerabilidad de la manera más rápida posible para activar todos aquellos ajustes razonables que compensen dicho déficit[40]. El juez o tribunal debe, en cualquier fase del procedimiento, comprobar de oficio la situación de afectación y vulnerabilidad para que puedan desplegarse los ajustes oportunos ante cualquier sospecha, ex art. 7 *bis* LEC, algo que también corresponde al Ministerio Fiscal (art. 2 LECRIM) e incluso también a la Policía Judicial en fases preprocesales[41].

En otras palabras, al igual que ha de garantizarse que el encausado en el proceso penal goza de los derechos inherentes a su condición tales como el derecho a asistir a juicio, con una defensa letrada efectiva o del derecho a recurrir la sentencia condenatoria, también los operadores jurídicos implicados deben velar por detectar, y en su caso dar respuesta, a esa situación de vulnerabilidad. No está de más mencionar la obligación que nuestra Ley de Enjuiciamiento Criminal recoge al efecto: las personas investigadas o detenidas deben recibir una información sobre sus derechos acorde a la discapacidad que presentan, así como la debida asistencia al efecto (arts. 118.1 y 520.2.bis del citado cuerpo legal).

Como apoyo, la Sala II recuerda que es menester mencionar que el TEDH a través de su jurisprudencia ha reiterado que cuando una persona padece una discapacidad, especialmente de tipo intelectual, el procedimiento penal debe organizarse adoptando medidas para promover su capacidad de comprender y participar en el proceso[42]. Así pues, se deben adoptar medidas para reducir, en lo posible, los sentimientos de intimidación e inhibición del sujeto, así como velar porque la persona

---

40 STS 695/2021, de 15 de septiembre (TOL 8.601.500).

41 STS 848/2023, de 16 de noviembre (TOL 9.789.137)

42 Citando las SSTEDH de los casos Adamkiewicz c. Polonia, REC. 54729/00 (TOL 9.070.613), 2 de marzo de 2010 y Panovits c. Chipre, REC°. 4268/04, 11 de diciembre de 2008 (TOL 9.074.426).

investigada o acusada vulnerable comprenda ampliamente la naturaleza de la investigación y pueda ejercer en igualdad de condiciones sus derechos de defensa y guardar silencio[43].

En algunas sentencias que estiman revisiones por la razón de que el penado no pudo aportar esos elementos de juicio favorables, se achaca la falta de aportación de esos datos e informaciones al proceso a la defensa letrada asignada entonces a los ahora recurrentes. No es raro encontrar el reproche de la Sala sobre la circunstancia de que la defensa letrada jamás exploró que su defendido pudiera tener algún tipo de psicopatología o adicción a tóxicos, concluyendo que el encausado no contó con los suficientes factores compensatorios de su deficitaria capacidad de autodefensa[44]. Si la defensa letrada, ante la sospecha, no procede a instar que los distintos mecanismos de ajuste se activen, o no aporta todos aquellos datos que puedan evidenciar la situación de vulnerabilidad, entonces se produce una grave lesión del derecho a una asistencia letrada eficaz que garantiza el CEDH en su art. 6 y nuestra Constitución en el art. 24[45]. Depende, por tanto, en una medida sustancial, de la defensa letrada velar por que se den en el proceso penal los ajustes que sirvan para mitigar aquellos obstáculos que impidan o dificulten de manera mínimamente significativa el pleno ejercicio de los derechos de participación y defensa eficaz de los que es titular la persona acusada vulnerable[46].

---

43 Citando la STEDH del caso Martin c. Estonia, RECº. 35985/09, de 30 de mayo de 2013 (TOL 9.061.170).

44 STS 548/2022, de 2 de junio (TOL 9.009.624).

45 STS 848/2023, de 16 de noviembre (TOL 9.789.137).

46 STS 963/2022, de 15 de diciembre (TOL 9.356.664), a partir de lo consagrado en la doctrina del TEDH, por ejemplo, la STEDH, caso N. c. Rumanía, de 28 de noviembre de 2017 (TOL 6.437.220). Sobre la importancia de la asistencia letrada en los procesos penales en que resulta encausada una persona vulnerable vid. CANO FERNÁNDEZ, S.: ''El derecho de defensa...", pp. 505-507.

Todo lo anterior termina por confluir en la conclusión que alcanza la STS 963/2022, de 15 de diciembre (TOL 9.356.664) y que sirve para asentar lo descrito: si se unen las circunstancias psicopatológicas del recurrente, por un lado, y la ausencia de todo reflejo compensatorio en el proceso a fin de atender esas circunstancias de vulnerabilidad que nunca se indagaron, la Sala puede concluir que, a efectos de revisión, los elementos de prueba preexistentes que ahora se introducen sobre circunstancias eximentes o atenuantes sobrevinieron con posterioridad a la sentencia cuya revisión se pretende, en el sentido que marca el art. 954.1.d) LECRIM[47]. Este resultado nace del preciso examen o juicio que el Tribunal Supremo debe realizar de las circunstancias concurrentes en cada caso concreto[48].

---

47 Cfr. ATS 12 de junio de 2024 (TOL 10.074.084), que deniega la autorización de revisión con base a que limitaciones cognitivas o intelectivas desde antiguo, es difícil aceptar que no se mencionara en su defensa, por lo que no se cumple con el presupuesto de <<sobrevenido>> que exige el motivo de revisión.

48 En algunas resoluciones, como la STS 548/2022, de 2 de junio (TOL 9.009.624), la Sala II pone en evidencia toda la situación calamitosa padecida por el sujeto durante su trayectoria vital y con clara incidencia en el proceso, a fin de evidenciar la situación de vulnerabilidad padecida: <<*Mediante un articulado discurso argumental, el recurrente considera acreditado que, dadas sus condiciones socio-vitales al tiempo de la condena, carecía no solo de conciencia de la propia enfermedad sino también de disponibilidad sobre la documentación que acreditaba su grave adicción y los trastornos asociados.(...) Estuvo sometido a un proceso de intervención preventivo-terapéutica en la Jurisdicción de Menores a causa de su adicción que concluyó en marzo de 2018, pocos meses antes de cometer el robo intentado cuando contaba con veinte años de edad. Intervención que, como se acredita, estuvo plagada de incidencias, presentándose a las sesiones programadas bajo los efectos del alcohol, y de ausencias, patentizando, así, su escasa adherencia al programa. Además, presentaba rasgos disruptivos en sus relaciones personales lo que provocó que cuando cumpliera los 18 años abandonara el domicilio familiar, quedando sus padres como custodios*

En la mayoría de los casos, la Sala II sigue un razonamiento similar al que ahora exponemos y que resulta extrapolable para la solución de otros de la misma serie: <<*Desconocemos las circunstancias concretas que puedan explicarlo. Si fue debido a un incumplimiento de los deberes de indagación que incumbía a quienes, ya sea por mandato del artículo 2 LECrim o por exigencias derivadas del derecho a una asistencia técnica eficaz, estaban obligados a ello. O porque el propio recurrente no participara información alguna sobre sus circunstancias psico-patológicas, impidiendo así que su letrado pudiera diseñar una estrategia de defensa teleológicamente orientada a pretender y acreditar la concurrencia de una causa de atenuación de la responsabilidad criminal. Pero ya sea por una razón o por otra, la no alegación patentiza el desconocimiento de la preexistencia de dicha información probatoria que reclama la norma sobre la que se funda este recurso de revisión. (...). A la luz de las circunstancias reveladas, la no aportación al proceso de medios probatorios preexistentes, con un significativo potencial de acreditación de la situación de comorbilidad psiquiátrica que sufría el hoy recurrente, solo puede explicarse: o porque este desconocía su existencia o porque, con valor equivalente, no dispuso en el proceso de los mecanismos institucionales que le permitieran identificar la necesidad de aportación*>>[49]. La citada sentencia termina por recoger que, ante los desajustes padecidos por la persona vulnerable en el proceso penal, la revisión de la sentencia firme ha de servir como el medio idóneo de ajuste, como una suerte de reparación tardía.

Respecto de la estimación de las revisiones que estamos analizando ahora, cuyo objeto de reparación final es la apreciación de una atenuante o eximente, es necesario hacer una matización procedimental. La reparación indicada no será la apreciación y estimación de dicha circunstancia en el proceso

---

de la abundante documentación acreditativa del cuadro psicopatológico que sufría.>>

49 STS 548/2022, de 2 de junio (TOL 9.009.624).

de revisión, pues no se dictará por el Supremo una segunda sentencia que la aplique, como debería suceder si se aplicase el art. 959 LECRIM en todo su rigor, sino que la apreciación de esa atenuante o eximente habrá de hacerse tras el oportuno juicio rescisorio ante el órgano de instancia, donde se deberá valorar esta nueva información en relación a todo el cuadro probatorio que sustentó la declaración de autoría del delito, no atacada en revisión .

Al no quedar desacreditado lo anterior declarado en sentencia fruto del proceso principal, sino que solamente debe valorarse la procedencia de una posible ampliación del cuadro fáctico en beneficio del reo, procede, mediante la fórmula del reenvío, reponer las actuaciones al momento de celebrar juicio oral a fin de realizar otro nuevo en el que practicar solamente aquella prueba dirigida exclusivamente a acreditar esa circunstancia que se alega. Es la misma solución que se aplicaría por estimación de la casación por quebrantamiento de forma del art. 852 LECRIM y no la del recurso por infracción de ley del art. 849.1 LECRIM, que es al que se refiere el art. 959 LECRIM y cuyo efecto sería el dictado de una nueva o segunda sentencia.

4.3. La revisión de sentencias condenatorias contra menores de edad juzgados como adultos.

También, dentro de las circunstancias de vulnerabilidad a ser tenidas en cuenta, no podemos obviar el caso de los menores de edad en contextos desfavorables. No es extraño encontrar casos en materia de delincuencia juvenil en que se ha condenado a un menor habiendo sido juzgado como adulto, algo que inevitablemente conocía el acusado, pero jamás lo manifestó al juez o tribunal. En efecto, en estos casos, el Tribunal Supremo sostiene su argumentación considerando que la revocación de las sentencias firmes y la ruptura del principio de cosa juzgada se puede justificar por la prevalencia de la justicia material en los supuestos en los que el pronunciamiento de condena es incuestionablemente improcedente, y a pesar de que el elemento de prueba no sea en puridad sobrevenido[50]. Al final, todo se reconduce a una cuestión de ponderación: proteger el interés superior del menor o la petrificación de una condena en pro de salvaguardar la seguridad jurídica y la cosa juzgada.

Por supuesto, también el Tribunal acoge y estima la revisión fruto de las exigencias internacionales consagradas en la Convención sobre derechos del Niño de 20 de noviembre de 1989[51].

No puede pasarse por alto que el texto de la Convención, en su artículo 40, obliga a los estados firmantes de reconocer el derecho de todo niño a recibir un tratamiento acorde a esta condición toda vez que deban ser enjuiciados o castigados por la comisión de un delito, que implica lo siguiente: ser tratado de manera acorde con el fomento de su sentido de la dignidad y a que se tengan en cuenta la edad del niño y la importancia de su reintegración. Así como la creación autoridades e instituciones específicos toda vez que hayan infringido las normas penales para que queden sometidos a ellas.

4.4. Particular atención a las sentencias de conformidad

Debemos poner el foco en las situaciones en que la conformidad da pie a la sentencia condenatoria en una persona con vulnerabilidad y, posteriormente, se pretende su revisión. No es óbice para la estimación de los recursos de revisión fundados en una situación de vulnerabilidad el que la sentencia condenatoria hubiera sido dictada con la conformidad del entonces acusado, entre otras cuestiones, porque la revisión es un

---

50 STS 522/2022, de 26 de mayo (TOL 9.002.262).

51 STS 1385/2004, de 18 de noviembre de 2004 (TOL 550.545).

proceso autónomo y no tanto un recurso, por lo que no resulta aplicable el impedimento de impugnar sentencias de conformidad del art. 787.7 LECRIM[52]. Es, por ejemplo, el caso de la STS 681/2021, de 13 de septiembre (TOL 8.610.890), que estima un recurso de revisión contra una sentencia condenatoria de conformidad dictada en unas Diligencias Urgentes, por hechos acaecidos en la mañana del 16-6-2020 y sentenciados al día siguiente, 17-6-2020, sin que el letrado del turno de oficio del entonces acusado tuviera conocimiento del trastorno delirante crónico que éste padecía, circunstancia que no se llegó a conocer sino hasta tiempo después. En definitiva, la solución que en este punto marca la Sala II es que, en los casos en que la cuestión central de la revisión sea hacer valer una circunstancia de vulnerabilidad que no se alegó en el proceso principal, lo relevante no es si terminó o no con conformidad, sino que ha de comprobarse si el recurrente en el curso del proceso que concluyó con sentencia de conformidad contó con suficientes factores compensatorios de su deficitaria capacidad de autodefensa derivada de esa vulnerabilidad[53].

Con lo anterior nos referimos a casos en los que el sujeto no sólo conoce presumiblemente de hechos extintivos o impeditivos respecto de la pretensión penal y no los introduce en el proceso, sino que además asume la culpa y reconoce ser autor de un delito que en realidad no ha cometido, o al menos, habiéndolo cometido muestra su conformidad sin haberse introducido las patologías u otras circunstancias de vulnerabilidad que hubieran servido como atenuantes o eximentes. Sin embargo, el elemento de juicio que es introducido en revisión, junto con su medio de prueba, en puridad, son sobrevenidos al tribunal, pues jamás formaron parte de la causa o del debate

---

52 SSTS 126/2024, de 8 de febrero (TOL 9.880.280) y 335/2016, de 21 de abril (TOL 5.699.154).

53 STS 963/2022, de 15 de diciembre (TOL 9.356.664).

procesal y por tanto eran desconocidos para el órgano. No hay que olvidar que la conformidad penal no deja de ser una estrategia defensiva más, caracterizada por la anuencia del acusado ante los hechos, calificación y pena solicitada para evitar un castigo mayor en caso de celebrar juicio oral y ser condenado[54].

No serán extrañas las ocasiones en que quien muestre su conformidad lo haga debido a la ausencia o insuficiencia de medios de prueba de descargo que pueda aportar, aun cuando en su fuero interno se sabe inocente. Pero menos aún debe extrañarnos que se den conformidades en que el acusado se encuentra en un profundo desconocimiento de la relevancia jurídica de ciertas condiciones o padecimientos personales que, de ser aportadas en el proceso, podrían favorecerle. Y aquí el sistema tiene que dar una respuesta para su corrección.

Una puntualización sobre la viabilidad de los recursos de revisión contra sentencias de conformidad recae en que, aunque la conformidad no impide la revisión, tampoco puede entenderse que sea un elemento neutro que deba ser pasado por alto, de manera en que será procedente la revisión sólo en aquellos casos en que se evidencien datos o elementos que el acusado ignoraba en el momento de otorgar su asentimiento, pues esto permite constatar que el acusado prestó un consentimiento no suficientemente informado[55].

En la práctica, para minorar la rigidez que podría obstaculizar la revisión de una sentencia dictada de conformidad, lo relevante serán las explicaciones ofrecidas por el solicitante en cuanto a su desconocimiento sobre el alcance del ilícito penal

---

54 LASCURAÍN SÁNCHEZ, J. A y GASCÓN INCHAUSTI F.: "¿Por qué se conforman los inocentes?", en *InDret, Revista para el Análisis del Derecho,* núm. 3, Julio 2018, pp. 13-17.También, GIMENO SENDRA, V.: *Constitución y proceso.*, Ed. Tecnos, Madrid, 1988, p .95.

55 AATS de 31 de mayo de 2024 (TOL 10.048.626) y de 24 de abril de 2024 (TOL9.852.280).

y la forma en que ha llegado a tomar conciencia de ese elemento de juicio que ahora introduce[56]. Esto nos arroja el resultado de que la conformidad no resulta ser una petrificación que impida toda vía de corrección.

Más allá del proceso de revisión, desde el punto de vista de la eficiencia y las personas vulnerables, es menester mencionar que la Ley Orgánica de medidas de eficiencia del Servicio Público de Justicia 1/2025, de 2 de enero, introduce para la conformidad una interesante reforma. Se añade, *ex novo*, el art 787 ter LECRIM que indica que El Ministerio Fiscal oirá previamente a la víctima o perjudicado, aunque no estén personados en la causa, siempre que hubiera sido posible y se estime necesario para ponderar correctamente los efectos y el alcance de tal conformidad, y en todo caso cuando la gravedad o trascendencia del hecho o la cuantía sean especialmente significativos, así como en todos los supuestos en que víctimas o perjudicados se encuentren en situación de especial vulnerabilidad[57].

El precepto indicado señala como obligatorio dar audiencia a la víctima antes de la conformidad cuando la víctima o perjudicados sean personas vulnerables. Y es cierto que el acusado deberá siempre ser oído para prestar su conformidad y el tribunal deberá valorar siempre que esta conformidad se presta libremente (art. 787 ter.4 LECRIM). Sin embargo, habría sido conveniente añadir un control específico del consentimiento prestado por el encausado a fin de indagar si existe alguna circunstancia de vulnerabilidad que afecte a su pleno conocimiento sobre las consecuencias de la conformidad. No ya sólo para comprobar si la conformidad es prestada de manera libre, sino, particularmente, para determinar si el sujeto se encuentra afectado por alguna condición que le impida tener

---

56 STS 126/2024, de 8 de febrero (TOL 9.880.280)

57 Correlativamente, se exige lo mismo en la conformidad a la que se refieren los arts. 655.2 y 785.4 LECRIM.

conciencia de los efectos y alcance del acuerdo. Esto resultaría de enorme utilidad para poder verificar si el encausado ha contado con los ajustes defensivos necesarios para poder trasladar al procedimiento toda la información fáctica relevante para la minorar o eximir su culpabilidad.

5. SÍNTESIS Y REFLEXIONES FINALES

El punto que queríamos alcanzar como resultado del examen de esta materia, es que, para los recursos de revisión fundados en el motivo del art. 954.1.d) LECRIM, el criterio de lo sobrevenido en su manifestación de lo desconocido cede respecto de toda rigidez cuando al solicitarse la revisión se pone de manifiesto una clara omisión de hechos y aportación de pruebas que habrían resultado de absoluta relevancia en el proceso. Es de elogiar la flexibilidad de la Sala II a la hora de interpretar *pro reo* el elemento de lo sobrevenido cuando se evidencia una situación de vulnerabilidad en el penado y, paralelamente, la falta de apoyo de los operadores jurídicos en el proceso, le dejó directamente expuesto al resultado condenatorio.

Podemos deducir, como mínimo, que la estimación de estas revisiones sirve como un medio de reparación tardía de una lesión acaecida en el derecho de defensa, por no haberse desplegado los medios y ajustes necesarios para que pudieran introducirse todos los elementos fácticos favorables al encausado en situación de vulnerabilidad. Pero más allá, podemos afirmar que estamos ante un verdadero intento de prevalencia de la justicia material sobre la injusticia que posteriormente se pone de manifiesto. Se trata de sentencias que quedan sin efecto tras el proceso de revisión por haberse condenado en su momento sin que la persona vulnerable hubiera contado con los ajustes y medios de defensa adecuados que le hubieran permitido hacer valer hechos o pruebas de relevancia que posteriormente muestra y aporta, y sin que ninguno de los demás operadores jurídicos se hubiera percatado entonces. Esto entraña algo más que sólo revertir la indefensión, es corregir una injusticia material que afecta de lleno al derecho a la igualdad del art. 14 CE.

Hemos tenido ocasión de comprobar un dato que no es baladí: varias de las sentencias que se anulan en revisión por los motivos indicados tienen su origen en conformidades acordadas en el marco de juicios rápidos cuando el acusado es una persona vulnerable. No decimos que la conformidad y los juicios rápidos sean trituradoras de encausados inclusos en circunstancias poco favorecedoras, pero nos sirve para reafirmarnos en una idea que comentábamos al principio: la búsqueda de un resultado procesal ágil, rápido y de menor coste no puede terminar por ignorar u omitir intereses de particular atención. De lo contrario, habrá ocasiones en que se llegará a un resultado todavía más ineficiente y costoso: la Sala II del Tribunal Supremo, en un proceso de revisión, anulando condenas por no haberse tenido el suficiente detenimiento en detectar una situación de vulnerabilidad que impedía la completa defensa del encausado y su participación en el proceso.

REFERENCIAS BIBLIOGRÁFICAS

CANO FERNÁNDEZ, S.: " El derecho de defensa de las personas en situación de vulnerabilidad." *Revista Internacional Consinter,* 2024, vol. 10, núm.18.

CASTILLEJO MANZANARES, R.: "Los métodos adecuados de solución de conflictos según el proyecto de eficiencia procesal." En DÍAZ PITA, Mª, P.: Horizonte justicia 2030. Reflexiones críticas sobre los proyectos de eficiencia del Servicio Público de Justicia." Tecnos, 2022, Madrid.

FERNÁNDEZ VILLAZÓN, L.A.: " Grupos vulnerables: Apuntes para un concepto jurídico-social." *Revista de Derecho del Trabajo y de la Seguridad Social,* núm.404, 2016.

GIMENO SENDRA, V.:

—*Manual de Derecho Procesal Penal*, Ediciones Jurídicas Castillo de Luna, 2017, Madrid.

— *Constitución y proceso.*, Ed. Tecnos, Madrid, 1988.

HERMOSILLA SIERRA, M.J.:"El Anteproyecto de Ley de Eficiencia Procesal sobre el proceso civil: opiniones desde el foro." En DÍAZ PITA, Mª, P.: Horizonte justicia 2030. Reflexiones críticas sobre los proyectos de eficiencia del Servicio Público de Justicia." Tecnos, 2022, Madrid.

LA BARBERA, M.C.:" La vulnerabilidad como categoría, en construcción en la jurisprudencia del Tribunal Europeo de Derechos Humanos: límites y potencialidad." *Revista de Derecho Comunitario Europeo,* núm.62, 2019.

LASCURAÍN SÁNCHEZ, J. A y GASCÓN INCHAUSTI F.: ''¿Por qué se conforman los inocentes?", en InDret, Revista para el Análisis del Derecho, núm. 3, Julio 2018.

LORCA NAVARRETE, A.Mª: '' El elogio del eficientismo procesal del servicio privado de justicia en el Anteproyecto de Ley de Medidas de Eficiencia Procesal del Servicio Público de Justicia.", *Revista de Derecho Procesal y Arbitraje*, núm.2, 2021.

MARTÍNEZ ARRIETA, A.: *Recurso de revisión y casación penal: control de la presunción de inocencia,* ed. Tirant lo Blanch, Valencia, 2011.

MARTÍNEZ ARRIETA, A. y ENCINAR DEL POZO, A.: *El recurso de casación y revisión penal. La función de unificación de la jurisprudencia,* ed. Tirant lo Blanch, 2022, Valencia.

PÉREZ MARÍN, M.A.: ''La protección de los derechos de los consumidores a través del pleito testigo o la ilusión del legislador." *Revista General de Derecho Procesal,* núm. 60, 2023.

SCHUMANN BARRAGÁN, G.: '' Procedimiento testigo y derecho a la tutela judicial efectiva. La eficiencia y los límites negativos a la libertad del legislador procesal civil." En PEREIRA PUIGVERT, S. y PESQUEIRA ZAMORA, M. J.: *Modernización, eficiencia y aceleración del proceso,* ed. Aranzadi, Pamplona, 2022.

VICENTE BALLESTEROS, T.: *El proceso de revisión penal,* ed. Bosch, Barcelona.

Aproximación a la figura del facilitador procesal en España

ÁLVARO ESCOBAR CRESPO
Profesor Ayudante Doctor de Derecho Procesal.
UCLM – Facultad de Ciudad Real.
alvaro.escobar@uclm.es

SUMARIO: 1.- Introducción. 2.- Breve referencia al origen del facilitador y su implementación en el ámbito internacional. 3.- Marco normativo del facilitador en España. 4.- Titularidad del derecho. 5.- Coste del servicio. 6.- Posible configuración obligatoria de su intervención. 7.- Ámbito objetivo de intervención: jurisdicciones y escenarios *procesales*. 8.- Funciones del facilitador: ajustes y adaptaciones del proceso. 9.- Reflexiones finales.

1. INTRODUCCIÓN

Resulta de común conocimiento que la Convención Internacional sobre los Derechos de las Personas con Discapacidad, aprobada por Naciones Unidas en Nueva York el 13 de diciembre 2006[1], supuso un hito determinante en la protección de

---

1 La Convención de Nueva York se incorporó a nuestro ordenamiento mediante Instrumento de ratificación publicado en el BOE del 21 de abril de 2008, entrando en vigor el 3 de mayo del mismo año, momento en el que resulta del todo vinculante, tal y como dispone el art. 96.1 CE, el art. 1.5 CC, así como la propia Ley 25/2014, de 27 de noviembre, de Tratados y otros Acuerdos Internacionales. En adelante nos referiremos a ella como CDPD / Convención de Nueva York / Convención.

los derechos para el colectivo al que se refiere. De hecho, se la puede tildar de verdaderamente revolucionaria, al establecer que las personas con discapacidad, del tipo que ésta sea, tienen plena capacidad jurídica y de obrar, hasta tal punto de que ambos conceptos son expresiones prácticamente sinónimas; suponiendo esta Convención el abandono del sistema de tutela representativa de las personas con discapacidad, por lo que la capacidad de obrar plena que se les atribuye permite que puedan ejercitar sus derechos por sí mismas, sin la intervención de un tutor[2].

Con el objetivo de hacer efectivo ese cambio tan transgresor, la Convención obliga a los Estados Parte a adoptar todas las medidas que sean necesarias para garantizar que esa capacidad sea ejercida en condiciones de igualdad[3]. Precisamente, como

---

Respecto a la Convención se ha pronunciado nuestro Tribunal Constitucional en su STC (sala 1ª) 10/2014 de 27 Ene. 2014 (TOL4.112.434), afirmando que: "cobra especial relevancia la Convención ...que parte como principio de <<la necesidad de promover y proteger los derechos humanos de todas las personas con discapacidad, incluidas aquellas que necesitan un apoyo más intenso>>".

2 Tal y como nos explica PESQUEIRA ZAMORA, M.J., en "Aspectos procesales de la capacidad a partir de la nueva regulación", *Revista General de Derecho Procesal*, nº. 57, 2022, p.2: "Este concepto de capacidad modifica de forma sustancial el sistema tradicional, vigente hasta el momento, basado en la sustitución de la voluntad, por otro en el que sea preceptiva la atribución de cuantos apoyos sean necesarios e idóneos para llegar a alcanzar la libre determinación de los individuos en igualdad de condiciones".

3 En opinión de algunos autores, como MORO ALMARAZ, M.J., quien fue ponente de la ley 8/2021, en: "La tramitación legislativa de la ley 8/2021", *La Ley Derecho de Familia*, nº. 31, Julio de 2021, pág. 3/13, la igualdad es el valor nuclear de esta Convención. Si bien, desde la entrada en vigor de la CDPD, y pese a que se supone que España ha estado legislando de cara a cumplir con los mandatos contenidos en ella, no ha sido hasta la reciente modificación del art. 49 CE, con lo que se puede afirmar un verdadero revulsivo norma-

uno de los instrumentos necesarios para el ejercicio efectivo de la capacidad jurídica, a priori en el ámbito de los procesos judiciales, nos encontramos con la figura objeto de este trabajo, y de la que, como aproximación, puede decirse que se trata de un profesional, previsto por primera vez en España en el año 2021 y cuyo cometido esencial es ayudar a las personas con discapacidad intelectual para que comprendan adecuadamente lo que ocurre en los procedimientos en los que intervienen, al tiempo que ellos mismos son entendidos[4].

Como se podrá comprobar tras la lectura de este trabajo, lo apuntado en el párrafo precedente tiene muchas aristas que han de ser necesariamente perfiladas; ello, por cuanto habrá de partirse de una situación ciertamente paradójica, pues, pese a tratarse de un operador jurídico cuya intervención está positivada como un derecho a día de hoy, aún no se cuenta con

---

tivo dirigido a respetar íntegramente el derecho a la igualdad de las personas con discapacidad. De tal manera, nos encontramos ahora con que el art. 49 apartado 1 dispone ahora que: "Las personas con discapacidad ejercen los derechos previstos en este Título en condiciones de libertad e igualdad reales y efectivas. Se regulará por ley la protección especial que sea necesaria para dicho ejercicio.". Respecto a esta modificación nos remitimos al magnífico trabajo de FERNÁNDEZ DE BUJÁN, A., "Constitución y discapacidad: la protección de las personas con discapacidad como paradigma del estado social", *Revista Jurídica Universidad Autónoma de Madrid*, nº. 46, 2022-II, pp. 9-29.

4 En concreto, ha sido la Ley 8/2021, de 2 de junio, por la que se reforma la legislación civil y procesal para el apoyo a las personas con discapacidad en el ejercicio de su capacidad jurídica (BOE núm. 132, de 3 de junio de 2021) la que ha añadido el art. 7 bis a la LEC, que es donde se recoge la figura analizada. Este mismo artículo ha sido modificado por el Real Decreto-ley 6/2023, de 19 de diciembre, por el que se aprueban medidas urgentes para la ejecución del Plan de Recuperación, Transformación y Resiliencia en materia de servicio público de justicia, función pública, régimen local y mecenazgo.

una normativa que haya desarrollado todo lo necesario para que la implementación del facilitador deje de ser una previsión meramente voluntarista[5].

De cualquier manera, con todas las reservas a las que nos obliga el encontrarnos ante una figura que está en periodo de implantación, y sufriendo además el silencio del legislador estatal sobre los extremos necesarios para que esto se realice de forma homogénea en el ámbito nacional, trataremos de ofrecer unas nociones esenciales para poder conocer, o al menos aproximarnos, al panorama en que se encuentra tan decisiva figura. Procede pues atribuir a este estudio una dosis importante de provisionalidad e incertidumbre, en tanto que la mayor parte de nuestras reflexiones están inevitablemente afectadas por la insuficiencia de regulación, pudiendo ocurrir que su validez decaiga al entrar en vigor la anhelada normativa que despeje las lagunas actuales. De cualquier manera, lo que vamos a tratar a continuación lo hacemos en la esperanza de que, en el contexto de un deseable y necesario nuevo marco normativo, pueda resultar útil a las labores interpretativas del mismo.

---

5 Es más, aunque contásemos con toda la diligencia del Legislador, que no es el caso, se trata de un escenario tan transgresor que, como tan acertadamente ha reflexionado al respecto el profesor ASENCIO MELLADO: "cuando los cambios obedecen a una forma de entender la Justicia diametralmente distinta a la que conocemos, la armonía del sistema se rompe y surgen contradicciones que se manifiestan en todo el ordenamiento jurídico." Extraído de "Tecnología y Derecho Procesal", *Práctica de Tribunales*, nº. 150, mayo-junio, 2021.

2. BREVE REFERENCIA AL ORIGEN DEL FACILITADOR Y SU IMPLEMENTACIÓN EN EL ÁMBITO INTERNACIONAL

Aunque, con marcadas diferencias respecto a la figura del facilitador derivada de la Convención, suele entenderse que el antecedente más remoto en el plano internacional se encuentra en Israel, cuando en el año 1955 reguló la intervención de un profesional en las declaraciones prestadas por menores de edad ante las autoridades judiciales[6]. Desde entonces y hasta la entrada en vigor de la Convención, han sido varias las ocasiones en las que distintos países han implementado figuras que, si bien suelen ser traídas a colación cuando de facilitadores se habla, en puridad distan mucho de ser coincidentes en sus objetos y finalidades, pudiendo encontrar con carácter general intervenciones dirigidas solo a menores, o solo para los casos en los que el beneficiario del servicio ocupe la posición de víctima o testigo de un delito[7].

Quizá el país donde se puede encontrar una regulación más ajustada a la configuración de la persona facilitadora acorde con la Convención, sea Australia, donde se han realizado verdaderos esfuerzos para garantizar el acceso a la justicia por parte de diferentes grupos de personas con dificultades para ello; ya sea por ser menores de edad, personas con discapacidad o mayores con problemática asociada a la edad, y se refieren

---

6 En la actualidad, Israel cuenta con un modelo de facilitador que, aunque con importantes déficits, resulta meritorio en cuanto que se ha dispensado para todo tipo de procedimientos y actuaciones extrajudiciales y con un grupo de beneficiarios verdaderamente amplio.

7 En magnífica revisión de la evolución de las figuras próximas al facilitador, resulta atendible el estudio realizado por TEIRA SERRANO, C. y SOTILLO MÉNDEZ, M., "La figura de facilitación de acceso a la justicia. Comparación internacional de un reto formativo", *Siglo Cero,* nº. 55 (I), enero-marzo, 2024, pp. 11-27.

además a la intervención de estas personas en diferentes roles, ya sea como acusado, víctima o testigos en general.

En la actualidad, vemos cómo en la mayor parte de los países en los que está implantada la figura del facilitador se reserva la misma para el ámbito penal, y en su mayoría limitada a la víctima como beneficiario. Así, como Estados con figuras próximas, en algunos casos llamadas "asistente de comunicación" o "intermediario registrado", podemos encontrar los siguientes: Inglaterra, Gales, Irlanda, Islandia, Noruega, Suecia, Israel, Azerbaiyán, Taiwán, Australia, Nueva Zelanda, Sudáfrica, Kenia, Canadá, EEUU (solo estado de Vermont), Méjico y Chile.

En el ámbito de la Unión Europea, la incorporación de la Convención se materializó por Decisión de su Consejo de fecha 23 de diciembre de 2010, por medio de la cual se ratificó, obviamente en el compromiso de ser respetuosos con ella en sus políticas venideras; no obstante, la experiencia en los distintos países ha corrido distinta suerte, siendo precisamente Inglaterra y Gales (ya fuera de la Unión) donde más avances se han hecho en la materia.

Además de la Convención, que es el instrumento esencial en cuanto que tiene valor normativo, resulta también relevante traer a colación desde un prisma internacional a las "Reglas de Brasilia sobre el acceso a la Justicia de las personas en condición de vulnerabilidad", conocidas como "Las cien reglas de Brasilia"[8]. Se trata éste de un documento que, pese a no tener

---

8 Fueron aprobadas por la Asamblea Plenaria de la XIV Cumbre Judicial Iberoamericana, de la que España es parte, y que se celebró en Brasilia en el año 2008. Se han visto afectadas por una actualización aprobada por la Asamblea Plenaria de la XIX edición de la Cumbre Judicial Iberoamericana, de abril de 2018, celebrada en Quito. Para profundizar en las mismas recomendamos, entre otros, el trabajo de SILVINA RIBOTTA, "Reglas de Brasilia sobre acceso a la justicia de las personas en condición de vulnerabilidad. Vulnerabilidad, pobre-

fuerza normativa, se emplea como guía o referente en las actuaciones de los Estados Miembros, debiendo resaltarse del mismo el que tiene precisamente como principal objetivo garantizar el acceso a la Justicia de las personas vulnerables, estableciendo para ello un conjunto de políticas y medidas que permitan asegurar el pleno reconocimiento y disfrute de los Derechos Humanos invocables en todos los sistemas judiciales[9].

3. MARCO NORMATIVO DEL FACILITADOR EN ESPAÑA

Tal y como se ha dicho, es en la Convención donde podemos encontrar el origen de la figura del facilitador procesal, pero no porque aparezca en ella de forma expresa, sino porque se ha asumido por todos que estamos ante el instrumento esencial para poder dar cumplimiento al mandato que se contiene para los Estados Parte en el art. 13 CDPD. Nos referimos a la obligación de asegurar que las personas con discapacidad accedan a la justicia en igualdad de condiciones, estableciendo para ello los ajustes del procedimiento que sean razonables.

---

za y acceso a la justicia", *Revista Electrónica Iberoamericana,* ISSN: 1988 – 0618, http://www.urjc.es/ceib/ Vol. 6, nº 2. 2012; así como el de ÁLVAREZ ALARCÓN, A., "La recepción de las 100 reglas de Brasilia en los ordenamientos jurídicos iberoamericanos", *Justicia y personas vulnerables en Iberoamérica y en la Unión Europea,* AAVV Dir.: ÁLVAREZ ALARCÓN, A., Tirant Lo Blanch, Valencia, 2021.

9 No faltan autores que, pese a la ausencia del carácter normativo, abogan por atribuir un valor interpretativo a las Reglas de Brasilia, especialmente respecto de la Ley 8/2021, de 2 de junio. Este sería el caso de, por ejemplo, VILLAR FUENTES, I., "Ajustes procedimentales para garantizar el acceso a la justicia de las personas con discapacidad", *La reforma civil y procesal en materia de discapacidad, Estudio sistemático de la Ley 8/2021, de 2 de junio,* AAVV Dirs. DE LUCCHI LÓPEZ-TAPIA, Y. y QUESADA SÁNCHEZ, A.J., Atelier, Madrid, 2022, p. 721.

Considerándose que el facilitador procesal será el profesional que lleve a cabo esos ajustes y adaptaciones o, al menos, quien informase sobre su necesidad[10].

Pese a que el mandato del art. 13 de la CDPD es vinculante para España desde el año 2008, no es hasta la Ley 8/2021 cuando el Estado Español da el primer paso con cierta transcendencia para cumplir con el mismo[11]. Antes de esta Ley 8/2021 se aprobaron determinadas normas que no estaban referidas a garantizar el efectivo ejercicio de la plena capacidad jurídica en los procedimientos judiciales, sino que se referían a otros ámbitos donde primaba la naturaleza sustantiva y preprocesal. Nos referimos, por ejemplo: a la Ley 26/2011, de 1 de agosto, de adaptación normativa a la Convención Internacional sobre los Derechos de las Personas con Discapacidad; al Real Decreto Legislativo 1/2013, de 29 de noviembre, por el que se aprueba el Texto Refundido de la Ley General de derechos de las personas con discapacidad y de su inclusión social; la Ley Orgánica 1/2015, de 30 de marzo, por la que se modifica la Ley Orgánica 10/1995, de 23 de noviembre, del Código Penal; o incluso, la Ley Orgánica 2/2018, de 5 de diciembre, para la modificación de la Ley Orgánica 5/1985, de 19 de junio, del Régimen Electoral General para garantizar el derecho de sufragio de todas las personas con discapacidad. O incluso tratándose de normativa procesal, encontramos alguna disposición; pero que no estaba referida al ejercicio efectivo de la capacidad jurídica en

---

10 Sobre las dimensiones del derecho de acceso a la justicia al que se refiere este artículo, consideramos muy interesantes las reflexiones al respecto de DE ASÍS ROIG, R., "Sobre ajustes de procedimiento y acceso a la justicia", *Huri-age Red de Tiempo de los Derechos*, nº. 6, 2020, p.2.

11 Se trata de la Ley 8/2021, de 2 de junio, por la que se reforma la legislación civil y procesal para el apoyo a las personas con discapacidad en el ejercicio de su capacidad jurídica (BOE núm. 132, de 3 de junio de 2021).

un proceso judicial, como por ejemplo: la Ley 15/2015, de 2 de julio, de la Jurisdicción Voluntaria; o la Ley Orgánica 5/1995, de 22 de mayo, del Tribunal del Jurado[12].

Quizá, el antecedente a la Ley 8/2021 más significativo en España sea la Ley 4/2015, sobre el Estatuto de la Víctima del Delito, en cuyo art. 4 ya se establecía un derecho a entender y ser entendidos, para lo que preveía facilitar a la víctima la "asistencia y apoyos necesarios", entre los que pudiera entenderse incluido al facilitador procesal, pese a no estar citado expresamente[13]. Precisamente, en los arts. 4 c) y 21 c) de esta Ley 4/2015 se habla del derecho de las víctimas a "estar acompañada de una persona de su elección desde el primer contacto con las autoridades y funcionarios", lo que tuvo su transposición en la LECRIM, en concreto en el párrafo 3° del art. 433, donde se concreta este derecho en el art. 433 pfo. 3° LECRIM. A este respecto algunos autores han llegado a sostener que la figura del facilitador encuentra reflejo en nuestro ordenamiento en

---

12 Aunque sin carácter normativo, procede aludir al "Plan Justicia 2030", precisamente por cuanto se enmarcan en él buena parte de las medidas referidas al facilitador que se tratan en este trabajo. Este Plan, presentado el 19 de mayo de 2021, llega a describir incluso a los facilitadores, diciendo que son "personas que trabajan, cuando es necesario, con el personal del sistema de Justicia y las personas con discapacidad para asegurar que haya una comunicación eficaz durante los procedimientos", aludiendo como una de sus funciones la de ayudar a "personas con discapacidad a entender y a tomar decisiones informadas, asegurándose de que las cosas se explican y se hablan de forma que puedan comprenderlas y que se proporcionan los ajustes y el apoyo adecuado".

13 Debiendo destacarse especialmente el hecho de que contemplasen este derecho para todo momento en que fuese necesario asistir a la víctima, es decir, desde que se interpone la denuncia hasta que se sustancia el procedimiento judicial que la afecta

el derecho de acompañamiento del Estatuto de la Víctima[14]; pero en nuestra opinión este planteamiento no es del todo correcto, ya que, si bien estas figuras pudieran ser coincidentes en algunos aspectos, sobre todo en cuanto que ambas suponen algún tipo de asistencia al beneficiario, su naturaleza y funciones son muy distintas, tal y como veremos en el apartado IX de este trabajo[15].

Lo anterior es el escenario normativo existente en el ámbito nacional hasta el año 2021, por lo que es fácil deducir que hasta ese año se estaba incurriendo en un claro incumplimiento por parte del Estado Español de la obligación general contenida en el art. 13 de la Convención, así como de la del art. 4, éste segundo referido a adoptar todas las medidas que sean pertinentes para asegurar el pleno ejercicio de todos los derechos humanos y las libertades fundamentales de las personas con discapacidad sin discriminación alguna. A estos incumplimientos, podríamos añadir la desatención del art. 9.2 CE, según el cual los Poderes Públicos han de promover las condiciones necesarias para la efectividad de la libertad y la igualdad del individuo removiendo los obstáculos que impidan su plenitud. De hecho, esta inacción ya derivó en su día en la STS (sala 4ª) 894/2019, de 20 de marzo, por la que se estimó el recurso interpuesto por CERMI (Comité Español de Representantes de Personas con Discapacidad) contra el Gobierno del Estado por inactividad referida a su obligación de promulgar las normas reglamentarias necesarias para regular las condiciones básicas

---

14 En este sentido, TEIRA SERRANO, C. y SOTILLO MÉNDEZ, M., "La figura de facilitación de acceso a la justicia…" *op. cit.*, p. 23.

15 Para un análisis de lo que se entiende por facilitador y su diferencia con otras figuras que puedan intervenir en los procedimientos judiciales, consideramos muy recomendable la lectura de POLO HERNÁNDEZ, M., *El origen de la justicia restaurativa como método de solución del conflicto y de protección de las víctimas de infracciones penales*, Dykinson, Madrid, 2024, pp. 121 y 122.

de accesibilidad y no discriminación para el acceso y utilización de los bienes y servicios a disposición del público por las personas con discapacidad[16].

Así las cosas, por medio de la Ley 8/2021 se añade a la LEC el art. 7 bis, en el cual se introduce la figura del facilitador procesal como profesional experto para que, en esencia, realice las tareas de adaptación y ajuste que sean necesarias a fin de que la persona con discapacidad pueda entender y ser entendida en los procesos[17]. En idénticos términos se incorpora este

---

16 Habrá que confiar en que la situación se solucione en el seno del "Plan de Justicia 2030", presentado por el Ministerio de Justicia el 19 de mayo de 2021, que es a su vez concreción del Plan de Recuperación, Transformación y Resiliencia para el Servicio Público de Justicia, y se concreta en lo que ahora interesa, en dos programas concretos: el de "accesibilidad y envejecimiento" y el de "accesibilidad y discapacidad". Al respecto, como nos recuerda ALBERT MÁRQUEZ, M., "El derecho a comprender el derecho y el ejercicio de la capacidad jurídica de las personas con discapacidad", *El ejercicio de la capacidad jurídica por las personas con discapacidad tras la ley 8/2021 de 2 de junio,* VVAA, Dir. PEREÑA VICENTE, M. y HERAS HERNÁNDEZ, M.M. Tirant lo Blanch, Valencia, 2022, p. 208: "El dossier menciona las líneas a desarrollar para abordar los problemas que enfrentan las personas con discapacidad en su relación con la administración de justicia. Estas líneas son las siguientes:–Adaptación de lenguaje jurídico a lectura fácil. – Impartición de formación específica a abogados, peritos o graduados sociales para facilitar el acceso a la justicia teniendo en cuenta las barreras que puedan surgir como consecuencia de distintos tipos de discapacidad. – Profundización en la función de los facilitadores.".

17 Algún autor ha encontrado como precedente de este artículo 7 bis LEC al apartado 6 del artículo 87 ter LOPJ, referido a las dependencias judiciales en casos de violencia sobre la mujer, agresión y explotación sexual, disponiéndose en él que: "En todo caso, estas dependencias deberán ser plenamente accesibles, condición de obligado cumplimiento de los entornos, productos y servicios con el fin de que sean comprensibles, utilizables y practicables

mismo art. 7 bis, incluso con la misma numeración, en la Ley 15/2015, de la Jurisdicción Voluntaria[18].

Cronológicamente, la siguiente referencia normativa al facilitador procesal en España se contiene en el RD 193/2023, de 21 de marzo, por el que se regulan las condiciones básicas de accesibilidad y no discriminación de las personas con discapacidad para el acceso y utilización de los bienes y servicios a disposición del público. Esta alusión tiene una considerable relevancia pues se trata de la primera ocasión en la que el Legislador Español arroja luz sobre la configuración de la "persona facilitadora". En concreto, y con el término de "persona facilitadora" para aludir al facilitador procesal, nos dice el art. 2 f) de este RD que será: "Persona que trabaja, según sea necesario, con el personal del sistema de justicia y las personas con discapacidad para asegurar una comunicación eficaz durante todas las fases de los procedimientos judiciales. La persona facilitadora apoya a la persona con discapacidad para

---

por todas las mujeres y menores víctimas sin excepción." El cual ha sido suprimido por el apartado veintiséis del artículo 1 de la L.O. 1/2025, de 2 de enero, de medidas en materia de eficiencia del Servicio Público de Justicia. Nos referimos a autores como DE ASÍS GONZÁLEZ CAMPO, F., "Acceso a la justicia por el vulnerable digital: la comprensibilidad", *Los vulnerables ante el proceso civil*, AAVV Dirs. HERRERO PEREZAGUA, J.F. y LÓPEZ SÁNCHEZ, J., Atelier, Barcelona, 2022, p. 98.

18 La existencia de este art. 7 bis LEC va inexorablemente unida a la del propio art. 7 LEC, cuando regula la comparecencia en juicio, pasándose de un sistema en el que solo se permitía comparecer a aquellos que estuviesen en pleno ejercicio de sus derechos civiles, al actual, en el que se afirma esa posibilidad a todas las personas, debiendo estarse al alcance y contenido de las medidas de apoyo en el caso de las personas que las tengan atribuidas. Resulta paradójico que, tal y como nos recuerda MORO ALMARAZ, M.J, *op. cit.*, p. 12/13, esta modificación del art. 7 LEC se omitió en el proyecto de la Ley 8/2021.

que comprenda y tome decisiones informadas, asegurándose de que todo el proceso se explique adecuadamente a través de un lenguaje comprensible y fácil, y de que se proporcionen los ajustes y el apoyo adecuados. La persona facilitadora es neutral y no habla en nombre de las personas con discapacidad ni del sistema de justicia, ni dirige o influye en las decisiones o resultados.". Se trata de una definición inspirada casi textualmente en la página 9 del documento sobre "Principios y Directrices Internacionales sobre el acceso a la justicia para las personas con discapacidad", aprobado por Naciones Unidad en 2020[19].

El art. 7 bis de la LEC ha sido objeto de reforma por el RD-ley 6/2023, de 19 de diciembre, por el que se aprueban medidas urgentes para la ejecución del Plan de Recuperación, Transformación y Resiliencia en materia de servicio público de justicia, función pública, régimen local y mecenazgo. La modificación, que está en vigor desde el 20 de marzo de 2024, ha consistido en ampliar el ámbito subjetivo de protección incluyendo a las "personas mayores"[20], además de a las ya previstas, personas con discapacidad. De forma cuanto menos desconcertante, esta reforma se ha limitado al art. 7 bis de la LEC, sin que haya afectado a su "homónimo" de la Ley 15/2015, de la Jurisdicción Voluntaria; por lo que, salvo que se haga una interpretación extensiva por mor del carácter supletorio de la LEC, las personas mayores que participen en los procesos incluidos en la Jurisdicción Voluntaria no contarán con las garantías incluidas en el artículo en cuestión. Nos veremos obligados a aludir a esta aplicación supletoria más adelante.

---

19 Más específicamente, se trata de un documento confeccionado por Catalina Devandas Aguilar junto al Comité de los Derechos de las Personas con Discapacidad y la enviada especial del Secretario General de la ONU.

20 En esencia, se refiere a las personas que participen en los procesos y cuenten con sesenta y cinco años o más, distinguiéndose a su vez un régimen específico para aquellos que alcancen ochenta años o más.

Precisamente, es con el RD-ley 6/2023 con el que se introduce al facilitador en el ámbito procesal penal, modificándose el art. 109 LECRIM, referido a la declaración del perjudicado u ofendido por un delito, en el sentido de incluir en el mismo parte del contenido del art. 7 bis LEC. No obstante, y de forma un tanto extraña, se hace en la versión anterior a ser reformado precisamente por el propio RD-ley, motivo por el que nos encontramos con que en el ámbito penal no se hace mención expresa a la necesidad de facilitar a las "personas mayores"[21].

Por otro lado, en la LECRIM se encuentran previsiones que nos pueden ayudar a la integración de la figura del facilitador procesal; aunque realmente no lo sean en el sentido más ortodoxo, pero que en definitiva se tratan de indicaciones dirigidas a adaptar o ajustar el procedimiento habitual en el caso de que el detenido o investigado tuviera alguna limitación de la capacidad. Nos referimos a los arts. 118 (información sobre derechos que integran el de defensa), art. 520.1.h (derecho a ser asistido en caso de dificultades de lenguaje) y 520.2.bis (información de derechos al detenido).

La más reciente de las previsiones normativas atinentes al facilitador procesal, aun cuando no esté recogido expresamente en ella, sería la reciente Ley de Derecho de Defensa[22]. Tal afirmación la basamos partiendo de la casi simbiótica relación entre el derecho a la tutela judicial efectiva y el derecho de

---

21 Sobre las modificaciones operadas por el RD-ley 6/2023, DELGADO MARTÍN, J., "El acceso de la justicia penal de las personas con discapacidad: reforma 2023 de la Ley de Enjuiciamiento Criminal", *Diario LA LEY*, nº. 10435, enero 2024, Ed. La Ley. Y también, CALAZA LÓPEZ, S., "Nueve ejes esenciales de la reforma de la Justicia penal y una clave asistencial (casi existencial: El Facilitador judicial) no suman 10", Diario LA LEY, nº 10469, marzo 2024, Ed. La Ley.

22 Ley Orgánica 5/2024, de 11 de noviembre, del Derecho de Defensa (LDD).

defensa, pues cada uno de ellos no puede ser entendido sin el otro; pudiendo comprobar cómo el art. 4 de esta Ley configura el derecho a recibir una asistencia jurídica adecuada, garantizando la inclusión de todas las adaptaciones que sean necesarias cuando se trate de personas con discapacidad intelectual y del desarrollo[23]; siendo considerado el facilitador como una de las adaptaciones o medios humanos disponibles[24].

En cuanto al ámbito autonómico, de las CCAA con traspaso de competencias en materia de Justicia, solo la Comunidad de Madrid ha regulado e implementado de forma efectiva al facilitador procesal[25], constando a la fecha de cierre de este estudio la realización de trabajos legislativos con tal finalidad por parte de Andalucía, La Rioja, Canarias y Cantabria, mientras que en la Generalitat Valenciana también se ha implantado la figura del facilitador, pero sin una normativa que regule su actuación, sino que se ha limitado a ser ofrecida en el ámbito de actuación de la Ciudad de la Justicia de Valencia.

Parece entenderse de forma pacífica que la regulación del facilitador procesal por parte de las CCAA es acorde con lo

---

23 En concreto, establece el art. 4.1 LDD que: "Las personas físicas y jurídicas tienen derecho a recibir la asistencia jurídica adecuada para el ejercicio de su derecho de defensa. El derecho a recibir la asistencia jurídica eficaz que garantiza este precepto incluye también la procedencia de efectuar o solicitar las adaptaciones precisas para garantizar el derecho de accesibilidad cognitiva, de las personas con discapacidad intelectual y del desarrollo, al proceso legal en el que participen, requiriendo la utilización de los medios técnicos, humanos o profesionales para asegurar la efectividad de este derecho."

24 Otra alusión, en este caso concretada respecto al derecho de información, es la contenida en el art. 6.1 de esta misma LDD.

25 Decreto 52/2024, de 8 de mayo, del Consejo de Gobierno, por el que se establece el servicio y se regula la figura del personal experto facilitador para prestar apoyo a las personas con discapacidad en las sedes judiciales de la Comunidad de Madrid.

preceptuado en el art. 149.1 5ª y 6ª CE, en cuanto se limiten a precisar aspectos que no interfieran en el ejercicio exclusivo de la potestad jurisdiccional por parte del tribunal, siendo éste en todo caso quien decida sobre la intervención del facilitador. No obstante, en nuestra opinión, existen razones de peso para cuestionar tal pacífica consideración, pues el facilitador está directamente relacionado con derechos y principios fundamentales que transcienden a la mera *administración* de la Administración de Justicia, entroncando de forma directa con los principios y derechos esenciales del procedimiento, y por ende con la tutela judicial efectiva[26]. Es más, no solo está afectado

---

26 Esto se confirma con el hecho de que el propio Tribunal Constitucional haya considerado vulnerado el derecho a la tutela judicial efectiva en su STC (sala 1ª) 77/2014, de 22 de mayo (TOL4.373.203). En ella, con cita de la doctrina Vaudelle (STEDH de 30 de enero de 2001, caso *Vaudelle* c. Francia) estimó el recurso de amparo interpuesto por una persona con discapacidad al no habérsele realizado los ajustes necesarios en el procedimiento, en concreto aquellos dirigidos a conocer la transcendencia de no asistir al acto de juicio en el que se iba a sustanciar una causa por un delito de robo, del cual terminó ausentándose y condenado en sentencia.
De igual manera, en su STC (sala 2ª) 161/2021, de 4 de octubre (TOL8.629.512), nuestro Tribunal Constitucional otorgó el amparo al recurrente con discapacidad que no fue oportunamente informado de las consecuencias de su inasistencia a la vista en la que se sustanciaba un desahucio en su contra, y de igual manera, circunscribe la vulneración a la esfera del derecho a la tutela judicial efectiva.
Igualmente reseñable por lo que en ella se razona es la STS (sala segunda) 185/2024, de 29 febrero (TOL9.902.860), en la cual, en referencia al testigo víctima del delito que estaba siendo enjuiciado, dijo: "Nos encontramos además ante una persona vulnerable, asistido en distintos centros hospitalarios en los días cercanos al juicio, uno de ellos precisamente el día antes del juicio, y seguramente indigente. A ello se añade otra circunstancia que puede constituir un obstáculo adicional que limita la posibilidad de hacer valer sus derechos por sí mismo de manera eficaz y en condiciones de igualdad. Se encuentra recogida en el hecho probado, en el cual se des-

el derecho a la tutela judicial efectiva, sino que lo está por supuesto la igualdad y el que nuestro Tribunal Constitucional ha considerado como la base para la consideración de los demás derechos; nos referimos a la dignidad, del que se proyectan el resto de los derechos fundamentales[27]. No obstante, un análisis sobre el encaje constitucional de la competencia autonómica para regular al facilitador transciende el objeto lógico de este trabajo.

---

cribe que el Sr. Feliciano padece una discapacidad del 72%, trastorno límite de personalidad y trastorno de personalidad no filiado, así como hábito tóxico al alcohol y al cannabis. Por ello debieron arbitrarse medidas de protección, como las previstas en los arts. 4, 23, 26 y 28 de la Ley 4/2015, de 27 de abril, del Estatuto de la víctima del delito. Debemos recordar también que el art. 13.1 de la Convención sobre los derechos de las personas con discapacidad, hecho en Nueva York el 13 de diciembre de 2006..."

27 Entre otras, STC, Pleno, núm. 194/1994 de 28 Junio (TOL8.2.599) en la que se afirma: "En efecto, los derechos fundamentales, en cuanto proyecciones de núcleos esenciales de la dignidad de la persona (art. 10.1 C.E.), se erigen en los fundamentos del propio Estado democrático de Derecho (art. 1 C.E.) que no pueden ser menoscabados en ningún punto del territorio nacional, asignándole al Estado la Constitución la función de regular las condiciones básicas que garanticen la igualdad en su ejercicio (SSTC 37/1981 o 76/1983, entre otras)".
Con relación a la configuración de la dignidad como elemento nuclear en el sistema de derechos y libertades, consideramos oportunos remitirnos, por su especificidad al ámbito de la discapacidad, a los argüido por COIG MARTÍNEZ, J.M., "Tratamiento de la discapacidad en la Constitución española de 1978", *Justicia y discapacidad en un entorno virtual,* Serie: Derecho y Discapacidad, AAVV Dirs. CALAZA LÓPEZ, LUACES GUTIÉRREZ, A.I. y LLORENTE SÁNCHEZ ARJONA, M., Dykinson, Madrid, 2023, pp. 49-52.

4. TITULARIDAD DEL DERECHO AL FACILITADOR

Conforme dispone el art. 7 bis LEC tras la reforma llevada a cabo por el RD-ley 6/2023, las personas con discapacidad no son el único colectivo para el que estaría pensada la figura del facilitador, sino que se introduce a un grupo integrado por las personas mayores de sesenta y cinco años.

Centrándonos en el primer colectivo, procede a su vez cuestionarse a quienes se ha de considerar *personas con discapacidad*, y si la misma ha de ser de algún tipo específico, o incluso si ha de estar declarada previamente por algún órgano administrativo. Atendiendo a la propia CDPD, vemos como en su art. 1 párrafo 1° define al colectivo objeto de la propia Convención como aquel integrado por personas que tengan deficiencias físicas, mentales, intelectuales o sensoriales a largo plazo que, al interactuar con diversas barreras, puedan impedir su participación plena y efectiva en la sociedad, en igualdad de condiciones con las demás. En términos casi idénticos se expresa el Legislador Español en el art. 2 a) del RD 193/2023, de 21 de marzo[28].

No obstante, si partimos de que la función del facilitador procesal será asegurar la comunicación apoyando a la persona con discapacidad, podemos afirmar que la misma estará circunscrita a una del tipo intelectual y no física, relacionada además con la capacidad de entender lo que les afecte del procedimiento, así como a que ellos sean entendidos en el mismo[29].

---

28 En este RD lo que encontramos realmente es una remisión al art. 4.1 de la Ley General de derechos de las personas con discapacidad y de su inclusión social, que fue aprobada por el RD-legislativo 1/2013, de 29 de noviembre.

29 No se debe confundir en ningún caso con la labor de los intérpretes, lo que está reconocido en el caso de que el escollo sea no hablar el idioma español en otro articulado de la LECRIM, y en el caso de que se trate de las lenguas de signos está previsto este apoyo en la

De este parecer puede encontrarse algún pronunciamiento de nuestros Tribunales, como la SAP 220/2024 de Asturias, en la que se relaciona al facilitador únicamente con la discapacidad intelectual, razonando muy acertadamente en el sentido de no considerar suficiente el contar con una discapacidad reconocida legalmente[30].

Pese a la necesidad de perdurabilidad que se desprende de la definición ofrecida por la Convención y de la normativa interna[31], conviene preguntarse qué ocurriría si la deficiencia tuviese un carácter meramente temporal. Al respecto, vemos que en las Reglas de Brasilia sí se incluyen expresamente a las personas que sufran una discapacidad aun cuando ésta sea eventual, posicionamiento por el que abogamos, pese a

---

letra b) del propio art. 7.2. bis, es decir, partiéndose en todo momento de que se trata de un profesional distinto al facilitador.

30 Se trata de la SAP de Asturias (secc. 2ª) 220/2024 de 27 Mayo (TOL10.188.110) en la que se afirma: "Sin embargo, es patente que no basta con tener legalmente reconocida una discapacidad para admitir la participación de este tipo de profesionales expertos, sino que es inexcusable que esa discapacidad conlleve una dificultad para entender y ser entendido, puesto que esa es la razón de ser de esta figura, y así viene expresamente recogido en el precepto que nos ocupa".

31 El art. 4 del RD Legislativo 1/2013, de 29 de noviembre, por el que se aprueba el Texto Refundido de la Ley General de derechos de las personas con discapacidad y de su inclusión social, habla de deficiencias previsiblemente permanentes. Como hemos apuntado anteriormente, a él se remite el art. 2.a) del RD-legisltativo 1/2013, por lo que, al menos de estas dos normas se desprende que en el ámbito nacional se exige un carácter permanente o que se previsiblemente perdurable, acogiendo enteramente la línea seguida por la Convención.

que no se puede obviar la ausencia del carácter normativo de dichas Reglas[32].

En cuanto a la posibilidad de requerir la acreditación formal de la situación de discapacidad, parece estar clara la posición que aboga por su inexigibilidad, y así lo ha mantenido nuestro Tribunal Constitucional, al menos en su STC 161/2021, en la que se establece que la protección que la CE supone para las personas con discapacidad no puede quedar condicionada a la acreditación previa de determinados requisitos formales, como podrían ser una declaración judicial o administrativa de incapacidad[33]. En un sentido similar se ha pronunciado la Oficina

---

32 Nos referimos a la segunda de las Reglas de Brasilia, en la que textualmente se dice: "A los efectos de estas Reglas también se encuentran en situación de discapacidad, aquellas personas que de manera temporal presenten tales deficiencias, que les limiten o impidan el acceso a la justicia, en igualdad de condiciones con las demás".

33 Se trata de la STC (sala 2ª) 161/2021, de 4 de octubre (TOL8.629.512), en cuyo FJ 3 (ii) expone que: "La protección que la Constitución dispensa a las personas con discapacidad -tanto en lo relativo a la prohibición de su discriminación (art. 14 CE (RCL 1978, 2836)) como al mandato a los poderes públicos de realizar una política de integración de estas personas que les ampare para el disfrute de los derechos que la Constitución otorga a todos los ciudadanos (art 49) y a que el reconocimiento respeto y protección de este mandato deba informar la legislación positiva y la práctica judicial (art. 53.3 CE)- no puede quedar condicionada por requisitos formales como son el previo reconocimiento o declaración judicial o administrativa de una situación de incapacidad, lo que pugnaría, por un lado, con la exigencia constitucional de que la promoción de la igualdad del individuo y de los grupos en que se integra sean reales y efectivas (art. 9.2 CE) y, por otro, con la propia regulación legal de desarrollo de los derechos de las personas con discapacidad establecida en el art. 4 del ya citado Real Decreto Legislativo 1/2013, de 29 de noviembre (RCL 2013, 1746), que atiende de manera preferente a un concepto material de discapacidad.".

del Alto Comisionado para los Derechos Humanos, entre otras ocasiones, en el párrafo 26º del informe A/HRC/37/25[34].

De forma paralela a las personas con discapacidad hay que considerar al colectivo de las "personas mayores", al cual se incluye en el art. 7 bis LEC, a fin de erigirlos también en titulares del derecho a las adaptaciones y ajustes que sean necesarios, equiparándolas pues a estos efectos a las personas con discapacidad. El propio precepto concreta que por "personas mayores" se entiende a aquellas que cuenten con sesenta y cinco años o más, diferenciándose a su vez un régimen específico para aquellas con una edad de ochenta o más[35].

Partiendo de que son dos los colectivos que podrán beneficiarse de la actuación del facilitador, que son los recogidos en el art. 7 bis LEC y que se concretan en las personas con discapacidad y las personas mayores, hay un planteamiento al que nos obliga la ausencia de una normativa estatal que desarrolle este precepto; nos referimos a la necesidad de aclarar qué posición ha de tener en el procedimiento el beneficiario, es decir, si ha de ser necesariamente una de las partes procesales, o por el contrario, podría afirmarse el derecho también respecto de los testigos y terceros con interés legítimo[36].

---

34 Nos referimos al Informe emitido por el Consejo de Derechos Humanos en el 37º período de sesiones y fechado el 26 de febrero a 23 de marzo de 2018.

35 La distinción entre los dos subgrupos de personas mayores radica en la iniciativa de los ajustes y adaptaciones; de tal manera que para el grupo que no han alcanzado los ochenta años serán ellos los que tengan que pedir las adaptaciones y ajustes, mientras que para el resto, se podrán adoptar también de oficio por el propio tribunal.

36 Está claro que en el proceso penal, cuando se tratara de un integrante de esos colectivos y que fuera testigo víctima del delito, tendría derecho al facilitador, tal y como recoge el art. 109 c) LECRIM., pero nos referimos a los casos en los que, tanto en el ámbito penal,

Pues bien, si atendemos a la previsión contenida en el art. 7 bis. LEC, y sobre todo a su ubicación sistemática, incluido en el Capítulo I, el cual se titula "De la capacidad para ser *parte*, la capacidad procesal y la legitimación", podría pensarse que el Legislador ha querido conferir el derecho al facilitador únicamente a quien ostente la condición de parte en el proceso. Reforzando este mismo sentido, parece pronunciarse el RD 193/2023, cuando alude en su art. 27 a "personas con discapacidad *incursas* en procedimientos judiciales", con lo que parece excluirse a los testigos.

No obstante, nos inclinamos por pensar que estamos ante un caso más de deficiente técnica legislativa, pues existen otros argumentos para considerar incluidos a los testigos o cualquier otro interviniente en un proceso judicial, aun cuando no tenga la condición de parte procesal. Y así, como ejemplo de lo contradictorio de la regulación, conviene citar el caso más claro, cual es el del art. 109 LECRIM, aludido anteriormente y que se refiere precisamente al testigo que sea perjudicado u ofendido por un delito, lo que, como es lógico, no supone *per se* el que esté personado y tenido como parte acusadora en el procedimiento. En un sentido también extensivo del grupo de beneficiarios del facilitador, encontramos precisamente el propio tenor del Preámbulo de la Ley 8/2021, a la que habrá de atenderse de especial manera al ser la que introduce al facilitador, el cual nos dice que, el art. 7 bis regula "las adaptaciones y ajustes en los procedimientos en los que intervengan personas con discapacidad, con independencia de si lo hacen en calidad de parte o *en otra distinta…*".

---

como en cualquier otro, la intervención se hace como testigo o tercero con interés de algún tipo.

Así pues, considerando lo afirmado en el Preámbulo[37], en unión al propio tenor literal del art. 13.1 de la CDPD, en el que se habla de "...participantes directos e indirectos, incluida la declaración como testigos...", entendemos oportuno afirmar que el facilitador habrá de asistir a los colectivos incluidos en el art. 7 bis LEC cuando intervengan en un procedimiento, cualquiera que sea la condición en la que lo hagan, incluyendo por tanto a los testigos o a cualquiera que haya acreditado un interés legítimo[38].

---

37 Sería algo arriesgado basarnos únicamente en el Preámbulo de esta Ley 8/2021, ya que su redacción no nos parece muy afortunada, adoleciendo incluso de lo que consideramos algún error material, al hablar de que la intervención del facilitador es *a costa* del beneficiario. Esta previsión ha de ser necesariamente un error, si partimos de entender por beneficiario a la persona con discapacidad, pues de lo contrario estaríamos ante una medida discriminatoria, que es precisamente lo que se pretende evitar con la CDPD, a su vez germen de la norma en cuestión y que además está expresamente prohibido en las Observaciones Generales 1 (2014) y 6 (2018) de la ONU. En este sentido también se han pronunciado, entre otros: VALLESPÍN PÉREZ, D., "Acceso a la justicia de las personas con discapacidad: especial referencia al proceso contencioso", *Justicia: revista de derecho procesal*, 2022, nº. 2, p. 75. No obstante, resulta cuanto menos desconcertante que en la Disposición Adicional Primera del RD 193/2023 se afirme que las actuaciones necesarias para llevar a cabo el contenido de la norma, facilitador procesal incluido, no supondrán aumento del gasto público, lo que entendemos más coherente con que sea el justiciable quien sufrague los costes.

38 El propio art. 13 CDPD ha sido desarrollado en los Principios y Directrices Internacionales sobre el Acceso a la Justicia para las Personas con Discapacidad, que se trata de un documento confeccionado por la propia ONU en 2020 ante la inacción generalizada de los Estados, y en concreto, procede traer a colación la directriz 1.2.f) del principio 1, que trata del derecho a prestar testimonio.
Esta interpretación extensiva es la que realizan la mayor parte de los autores, entre ellos, FERNÁNDEZ DE BUJÁN, A., "Jurisdicción

5. ÁMBITO OBJETIVO DE INTERVENCIÓN: JURISDICCIONES Y ESCENARIOS *PROCESALES*

Una vez que sabemos la condición que debe tener el sujeto para ser considerado beneficiario del derecho a facilitador, llamamos la atención de que hasta el momento solo hemos tratado esencialmente del facilitador en la LEC y en la LECRIM -en este último caso solo cuando es víctima del delito-, ya que son las previsiones normativas que podemos encontrar en la legislación estatal, debiendo preguntarnos qué ocurre en el resto de los escenarios. Nos referimos a la jurisdicción contencioso-administrativa, la social y también a la penal cuando la participación no se hace en la condición de perjudicado por el delito.

Como decimos, para ninguno de esos escenarios se ha previsto en la Ley correspondiente la intervención del facilitador procesal o, incluso previéndose, no se ha hecho respecto a las "personas mayores". Esta, a priori, laguna en la ley, consideramos que pudiera no ser tal por cuanto podría cubrirse con lo preceptuado en el art. 7 bis LEC, y ello por entender oportuna la aplicación supletoria de la misma conforme nos indica su art. 4 LEC; de tal manera, pese a que la previsión normativa de la figura del facilitador procesal sea claramente deficiente o incompleta, al no poder encontrarla de forma expresa en todas las normas reguladoras de los procedimientos de todos los órdenes, entendemos que por esta consideración de la LEC como norma subsidiaria y de conformidad con los principios que inspiran la implantación de la propia figura, habrá de afirmarse, normativamente hablando, la existencia del facilitador

---

voluntaria: provisión de apoyos a personas con discapacidad", *La Ley Derecho de familia*, nº. 33, 2022, p. 7/33.
El mismo autor en "Acceso a la justicia de las personas con discapacidad: la especial competencia del Letrado de la Administración de Justicia, conforme a la Ley 8/2021", *Revista Acta Judicial*, nº. 9, enero-junio, 2022, p. 12.

procesal en todos los procedimientos judiciales, sea cual sea su naturaleza y tipología[39].

Tras defender que la previsión del art. 7 bis LEC es predicable a todas las jurisdicciones, y para todo tipo de procesos judiciales, procede centrar nuestra atención en su posible aplicación a los escenarios en los que aún no existe tal proceso o, incluso, éste no llegue a existir nunca. Nos referimos, de forma muy especial a las diligencias policiales y a las intervenciones ante los servicios administrativos de conciliación o de mediación, como por ejemplo, la laboral[40].

---

39 Así parece desprenderse también de los Principios y Directrices aprobados por la ONU en 2020, en concreto en el principio 1, directriz 1.2, apartados b) e i), en donde se habla de "procedimientos en cualquier corte, tribunal o foro".
Y de tal manera ha sido reconocido por nuestro Tribunal Supremo, en referencia expresa a la figura del facilitador procesal, en su STS (sala segunda) 185/2024, de 29 Febrero (TOL9.902.860) en la que se dice: "En consonancia con ello, el art 7 bis LEC, de carácter supletorio de la Ley de Enjuiciamiento Criminal (art. 4 LEC), establece los ajustes que deben realizarse para personas con discapacidad, apelando a la realización de las adaptaciones y los ajustes que sean necesarios para garantizar su participación en condiciones de igualdad y a que les sean facilitados los apoyos necesarios para entender y hacerse entender, incluyendo incluso la posibilidad de proveerle de un facilitador judicial."
A favor de esta aplicación supletoria, entre otros, DE LUCCHI LÓPEZ-TAPIA, Y., "El servicio de facilitación judicial como pieza clave para la tutela judicial efectiva de las personas con discapacidad", *Actualidad Civil*, nº 9, Sep. 2022, ed. La Ley. También aboga por ella ARAOZ SÁNCHEZ-DOPICO, I., *op cit* "Comentario al art. 7 bis.... p. 1132.

40 Se trata de instancias en las que no es preceptiva la intervención asistida de letrado, salvo que se declare ante la policía como detenido y que pueden tener graves consecuencias en el caso de que no se garantice una comunicación eficaz entre el beneficiario y su interlocutor.

En el ámbito nacional no contamos con previsión normativa para defender la intervención del facilitador fuera de un proceso judicial, de hecho, sucede que es al revés[41], por lo que ante tal silencio estaríamos obligados a negar su procedencia. Es más, tampoco podemos encontrar respaldo expreso en la CDPD; aunque si en los Principios y Directrices aprobados por la ONU en 2020, que se aprueban para desarrollar la CDPD en cuanto al acceso a la justicia para las personas con discapacidad. De hecho, en el principio 1, directriz 1.2 j), al referirse específicamente a los "intermediarios o facilitadores", habla de "...permitir una comunicación clara entre las personas con discapacidad y los tribunales, las cortes y los *organismos encargados de hacer cumplir la ley*...procesos jurídicos". Esta alusión, que de forma tan intencionada pretende ampliar la intervención a otros órganos distintos a los judiciales, consideramos que es del todo idónea para considerar incardinados en ella a las Fuerzas y Cuerpos de Seguridad, incluso, habilitaría el plantearse la extensión a todos los organismos administrativos, hablando de "procesos jurídicos" y no procesales o judiciales[42].

A favor también de la intervención del facilitador fuera del ámbito procesal, podemos encontrar alusiones como la contenida en la reciente Ley del Derecho de Defensa[43], en cuyo preámbulo, al hacer extensivo el derecho allí regulado a los escenarios extrajudiciales, alude expresamente a la ne-

---

41 Lo que podemos encontrar es en sentido contrario, y así: el art. 7 bis LEC, que obviamente se refiere al proceso; el art. 109 LECRIM se refiere a la toma de declaración de la víctima por el juez en el seno de un procedimiento penal; y el art. 2 f) del RD 193/2023, en el que se habla de forma expresa de "comunicación eficaz durante todas las fases de los procedimientos judiciales".

42 De hecho, de conformidad con el espíritu de esta previsión, sería más apropiado el término "legal" para adjetivar al facilitador, que el "procesal", pese a ser este último el más utilizado.

43 Ley Orgánica 5/2024, de 11 de noviembre, del Derecho de Defensa.

cesidad de tener en especial consideración un enfoque de discapacidad[44].

Igualmente, *mutatis mutandi* sería atendible la regulación establecida para los intérpretes y traductores, de la que ya hemos hecho uso anteriormente; pudiendo comprobar que respecto a los imputados o acusados se reconoce su derecho a aquella figura incluso en el interrogatorio policial, lo que tiene pleno sentido[45]. De la misma forma, para las víctimas de delitos se prevé este derecho a intérprete y traductor también para la fase policial en el art. 9 del Estatuto de la Víctima del Delito[46].

En definitiva, parece oportuno considerar que la intervención del facilitador no se limite a los procedimientos judiciales, aunque ello nos conduzca a afirmar la existencia de dos figuras diferenciadas, uno el facilitador procesal, que es quien intervendría en los procesos y al que tratamos con especial consideración en este trabajo, y otro, el facilitador legal, que será quien, con, *a priori*, otro régimen distinto, intervenga asistiendo a los beneficiarios en otras sedes distintas a las judiciales.

6. COSTE DEL SERVICIO DEL FACILITADOR

Cabe añadir otro interrogante más, en absoluto menor, y que consiste en si la intervención del facilitador tendría que

---

44 En concreto, dice el Preámbulo en su apartado I pfo. 7º, que: "… también debe garantizarse la defensa fuera de los ámbitos jurisdiccionales. De ahí que en esta ley se extienda expresamente el derecho de defensa y de asistencia letrada a los procedimientos extrajudiciales y a los mecanismos de solución adecuada de controversias reconocidos legalmente, teniendo en especial consideración, en todos ellos, un enfoque de género y discapacidad."

45 Así se recoge en el art. 123.1.a) LECRIM.

46 Ley 4/2015, de 27 de abril, del Estatuto de la víctima del delito.

ser sufragada por su beneficiario. Y es que, aunque a priori todos partiríamos de la gratuidad del servicio, por subyacer en él el cumplimiento de un deber de los Poderes Públicos, las alusiones que se pueden encontrar en el ámbito normativo nacional nos conducen a mantener lo contrario, o al menos, a no poder afirmar con contundencia la intervención del facilitador sin cargo[47].

Nos referimos, por ejemplo, al hecho de que en el apartado V del preámbulo de la Ley 8/2021, al aludir a la figura del facilitador previsto en el nuevo artículo 7 bis de la LEC, se dice que: "Adicionalmente, se menciona expresamente que se permitirá que la persona con discapacidad, si lo desea y a su costa, se valga de un profesional experto que a modo de facilitador realice tareas de adaptación y ajuste.".

Precisamente, por la claridad de los términos del preámbulo, podría pensarse que se trata de un error material, y es que, si partimos, como es lógico, de que uno de los beneficiarios a los que se alude es la persona con discapacidad, si resultase onerosa para él la intervención del facilitador estaríamos ante una medida discriminatoria, que es precisamente lo que se pretende evitar con la CDPD, a su vez germen de la Ley 8/2021. Pero es que nos encontramos, además, con que la imputación de un coste del servicio de facilitador está expresamente prohibida en las Observaciones Generales 1 (2014) y 6 (2018) de la ONU y en este sentido se pronuncia expresamente la Oficina

---

47 *Vid.* SUÁREZ XAVIER, P.R., "Algunas reflexiones sobre la inclusión de las personas con discapacidad", *Justicia y discapacidad en un entorno virtual,* Serie: Derecho y Discapacidad, AAVV Dirs. CALAZA LÓPEZ, LUACES GUTIÉRREZ, A.I. y LLORENTE SÁNCHEZ ARJONA, M., Dykinson, Madrid, 2023, pp. 103 y 104.

del Alto Comisionado para los Derechos Humanos, entre otras ocasiones, en el párrafo 28º del informe A/HRC/37/25[48].

Por otro lado, resulta cuanto menos desconcertante el que, en añadidura a una previsión tan clara en el preámbulo, nos encontremos con que en la Disposición Adicional Primera del RD 193/2023, se afirme que las actuaciones necesarias para llevar a cabo el contenido de la norma, facilitador procesal incluido, no supondrán aumento del gasto público, lo que podría entenderse como un refuerzo al argumento que contemple que sea el justiciable quien sufrague los costes.

Ante tal incertidumbre, y por si sirviese para su mitigación, entendemos conveniente comprobar qué es lo que dice en cuanto al coste del servicio la regulación de los traductores e intérpretes, que aunque distintas, se tratan de figuras con cierta analogía al facilitador.

Al respecto, cabe sintetizar que en el ámbito de la jurisdicción penal está expresamente recogida la gratuidad del derecho a intérprete o a traductor en todo caso, es decir, con independencia incluso de la capacidad económica del beneficiario y sin que condicione para ello el sentido en el que termine el

---

[48] Así, la Observación general Nº 1 (2014) Artículo 12: Igual reconocimiento como persona ante la ley Apartado 29 e) dice que: "A fin de cumplir con la prescripción enunciada en el artículo 12, párrafo 3, de la Convención de que los Estados partes deben adoptar medidas para "proporcionar acceso" al apoyo necesario, los Estados partes deben velar por que las personas con discapacidad puedan obtener ese apoyo a un costo simbólico o gratuitamente y porque la falta de recursos financieros no sea un obstáculo para acceder al apoyo en el ejercicio de la capacidad jurídica."
En este sentido también se han pronunciado, entre otros: VALLESPÍN PÉREZ, D., "Acceso a la justicia de las personas con discapacidad: especial referencia al proceso contencioso…, *op.cit.*, p. 75.

procedimiento[49]. En cambio, esta previsión del ámbito penal no es igual para la jurisdicción civil, en la que según el art. 143 LEC a la intervención del traductor e intérprete -de idioma o lenguaje de signos- le resulta de aplicación las mismas garantías que se ofrecen en la Ley 1/1996, de Asistencia Jurídica Gratuita; es decir, que se incluye dentro de esa prestación y solo le será gratuita la intervención del traductor cuando quien necesite de sus servicios sea beneficiario del derecho de asistencia jurídica gratuita. Esto se completa con el propio art. 50.1 Ley 1/1996, en el que se corrobora la inclusión del derecho al intérprete dentro del ámbito material del derecho a la justicia gratuita[50].

En tal estado de la cuestión, ante la contradicción normativa que hemos puesto de manifiesto en relación con el coste de la intervención del facilitador, y tomando como referente la regulación existente para el traductor e intérprete en el ámbito de la jurisdicción civil, entendemos viable, como se hace en aquélla, la inclusión del derecho al facilitador dentro del ámbito material de la asistencia jurídica gratuita. Pero de momento, y en tanto que no se modifique la Ley de Asistencia Jurídica Gratuita y la LEC en este sentido, no encontramos apoyatura para afirmar su inclusión.

La anterior propuesta, además de dar sentido armónico al sistema, sería respetosa con el contenido en la Ley de Derecho

---

49 No deja lugar a dudas el tenor del art. 123.1.e).pfo.2. LECRIM, cuando dice que: "Los gastos de traducción e interpretación derivados del ejercicio de estos derechos serán sufragados por la Administración, con independencia del resultado del proceso".

50 La regulación de los traductores en el ámbito civil también tiene importantes carencias; aun así, abogamos por su atendimiento. En este sentido, *vid.* MAZZINI PAREJO, B., "La falta de atención legislativa a la traducción e interpretación de lengua extranjera en los procesos judiciales civiles", *Aranzadi Doctrinal*, nº. 8, septiembre 2021.

de Defensa, ya que en ella sí que se contienen distintas alusiones a la posibilidad de emplear apoyos, instrumentos y ajustes que garanticen la accesibilidad de las personas con discapacidad[51].

Huelga decir, que ante la clara incertidumbre con la que nos encontramos, resulta clamorosa la necesidad de que la anhelada regulación de la figura del facilitador prevea un sistema que despeje toda duda al respecto.

7. DE LA POSIBLE CONFIGURACIÓN COMO OBLIGATORIA DE LA INTERVENCIÓN

Más allá de la previsión contenida en el artículo 7 bis, ya sea de la LEC o de la LJV, en cuanto que el facilitador intervendrá a petición de cualquiera de las partes o del Ministerio Fiscal y también de oficio por el propio tribunal, nos estamos refiriendo a si se podría obligar a una persona con discapacidad a ser asistida por un facilitador en contra de su voluntad.

Como se intuirá, el planteamiento parte de asociar al facilitador con otros intereses que van más allá de los particulares de su beneficiario directo; nos referimos obviamente al orden público, seguridad jurídica, e incluso a la Justicia como valor supremo, ya que, si no interviene un facilitador siendo necesario para que la persona con discapacidad entienda o se haga entender, la consecuencia sería indefectiblemente la nulidad de actuaciones[52].

---

51 *Vid.* de forma especial los arts. 4.1 y 6.1 de la Ley del Derecho de Defensa.

52 Sirva aquí de ejemplo lo dicho por el Tribunal Supremo en su STS (sala 2ª) 695/2021, de 15 de septiembre [ECLI:ES:TS:2021:3458], afirmando que: "De tal modo, la ausencia de ajustes que impidan o dificulten de manera mínimamente significativa el pleno disfrute y ejercicio de los derechos de participación y defensa eficaz de los

La respuesta más fácil al interrogante podría ser contraria a imponer la intervención del Facilitador en contra de la voluntad de su beneficiario. De hecho, es lo que se desprende de la expresión empleada por el preámbulo de la Ley 8/2021, en la que se dice: "…se permitirá que la persona con discapacidad, si lo desea y a su costa, se valga de un profesional experto que a modo de facilitador…"[53]. En esta idea se posicionan la mayor parte de la doctrina, pudiendo traerse a colación a algunas autoras que parecen partir de la voluntariedad en la intervención, o al menos, en la elección del ajuste[54]. Incluso, DE LUCCHI, llega a afirmar la libre elección por el beneficiario supone un principio básico que constituye la base fundamental de toda la reforma operada por la Ley 8/2021. En refuerzo de este parecer doctrinal encontramos el Informe anual del Alto Comisionado de las Naciones Unidas para los Derechos Humanos, en el que se afirma que: "Sin embargo, ha indicado sistemáticamente que los ajustes de procedimiento deberían proporcionarse sobre la base de <<la libre elección y las preferencias>> del interesado"[55].

---

que es titular la persona acusada vulnerable puede ser fuente de indefensión con relevancia constitucional. Lo que puede justificar, en su caso, la nulidad de actuaciones como mecanismo reparatorio".

53 Tercer párrafo del apartado V del preámbulo de la Ley 8/2021, de 2 de junio, por la que se reforma la legislación civil y procesal para el apoyo a las personas con discapacidad en el ejercicio de su capacidad jurídica.

54 Como ejemplo; DE LUCCHI LÓPEZ-TAPIA, Y., en "El servicio de facilitación judicial como pieza clave para la tutela judicial efectiva de las personas con discapacidad…, *op. cit.* pp. 7 y 8 /22; También, ARAOZ DOPICO, I., en *Acceso a la justicia: ajustes de procedimiento para personas con discapacidad intelectual y del desarrollo,* Plena Inclusión, 2018, p. 68.

55 Nos referimos al párrafo 26 del informe A/HRC/37/25, Consejo de Derechos Humanos 37º período de sesiones 26 de febrero a 23 de marzo de 2018.

No obstante, consideramos atendible siquiera *mutatis mutandi* la interpretación llevada a cabo por nuestro Tribunal Supremo en relación a la posibilidad de adoptar apoyos de índole *sustantiva* en contra de la voluntad del discapaz. Nos referimos a la STS 589/2021, en la que el Pleno de nuestro Alto Tribunal tuvo ocasión de aplicar por primera vez la reforma operada por la Ley 8/2021 y en la que se razona: "En casos como el presente, en que existe una clara necesidad asistencial cuya ausencia está provocando un grave deterioro personal, una degradación que le impide el ejercicio de sus derechos y las necesarias relaciones con las personas de su entorno, principalmente sus vecinos, está justificada la adopción de las medidas asistenciales (proporcionadas a las necesidades y respetando la máxima autonomía de la persona), aun en contra de la voluntad del interesado, porque se entiende que el trastorno que provoca la situación de necesidad impide que esa persona tenga una conciencia clara de su situación"[56].

Además, podríamos encontrar otros argumentos a favor de la imposición de la medida. Nos referimos a la gravedad de los intereses en juego, que no son solo de la espera propia de la persona con discapacidad, por lo que consideramos necesario ahondar en la cuestión; y al respecto podemos al menos buscar inspiración en la regulación existente sobre los traductores e intérpretes[57], en cuanto que se tratan de figuras que también tienen en común la finalidad de garantizar el acceso a la justicia en condiciones de igualdad, y en cualquier caso, una irregularidad en cuanto a su intervención podría

---

[56] Se trata de la STS (civil), pleno, 589/2021 de 8 Sep. 2021, Rec. 4187/2019, [RJ\2021\4002].

[57] En nuestro ordenamiento la regulación sobre los traductores e intérpretes se centra esencialmente en el ámbito penal, siendo la regulación para el resto de las jurisdicciones muy limitada.

ser causante de indefensión y con ello provocar también nulidad de actuaciones.

Pues bien, nos encontramos para los traductores e intérpretes con diversas alusiones, como las que se pueden encontrar en la LECRIM o en la Ley de Derecho de Defensa[58], que conducen a la configuración del derecho a traductor o intérprete como una garantía renunciable; y ello hasta el punto de que así se prevé expresamente en el art. 126 LECRIM[59]. Pero esta posibilidad de renuncia lo es solo a medias; ya que en ningún caso se podrá renunciar a los derechos contenidos en las letras a y c del apartado 1 del art. 123 LECRIM, y que consisten en la intervención de estos profesionales en las actuaciones policiales y judiciales en las que sea necesaria su presencia, así como en las actuaciones del juicio oral en el que, obviamente, se encuentre el acusado. Esta irrenunciabilidad se materializa obligando al investigado a que "tolere" la presencia física del traductor o intérprete en el espacio donde se practique la diligencia o se celebre el juicio; aunque solo lo sea a los efectos de que esté a disposición del sujeto por si quisiese asistirse de él en algún momento, impidiendo así de todo punto la indefensión.

Además, nos encontramos con otra cuestión a tener en cuenta; y es que lo anterior es predicable del investigado, pero en ningún sitio se encuentra disposición que prevea la posibilidad de que renuncie la víctima del delito. Tan solo se encuen-

---

58 Así lo vemos también cuando el art. 11 de la Ley de Derecho de Defensa habla de "...poner a disposición de los intervinientes que lo requieran...".

59 Obviamente, la jurisprudencia que ha estudiado esta renuncia exige unas especialísimas cautelas para considerar que la misma sea conforme a derecho, e incluso el propio precepto habla de que "... *La renuncia a los derechos a que se refiere el artículo 123 deberá ser expresa y libre, y solamente será válida si se produce después de que el imputado o acusado haya recibido un asesoramiento jurídico suficiente y accesible que le permita tener conocimiento de las consecuencias de su renuncia.*"

tra alguna previsión al respecto en el Estatuto de la Víctima, en cuanto a que pueden comunicar su deseo a no ser informadas de alguna resolución[60]; o que se sustituya la traducción escrita por un resumen[61]; pero en ningún caso es comparable a la renuncia prevista para el investigado. Suponemos que la razón de esta distinción entre regímenes podría encontrarse en que la declaración de la víctima es parte del bagaje probatorio, necesario pues para sustentar una decisión judicial sobre la culpabilidad del acusado, mientras que la intervención del investigado en las diligencias está considerada exclusivamente una garantía a su favor.

A lo anterior, creemos oportuno añadir lo especialmente delicado que sería dar por buena una renuncia a un derecho por parte de una persona con discapacidad, a la que se la considera precisamente con dificultades para entender la transcendencia de lo que está aconteciendo en el procedimiento; motivo éste por el que vemos extremadamente difícil que se pueda permitir el mismo régimen que se establece para los traductores e intérpretes.

En definitiva, aunque reconocemos que supondría ir en contra de la exigua regulación existente al respecto, consideramos que los intereses y valores concurrentes en el proceso, incluyendo los de las propias partes litigantes distintas a la persona con discapacidad, sugerirían la conveniencia de poder imponer la intervención del facilitador, reduciendo al máximo el margen de que se pueda renunciar al mismo.

---

[60] Art. 7.2 Estatuto de la Víctima.

[61] Art. 9.2 Estatuto de la Víctima.

8. FUNCIONES DEL FACILITADOR: AJUSTES Y ADAPTACIONES DEL PROCESO

Tras conocer el origen y finalidad de la figura, así como haber tratado de identificar a los beneficiados por su intervención, entendemos oportuno centrarnos ahora en el cometido de la persona facilitadora, que, como se intuirá, estará orientado a favorecer las adaptaciones y ajustes del proceso que sean necesarios para conseguir la finalidad de toda la regulación, es decir, que sus beneficiarios intervengan en condiciones de igualdad con el resto.

De hecho, si atendemos al propio art. 7 bis 2 LEC, el facilitador es en sí mismo considerado, una de las adaptaciones posibles, en concreto, una cuya finalidad radica en que los beneficiarios hagan efectivo su "...derecho a entender y ser entendidas en cualquier actuación que deba llevarse a cabo.". Por tanto, ajustes y adaptaciones los habrá de tipología variada, centrándose el propio del facilitador en el ámbito de la comunicación entre el beneficiario y los operadores jurídicos[62].

---

62 Debiendo lógicamente excluirse todo lo relativo a las labores propias de los traductores e intérpretes, ya sea de idiomas o de lenguas de signos.
No obstante, por parte de algunos autores se afirma para el facilitador un campo de actuación más amplio y no solo el referido a la comunicación. *Vid.* DE LUCCHI LÓPEZ-TAPIA, Y., en "El servicio de facilitación judicial como pieza clave para la tutela judicial efectiva de las personas con discapacidad... *op. cit.*, p. 12/22, donde nos dice: "Con la regulación actual de la LEC, que es supletoria para todos los órdenes jurisdiccionales, se encuentra ya generalizada la intervención del facilitador, no solo para atender a las víctimas con discapacidad intelectual, sino a todas las personas con discapacidad que necesitan de ajustes procedimentales para acceder a la justicia en igualdad de condiciones que el resto de las personas.".

Para algunos autores, ajustes y adaptaciones podrían ser consideradas expresiones sinónimas[63]; aunque quizá no sería descartable la conveniencia de considerar a las adaptaciones como una clase de ajuste, lo que sería más acorde con la definición ofrecida en los Principios y Directrices de la ONU del año 2020, en cuyo glosario de términos nos dice que se entenderán por "Ajustes de procedimiento: todas las modificaciones y adaptaciones necesarias y adecuadas en el contexto del acceso a la justicia, cuando se requieran en un caso determinado, para garantizar la participación de las personas con discapacidad en igualdad de condiciones con los demás...".

A este respecto, en la Observación General nº. 6 se contiene una diferenciación entre "ajustes de procedimiento" y "ajustes razonables" que consideramos de vital importancia, por cuanto *los del procedimiento* no están limitados por la desproporcionalidad[64]; debiendo entenderse ésta a su vez, como límite de la

---

63 En ello ha reparado, por ejemplo, FERNANDEZ DE BUJÁN, A., en "Acceso a la justicia de las personas con discapacidad: la especial competencia del Letrado de la Administración de Justicia...", *op. cit.*, p. 11.

64 De forma clara y tajante se establece en su párrafo 25 d) que "Los ajustes de procedimiento en el contexto del acceso a la justicia, no deben confundirse con los ajustes razonables; estos últimos están limitados por el concepto de desproporcionalidad, mientras que los ajustes de procedimiento no lo están."
No obstante, y en contra de esta diferenciación generalmente admitida, resultan muy interesantes las reflexiones de DE ASÍS ROIG, R., "Sobre ajustes de procedimiento y acceso a la justicia... *op.cit.*, p. 6. En este trabajo el autor se llega a concluir que: "...dependiendo de la manera en la que se configuren o se manifiesten, los ajustes de procedimiento podrán ser ejemplo de medidas de accesibilidad o de diseño universal, o ejemplo de ajuste razonable. Y es que, no podemos descartar supuestos de fallos en el diseño universal, justificados en la diversidad, que nos obliguen a plantear la realización de un ajuste procedimental como ajuste razonable. En ambos casos,

obligación de proporcionar el "ajuste razonable" por concurrir una carga excesiva e injustificable. Pero insistimos, los "ajustes de procedimiento" están excluidos de la exigencia de la proporcionalidad, entendida sea esta afirmación tan contundente como quizás exagerada, en los términos que hablan la Convención y las Observaciones Generales que la interpretan; esto es, que no están afectados por criterios de proporción entre los medios empleados y la finalidad[65].

Aún hoy se pueden encontrar opiniones que demuestran confundir la figura del facilitador con la del acompañante, por lo que no consideramos baladí dejar siquiera mera constancia de la nota diferenciadora más clara entre ambas figuras. En este sentido, nos limitaremos a recordar que el facilitador se centra en que la interacción entre la persona con discapacidad y la justicia lo sea en igualdad de condiciones, actuando a fin de que su beneficiario entienda y sea entendido; mientras que el acompañante -siempre elegible por el interviniente- sirve de apoyo, que incluso pudiera ser meramente emocional[66]. Sin

---

los ajustes de procedimiento pueden tener sus límites, si bien, al formar parte de un derecho o del contenido esencial de un derecho fundamental, se tratará de una situación excepcional".

65 En este sentido, DE LUCCHI LÓPEZ-TAPIA, Y., "El servicio de facilitación judicial como pieza clave para la tutela judicial efectiva de las personas con discapacidad… *op. cit.*, p. 5/22, quien acertadamente nos recuerda que: "Durante las negociaciones sobre la convención, el término <<razonable>> se dejó de lado intencionalmente al formular el artículo 13, puesto que el derecho de acceso a la justicia funciona como garantía para el disfrute y el ejercicio efectivos de todos los derechos. Por lo tanto, no proporcionar ajustes de procedimiento sería una forma de discriminación por motivos de discapacidad en relación con el derecho de acceso a la justicia".

66 Así lo explica MARTÍN PÉREZ, J.A., "Acceso a la justicia de las personas con discapacidad y ajustes de procedimiento", *Derecho Privado y Constitución*, 40, p. 36, afirmando que: "…busca aportar asistencia física y, sobre todo, confianza y apoyo emocional al afectado que

ánimo de ahondar mucho más en esta divergencia, procede aludir también a la circunstancia de que el propio art. 7 bis apdo. 2 LEC se refiere a las dos figuras en párrafos y con regímenes distintos, y así, mientras que en la letra c) introduce al facilitador, en la d) establece la posibilidad de acompañamiento por "persona de su elección". No obstante, nada impide que pudiera coincidir en una misma persona el desempeño de ambas atribuciones, como la de facilitar y la de acompañar[67].

Por otro lado, respecto a las actividades concretas a realizar por el Facilitador, y ante la denunciada ausencia de regulación estatal al respecto, tenemos que atender a las descritas como más apropiadas por las organizaciones y entidades representantes de las personas con discapacidad intelectual, quienes, también en este campo, han realizado un importante trabajo al respecto[68]. Nos vamos a limitar aquí a mencionar los tres

---

se encuentra en un entorno totalmente desconocido, y que puede percibirlo como poco amigable."

67 A este respecto, entre otros, ARAOZ SÁNCHEZ-DOPICO, I., "Comentario al art. 7 bis" en *Comentarios a la Ley 8/2021 por la que se reforma la legislación civil y procesal en materia de discapacidad*, AAVV, Aranzadi, Cizur Menor, 2021.

68 Los dos documentos más ilustrativos en nuestra opinión se podrán encontrar en los siguientes enlaces:https://cermi.es/novedad/la-persona-facilitadora-procesal-en-el-ambito-de-las-organizaciones-del-cermi https://www.plenainclusion.org/publicaciones/buscador/protocolo-de-actuacion-del-facilitador-procesal/ https://www.plenainclusion.org/wp-content/uploads/2022/11/Plena-inclusion.-Propuesta-de-desarrollo-profesional-de-la-figura-del-facilitador-procesal.pdf

Y de forma específicamente referida al facilitador que asista a las víctimas en el ámbito penal, resulta interesante atender a MANZANERO PUEBLA, A. y OTROS, "La figura del facilitador en la investigación policial y judicial con víctimas con discapacidad intelectual", *Revista Española sobre Discapacidad Intelectual*, vol. 43 (3), núm. 243, 2012, pp. 62 y 63.

puntos en los que se pueden encuadrar las labores esenciales y en las que parece existir consenso entre las entidades aludidas, siendo éstos los siguientes:

> 1.- Asesorar en la identificación de la necesidad de apoyos. Saber cuándo es necesario llevar a cabo ajustes es, en nuestra opinión, uno de los puntos clave y en los que más habrá que trabajar para su regulación, ya que conlleva un importante esfuerzo de formación y concienciación de todos los operadores jurídicos, y aún antes de la intervención de éstos, de los agentes policiales[69].
>
> 2.- Evaluar la clase de apoyos que serán necesarios para facilitar la comunicación, informando sobre los mismos y la forma de realizarlos[70].

---

69 En cuanto a la formación, la Disposición Adicional Segunda de la Ley 8/2011 establece en su apartado 1 que: "El Ministerio de Justicia, el Ministerio del Interior, el Consejo General del Poder Judicial, la Fiscalía General del Estado, las Comunidades Autónomas y las entidades locales, en el ámbito de sus respectivas competencias, asegurarán una formación general y específica, en medidas de apoyo a las personas con discapacidad para el ejercicio de su capacidad jurídica, en los cursos de formación de jueces y magistrados, fiscales, letrados de la Administración de Justicia, fuerzas y cuerpos de seguridad, médicos forenses, personal al servicio de la Administración de Justicia y, en su caso, funcionarios de la Administración General del Estado, de las Comunidades Autónomas o de las entidades locales que desempeñen funciones en esta materia".
Respecto a los abogados, consideramos que, al menos de los que intervengan por nombramiento del Turno de Oficio, tendría que existir en todo caso una formación obligatoria en la materia; no ya para ejercer como facilitador, que va de suyo, sino para saber detectar las necesidades de apoyos.

70 Se debería hacer siempre en soporte documental y si razones de urgencia no lo impiden, en un informe que contenga extremos como: Datos del autor y su formación en la materia, datos básicos del beneficiario, motivo del informe, metodología utilizada, parte descriptiva, diseño del perfil individualizado y contextualizado de los ajustes propuestos.

> 3.- Intervenir en la ejecución y desarrollo de los ajustes para garantizar la eficacia de éstos, acompañando en las actuaciones al beneficiario en el caso de ser necesario, asegurándose de que se ha comprendido el contenido y transcendencia de la actuación en la que está interviniendo el beneficiario; es decir, no tiene por qué ser el facilitador quien informe, o no necesariamente, pero si tiene que asegurarse de que el destinatario de la información la haya entendido.

En definitiva, se pueden resumir las actuaciones en dos planos coincidentes con las dos direcciones de la comunicación en el procedimiento; y así: uno tendrá como destinatario al órgano judicial y resto de operadores, cuyo objeto será informar sobre los ajustes necesarios, y otro que estará dirigido a la persona con discapacidad a fin de que entienda el procedimiento y la intervención concreta que le afecta.

9. REFLEXIONES FINALES

El derecho a un facilitador está reconocido y, por tanto, es exigible en España desde 2008, año en que ratificamos la Convención, por lo que resulta inaceptable que diecisiete años después aún no se haya legislado en el ámbito nacional lo necesario para que se pueda ejercer este derecho de forma efectiva. Con tal falta de regulación estatal, además se está propiciando una falta de homogenización entre las Comunidades Autónomas, con la consiguiente vulneración del principio de igualdad, al contarse con un distinto nivel de garantías procesales en función del territorio al que pertenezca el juzgado donde se intervenga.

Nunca podrá ser ejercida plenamente la capacidad jurídica en un procedimiento judicial sin que esté garantizado el derecho a "entender y ser entendidos", para lo cual es estrictamente necesaria la figura del facilitador procesal. La desatención de este derecho instrumental hace que no pueda considerarse respetados tres derechos fundamentales pilares en nuestra CE; como son dignidad, igualdad y tutela judicial efectiva.

Debe quedar claro que, pese al automatismo en la identificación del beneficiario del facilitador con una persona con discapacidad, también hay que incluir al colectivo de las "personas mayores", lo que dota de una mayor magnitud la, ya de por sí, importante significación de la figura del facilitador.

Resultando pacífico que el ámbito de intervención del facilitador se extiende a todas las jurisdicciones y en todas las fases del procedimiento, incluyendo las preprocesales, se podría tildar cuanto menos de imprecisión terminológica al empleo del adjetivo "procesal". Así pues, la idiosincrasia y diversidad de regímenes que regirían su intervención, justificaría al menos el plantearse la existencia de dos clases de expertos facilitadores, uno el "procesal" -objeto de este trabajo- y otro el "legal", cuya intervención se centraría en ámbitos extraprocesales en los que hace falta garantizar igualmente el acceso a otros servicios públicos distintos a la Administración de Justicia.

Otro de los vacíos que ha de llenarse con la esperada regulación estatal, será la concreción de quién ha de soportar el coste que suponga la intervención del facilitador procesal; ya que, a pesar de que las referencias a la gratuidad existentes en la LECRIM, así como el parecer de quienes se han pronunciado al respecto, en el resto de las jurisdicciones nos encontramos con que existen previsiones normativas que se refieren a ello en sentido contrario, pudiendo estar la solución en la inclusión del servicio dentro del ámbito material del derecho a la asistencia jurídica gratuita.

La voluntariedad en la intervención del facilitador impera en las posturas doctrinales y en los modelos internacionales en los que se encuentra en funcionamiento. No obstante, la clara afectación de otros intereses y valores supremos, como el propio orden público, en unión al riesgo cierto de abocar en procedimientos judiciales nulos, hacen necesario plantear fórmulas de intervención obligatoria del facilitador, para lo cual puede ser de utilidad el régimen establecido en la LECRIM para los traductores e intérpretes.

Además de la exigencia de una normativa con la que se posibilite el efectivo ejercicio del derecho, éste cuenta con dos escollos esenciales: uno, la falta de concienciación de los operadores jurídicos, sin que muchos de ellos conozcan siquiera la existencia de la figura; otro, la inexistencia de profesionales formados que puedan ser considerados expertos en los términos legales, por lo que supone una imperiosa necesidad la articulación de cursos de formación y la homogeneización de estos.

Por terminar con un espíritu menos crítico y más esperanzador, cabe reconocer que, aunque tarde, la preocupación por las personas con discapacidad, en este caso, por el respeto a sus derechos de afectación procesal, está en auge, habiéndose realizado en España importantes avances. Efectivamente, nos encontramos más cerca, aunque aún lejos, del anhelado proceso que sea respetuoso con unos valores éticos que hagan de él un proceso judicial verdaderamente justo para todos.

REFERENCIAS BIBLIOGRÁFICAS

-ALBERT MÁRQUEZ, M., "El derecho a comprender el derecho y el ejercicio de la capacidad jurídica de las personas con discapacidad", *El ejercicio de la capacidad jurídica por las personas con discapacidad tras la ley 8/2021 de 2 de junio,* VVAA, Dir. PEREÑA VICENTE, M. y HERAS HERNÁNDEZ, M.M., Tirant lo blanch, Valencia, 2022

-ÁLVAREZ ALARCÓN, A., "La recepción de las 100 reglas de Brasilia en los ordenamientos jurídicos iberoamericanos", *Justicia y personas vulnerables en Iberoamérica y en la Unión Europea,* AAVV Dir.: ÁLVAREZ ALARCÓN, A., Tirant Lo Blanch, Valencia, 2021.

-ASENCIO MELLADO, J.M.: "Tecnología y Derecho Procesal", *Práctica de Tribunales,* nº. 150, mayo-junio, 2021.

-ARAOZ SÁNCHEZ-DOPICO, I., "Comentario al art. 7 bis", *Comentarios a la Ley 8/2021 por la que se reforma la legislación civil y procesal en materia de discapacidad*, AAVV, Aranzadi, Cizur Menor, 2021.

- ARAOZ SÁNCHEZ-DOPICO, I., *Acceso a la justicia: ajustes de procedimiento para personas con discapacidad intelectual y del desarrollo*, Plena Inclusión, 2018.

- CALAZA LÓPEZ, S., "Nueve ejes esenciales de la reforma de la Justicia penal y una clave asistencial (casi existencial: El Facilitador judicial) no suman 10", *Diario LA LEY*, nº 10469, marzo 2024, Ed. La Ley.

- COIG MARTÍNEZ, J.M., "Tratamiento de la discapacidad en la Constitución española de 1978", *Justicia y discapacidad en un entorno virtual*, Serie: *Derecho y Discapacidad*, AAVV Dirs. CALAZA LÓPEZ, LUACES GUTIÉRREZ, A.I. y LLORENTE SÁNCHEZ ARJONA, M., Dykinson, Madrid, 2023.

-DE ASÍS GONZÁLEZ CAMPO, F., "Acceso a la justicia por el vulnerable digital: la comprensibilidad", *Los vulnerables ante el proceso civil*, AAVV Dirs. HERRERO PEREZAGUA, J.F. y LÓPEZ SÁNCHEZ, J., Atelier, Barcelona, 2022.

- DE ASÍS ROIG, R., "Sobre ajustes de procedimiento y acceso a la justicia", *Huri-age Red de Tiempo de los Derechos*, nº. 6, 2020.

-DELGADO MARTÍN, J., "El acceso de la justicia penal de las personas con discapacidad: reforma 2023 de la Ley de Enjuiciamiento Criminal", *Diario LA LEY*, nº. 10435, enero 2024, Ed. La Ley.

-DE LUCCHI LÓPEZ-TAPIA, Y., "El servicio de facilitación judicial como pieza clave para la tutela judicial efectiva de las personas con discapacidad", *Actualidad Civil*, nº 9, Sep. 2022, ed. La Ley.

-DEVANDAS AGUILAR. C., *Principios y directrices internacionales sobre el acceso a la justicia para las personas con discapacidad*, ONU, Ginebra.

-FERNÁNDEZ DE BUJÁN, A., "Constitución y discapacidad: la protección de las personas con discapacidad como paradigma del estado social", *Revista Jurídica Universidad Autónoma de Madrid*, nº. 46z, 2022-II, pp. 9-29.

-FERNÁNDEZ DE BUJÁN, A., "Jurisdicción voluntaria: provisión de apoyos a personas con discapacidad", *La Ley Derecho de familia*, nº. 33, 2022.

-FERNÁNDEZ DE BUJÁN, A., "Acceso a la justicia de las personas con discapacidad: la especial competencia del Letrado de la Administración de Justicia, conforme a la Ley 8/2021", *Revista Acta Judicial*, nº. 9, enero-junio, 2022.

- MANZANERO PUEBLA, A. y OTROS, "La figura del facilitador en la investigación policial y judicial con víctimas con discapacidad intelectual", *Revista Española sobre Discapacidad Intelectual*, vol. 43 (3), núm. 243, 2012, pp. 54-68.

-MARTÍN PÉREZ, J.A., "Acceso a la justicia de las personas con discapacidad y ajustes de procedimiento", Derecho Privado y Constitución, 40, pp. 11-53.

- MAZZINI PAREJO, B., "La falta de atención legislativa a la traducción e interpretación de lengua extranjera en los procesos judiciales civiles", *Aranzadi Doctrinal*, nº. 8, septiembre 2021.

-MORO ALMARAZ, M.J., "La tramitación legislativa de la ley 8/2021", *La Ley Derecho de Familia*, nº. 31, Julio de 2021.

-PESQUEIRA ZAMORA, M.J., en "Aspectos procesales de la capacidad a partir de la nueva regulación", *Revista General de Derecho Procesal*, nº. 57, 2022.

-POLO HERNÁNDEZ, M., *El origen de la justicia restaurativa como método de solución del conflicto y de protección de las víctimas de infracciones penales*, Dykinson, Madrid, 2024.

- SILVINA RIBOTTA, "Reglas de Brasilia sobre acceso a la justicia de las personas en condición de vulnerabilidad. Vulnerabilidad, pobreza y acceso a la justicia", *Revista Electrónica Iberoamericana*, ISSN: 1988 – 0618, http://www.urjc.es/ceib/ Vol. 6, nº 2. 2012.

- SUÁREZ XAVIER, P.R., "Algunas reflexiones sobre la inclusión de las personas con discapacidad", *Justicia y discapacidad en un entorno virtual*, Serie: Derecho y Discapacidad, AAVV Dirs. CALAZA LÓPEZ, LUACES GUTIÉRREZ, A.I. y LLORENTE SÁNCHEZ ARJONA, M., Dykinson, Madrid, 2023

-TEIRA SERRANO, C. y SOTILLO MÉNDEZ, M., "La figura de facilitación de acceso a la justicia. Comparación internacional de un reto formativo", *Siglo Cero*, nº. 55 (I), enero-marzo, 2024.

-VALLESPÍN PÉREZ, D., "Acceso a la justicia de las personas con discapacidad: especial referencia al proceso contencioso", *Justicia: revista de derecho procesal*, nº. 2, 2022.

- VILLAR FUENTES, I., "Ajustes procedimentales para garantizar el acceso a la justicia de las personas con discapacidad", *La reforma civil y procesal en materia de discapacidad, Estudio sistemático de la Ley 8/2021, de 2 de junio*, AAVV Dirs. DE LUCCHI LÓPEZ-TAPIA, Y. y QUESADA SÁNCHEZ, A.J., Atelier, Madrid, 2022.

La inteligencia artificial en la justicia: herramientas de eficiencia e inclusión

JOSÉ LUIS LARA CORRAL
Abogado. Profesor Asociado D°. Constitucional
UCLM-Facultad de Derecho y CC.SS de C. Real
joseluis.lara@uclm.es

1. INTRODUCCIÓN

En el Curso se nos invita a reflexionar sobre los retos de la justicia relativos a la mejora de la eficiencia en su funcionamiento, pero sin dejar a nadie atrás,[1] garantizando los derechos de las personas que presentan algún factor de exclusión.

---

[1] La fórmula "no dejar a nadie atrás" es la empleada en la Agenda 2030 para el desarrollo sostenible y en sus Objetivos de Desarrollo Sostenible, habiendo alcanzado notoriedad en las políticas de dependencia. Valle Escolano destaca que aunque la expresión puede parecer simple, en la práctica es tremendamente ambicio-

Persiguiendo dicha eficiencia, se inauguró con la Ley 18/2011, de 5 de julio, reguladora del uso de las tecnologías de la información y la comunicación en la Administración de Justicia, el proceso de digitalización de la Justicia en España,[2] que tuvo su revulsivo principal en la crisis originada por el COVID, donde ante la imposibilidad de operar con normalidad por las restricciones derivadas de la pandemia, se implementaron una serie de herramientas, procesales y tecnológicas[3], que se demostraron sumamente eficaces en la mejora del sistema.

En la actualidad, se están adoptando numerosas iniciativas nacionales e internacionales que, aprovechando las nuevas tecnologías, pretenden profundizar en la mejora de la eficiencia del sistema de justicia. Entre estas tecnologías cobra una singular importancia la IA, que se presenta como la más disruptiva, con potencial para "*representar un cambio profundo en la historia de la vida en la Tierra,*"[4] que incidirá en todos los ámbitos de la

---

sa. Vid. VALLE ESCOLANO, R. Inteligencia artificial y derechos de las personas con discapacidad: el poder de los algoritmos. Revista Española de Discapacidad, 11(1), p.7-28. 2023. Doi: <https://doi.org/10.5569/2340-5104.11.01.01>

2 Respecto a las fases de digitalización de la Justicia resulta de interés la previsión efectuada por BUENO MATA, F. "El poder público electrónico como germen de la e-justicia", Fodertics 5.0: estudios sobre la nuevas tecnologías y justicia, 2016, p. 87 y ss.

3 Se implementaron medidas como la celebración telemática de las vistas y actos procesales, introducidos normativamente por la Ley 3/2020, de 18 de septiembre, de medidas procesales y organizativas para hacer frente al COVID-19 en el ámbito de la Administración de Justicia.

4 FUTURE OF LIFE INSTITUTE. Principios de la IA [en línea]. Disponible en https://futureoflife.org/openletter/ai-principles/ [Consultado el 19/09/2024]. Los Principios de IA de Asilomar, coordinados por FLI y desarrollados en la conferencia Beneficial AI 2017, son uno de los primeros y más influyentes conjuntos de principios de gobernanza de IA.

actividad económica y social y que, por supuesto, está llamada a revolucionar la justicia.

La incorporación de la IA en la Administración de Justicia (en adelante, A.J.) mejorará sustancialmente su eficiencia, pero no debe desconocerse que aparejará simultáneamente graves riesgos para los derechos fundamentales de las personas. El objeto del presente trabajo es presentar las principales herramientas de IA que pueden aplicarse en la A.J. para mejorar su eficiencia y capacidad de inclusión, pero teniendo en cuenta también sus riesgos y el tratamiento normativo recibido, con la finalidad última de ofrecer una aproximación integral al modo en el que la IA incide en la justicia.

Para ello, la exposición de los sistemas de IA se efectuará mediante su clasificación con base a dos parámetros, en función del ámbito de la justicia en el que resultan de aplicación y del nivel de riesgo que dichos sistemas presentan de conformidad con la categorización de los riesgos de la IA que efectúa el Reglamento de IA de la Unión Europea[5] (en adelante, RIA).

En segundo lugar, se hará una breve referencia a la introducción de la IA en la Justicia española, revisando las previsiones del R.D. 6/2023[6] y comentando los programas y herramientas

---

5 Resolución legislativa del Parlamento Europeo sobre la propuesta de Reglamento del Parlamento Europeo y del Consejo por el que se establecen normas armonizadas en materia de inteligencia artificial (Reglamento de Inteligencia Artificial) y se modifican determinados actos legislativos de la Unión (COM(2021)0206 – C9-0146/2021 – 2021/0106(COD) de 13 de marzo de 2024, Págs. 459. Disponible en https://www.europarl.europa.eu/doceo/document/TA-9-2024-0138_ES.pdf

6 Real Decreto-ley 6/2023, de 19 de diciembre, por el que se aprueban medidas urgentes para la ejecución del Plan de Recuperación, Transformación y Resiliencia en materia de servicio público de justicia, función pública, régimen local y mecenazgo. BOE. n. 303, de 20/12/2023.

impulsadas por el Ministerio de Justicia, para finalmente, concluir evaluando las posibilidades actuales de nuestro ordenamiento jurídico para incorporar la IA en la A.J. sin menoscabo de los derechos fundamentales.

2. LA IA EN LA JUSTICIA

A la hora de adentrarnos en esta materia debemos partir de tres premisas: la ambivalencia de la IA, la experiencia internacional existente en el uso de la IA en la justicia y el marco normativo que regula el fenómeno.

La primera consideración es el papel ambivalente propio de la IA, ya adelantado. La IA, por un lado, posee el potencial para resolver el principal problema de la Justicia en España, su falta de eficiencia, pues tiene la capacidad de automatizar las tareas y procesos, posibilitando la reducción de los tiempos de resolución de los asuntos y la optimización de los recursos. Además, podría proporcionar herramientas que mejoren el acceso de la justicia de las personas que presenten alguna discapacidad. Pero por otro lado, la IA constituye por sí misma y por los usos que se le pueden dar en el ámbito de la justicia, un riesgo de primer orden para los derechos fundamentales, especialmente, para los derechos y garantías procesales que tanto ha costado afianzar en nuestros estados democráticos, como el derecho a "un juicio justo y el debido proceso, el acceso a la justicia y el recurso efectivo, la privacidad y la protección de datos, la igualdad ante la ley y la no discriminación, así como valores judiciales como la imparcialidad, la independencia y la rendición de cuentas.[7]

---

7 UNESCO (Colect] GUTIERREZ, J.D. Documento de consulta pública: Directrices de la UNESCO para el uso de sistemas de inteligencia

El reto actual de los investigadores es configurar un marco regulador de la IA que consiga aprovechar sus enormes ventajas, evitando los significativos riesgos que presenta.

Otro hecho a considerar antes de adentrarnos en la exposición de los sistemas de IA aplicables en justicia, es que, en la actualidad, a nivel internacional, se posee ya cierta experiencia práctica en la materia, siendo numerosos los Estados que la han implementado,[8] contabilizándose más de cien herramientas de este tipo[9] que, como veremos, se emplean en numerosas y muy variadas tareas, que conviene categorizar para un adecuado tratamiento.

---

artificial en juzgados y tribunales. UNESCO. 2024. p. 8. Disponible en https://unesdoc.unesco.org/ark:/48223/pf0000390781_spa

8 LORENZO PÉREZ, C. "Inteligencia Artificial en la Administración De Justicia: Regulación Española y marco Europeo e Internacional. Proyectos Desarrollados por el Ministerio de Justicia de España". En Centro de Estudios Jurídicos. [en línea] Disponible en https://www.cej-mjusticia.es/sede/publicaciones/ver/13637 Refiere algunas experiencias internacionales como las del proceso monitorio automatizado de Alemania; la herramienta de predicción para la elaboración de dictámenes judiciales Prometea en Argentina; el caso de Estonia; el sistema automático de divorcios en Reino Unido; o el más extremo, en China, en la que se han implementado numerosos sistemas de inteligencia artificial para la decisión judicial, destacando la elaboración de escritos de acusación automáticos. Otras experiencias son el sistema VICTOR en el TS de Brasil, dedicado a facilitar el procesamiento de recursos que cumplan con el requisito de la "repercusión general", o el sistema SUVAS del TS de la India, empleado para la traducción. Vid. UNESCO (Colect) et al. Kit de herramientas global sobre IA y el estado de derecho para el poder judicial. UNESCO, Francia. 2023. Disponible en https://unesdoc.unesco.org/ark:/48223/pf0000387331_spa

9 CEPEJ (Comisión Europea para la Eficiencia de la Justicia). Centro de recursos sobre ciberjusticia e inteligencia artificial. [En línea] Disponible en https://www.coe.int/en/web/cepej/resource-centre-on-cyberjustice-and-ai

En tercer lugar, debemos partir de la escasez del marco regulatorio internacional en la materia, pese a la experiencia práctica ya desarrollada y la evidente necesidad de regular un fenómeno como la IA en la justicia. Hasta la aprobación del RIA, que constituye la más completa iniciativa político–normativa sobre la IA en la justicia,[10] las regulaciones específicas tenían su referencia[11] en las iniciativas de la UNESCO, integradas por las Directrices de la UNESCO para el uso de sistemas de inteligencia artificial en juzgados y tribunales[12], (que en este momento, se encuentran en periodo de Consulta pública) por el Kit de herramientas global sobre IA y el estado de derecho para el poder judicial[13] y por la Red Mundial de Expertos de la Unesco sobre IA y Estado de Derecho[14], que brinda asistencia

---

10 CONDES FUENTES, J. "Inteligencia artificial y proceso judicial: eficiencia basada en decisiones judiciales automatizadas" en ALISTE SANTOS, T.J. (Coord) El paradigma de la Justicia 2030: estudios y reflexiones. 1ª edición. Atelier Libros Jurídicos. 2023. p. 151.

11 Destaca la novedosa adaptación de las Directrices de la Unesco realizada en Colombia. La Corte Constitucional colombiana estimó que el uso no regulado de la IA generativa por parte de los jueces podría violar el derecho a un juicio justo. Dicha resolución impulsó la siguente norma: COLOMBIA. *Directrices de Colombia para el Uso Responsable y Seguro de la IA Generativa en el Poder Judicial.* Acuerdo PCSJA24-12243 de 2024, Por el cual se adoptan lineamientos para el uso y aprovechamiento respetuoso, responsable, seguro y ético de la inteligencia artificial en la Rama Judicial. 16/12/2024. Año XXXI–Vol.XXXI–Ordinaria No.64 https://actosadministrativos.ramajudicial.gov.co/web/Acto%20Administrativo/Default.aspx?ID=19280

12 UNESCO (Colect] GUTIERREZ, J.D. Documento de consulta pública: Directrices de la UNESCO… op cit.

13 UNESCO (Colect) et al. Kit de herramientas global sobre IA y el estado de derecho para el poder judicial. UNESCO, Francia. 2023. Disponible en https://unesdoc.unesco.org/ark:/48223/pf0000387331_spa

14 UNESCO. UNESCO.ORG. [en línea] Disponible en https://www.unesco.org/en/artificial-intelligence/rule-law/network-experts?hub=32618 [Consultado el 19/10/2024]

técnica y capacitación a los poderes judiciales de todo el mundo. Las Directrices de la UNESCO pretenden orientar sobre las medidas que el sector judicial podría adoptar para mejorar sus capacidades, proponiendo principios y recomendaciones para desplegar y utilizar la IA en la justicia que respeten los derechos humanos.

A nivel europeo, la Comisión Europea para la eficiencia en la Justicia (CEPEJ) publicó la Carta ética europea sobre el uso de la IA en los sistemas judiciales y su entorno, que contiene cinco principios básicos que deben garantizarse en el proceso, en el desarrollo y en el uso de las herramientas de IA.[15]

---

15 Carta ética europea sobre el uso de la inteligencia artificial en los sistemas judiciales y su entorno, adoptada por la Comisión Europea para la eficiencia de la Justicia CEPEJ (2018) 14. Estrasburgo, 3 de diciembre de 2018. En la Carta se analiza el papel de la IA en la Justicia, concluyendo que es una herramienta que puede contribuir a mejorar la eficiencia y la calidad del servicio, siempre que su implementación se efectúe de forma responsable, con pleno respecto a los derechos fundamentales, refiriéndose expresamente al Convenio Europeo sobre los derechos humanos. Los principios recogidos en la Carta son: Principio de respeto por los Derechos Fundamentales: garantizar que el diseño y la implementación de herramientas y servicios de inteligencia artificial sean compatibles con los derechos fundamentales. Principio de no Discriminación: prevenir específicamente el desarrollo o intensificación de cualquier discriminación entre individuos o grupos de individuos. Principio de calidad y seguridad: con respecto al procesamiento de decisiones y datos judiciales, utilice fuentes certificadas y datos intangibles con modelos elaborados de manera multidisciplinaria, en un entorno tecnológico seguro. Principio de transparencia, imparcialidad y Justicia: hacer que los métodos de procesamiento de datos sean accesibles y comprensibles, autorizar auditorías. Principio “Bajo control del usuario”: excluir un enfoque prescriptivo y garantizar que los usuarios sean actores informados y que controlen las elecciones realizadas.

Ambas iniciativas, la de la UNESCO y la Comisión europea, disponen formulaciones de carácter general, insuficientes para la regulación adecuada del fenómeno. Dada la escasez del marco normativo internacional y la reciente aprobación de una norma como el RIA, que ofrece una regulación integral de la IA, centraremos nuestra atención en sus preceptos que, junto con el RD 6/2023, constituyen el marco normativo aplicable a la IA en la Justicia en España.

2.1. Clasificación de los sistemas de IA en la justicia según su ámbito de aplicación

La pléyade de sistemas de IA que se emplean en la A.J. serán sistematizados en nuestra exposición mediante su clasificación en base a dos parámetros: por un lado, en función del ámbito judicial en el que se va a aplicar la nueva tecnología, lo que nos permite conocer la finalidad de la herramienta y su uso en el proceso; y por otro, según el grado de riesgo que entraña para los derechos fundamentales, empleando la categorización de los riesgos de la IA que efectúa el RIA.

Con esta doble perspectiva, se pretende ofrecer una imagen más completa de las ventajas y riesgos que la nueva tecnología conlleva, permitiendo una comprensión integral del fenómeno al que nos enfrentamos.

Los usos que los sistemas de IA pueden tener en la justicia se clasifican por su ámbito de aplicación en: ámbito de la tramitación procesal, ámbito de la investigación penal y ámbito de la decisión judicial, siguiendo la clasificación del Magistrado del Tribunal Supremo D. Antonio del Moral[16], que me ha precedido en el Curso, al que nos permitimos añadir un ámbito

---

[16] MINISTERIO DE LA PRESIDENCIA, JUSTICIA Y RELACIONES CON LAS CORTES. 2022. Robotización e Inteligencia Artificial en

previo o alternativo al judicial, el del ámbito de la resolución de conflictos en vía no jurisdiccional.

2.1.1. Sistemas de IA en el ámbito de la resolución de controversias en vía no jurisdiccional.

En esta categoría incluimos aquellos sistemas de IA cuya finalidad es procurar la solución de la controversia habida entre las partes sin acudir a la vía judicial. Entre estos sistemas distinguimos dos modalidades, los sistemas de IA aplicados a la resolución de disputas en línea (ODR) y los sistemas de IA aplicados a los medios adecuados de resolución de conflictos (MACS).

La doctrina precisa que ambas figuras, ODR y MACS, son diferentes, no siendo los ODR una mera "adaptación en línea de los MASC, no se realizan de la misma forma ni siguiendo los mismos principios," [17] pero lo cierto es que cada vez ambas instituciones se encuentran más próximas,[18] siendo habitual la

---

la justicia, en Youtube [Vídeo en línea] 16/03/2022, [Consultado el 19/9/2024] Disponible en https://youtu.be/0S8kfKm8GZI

17 CALDERON MARECO, E. et al. "Online Dispute Resolution (ODR): Estándares éticos en el ciberespacio". Revista Electrónica de Estudios Internacionales, N. 46. Diciembre 2023. pp. 527-545, p.531. DOI: 10.36151/reei.46.18

18 Los ODR se caracterizan por su agilidad, bajo costo y por permitir las interacciones asíncronas y automatizadas de las partes, que no son, hasta ahora, factores indispensables en los MASC, pero que, con la irrupción de las nuevas tecnologías, especialmente la IA y la popularización de los MASC, están comenzando a ser parte frecuente de dichos medios de solución de controversias. De hecho, la Ley Orgánica 1/2025, de 2 de enero, de medidas en materia de eficiencia del Servicio Público de Justicia, prevé en su art. 8, que algunas o todas las actuaciones de negociación se lleven a cabo por medios

práctica de la negociación, el arbitraje o la mediación integrados junto con sistemas ODR e impulsados por IA.[19]

Los ODR nacieron en los años noventa del siglo pasado para tratar de solventar los problemas generados en las operaciones comerciales transnacionales, aprovechando la eficiencia que brindan los mecanismos de resolución de conflictos y las ventajas de las nuevas tecnología.[20] Con la generalización de internet y del comercio electrónico, muchas empresas dedicadas a dicho sector implementaron servicios ODR, con la intención de ofrecer soluciones y confianza al consumidor.

El éxito de estos medios de resolución de disputas en línea animaron a los organismos públicos de muchos países a fomentar esta tecnología para resolver causas de escasa entidad, posibilitando que recibieran la respuesta que no les era brindada en los sistemas tradicionales de justicia, a los que no tenían

---

telemáticos, siendo este el medio preferente en las reclamaciones de cantidad inferiores a 600 euros.

19 GONZALO QUIROGA, M. "La inteligencia artificial en el arbitraje internacional 2.0. Oportunidades y desafíos en un futuro que ya es presente". Cuadernos de Derecho Transnacional, vol. 15, n. 2, 2023, pp. 516-550, p. 548.: https://doi.org/10.20318/cdt.2023.8067: "la IA ayuda considerablemente a desarrollar plataformas en línea para la resolución de disputas. Refuerza, en definitiva, a los ODR. Estas plataformas brindan opciones de mediación, conciliación o arbitraje online y utilizan algoritmos inteligentes para guiar a las partes a través de un proceso estructurado que facilitaría para muchos, incluso, el acceso a la Justicia".

20 GONZÁLEZ FERNÁNDEZ, A. "La irrupción de la inteligencia artificial en la resolución alternativa de conflictos", en CALAZA LÓPEZ, S. LLORENTE SÁNCHEZ-ARJONA, M (Dirs): Inteligencia Artificial legal y Administración de Justicia. 1ª Ed, Thomson Reuters Aranzadi. Navarra. 2022. p. 543.

acceso,[21] siendo numerosos los ejemplos al respecto,[22] cuyo objeto suele ser pequeñas reclamaciones de cantidad, procesos de consumidores, comercio electrónico e incluso divorcios sencillos. Estos sistemas han corrido desigual suerte, con notable éxito de los sistemas privados, especialmente los implementados por las plataformas de venta on line, y con importantes descalabros de algunos de los impulsados por las instituciones nacionales, como el relevante fracaso del sistema de ODR de la UE, que ha sido recientemente cancelado por la bajísima utilidad que presentaba.[23]

---

21 NIEVA-FENOLL, J. "Inteligencia artificial y proceso judicial: perspectivas ante un alto tecnológico en el camino", en CALAZA LÓPEZ, S. LLORENTE SÁNCHEZ-ARJONA, M (Dirs): Inteligencia Artificial legal y Administración de Justicia. 1ª Ed, Thomson Reuters Aranzadi. Navarra. 2022. p. 434.

22 MARCAZZOLO AWAD, X."Empleo de sistemas algorítmicos de evaluación de riesgos en materia penal. Estándares mínimos para un uso acorde a las exigencias del debido proceso", en ROCHA ESPÍNOLA, M.A; SANSÓ-RUBERT PASCUAL, D; RODRÍGUEZ DOS SANTOS, N (Coord.) Inteligencia artificial y derecho. 1ª Ed, Dykinson. Madrid, 2023. p.77. Cita los ejemplos de Canadá, donde se ha implementado el British Columbia Civil Resolution Tribunal para la resolución de disputas en línea; el On line Solutions Court, del Reino Unido, que tiene por objeto reclamaciones de cantidad. CALDERÓN MARENCO, E., RODRÍGUEZ PALACIOS, T. Y SAL, G. "ODR para una justicia digital". Integración +Divulgación de Trabajos científicos, vol. 1, N. 1, 2021, pp. 9-11. http://revistadigital.ucu.edu.ar/index.php/secytucu/article/view/18. En la obra se cita al sistema pionero, Cybersettle, que presta servicios para la Asociación Americana de Arbitraje; o el caso del Online Schichter, en Alemania, que desde 2009, ofrece mediación en línea; de Israel, que posee un sistema ODR para las reclamaciones por daños a propiedades en la industria de seguros; Estados Unidos con un sistema ODR cuyo fin es abordar las disputas surgidas de la Ley de Libertad de Información.

23 La Plataforma de resolución de litigios en línea, creada por la UE, por Reglamento (UE) nº 524/2013, quedará suprimida por a partir

La IA está reforzando las plataformas de ODR, siendo numerosas las que han integrado chatbots y asistentes virtuales impulsados por esta tecnología, para dar asistencia a los usuarios en todo el proceso, respondiendo a las preguntas frecuentes, guiándoles durante los iter del procedimiento y mejorando la comunicación entre las partes. Algunos ejemplos de sistemas ODR que han incorporado la IA, son el sistema Modria,[24] plataforma adquirida por E-Bay, cuyo objeto es la resolución de las disputas en línea en el ámbito del comercio electrónico, en el que la implementación de la IA ha posibilitado la negociación automatizada, el análisis de datos para predecir los resultados y la asistencia en la toma de decisiones.

Entre los más punteros se encuentra el sistema Smartsettle,[25] que utiliza la IA para facilitar la negociación en línea, posibilitando que las partes exploren posibles acuerdos de forma interactiva, teniendo entre sus funciones el análisis de preferencias, la simulación de escenarios y el planteamiento de una comunicación estructurada, con lo que contribuye a que las partes encuentren soluciones mutuamente aceptables.

---

del 20 de julio de 2025, al no llegar a 200 el número de asuntos que tramitaba al año, tras la adopción del Reglamento (UE) 2024/3228 del Parlamento Europeo y del Consejo, de 19 de diciembre de 2024, por el que se deroga el Reglamento (UE) n.º 524/2013 y se modifican los Reglamentos (UE) 2017/2394 y (UE) 2018/1724 en lo que respecta a la interrupción de la Plataforma Europea de Resolución de Litigios en Línea (Texto pertinente a efectos del EEE) *DO L, 2024/3228, 30.12.2024, ELI:* http://data.europa.eu/eli/reg/2024/3228/oj

24 TYLER TECHNOLOGIES. cedr.modria.com [en línea] Disponible en https://cedr.modria.com/ [Consultado 20/11/2024]

25 SMARTSETTLE. Smartsettle.com[en línea] Disponible en https://www.smartsettle.com/ [Consultado 20/11/2024]

Por su parte, la implementación de la IA en los MASC tiene por finalidad mejorar sus procedimientos, así como la eficiencia y la calidad en la toma de las decisiones.

En el ámbito del arbitraje se ha acuñado el término Arbitraje 2.0,[26] para designar al arbitraje que incorpora la IA. Las funciones que aquí ofrece la IA tienen que ver con la selección de los árbitros, la recopilación y el análisis de documentos, la predicción de resultados y propuesta de estrategias, la preparación y presentación de las pruebas y la generación automática de informes e incluso ayudas para la redacción del laudo.

En los procesos de negociación, la IA se usa principalmente para la simulación de escenarios de negociación, el análisis de preferencias y la generación de propuestas de acuerdo.

En la mediación, la IA se emplea en el análisis de datos y patrones de las disputas, para ayudar a los mediadores a identificar posibles soluciones y puntos en común de las partes, así como para generar opciones de acuerdo.

Algunos MASC que han incorporado sistema de IA en sus procesos son el Arbitrator Intelligence[27] o el Dispute Resolution Data.[28] Entre los más usados se encuentra el sistemas Kleros,[29] que emplea la tecnología blockchain y los principios de la teoría de juegos. Su objeto es la resolución de disputas que van desde transacciones de comercio electrónico hasta

---

26 GONZALO QUIROGA, M. "La inteligencia artificial…op. cit. p.522.

27 ARBITRATOR INTELLIGENCE. arbitratorintelligence.vercel.app. [en línea] Disponible enhttps://arbitratorintelligence.vercel.app/ [Consultado 20/11/2024]

28 DISPUTERESOLUTIONDATA. disputeresolutiondata.com[en línea] Disponible en https://www.disputeresolutiondata.com/ [Consultado 20/11/2024]

29 KLEROS. Kleros.io. [en línea] Disponible en https://kleros.io/es/ [Consultado 20/11/2024]

cuestiones de propiedad intelectual. Actualmente, utiliza un sistema de "jurados" seleccionados al azar para resolver disputas, lo que busca garantizar la imparcialidad y la transparencia, siendo su previsión incorporar herramientas de IA más avanzadas para el análisis de pruebas y la predicción de resultados.

Normativamente, la reciente Ley Orgánica 1/2025 prevé en su art. 8, que algunas o todas las actuaciones de negociación se lleven a cabo por medios telemáticos, siendo este el medio preferente en las reclamaciones de cantidad inferiores a 600 euros, lo que ha sido interpretado como la base para la incorporación de la IA en los MASC.[30]

2.1.2. Sistemas de IA en el ámbito de la tramitación procesal

En este grupo incluimos todos aquellos sistemas de IA cuya finalidad es ser herramientas para el impulso del procedimiento judicial, siendo su objeto la automatización de tareas y del propio procedimiento, en aras a optimizar el desarrollo del proceso.

Este es el ámbito de uso de la IA en la justicia que goza de una mayor aceptación,[31] puesto que no se emplea en tareas

---

30 MIRA ROS, M.C. en la ponencia realizada en la sesión: REAL ACADEMIA DE JURISPRUDENCIA Y LEGISLACIÓN DE ESPAÑA. SECCIÓN DE DERECHO Y TECNOLOGÍAS DE LA INFORMACIÓN Y LA COMUNICACIÓN. 2025. El uso de la Inteligencia Artificial en la Administración y en la Justicia. en Youtube [Vídeo en línea] 21/01/2025, [Consultado el 21/1/2025] Disponible en https://www.youtube.com/watch?v=oLCmq_WKPJk

31 ARIZA COLMENAREJO, M.J. "Impugnación de las decisiones judiciales dictadas con auxilio de inteligencia artificial" en CALAZA LÓPEZ, S. LLORENTE SÁNCHEZ-ARJONA, M (Dirs): Inteligencia Artificial legal y Administración de Justicia. 1ª Ed, Thomson Reuters Aranzadi. Navarra. 2022. p. 30.

valorativas o que requieran interpretación jurídica, sino en acciones puramente auxiliares, en las que, sin necesidad de intervención humana, el procedimiento es impulsado por la IA, consiguiendo que el personal de la A.J. pueda dedicar su tiempo de trabajo a tareas más productivas, para las que si se requieren las capacidades propiamente humanas.

Además, este es el ámbito donde puede darse un mayor incremento de la eficiencia, puesto que son las tareas rutinarias y puramente formales las que mayoritariamente ocupan el trabajo del grueso de los funcionarios y dilatan el procedimiento, provocando la indeseable lentitud de la justicia. Como efecto añadido a la reducción de los tiempos de resolución de los litigios, con la consiguiente satisfacción ciudadana por el acceso a la tutela judicial sin dilaciones, se consigue cerrar el círculo virtuoso mediante la reducción de la litigiosidad, "al hacer desaparecer los conflictos derivados de la mora dolosa de los muchos deudores que se aprovechan de las carencias y lentitud del sistema judicial para ganar tiempo."[32]

En este ámbito, la IA puede emplearse para la automatización de tareas auxiliares del procedimiento, que son repetitivas y que por su propia naturaleza son automatizables, siendo esta la función que mejor desarrolla la IA, la de buscar patrones y organizarlos con base a los criterios deseados. Por ejemplo, el numerado o paginado de los expedientes, la anonimización de documentos, el análisis de documentación, la textualización de grabaciones, los buscadores inteligentes, la clasificación de escritos, o la tediosa e ingrata notificación a testigos, peritos, partes y demás intervinientes en el proceso, que tanto tiempo ocupa a los funcionarios.

Otra función procesal que puede lograrse con la IA es el impulso del procedimiento mediante la automatización de

---

[32] NIEVA-FENOLL, J. "Inteligencia artificial y…op. cit. p. 420.

resoluciones procesales, a través del dictado automático de resoluciones que carezcan de fundamentación jurídica, tales como las de traslado de documentos a las partes, dación en cuenta de acontecimientos al Juez o al Ministerio Fiscal, etc. Aquí, la IA, tan pronto como detecte que se ha producido el hecho procesal que precede al dictado de la resolución en cuestión, sería capaz, sin intervención humana, de verificar el trámite procesalmente procedente y de dictar la resolución oportuna.

Igualmente, dentro de este ámbito se encuadrarían aquellos sistemas de IA que tienen como finalidad verificar el cumplimiento de los requisitos procesales de determinadas actuaciones judiciales y dictar automáticamente la resolución correspondiente. Por ejemplo, un sistema de IA que se encargue de la verificación del cumplimiento de los requisitos procesales de una demanda, analizando la misma para determinar si son correctas la jurisdicción, competencia, legitimación, representación, cuantía y demás exigencias procesales alegadas por la parte; dictando la resolución que proceda al respecto, o al menos, un borrador de la misma, que pueda ser revisado posteriormente por el operador jurídico humano.

El uso más sofisticado de la IA en este ámbito sería el de la automatización íntegra del procedimiento, que si bien en la experiencia internacional se limita por el momento a procedimientos caracterizados por la sencillez de su tramitación, es bastante probable que en un futuro inmediato pueda extenderse a la tramitación procesal completa de todos los tipos de procedimientos. Cuestión distinta es la resolución de dicho procedimiento judicial que entraría ya en el ámbito de la decisión judicial, que se referirá posteriormente.

La automatización de procedimientos de reclamación de cantidad fundados en soporte probatorio documental, como los procedimientos monitorios, o las ejecuciones de títulos judiciales o no judiciales, así como procedimientos de divorcio sencillos, se prestan a su automatización integral.

Son ejemplos característicos de la automatización del procedimiento los que recoge Gómez Colomer,[33] como los casos de Estonia, país pionero en la introducción de la IA en la justicia, en el que desde el año 2.000, se emplea un sistema automático de resolución de reclamaciones de cantidad de hasta 7.000 euros; o el de China, donde operan los denominados "Tribunales de internet", que tramitan en un procedimiento de extrema agilidad cuestiones relacionadas con el comercio electrónico, pagos virtuales y conflictos de propiedad intelectual. En ambos casos, la IA tramita el proceso y propone una resolución al juez, que este ratifica o no.

Como veremos, el R.D. 6/2023 ha introducido en nuestro ordenamiento la posibilidad de emplear la IA para la automatización de actuaciones de trámite o resolutorias simples y para la generación de notificaciones automáticas, estando en fase de incorporación a nuestra A.J. algunos sistemas de IA que cumplen con las finalidades expuestas. Por su parte, el RIA también regula la IA que se emplea en este ámbito de la tramitación procesal, al que se refiere calificándolo de "actividades administrativas meramente accesorias que no afectan a la administración de justicia propiamente dicha"[34].

---

33 GÓMEZ COLOMER J.L. "Derechos fundamentales, proceso e Inteligencia Artificial: una reflexión", en CALAZA LÓPEZ, S. LLORENTE SÁNCHEZ-ARJONA, M (Dirs): Inteligencia Artificial legal y Administración de Justicia. 1ª Ed, Thomson Reuters Aranzadi. Navarra. 2022. p. 262.

34 Considerando 61 RIA.

2.1.3. Sistemas de IA en el ámbito de la investigación penal

Este es el ámbito en el que más sistemas de IA se han implementado, ofreciendo los resultados más espectaculares en cuanto a su capacidad resolutiva, pero jurídicamente más controvertidos por su alta afectación a los principios y garantías básicas del procedimiento y a los derechos fundamentales,[35] especialmente, a la intimidad personal, la propia imagen, la protección de datos, pero también a la libertad y la no discriminación.

Los sistemas de IA incluidos en este ámbito tienen por finalidad auxiliar a las autoridades policiales o judiciales en el ámbito penal, estando dedicados a una pluralidad de tareas, principalmente, centradas en la prevención e investigación de delitos y en el tratamiento penal de las personas condenadas. Así, los usos de la IA en materia penal suelen ser clasificados por la doctrina en dos grandes tipos, la Inteligencia Artificial Policial (IAP) cuyo fin es la prevención e investigación del delito y la Inteligencia Artificial Judicial (IAJ) que se circunscribe al proceso de determinación judicial de responsabilidades derivado de la comisión delictiva.[36] Dada la amplia variedad de sistemas de IA que se emplean en este ámbito mencionaremos solo algunos de los más relevantes en cada tipo.

En la prevención policial del delito encontramos herramientas de IA que se nutren de una cantidad ingente de información procedente de archivos policiales (estadísticas delictivas, grabaciones de cámaras policiales, fotografías, mensajes de internet...) que procesadas por complejos algoritmos son capaces de predecir objetivos de interés policial, ofreciendo in-

---

35 NIEVA-FENOLL, J. "Inteligencia artificial y...op. cit. p. 429.

36 MIRÓ LLINARES, F. "Inteligencia artificial y justicia penal: más allá de resultados lesivos causados por robots". Revista de Derecho Penal y Criminología, 3. Época, n. 20. 2018. p. 97.

formación valiosa sobre los lugares (georeferenciación) en los que resulta probable que se cometa un delito, la hora de comisión o el perfil del sujeto que puede ser el autor, permitiendo destinar agentes a la vigilancia de la zona o hacer seguimientos de determinados individuos.

Sistemas de predicción policial impulsados por IA han sido desarrollados en multitud de Estados, destacando el pionero Predpol, desarrollado en Estados Unidos y adquirido después por policías europeas, como el Reino Unido, el software Analyst's Notebook, de Francia o el programa europeo Valcri.[37] En España, pese a que no era una herramienta de IA, suele citarse como ejemplo de IAP el sistema Veripol,[38] cuya finalidad era la de determinar la probabilidad de que una denuncia fuese falsa, y que ha sido recientemente suprimido.[39]

En este ámbito de la prevención del delito encontramos también un uso de la IA destinado a la protección de las vícti-

---

37 CINELLI, V. MANRIQUE GAN, A. "El uso de programas de análisis predictivo en la inteligencia policial: una comparativa europea". Revista de Estudios en Seguridad Internacional, Vol. 5, N. 2. 2019., pp 1-19. p.2. DOI: http://dx.doi.org/10.18847/1.10.1 . Cita casos en Europa como Alemania, Austria, Bélgica, Dinamarca, España, Francia, Italia, Países Bajos, Reino Unido y Suecia.

38 OFICINA DE TRANSFERENCIA DE RESULTADOS DE INVESTIGACIÓN (OTRI). UNIVERSIDAD COMPLUTENSE DE MADRID, "Veripol, inteligencia artificial a la caza de denuncias falsas", https://www.ucm.es/otri/veripol-inteligencia-artificiala-la-caza-de-denuncias-falsas.

39 GARCÍA,T; TORRECILLAS, C y MAQUEDA, A. "La Policía Nacional deja de usar Veripol, su IA estrella para detectar denuncias falsas" En El País [en línea] Disponible en https://elpais.com/tecnologia/2025-03-19/la-policia-nacional-deja-de-usar-veripol-su-ia-estrella-para-detectar-denuncias-falsas.html#?prm=copy_link [Consultado 19/3/2025]

mas, especialmente, de las víctimas de violencia de género.[40] Los casos de violencia machista frecuentemente presentan conductas repetitivas, ocupándose la IA de trazar patrones de conducta que ayuden a las autoridades policiales o judiciales a proteger a la víctima, alertándole del riesgo o imponiendo medidas cautelares al agresor.

Por otro lado, la investigación del delito por las autoridades policiales y judiciales es otro de los campos en los que sobresale la capacidad de la IA,[41] habiéndose implementado multitud de sistemas cuyos objetos van desde la identificación del presunto autor por medios biométricos, el reconocimiento facial o el análisis de voz, al reconocimiento de emociones y la categorización de las personas.

Por citar algunos casos llamativos de su funcionamiento y utilidad, siguiendo la exposición de Cuatrecasas Monforte,[42] nos referiremos a la identificación de sujetos por datos biométricos impulsado por IA, en los que se efectúa una "comparación de imágenes dubitadas, que son introducidas por las autoridades, e indubitadas, que se hallan en vastas bases de datos policiales o judiciales, y en caso de existir coincidencia o "match" entre ellas, hacen saltar una alerta que arroja resultados positivos y muy útiles".

---

40 Vid. MAGRO SERVET, V. "La inteligencia artificial para mejorar la lucha contra la violencia de género" en CALAZA LÓPEZ, S. LLORENTE SÁNCHEZ-ARJONA, M (Dirs): Inteligencia Artificial legal y Administración de Justicia. 1ª Ed, Thomson Reuters Aranzadi. Navarra. 2022. pp. 397-415.

41 Vid. CUATRECASAS MONFORTE, C. La Inteligencia Artificial como herramienta de investigación criminal. 1ª Ed. La Ley. Madrid. 2022.

42 CUATRECASAS MONFORTE, C. "La Inteligencia Artificial y la investigación de delitos". Logos Guardia Civil, Revista Científica Del Centro Universitario De La Guardia Civil, n.º 1, junio de 2023, pp. 61-84, https://revistacugc.es/article/view/5912

Un ejemplo de identificación por datos biométricos y reconocimiento facial sería el sistema de IA incorporado a unas gafas que emplea la policía china, que mediante esta tecnología, y amparado en el escaso respeto por los derechos fundamentales que mantiene el país comunista, permite a los agentes efectuar las identificaciones de sujetos mediante su uso indiscriminado en espacios públicos, como aeropuertos o aviones.[43]

Por su novedad y riesgos para los derechos fundamentales, debemos mencionar los sistemas de reconocimiento de emociones, que tienen por finalidad detectar sentimientos, intenciones o estados de ánimo, que revelen la conducta de los intervinientes en la comisión delictiva, principalmente, el grado de veracidad de su declaración, para lo que combinan el análisis de las micro-expresiones del rostro y de la voz. Es obvio que el derecho a no declarar contra uno mismo y a la presunción de inocencia, entre otros, pueden tambalearse ante esta posibilidad ofrecida por la IA. Una variante de estos sistemas de reconocimiento de emociones, que detecta por la voz el incremento de la violencia, se ha instalado en algunos colegios de Estados Unidos para prevenir ataques, si bien, ha recibido importantes críticas.[44]

En el ámbito judicial, se han implementado numerosos y muy controvertidos sistemas de apoyo a las decisiones judiciales, que tienen como finalidad la predicción de conductas y el

---

43 HERNÁNDEZ GIMÉNEZ, M. "Inteligencia artificial y derecho penal" Actualidad Jurídica Iberoamericana. Nº 10 bis, junio, 2019, ISSN: 2386-4567, pp. 792-843. p. 819

44 GILLUM, J. KAO, J. "Aggression Detectors: The Unproven, Invasive Surveillance Technology Schools Are Using to Monitor Students" en PROPUBLICA [en línea] Disponible en https://features.propublica.org/aggression-detector/the-unproven-invasive-surveillance-technology-schools-are-using-to-monitor-students/ [Consultado el 27/3/2025]

cálculo de riesgos de determinados sujetos involucrados en la comisión delictiva. Entre estos sistemas destacan los dedicados a la determinación del riesgo de reincidencia del reo, los que predicen la posibilidad de ser víctima del delito, los de calificación de la peligrosidad de determinados individuos o situaciones, los que evalúan el riesgo de insolvencia o los que plantean hipótesis sobre los escenarios del crimen. Nos referiremos a algunos de ellos para ilustrar sus posibilidades y riesgos.

Los sistemas de evaluación del riesgo de reincidencia del reo son los que mayor eco han despertado en la doctrina a causa de la experiencia en Estados Unidos, sobre todo a causa del uso del sistema COMPAS, cuya mención aparece en la práctica totalidad de los trabajos académicos dedicados a la IA y la justicia, dado su carácter ejemplificativo de los riesgos para los derechos fundamentales que esta tecnología comporta. Sobre estos riesgos se volverá en el siguiente epígrafe, baste ahora con mencionar su finalidad, que no es otra que la de asistir al juez en la decisión de la concesión de beneficios penitenciarios al reo. En concreto, el sistema realiza una predicción de la posible conducta futura, prediciendo la posibilidad de reiteración delictiva, lo que determina mediante el procesamiento y análisis de una variedad de datos policiales y judiciales, junto con un cuestionario de 137 preguntas. En el ámbito europeo, destaca el sistema HART, otra herramienta de evaluación del riesgo de reincidencia cuyo fin es auxiliar al juez a efectos de decidir sobre su puesta en libertad,[45] que hasta ahora no ha despertado tantas críticas como el afamado COMPAS.

Otro sistema de apoyo a la decisión judicial penal serían los que formulan hipótesis sobre los escenarios del crimen, como el ya citado sistema VALCRI, que además de un uso policial para la investigación del crimen, puede ser utilizado como au-

---

45 MIRÓ LLINARES, F. "Inteligencia artificial…op. cit. p. 110.

xilio de la decisión judicial, al tener por finalidad "detectar patrones sospechosos y reconstrucción de escenas para plantear nuevas líneas de investigación como ayuda para generar ideas sobre la dinámica el tiempo y las razones por las que se cometió un crimen, así como su posible autor".[46]

2.1.4. Sistemas de IA en el ámbito de la decisión judicial

Los sistemas de IA aplicados en el ámbito de la decisión judicial tienen como finalidad auxiliar al juez u otros operadores jurídicos, como los fiscales o letrados de la administración de justicia, en las labores de decisión con contenido jurídico de fondo, esto es, en aquellas que incorporen valoración interpretativa sobre los hechos y aplicación de la ley.

Como auxilio a la toma de decisión judicial el operador jurídico puede valerse de herramientas ya conocidas, como la Jurimetría o las bases de jurisprudencia y legislación, que están integrando en sus sistemas la IA para la mejora de sus resultados, o las ya expuestas circunscritas al ámbito penal, relativas a la evaluación de riesgos o formulación de hipótesis. Esto sistemas dedicados a la predicción de comportamientos futuros de las personas o situaciones se extienden también a otros ámbitos jurisdiccionales, más allá del derecho penal, siendo empleados en tareas como la evaluación del riesgo de morosidad de un individuo en el procedimiento de ejecución o para la adopción de medidas cautelares.

---

46 BONET NAVARRO, J. "Algunas consideraciones acerca del poder configurador de la inteligencia artificial sobre el proceso" en RAMÍREZ CARVAJAL, D.M; VÁSQUEZ SANTAMARÍA, J.E. (Comp.) Debates contemporáneos del proceso en un mundo que se transforma. 1ª Ed. Universidad Católica Luis Amigó. Colombia 2020. p. 109. ISBN (Versión digital): 978-958-8943-60-2

Así mismo, resultan revolucionarias para la ciencia jurídica otras herramientas auxiliares de la decisión judicial como las de valoración de la prueba con IA, cuya misión es objetivar la interpretación de la prueba practicada, alejando la misma de la valoración judicial subjetiva, basada exclusivamente en su intuición o experiencia personal. Nieva – Fenoll explica los tres campos en los que la IA ayudará en materia probatoria: la revisión de los parámetros de valoración de la prueba, dedicado a la valoración de la credibilidad de los testigos y peritos; la elaboración de hipótesis, que formula escenarios posibles sobre cómo pudieron acontecer los hechos; y, eventualmente, la concreción con menos subjetividad de los llamados estándares probatorios, que arroja conclusiones en función de las hipótesis manejadas.[47]

Ahora bien, esas herramientas auxiliares que coadyuvan a la decisión judicial no son en este ámbito las más relevantes, sino que ese puesto lo ocupan aquellos sistemas de IA que asisten al operador jurídico en el dictado de la resolución. Nos referimos a los sistemas de IA generativa que crean la propia resolución que contiene el acto jurídico "de fondo", ya sea una sentencia, auto, providencia, o decretos, así como escritos de acusación, de conclusiones, etc.

Por ejemplo, en China, se ha implementado el conocido como Fiscal – robot, un sistema impulsado por IA que automáticamente redacta escritos de acusación acerca de ocho delitos, sin precisar de intervención humana.[48]

La IA generativa capaz de dictar resoluciones judiciales de fondo ha sido denominada juez-robot y ha ocupado numerosas páginas en nuestra doctrina, entre la que existe práctica unanimidad en considerar que no es conveniente, ni deseable

---

[47] NIEVA-FENOLL, J. "Inteligencia artificial…op. cit. p. 427.

[48] GÓMEZ COLOMER J.L. "Derechos fundamentales…op.cit. p.262.

que un juez – robot sustituya al humano.[49] De hecho, como se tratará después, tanto el RIA como el RD 6/2023, han configurado el uso de la IA generativa como una herramienta de asistencia al juez y no de sustitución del mismo.

Así, en la experiencia internacional, vemos como incluso en los países que han incorporado la automatización total de algunos procedimientos judiciales, como los ya citados de Estonia y China, la decisión de la IA debe ser posteriormente validada (ratificada, modificada o descartada) por un juez humano. Sólo en supuestos de ínfima cuantía y dificultad jurídica, como pequeñas reclamaciones de cantidad o cuestiones de consumo y comercio electrónico, típicos de los ODR, podría emplearse hoy día (en ámbito ajeno al RIA) un juez -robot, si queremos que la figura del juez y de los derechos inherentes a nuestros sistemas de justicia sigan vigentes.

2.2. Clasificación de los riesgos de la IA en la justicia

2.2.1. Riesgos ontológicos de la IA

Antes de comenzar con la clasificación de los riesgos que generan los sistemas de IA en sus distintos ámbitos de uso en la justicia, según la categorización que efectúa el RIA, debemos clarificar las formas en las que la IA puede causar estos riesgos.

En ocasiones, se ha afirmado que, como toda herramienta, la IA puede emplearse "bien o mal", dando a entender que es su mal uso el que puede causar riesgos para las personas, pero esto no es del todo cierto. Los riesgos de la IA no solo derivan

---

49 Por todos, Ibid. "Derechos fundamentales…op.cit. p.261. Asevera que "nadie cree en serio, al menos hoy en día, que desaparezca para siempre el juez humano de la vida judicial".

del uso. Aunque se haga un uso correcto, la IA implica riesgos que son inherentes a su propia naturaleza, riesgos que podríamos llamar ontológicos. Estos son fundamentalmente riesgos derivados de los sesgos, de la opacidad y de la falta de fiabilidad del sistema.[50]

Para explicar brevemente cómo se materializan estos riesgos intrínsecos a la IA, recurriremos a casos reales acaecidos en los Estados Unidos de América, que aparecen recogidos en el Kit de herramientas global sobre IA y el estado de derecho para el poder judicial.[51]

Así, el caso más paradigmático es el del Estado VS Loomis, en el que se usó el ya descrito sistema COMPAS, empleado por el juez para decidir sobre la concesión de beneficios penitenciarios, como la libertad condicional. Pues bien, en este sistema, se ha detectado por Propublica un importante sesgo de raza, al otorgar a los hombres negros una mayor probabilidad de reincidencia, con independencia de sus condiciones personales. Los sesgos propios de los seres humanos se incorporan a los datos y algoritmos usados por la IA, que arroja resultados que contienen dichos sesgos, haciendo que las respuestas de la IA puedan contener sesgos de raza, de sexo, clasistas, etc, en definitiva, resultados injustos. En el caso del Sr Loomis, se denegó la libertad condicional, debiendo cumplir seis años de condena. Su defensa pidió como prueba poder conocer el funcionamiento del sistema de IA para tratar de determinar cómo se había alcanzado tal resultado y tener la opción de confrontar el mismo, pero le fue denegado por el tribunal, al entender que el resultado del sistema no era la única razón de la denegación de la decisión judicial; pero en cualquier caso, la empresa

---

50 Así lo refiere el Considerando 61 del RIA, en relación con los riesgos en la justicia.

51 Casos extraídos de UNESCO (Colect) et al. Kit de herramientas global sobre IA…op cit.

creadora del sistema, Northpointe, se negó a ofrecer la información amparada por el secreto empresarial, con lo cual, la opacidad o falta de transparencia de los sistemas de IA puede socavar gravemente el derecho de defensa o a un juicio con todas las garantías. Es más, la IA se comporta como modelo de caja negra y, en muchas ocasiones, ni sus propios creadores pueden conocer por qué la IA ofrece determinados resultados.

El mismo problema de transparencia del sistema de IA se presentó con el caso de Alvin Davis, a quien no se permitió conocer cómo el sistema de IA STRMIX había alcanzado la conclusión de que su ADN estaba en los cordones con los que se había atado a una víctima de asesinato; crimen por el que el Sr. Davis fue condenado a cadena perpetua, pese a otras circunstancias, como que los sistemas tradicionales de comparación de ADN hubieran determinado la falta de coincidencia o que el acusado se encontrara en silla de ruedas. Con posterioridad a dicha condena, en Queensland, Australia, se analizaron los resultados del programa STRMIX, determinando que contenía importantes fallos de programación, que podría haber arrojado resultados erróneos en 60 casos. La IA no es enteramente fiable y, a veces, contiene errores, conocidos como alucinaciones, que pueden ser muy peligrosos en su aplicación a la justicia.

En definitiva, además de los riesgos de uso, la IA conlleva riesgos que le son inherentes, derivados de los sesgos, la opacidad y la falta de fiabilidad de los sistemas, que pueden lesionar los derechos fundamentales, y especialmente, los relacionados con el proceso.

2.2.2. Clasificación de los sistemas de IA según el riesgo determinado en el RIA

A continuación, se clasificarán los ámbitos de uso de la IA expuestos, de conformidad con el sistema de riesgos determinado en el RIA, al objeto de alcanzar una visión global sobre el fenómeno.

El RIA constituye la piedra angular del novedoso marco legal europeo, que regula el desarrollo, la comercialización y el uso de la IA en la UE, mencionando expresamente a la justicia como uno de los ámbitos en los que la IA puede ofrecer resultados positivos desde el punto de vista social, al mejorar su eficiencia[52].

El régimen tuitivo que establece el RIA se estructura en un sistema de riesgos que clasifica a las herramientas de IA en función de su afectación a los valores de la Unión y a los derechos fundamentales, en los siguientes niveles: inaceptables y por tanto, prohibidos; de riesgo alto; de riesgo limitado y de riesgo mínimo o nulo. El enfoque por riesgos permite adaptar el tipo de las normas y su contenido a la intensidad y el alcance de los riesgos que puedan generar los sistemas de IA en cuestión[53]. En su aplicación a la Justicia, podemos encontrar sistemas de IA clasificados en todos los niveles de riesgo previstos por el RIA.

Así, son riesgos inaceptables y, por tanto, prohibidos[54] los sistemas de IA que constituyen una amenaza a la seguridad, los medios de vida y los derechos de las personas, entre los que podemos encontrar muchos de los sistemas aplicados al ámbito de la investigación penal, tanto los dedicados a la prevención e investigación del delito, como los de apoyo a la decisión judicial.

---

52 Considerando 4 del RIA.

53 PRESNO LINERA, M.A. "La Propuesta de «Ley De Inteligencia Artificial» Europea". Revista de las Cortes Generales. N.º 116, Segundo semestre (2023): pp. 81-133. https://doi.org/10.33426/rcg/2023/116/1775.

54 Art. 5 del RIA.

Por ejemplo, el RIA prohíbe los sistemas de IA que realicen evaluaciones de riesgos de las personas con la finalidad de predecir el riesgo de que delinca, con base únicamente en dicho perfil. Sin embargo, no están prohibidas estas herramientas, sino que se considerarían como de alto riesgo, cuando se dediquen a un mero apoyo de la valoración de la implicación de una persona en un delito, y ello, con el requisito de que existan hechos objetivos y verificables de su participación en el mismo. Esta norma sería de aplicación a sistemas como el COMPAS o HART, que en el ordenamiento europeo estarían prohibidos si constituyen el único criterio de valoración judicial o, en todo caso, si solo suponen un apoyo a la decisión humana, quedarían sometidos a los importantes controles y requisitos establecidos para los sistemas calificados de alto riesgo, que luego se dirán, como los de transparencia, fiabilidad de su sistema y respeto a los derechos fundamentales.

Igualmente, estarían prohibidos los sistemas de identificación biométrica y categorización de las personas en tiempo real y a distancia en espacios de acceso público, tales como el reconocimiento facial en cámaras de videovigilancia, o las célebres gafas usadas por la policía China. Existen algunas excepciones a la prohibición en el ámbito del uso policial, pudiendo permitirse aquellos sistemas en determinadas circunstancias, como la búsqueda de víctimas de ciertos delitos, la prevención de amenazas terroristas inminentes o la localización de sospechosos en investigación penal, y ello, siempre que se autorice por la autoridad competente, previa ponderación de la gravedad de las circunstancias y de la afectación de los derechos de las personas[55].

---

55 Vid. Art. 5.2 RIA, respecto de las exigencias de los sistemas de identificación biométrica: solo podrán desplegarse para determinados fines y únicamente con la finalidad de confirmar la identidad de

En el segundo grupo de riesgos que categoriza el RIA se encuentran los sistemas de IA calificados como de alto riesgo, por su potencial impacto en el Estado de derecho, en las libertades individuales y en el derecho a la tutela judicial efectiva y a un juez imparcial[56]. Son de alto riesgo los sistemas de IA destinados a ser utilizados por una autoridad judicial para ayudar en la investigación e interpretación de hechos, pero también los empleados en la interpretación de la ley, así como los que procuren la garantía del cumplimiento del Derecho y todos aquellos destinados a ser utilizados de forma similar en una resolución alternativa de litigios.[57]

Luego, el RIA no prohíbe el uso de IA en ámbitos tan delicados como la toma de decisiones judiciales o arbitrales, ni siquiera para el resto de supuestos de la investigación de hechos (incluidos los penales, siempre que no se incardinen en supuestos prohibidos) si bien, declara estos usos como de alto riesgo y los somete a los requisitos que se dirán.

Debe destacarse que en el ámbito de la decisión judicial, el RIA ha resuelto la controversia respecto de la figura del juez – robot, prescribiendo que las herramientas de IA pueden apoyar el poder de decisión de los jueces, pero no sustituir sus decisiones, exigiendo que la toma de decisiones finales sea siempre humana[58].

---

la persona que constituya el objetivo específico de la investigación, previa ponderación de las circunstancias concurrentes.

56 Art. 6.2, que remite al Anexo III del RIA.

57 Anexo III, apartado 8, dedicado a la "Administración de justicia y procesos democráticos"

58 Considerando 61del RIA. El precepto sigue la línea marcada por la Resolución del Parlamento Europeo, de 6 de octubre de 2021, sobre la inteligencia artificial en el Derecho penal y su utilización por las autoridades policiales y judiciales en asuntos penales (2020/2016(INI)) C132/17. 24.3.2022: advierte a los Estados miem-

El RIA también incardina como sistemas de alto riesgo a los destinados a ser utilizados por las autoridades garantes del cumplimiento del Derecho,[59] estableciendo severas exigencias a los sistemas de IA destinados a evaluar: el riesgo de que una persona física sea víctima de delitos, la fiabilidad de las pruebas durante un enjuiciamiento o investigación, el riesgo de que personas físicas comentan delitos o reincidan con base no exclusivamente en perfiles personales[60] (si fuera basado solo en el perfil personal, estaría prohibido, como se ha expuesto) o elaborar dichos perfiles durante la detención, la investigación o el enjuiciamiento de delitos, así como los destinados a evaluar rasgos y características de la personalidad o comportamientos delictivos pasados de personas físicas o colectivos. También considera de alto riesgo la utilización de polígrafos o herramientas similares.

---

bros que los sistemas de IA "no pueden ocupar el lugar de un ser humano a la hora de dictar sentencia o tomar decisiones".

59 Anexo III, apartado 6 del RIA respecto de los "Asuntos relacionados con la aplicación de la ley."

60 Se trata de los perfiles personales previstos en la Directiva (UE) 2016/680 del Parlamento Europeo y del Consejo, de 27 de abril de 2016, relativa a la protección de las personas físicas en lo que respecta al tratamiento de datos personales por parte de las autoridades competentes para fines de prevención, investigación, detección o enjuiciamiento de infracciones penales o de ejecución de sanciones penales, y a la libre circulación de dichos datos y por la que se deroga la Decisión Marco 2008/977/JAI del Consejo *DO L 119 de 4.5.2016, p. 89–131:* «elaboración de perfiles»: "toda forma de tratamiento automatizado de datos personales consistente en utilizar datos personales para evaluar determinados aspectos personales de una persona física, en particular para analizar o predecir aspectos relativos al rendimiento profesional, situación económica, salud, preferencias personales, intereses, fiabilidad, comportamiento, ubicación o movimientos de dicha persona física"

Por tanto, la práctica totalidad de los sistemas que pueden emplearse en la predicción e investigación del delito y en la decisión judicial con respecto al mismo, deberán someterse al régimen más severo previsto en el RIA, contenido en sus artículos 6 y siguientes.

Los requisitos estipulados para todos los sistemas de IA clasificados como de alto riesgo son: la obligación de someterse a evaluación antes de su comercialización, pero también a lo largo de su ciclo de vida, la implementación de sistemas de gestión de riesgo (art. 9), el deber de transparencia e información (arts. 13 y 20), la supervisión humana de los resultados (art. 14), el cumplimiento de condiciones de precisión, solidez y ciberseguridad (art. 15), la incorporación de sistemas de gestión de calidad (art. 17) y la obligatoriedad de realizar evaluaciones de impacto relativas al respeto de los derechos fundamentales (art. 27).

Con estos requisitos, cuya explicación sobrepasa las posibilidades del presente trabajo, el RIA pretende lograr un uso seguro de la nueva tecnología.

Por último, el RIA establece que algunos sistemas de IA que se emplean en la justicia no tienen una incidencia directa en los derechos fundamentales, mencionando expresamente a los destinados a actividades meramente accesorias, como la anonimización o seudonimización de resoluciones judiciales, la comunicación entre los miembros del personal y tareas puramente administrativas.[61] Los sistemas de IA empleados en el ámbito de la tramitación procesal o en las fases procedimentales de los MASC y ODR, se clasifican como de riesgo limitado, por lo que se someten únicamente a obligaciones de transparencia, entre las que se encuentran las de informar de que está interactuando con una máquina, permitiendo al

---

61 Considerando 61 del RIA.

usuario tomar decisiones informadas; o incluso, dependiendo del sistema, por su baja afectación a los derechos de las personas, podrían considerarse de riego nulo y no quedar sujetos al régimen normativo del RIA.

3. IA EN LA JUSTICIA ESPAÑOLA

3.1. Marco normativo

En el ámbito nacional, se está implementando el Plan Justicia 2030,[62] entre cuyos objetivos se encuentra la eficiencia del servicio público de Justicia, y dentro de él, se desarrolla el programa de "Eficiencia Digital", figurando entre sus subproyectos el de "Inteligencia Artificial para la eficiencia de la Justicia". El Plan Justicia 2030 cuenta con el apoyo económico del Plan de Recuperación, Transformación y Resiliencia,[63] en el que uno de los cuatro objetivos es la transformación digital, y entre cuyas políticas está la modernización de la Administración y la puesta en marcha de la IA.

El instrumento normativo que ha incorporado la IA a la Justicia es el R.D. 6/2023, cuya finalidad declarada es "la adaptación de la realidad judicial española del siglo XXI al marco tecnológico contemporáneo", y consciente del momento histórico en el que nos encontramos, lo denomina como "la nueva era de internet y de la IA". El R.D. 6/2023 pretende

---

62 MINISTERIO DE LA PRESIDENCIA, JUSTICIA Y RELACIONES CON LAS CORTES. Justicia2030.es [en línea] Disponible en https://www.justicia2030.es/ [Consultado el 18.9.2024.]

63 GOBIERNO DE ESPAÑA. https://planderecuperacion.gob.es/ [en línea] Disponible en https://www.lamoncloa.gob.es/temas/fondos-recuperacion/Documents/160621 Plan_Recuperacion_Transformacion_Resiliencia.pdf [Consultado el 18.9.2024.]

crear un marco legal que, aprovechando las ventajas del "hecho tecnológico", y teniendo como "prioridad absoluta" la tutela judicial efectiva, coadyuve a una mejor satisfacción de los derechos de la ciudadanía, posibilitando la mejora de la eficacia de la A.J.

Como presupuesto imprescindible para la introducción de la IA, el R.D. 6/2023 incorpora al ordenamiento el principio general de orientación al dato, que obliga a las Administraciones con competencias en la Administración de Justicia a recabar y tratar la información en forma de metadatos, con arreglo a unos esquemas y modelos comunes e interoperables, que faciliten los fines que se detallan en el art. 35. Dichos fines, para los que se necesita la recopilación y el tratamiento de los datos, son lograr la interoperabilidad de los sistemas informáticos de las distintas administraciones con competencias en Justicia; posibilitar el análisis a efectos jurisdiccionales y estadísticos; la anonimización y seudonimización; el uso en la gestión de documentos, la trasformación y publicación; y por supuesto, la producción de actuaciones judiciales y procesales automatizadas, proactivas y asistidas, previstas en los arts. 56 a 58, que constituyen el núcleo normativo introductorio de la IA en la Justicia española.

Así, las actuaciones automatizadas son una actuación procesal producida por un sistema de información que, sin necesidad de intervención humana, posibilitará la automatización de las actuaciones de trámite o resolutorias simples, que no requieren interpretación jurídica. Están destinadas a colaborar en tareas repetitivas y automatizables, tales como el numerado o paginado de los expedientes, la remisión de asuntos al archivo cuando se den las condiciones procesales para ello, la generación de copias y certificados, la generación de libros, la comprobación de representaciones y la declaración de firmeza, de acuerdo con la ley procesal.

Como un subtipo de las actuaciones automatizadas, se regulan las actuaciones proactivas, cuya utilidad es aprovechar la información incorporada a un procedimiento con un fin determinado, para generar avisos o efectos directos a otros fines distintos, en el mismo o en otros expedientes. Por ejemplo, realizar las notificaciones o traslados de actuaciones sin necesidad de intervención humana.

Las actuaciones automatizadas y su variante, las proactivas, están previstas para ser aplicadas al ámbito de la tramitación del proceso, no al ámbito de la decisión, y requieren del cumplimiento de determinados requisitos, como que se puedan identificar como tales acciones automáticas, que sean trazables y justificables, así como que sea posible efectuar las mismas acciones en forma no automatizada y que puedan ser deshabilitadas, o dejar sin efecto las actuaciones automatizadas ya producidas.

En el ámbito de la decisión judicial, y por tanto, con la categorización de sistemas de alto riesgo al que obliga el RIA, se enmarcan las actuaciones asistidas, que son aquellas en las que el sistema de información de la A.J genera un borrador total o parcial de un documento complejo que puede constituir el fundamento o apoyo de una resolución judicial o procesal. Se trata de la aplicación de la IA generativa para sugerir borradores de resoluciones judiciales o procesales que sirvan de apoyo a la tarea del juez, fiscal o letrado de la Administración de Justicia. La norma prevé que el borrador generado no constituirá por sí una resolución judicial o procesal, quedando bajo el absoluto control del operador jurídico quien podrá generarlo cuando lo entienda oportuno y lo editará de forma libre, siendo el responsable de la resolución finalmente dictada, que en todo caso, precisará de la validación de la autoridad competente, mediante la autenticación, firma electrónica o requisitos procesales exigibles.

3.2. Herramientas de IA

Para completar la exposición sobre la introducción de la IA en la Justicia española se deben referir también las políticas impulsadas desde el Gobierno, en concreto, la Estrategia de IA 2024[64], y la más específica, del Ministerio de Justicia, la Estrategia de Inteligencia Artificial en la Administración de Justicia: innovación y eficiencia[65], que planifica la incorporación de la IA en funciones de tramitación. En la Estrategia se declara como la función primordial de la IA "reducir al máximo la inversión del trabajo humano en el descubrimiento de la información", liberando a los funcionarios de los trabajos más rutinarios y permitiendo que se dediquen a asuntos estratégicos.

Los proyectos para implementar la IA que se contemplan en la Estrategia para funciones de tramitación se consideran de bajo riesgo, y son:

- La Textualización de grabaciones: una herramienta que permite convertir automáticamente en texto los archivos de vídeo o audio que se generan en los juicios y vistas.
- Sistemas de dictado: es una aplicación para la creación de documentación mediante dictado de voz, dirigido a jueces, fiscales, LAJ y forenses.
- IA asociada a documentos: Son un conjunto de herramientas de IA que facilitan la gestión de documentos y que está al servicio de los funcionarios de Justicia, pero

---

64 MINISTERIO DE ECONOMÍA, COMERCIO Y EMPRESA. Estrategiaia2024. [en línea] Disponible en https://portal.mineco.gob.es/es-es/digitalizacionIA/Documents/Estrategia_IA_2024.pdf [Consultado el 18.9.2024.]

65 MINISTERIO DE LA PRESIDENCIA, JUSTICIA Y RELACIONES CON LAS CORTES. https://www.administraciondejusticia.gob.es [en línea] Disponible en https://www.administraciondejusticia.gob.es/cteaje/normativa-complementaria [Consultado el 18.9.2024.]

que también se pondrá a disposición de los ciudadanos a través de la Carpeta ciudadana. Entre estas herramientas de IA encontramos:

+ Clasificadores de documentos: en función de su procedencia (profesionales; Fuerzas de Seguridad, Hospitales, AAPP y Fiscalía; y judiciales) del tipo de documento (Auto, sentencia...) o por tipo de procedimiento (detecta a partir de una demanda o recurso el procedimiento del que se trata).
+ Anonimizador de documentos, que elimina los datos de identificación personales de forma automática.
+ Documento–Análisis: Análisis de documentos en los que se relacionan determinados datos, como fechas, cuantías o nombres de personas relevantes, para ser tratados.
+ Documento–síntesis: Realiza compendios de documentos mediante la selección de extractos de su contenido, ofreciendo resúmenes de sentencias o autos, así como la transformación del texto a un lenguaje sencillo, sin emplear términos jurídicos.
+ Traducción de documentos entre las distintas lenguas del estado.

- Buscador inteligente Delfos: se trata de un motor de búsqueda que usa la IA que permite el filtrado automático de resultados y ofrece sugerencias a partir del análisis de un corpus documental.
- IA aplicada a LexNET: La versión 5.5 de comunicaciones entre juzgados y profesionales incorporará IA, que realizará la catalogación de documentos y la obtención de los intervinientes en los procesos del documento principal.
- Hiperautomatización de Procedimientos monitorios: conlleva el empleo de la IA y la robotización para

el registro, reparto y tramitación de los procedimientos monitorios. Logra automatizar trámites mediante la identificación de los documentos y la realización de propuestas de trámites procesales.

Por otro lado, el Comité Técnico Estatal de la Administración judicial Electrónica ha aprobado en junio de 2024, la Política de uso de la IA en la Administración de Justicia[66], que fija unos criterios mínimos con la finalidad de asegurar un uso responsable, legal y ético de la IA generativa. Será aplicable a cualquier sistema o servicio que se nutra de datos incorporados a un procedimiento judicial y tiene como destinatarios a todos los trabajadores de la A.J., al personal al servicio de los proveedores de herramientas de IA, y cualquier otro actor, público o privado, que tenga acceso a los datos judiciales.

La Política de uso establece unos principios básicos que resultan coincidentes con los de la Carta ética europea a los que añade seis principios más[67], de los que nos interesa destacar para el fin de este trabajo el Principio de Equidad y Acceso Universal y el Principio de Prevención de Sesgos y Discriminación, imprescindibles en la inclusión.

Se fijan en la Política de uso nueve normas entre las que destaca la necesidad de Revisión humana de todo lo generado, siempre que afecte a los derechos de las personas o a la actividad jurisdiccional. E igualmente, se establece la obligación de

---

66 MINISTERIO DE LA PRESIDENCIA, JUSTICIA Y RELACIONES CON LAS CORTES. www.administraciondejusticia.gob.es [en línea] Disponible en https://www.administraciondejusticia.gob.es/cteaje/normativa-complementaria [Consultado el 18.9.2024.]

67 Principio de Equidad y Acceso Universal; Principio de Prevención de Sesgos y Discriminación; Principio Protección de la Privacidad y Datos Personales; Principio de Innovación Responsable y Evaluación Continua; Principio Formación y Capacitación; Principio de Cogobernanza.

que los resultados obtenidos con IA generativa se identifiquen como creados por tal herramienta, prohibiéndose el uso de las aplicaciones de IA que no hayan sido autorizadas. Se establece un deber especial de vigilancia para la revisión de los resultados y de los sesgos en los que pueden incurrir los sistemas, particularmente los referidos a la discriminación de las personas.

En cuanto a la régimen de responsabilidad en el uso, se atribuye al usuario de la herramienta, mientras que en el desarrollo e implementación del sistema, corresponde a la Administración prestacional. Del control de calidad y auditoria es responsable el CGPJ, si afecta al ejercicio de la función jurisdiccional, y al CTEAJE, si no afecta.

3.3. Herramientas de IA al servicio de la integración

La IA tiene un enorme potencial para mejorar el acceso a la justicia para las personas con dificultades de integración, principalmente para los que sufren algún tipo de discapacidad[68] al proporcionar herramientas que reducen las brechas de acceso y digitales. Pero a su vez, puede generar nuevos riesgos potenciales para las personas en riesgo de exclusión, por los sesgos en los algoritmos y datos con los que son entrenados, que pueden perpetuar situaciones de discriminación[69]. La cuestión de la IA y los derechos de las personas con dificultades de integra-

---

68 REAL PATRONATO SOBRE DISCAPACIDAD. Estudio del impacto de la Inteligencia Artificial en los derechos de las personas con discapacidad. Disponible en https://www.rpdiscapacidad.gob.es/estudios-publicaciones/Inteligencia_Artificial.htm [Consultado el 17.9.2024.]

69 COECKELBERGH, M. La filosofía política de la inteligencia artificial. 2ª Edición. Cátedra, Madrid 2023. p. 54.

ción es amplísimo[70] y no puede ser abordado en un trabajo de estas características, que pretende únicamente glosar las herramientas que se están desarrollando para facilitar la integración, dentro de la Estrategia de IA en el ámbito de la Justicia.

Los proyectos que se están desarrollando para la ayuda a la discapacidad en el ámbito de la Justicia española mayoritariamente no incorporan aún IA (con la excepción del ya mencionado para la simplificación de documentos) centrándose en herramientas digitales que mejoran la accesibilidad a los portales web y sedes electrónicas del Ministerio. Así, se ha creado un subapartado de discapacidad en el portal del Ministerio de Justicia denominado Justicia Accesible para Personas con Discapacidad[71], en el que se incluyen herramientas que facilitan el acceso de los usuarios.[72]

Por su novedad y alcance, debe destacarse un proyecto que si implica realmente el empleo de sistemas de IA, que es el que el Ministerio de Justicia está elaborando en colaboración con los Institutos de Medicina Legal, dedicado a las personas con discapacidad, que en el marco de las actuaciones relacionadas

---

70 Vid. DE LUCCHI LÓPEZ-TAPIA, Y. Justicia digital y discapacidad: aprovechando la oportunidad. Revista Española de Discapacidad, 11(1), 2023. pp. 51-72.

71 MINISTERIO DE LA PRESIDENCIA, JUSTICIA Y RELACIONES CON LAS CORTES. www.administraciondejusticia.gob.es [en línea] Disponible en https://www.mjusticia.gob.es/es/ciudadania/justicia-accesible-personas-discapacidad [Consultado el 19.9.2024.]

72 Documentos de lectura fácil sobre diferentes trámites judiciales, videos explicativos, plantillas para la elaboración de resoluciones en lenguaje sencillo, u opciones de navegación diseñadas para personas con discapacidad, que permiten variar el contraste de la web, cambiar el tamaño de la letra, resalar el texto o la lectura en voz alta o las opciones de navegación por techado, por comandos de voz o por sonidos.

en la Ley 8/2021,[73] pretende dotar de mayor agilidad a los procesos de revisión de medidas de tutela en los casos en los que la situación clínica del discapacitado no es susceptible de mejora. La IA se aplica a los canales de entrada de las solicitudes de revisión, automatizando la solicitud de informe al Médico forense y su remisión al órgano judicial, clasificando los casos no susceptibles de mejora y realizando los trámites de forma automatizada, hasta el propio borrador de la resolución judicial, que será puesto a disposición del juez.

En definitiva, aún no se ha conseguido aprovechar satisfactoriamente las oportunidades que ofrece la IA para la integración, puesto que solo se han implantado en nuestra A.J. algunas herramientas digitales, no propiamente de IA, que contrastan con la ambiciosa legislación sobre discapacidad.[74]

4. CONCLUSIONES

En la clasificación efectuada de los sistemas de IA que pueden emplearse en la justicia se ha ofrecido una visión conjunta de las oportunidades para la mejora de su eficiencia y de los riesgos que la nueva tecnología comporta, subsumiéndolos en el marco normativo aplicable.

---

73 Ley 8/2021 , de 2 de junio, por la que se reforma la legislación civil y procesal para el apoyo a las personas con discapacidad en el ejercicio de su capacidad jurídica. «BOE» núm. 132, de 03/06/2021.

74 Vid. DOMÍNGUEZ BARRAGÁN, M.L. "El binomio Justicia Digital – Discapacidad: Algunos apuntes sobre el efectivo reconocimiento de la discapacidad como un elemento articulador de la digitalización de la Justicia" en CALAZA LÓPEZ, S. y VVAA. (Dir.) Justicia y discapacidad en un entorno virtual. 1ª Edición. Dykinson. Madrid. 2023. p. 18.

Del análisis efectuado, destaca en primer término la dicotomía entre eficiencia y garantías,[75] pero ha de convenirse que no estamos ante una cuestión nueva para el Derecho, al contrario, la ponderación entre bienes jurídicos distintos y, en concreto, entre eficiencia y derechos procesales fundamentales, es consustancial al mundo de la justicia, por lo que la renovación del debate causada por la irrupción de la IA debe recibir la misma respuesta que el ordenamiento viene ofreciendo, esto es, ha de realizarse una ponderación entre ambas figuras, otorgando primacía al respeto de las garantías del proceso.

Este es el criterio garantista que tanto el RIA, como el RD. 6/2023, han expresado a la hora de configurar la incorporación de la IA a la justicia, si bien, la formulación no es más que un principio general que debe ir apoyado por un marco regulador que lo concrete ante las distintas situaciones.

En este momento, la implementación de la IA en la Justicia española se encuentra en fase casi embrionaria, puesto que la mayor parte de los sistemas referidos están aún en desarrollo o en pruebas y no han sido generalizados en la práctica diaria de los juzgados, en contrate con otras Administraciones, como la siempre vanguardista Agencia Tributaria[76], o con

---

[75] Vid. MARTÍN DIZ, F., "Inteligencia artificial y proceso: Garantías frente a eficiencia en el entorno de los derechos procesales fundamentales" en JIMÉNEZ CONDE, F., y BELLIDO PENADÉS, R. (Dirs.), Justicia ¿Garantías versus eficiencia?, Valencia, 2019, pp. 815-827.

[76] En la Agencia Tributaria el uso de chatbots, como el SII del IVA, programas de aviso automatizados, como el del programa Renta Web, o el empleo de técnicas de Big Data, que se inician aleatoriamente o mediante la detección de discrepancias concretas en las declaraciones de acuerdo con el filtrado de la información disponible, se llevan empleando con éxito desde hace años. En la actualidad, la Estrategia de IA de la Agencia Tributaria 2024-2027 prevé el uso de

otros Estados, que hace años que implementaron sistemas de IA en la justicia. Es patente que hasta fechas recientes no había existido ni la voluntad política, ni la disponibilidad presupuestaria, ni la capacidad técnica informática, ni un marco normativo apropiado que permitiera el uso de la IA en la A.J. Pues bien, la situación actual es bien distinta, la ciencia de la IA ha avanzado considerablemente en los últimos dos años, tanto a nivel europeo como nacional se están impulsando políticas dotadas presupuestariamente para la implantación generalizada de la IA y el marco jurídico ha experimentado una notable transformación con la publicación del RIA, pero ¿es suficiente para adoptar con garantías la IA en nuestro sistema de Justicia?

El RIA ha creado una regulación y un sistema de gobernanza de la IA complejo, pero completo y garantista, que aborda los principales riesgos que presenta la IA, consiguiendo un marco adecuado para la correcta protección de los derechos fundamentales de los ciudadanos, que resulta imprescindible para la implementación de estos sistemas en la A.J. Ahora bien, el sólido marco europeo, dado su carácter regulatorio general de la IA, precisa de ser concretado en lo referido a la implantación de esta tecnología en los sistemas nacionales de justicia, especialmente, en los ámbitos de mayor riesgo como son los de la investigación penal y la decisión judicial.

Es aquí donde se pone de manifiesto lo insuficiente de nuestra legislación nacional. El R.D. 6/2023 ha introducido la IA en la A.J. con cuatro exiguos artículos, limitados a incorporar el principio de orientación al dato y a prever la posibilidad

---

la IA para la prevención y lucha contra el fraude fiscal. Esto supone que la Inspección y el Departamento de Gestión de la Agencia Tributaria (Aeat) podrán buscarán el fraude con esta potente herramienta. Algunos de los programas más destacados son el Hermes, PCAT 2021 o el Proyecto Nidel.

de uso de la IA. La insuficiencia de la regulación se evidencia con el hecho de que sus lagunas más groseras se están tratando de llenar acudiendo a principios generales o a las políticas de uso contenidas en instrumentos no normativos, ocasionando un grave riesgo para los derechos de los ciudadanos y mermando la seguridad jurídica.

A título ejemplificativo, en el ámbito de la investigación penal, no se ha dado desarrollo a las remisiones del RIA respecto de los sistemas de IA más peligrosos, los prohibidos. En el ámbito de la decisión judicial, si bien, el R.D. 6/2023 prevé la posibilidad del uso de la IA generativa como herramienta de asistencia de los jueces, no se establece ninguna norma que delimite el alcance de dicha la facultad. Ante dicha ausencia, cabe pensar en que el nuevo papel del juez pudiera ser de un mero aplicador o revisor de IA generativa. También está por regular el régimen de responsabilidad, únicamente previsto de forma genérica en la Política de uso, que no aborda supuestos básicos, por ejemplo, los casos en los que la información ofrecida en el sistema sea incorrecta y fuese usada por los jueces. De igual forma, el sistema de gobernanza de la IA previsto en el RIA, está en desarrollo en estos momentos.[77]

No se hace la crítica a la ausencia regulatoria porque haya transcurrido un dilatado tiempo desde la aprobación del RIA, que no lo ha hecho, sino para afirmar la insuficiencia de nues-

---

[77] Recientemente, se ha instalado en La Coruña la Agencia Española de Supervisión de la Inteligencia Artificial (AESIA). En el ámbito de la Gobernanza se ha aprobado el Real Decreto 817/2023, de 8 de noviembre, que establece un entorno controlado de pruebas para el ensayo del cumplimiento de la propuesta de Reglamento del Parlamento Europeo y del Consejo por el que se establecen normas armonizadas en materia de inteligencia artificial.

tro marco normativo nacional ante el reto de poner en marcha la IA en la Justicia española.

Así, sería inasumible para nuestro sistema democrático basado en los derechos fundamentales de los ciudadanos implementar, en este momento, los sistemas de IA clasificados como de alto riesgo, propios de los ámbitos de la investigación penal y de la decisión judicial, sin contar con un marco normativo y de gobernanza acabados. Es claro que la pérdida de eficacia derivada del retraso en la implantación de sistemas de IA en la justicia, es menos perjudicial que su puesta en marcha sin un adecuado marco normativo, que dé "prioridad absoluta" a los derechos fundamentales.

Teniendo en consideración esa prioridad, y a su vez, la necesidad de potenciar la eficiencia en la A.J., el siguiente hito debería ser implementar sistemas de IA aplicados a la tramitación procesal, que aparejan riesgos mínimos o nulos y que son los que mayor eficiencia pueden imprimir a la A.J. En este ámbito, nuestro ordenamiento adolece aún de normas procesales que regulen el uso de los dichos sistemas.

El tercer paso, entre tanto las autoridades desarrollan el plan de gobernanza de la IA previsto en el RIA y los informáticos crean sistemas que puedan cumplir con los exigentes requisitos normativos previstos para la IA de alto riesgo, será que los juristas diseñemos las normas que concreten la implantación de los sistemas de IA de alto riesgo, y ello, en un corto plazo de tiempo, pues la velocidad del avance de la nueva tecnología ha situado a la ciencia jurídica, una vez más, por detrás del fenómeno a regular.

En esta ocasión, hasta que la ciencia jurídica no cumpla satisfactoriamente con su cometido, la implementación de la IA de alto riesgo a la A.J. que tanto permitiría mejorar su eficiencia, deberá permanecer paralizada, dados los funestos efectos que podría conllevar para los derechos de los ciudadanos, según hemos aprendido de la experiencia internacional.

REFERENCIAS BIBLIOGRÁFICAS

ARIZA COLMENAREJO, M.J. "Impugnación de las decisiones judiciales dictadas con auxilio de inteligencia artificial" en CALAZA LÓPEZ, S. LLORENTE SÁNCHEZ-ARJONA, M (Dirs): Inteligencia Artificial legal y Administración de Justicia. 1ª Ed, Thomson Reuters Aranzadi. Navarra. 2022.

BONET NAVARRO, J. "Algunas consideraciones acerca del poder configurador de la inteligencia artificial sobre el proceso" en RAMÍREZ CARVAJAL, D.M; VÁSQUEZ SANTAMARÍA, J.E. (Comp.) Debates contemporáneos del proceso en un mundo que se transforma. 1ª Ed. Universidad Católica Luis Amigó. Colombia. 2020. ISBN (Versión digital): 978-958-8943-60-2

BUENO MATA, F. "El poder público electrónico como germen de la e-justicia", Fodertics 5.0: estudios sobre la nuevas tecnologías y justicia, 2016, pp.87 y ss.

CALDERON MARECO, E. et al. "Online Dispute Resolution (ODR): Estándares éticos en el ciberespacio". Revista Electrónica de Estudios Internacionales, Núm 46., Diciembre 2023. pp. 527-545. DOI: 10.36151/reei.46.18

CALDERÓN MARENCO, E., RODRÍGUEZ PALACIOS, T. Y SAL, G. "ODR para una justicia digital". Integración +Divulgación de Trabajos científicos, vol. 1 N. 1, 2021, pp. 9-11. http://revistadigital.ucu.edu.ar/index.php/secytucu/article/view/18

CARO CATALÁN, J., "Brechas digitales y acceso a la justicia: el caso de España", en BUSTAMANTE RUA, M., (coord.). et al., Justicia y sociedad 5.0, Medellín, 2022.

CINELLI, V. MANRIQUE GAN, A. "El uso de programas de análisis predictivo en la inteligencia policial: una comparativa europea". Revista de Estudios en Seguridad Internacional, Vol. 5, N. 2. 2019., pp 1-19. DOI: http://dx.doi.org/10.18847/1.10.1

COECKELBERGH, M. La filosofía política de la inteligencia artificial. 2ª Edición. Cátedra, Madrid, 2023.

CONDES FUENTES, J. "Inteligencia artificial y proceso judicial: eficiencia basada en decisiones judiciales automatizadas" en ALISTE SANTOS, T.J. (Coord.) El paradigma de la Justicia 2030: estudios y reflexiones. 1ª edición. Atelier Libros Jurídicos. 2023.

CUATRECASAS MONFORTE, C. La Inteligencia Artificial como herramienta de investigación criminal. 1ª Ed. La Ley. Madrid. 2022

CUATRECASAS MONFORTE, C. "La Inteligencia Artificial y la investigación de delitos". Logos Guardia Civil, Revista Científica Del Centro Universitario De La Guardia Civil, n.º 1, junio de 2023, pp. 61-84. https://revistacugc.es/article/view/5912

DE LUCCHI LÓPEZ-TAPIA, Y. Justicia digital y discapacidad: aprovechando la oportunidad. Revista Española de Discapacidad, 11(1), 2023.

DOMÍNGUEZ BARRAGÁN, M.L. "El binomio Justicia Digital – Discapacidad: Algunos apuntes sobre el efectivo reconocimiento de la discapacidad como un elemento articulador de la digitalización de la Justicia" en CALAZA LÓPEZ, S. (Dir.) et al., Justicia y discapacidad en un entorno virtual. 1ª Edición. Dykinson. Madrid. 2023.

GÓMEZ COLOMER J.L. "Derechos fundamentales, proceso e Inteligencia Artificial: una reflexión", en CALAZA LÓPEZ, S. LLORENTE SÁNCHEZ-ARJONA, M (Dirs): Inteligencia Artificial legal y Administración de Justicia. 1ª Ed, Thomson Reuters Aranzadi. Navarra. 2022.

GONZÁLEZ FERNÁNDEZ, A. "La irrupción de la inteligencia artificial en la resolución alternativa de conflictos", en CALAZA LÓPEZ, S. LLORENTE SÁNCHEZ-ARJONA, M (Dirs): Inteligencia Artificial legal y Administración de Justicia. 1ª Ed, Thomson Reuters Aranzadi. Navarra. 2022.

GONZALO QUIROGA, M. "La inteligencia artificial en el arbitraje internacional 2.0. Oportunidades y desafíos en un futuro que ya es presente". Cuadernos de Derecho Transnacional, vol. 15, n. 2, 2023, pp. 516-550. DOI https://doi.org/10.20318/cdt.2023.8067

HERNÁNDEZ GIMÉNEZ, M. "Inteligencia artificial y derecho penal" Actualidad Jurídica Iberoamericana. Nº 10 bis, junio, 2019, ISSN: 2386-4567, pp. 792-843.

LORENZO PÉREZ, C. "Inteligencia Artificial En La Administración De Justicia: Regulación Española Y Marco Europeo E Internacional. Proyectos Desarrollados Por El Ministerio De Justicia De España". En Centro de Estudios Jurídicos. [en línea] Disponible en https://www.cej-mjusticia.es/sede/publicaciones/ver/13637

MAGRO SERVET, V. "La inteligencia artificial para mejorar la lucha contra la violencia de género" en CALAZA LÓPEZ, S. LLORENTE SÁNCHEZ-ARJONA, M (Dirs): Inteligencia Artificial legal y Administración de Justicia. 1ª Ed, Thomson Reuters Aranzadi. Navarra. 2022. pp. 397-415.

MARCAZZOLO AWAD, X."Empleo de sistemas algorítmicos de evaluación de riesgos en materia penal. Estándares mínimos para un uso acorde a las exigencias del debido proceso", en ROCHA ESPÍNOLA, M.A; SANSÓ-RUBERT PASCUAL, D; RODRÍGUEZ DOS SANTOS, N (Coord.) Inteligencia artificial y derecho. 1ª Ed, Dykinson. Madrid, 2023.

MARTÍN DIZ, F., "Inteligencia artificial y proceso: Garantías frente a eficiencia en el entorno de los derechos procesales fundamentales" en JIMÉNEZ CONDE, F., y BELLIDO PENADÉS, R. (Dirs.), Justicia ¿Garantías versus eficiencia?, Valencia, 2019, p. 815-827.

MARTÍNEZ GARAY, L. "Peligrosidad, Algoritmos y due process: el caso State Vs. Loomis". Revista de Derecho Penal y Criminología, n. 20 (enero): 485-502. https://doi.org/10.5944/rdpc.20.2018.26484

MIRA ROS, M.C. en la ponencia realizada en la sesión: REAL ACADEMIA DE JURISPRUDENCIA Y LEGISLACIÓN DE ESPAÑA. SECCIÓN DE DERECHO Y TECNOLOGÍAS DE LA INFORMACIÓN Y LA COMUNICACIÓN. 2025. El uso de la Inteligencia Artificial en la Administración y en la Justicia. en Youtube [Vídeo en línea] 21/01/2025, [Consultado el 21/1/2025] Disponible en https://www.youtube.com/watch?v=oLCmq_WKPJk

MIRÓ LLINARES, F. "Inteligencia artificial y justicia penal: más allá de resultados lesivos causados por robots". Revista de Derecho Penal y Criminología, 3. Época, n. 20. 2018.

NIEVA-FENOLL, J. "Inteligencia artificial y proceso judicial: perspectivas ante un alto tecnológico en el camino", en CALAZA LÓPEZ, S. LLORENTE SÁNCHEZ-ARJONA, M (Dirs): Inteligencia Artificial legal y Administración de Justicia. 1ª Ed, Thomson Reuters Aranzadi. Navarra. 2022.

PRESNO LINERA, M.A. "La Propuesta de «Ley De Inteligencia Artificial» Europea". Revista de las Cortes Generales. N. 116, Segundo semestre. 2023. https://doi.org/10.33426/rcg/2023/116/1775.

VALLE ESCOLANO, R. Inteligencia artificial y derechos de las personas con discapacidad: el poder de los algoritmos. Revista Española de Discapacidad, 11(1), pp. 7-28. 2023. Doi: https://doi.org/10.5569/2340-5104.11.01.01.